資治通鑑綱目

第七册

公元六零八年至公元七一三年

中国书店

（宋）朱熹　赵师渊　编撰　　李孝国 等　注解

图书在版编目（CIP）数据

资治通鉴纲目 /（宋）朱熹，（宋）赵师渊编著．—北京：中国书店，2021.3

ISBN 978-7-5149-2689-7

Ⅰ．①资… Ⅱ．①朱… ②赵… Ⅲ．①中国历史—古代史—编年体 Ⅳ．① K204.3

中国版本图书馆 CIP 数据核字（2020）第 232986 号

责任编辑： 辛　迪
策划编辑： 董立平
封面设计： 肖晋兴

资治通鉴纲目

〔宋〕朱熹　赵师渊 等 / 编撰　李孝国 等 / 注解

出　版： 中国书店
地　址： 北京市西城区琉璃厂东街 115 号
邮　编： 100050
发　行： 全国新华书店经销
印　刷： 运河（唐山）印务有限公司
开　本： 700 mm × 1000 mm　1/16
版　次： 2021 年 3 月第 1 版第 1 次印刷
印　张： 252.75
字　数： 3999 千字
书　号： ISBN 978-7-5149-2689-7

定　价： 598.00 元（全十册）

第七册　目录

卷三十七

起戊辰隋炀帝大业四年，尽丁丑[1]隋炀帝大业十三年**凡十年**。

戊辰**四年**（公元608年）

春，正月，开永济渠发河北诸军百余万众，穿永济渠，引沁水南达于河，北通涿郡。丁男不供[2]，始役妇人。

以元寿为内史令。

二月，西突厥入贡裴矩闻西突厥处罗可汗思其母，请遣使招怀之。帝遣谒者崔君肃赍诏谕之。处罗甚踞[3]，受诏不肯起，君肃谓之曰："突厥中分为二，每岁交兵，积数十岁，莫能相灭。今启民举其部落，卑躬折节，入臣天子，欲借兵大国，共灭可汗。天子许之，师出有日矣。顾可汗母向夫人惧西国[4]之灭，旦夕守阙，哭泣哀祈[5]，匍匐谢罪，请发使召可汗，令入内属。天子怜之，故复遣使至此。今可汗乃踞慢[6]如是，则夫人为诳天子，必伏尸都市，传首虏庭。发大隋之兵，资东国之众，左提右挈，以击可汗，亡无日矣。奈何爱两拜之礼，绝慈母之命，惜一语称臣，使社稷为墟乎？"处罗矍然[7]而起，流涕再拜，跪受诏书，因遣使者随君肃贡汗血马。

三月，倭国[8]入贡倭王遗帝书曰："日出处天子致书日没处天子，无恙。"帝览之不悦，诏鸿胪："蛮夷书无礼者勿奏。"

帝如五原，遂巡长城行宫设六合板城[9]，载以枪车[10]。每顿舍，则外其辕以

1　丁丑：即公元617年。
2　不供：供不上。
3　踞：通"倨"，傲慢。
4　西国：即西突厥国。下文"东国"即为东突厥国。
5　哀祈：哀求。
6　踞慢：傲慢不恭。踞，通"倨"。
7　矍然：急遽貌。
8　倭国：我国古代对日本的称呼。
9　六合板城：隋代兵器，即大型活动堡垒，内布铁蒺，安置弩床，以绳连机，人来触绳，则弩机旋转，向所触方向发射。
10　枪车：战车的一种，以木为箱，箱以皮裹之，有辕，下有轮，有以单轮者，有以双轮、多轮者，以人推之，车箱前出枪锋，亦有箱侧出锋者，箱以蔽人，枪以击敌，攻以冲敌，守则以为营。

为外围，内布铁蒺[1]，次施弩床，以绳连机，人来触绳，则弩机旋转，向所触而发。

夏，四月，营汾阳宫帝无日不治宫室，两京及江都苑囿虽多，久而益厌。乃备责天下山川之图，以求胜地[2]，因营是宫。

齐王长史柳謇之有罪，除名初，元德太子卒，齐王暕次当为嗣。元德吏兵二万余人，悉隶于暕。帝为之妙选僚属，以柳謇之为长史，且戒之曰："齐王德业修备，富贵自钟卿门。若有不善，罪亦相及。"暕宠遇日隆，骄恣不法，昵近小人。乐平公主尝言柳氏女美，帝久未答，主以进暕。帝复问，知之，不悦。暕从幸汾阳宫，大猎，大获麋鹿以献，而帝未有得也，乃怒从官，皆言为暕左右所遏。帝于是发怒，求暕罪。时制，县令无故不得出境。暕幸伊阙[3]令皇甫诩，携之至宫。御史韦德裕希旨劾之，帝令甲士大索暕第，因穷治其事。暕妃韦氏早卒，暕与妃姊元氏妇通。召相工遍视后庭，相工指妃姊言："当为皇后。"暕以元德太子有三子，恐不得立，阴挟左道为厌胜，至是皆发。帝大怒，斩暕左右数人，赐妃姊死，暕府僚皆斥边远，謇之亦坐除名。时赵王杲尚幼，帝谓侍臣曰："朕唯有暕一子，不然者，当肆诸市朝以明国宪[4]。"暕自是恩宠日衰，不复预政。帝恒令虎贲郎将[5]一人监其府事，所给左右，皆以老弱备员而已。

置城造屋于万寿戍[6]，以处突厥启民可汗。

秋，七月，复筑长城发丁男二十余万筑之，自榆谷而东。

裴矩以铁勒击吐谷浑，大破之裴矩说铁勒，使击吐谷浑，大破之。吐谷浑可汗伏允遣使求救，帝遣安德王雄、许公宇文述迎之。吐谷浑畏隋兵盛，

1　铁蒺：蒺角状的尖锐铁器，战时置于路上或水中，用以刺伤敌方人马。
2　胜地：有名的风景优美的地方。
3　伊阙：古县名，治所位于今河南省洛阳市伊川县西南，以伊阙山为名。
4　国宪：国家的法制或礼仪。
5　虎贲郎将：古官名，隋有十二卫，各有大将军一名，大将军下有两个将军，将军下面是虎贲郎将。
6　万寿戍：古地名，位于今山西省朔州市北。

不敢降，率众西遁。述追之，拔曼头、赤水[1]二城，获其王公以下二百人。伏允南奔雪山[2]。其地东西四千里，南北二千里，皆置郡、县、镇、戍，天下轻罪徒居之。

九月，征天下鹰师[3]至者万余人。

冬，十月，赤土入贡赤土，南海中远国也。帝遣使赍诏赐之，泛海百余日，入境月余，乃至其都。其王居处、器用穷极珍丽[4]，遣子入贡。

遣将军薛世雄击伊吾，降之。

己巳**五年**（公元609年）

春，正月，改东京为东都。

诏均天下田。

禁民间兵器铁叉、搭钩[5]、穳刃[6]之类，皆禁之。

三月，帝巡河右。夏，四月，遣兵击吐谷浑，不克。西域诸国来朝，献地，置西海等郡三月，西巡河右。四月，出临津关[7]，陈兵讲武，将击吐谷浑。五月，至浩亹川[8]。吐谷浑可汗伏允率众保覆袁川[9]，帝分命内史元寿等围之。伏允遁去，遣其名王诈称伏允，保车我真山[10]。诏大将军张定和、光禄大夫梁默等追讨，皆为所杀。独卫尉卿[11]刘权出伊吾，至青海，虏获千余口，追奔至伏

1　曼头、赤水：曼头，古地名，位于今青海省海南藏族自治州共和县西南。赤水，古地名，位于今青海省海南藏族自治州共和县东南曲沟，一说位于今兴海县东南黄河西岸。
2　雪山：古山名，即今青海省海北藏族自治州门源回族自治县北祁连山。
3　鹰师：驯鹰的人。
4　珍丽：珍奇美丽。
5　搭钩：铁制的钩物工具。
6　穳刃：制如戟，锋刃两旁微起，下有圆锥形金属套。
7　临津关：古关隘名，位于今青海省海东市循化撒拉族自治县东黄河南岸，与甘肃省临夏县交界。
8　浩亹川：古水名，又称阁门河，即今青海、甘肃两省境内湟水支流大通河。
9　覆袁川：古水名，即今青海省海北藏族自治州祁连县境黑河上源八宝河。
10　车我真山：古山名，位于今青海省海北藏族自治州祁连县东南。
11　卫尉卿：古官名，职掌宫门宿卫屯兵，巡行宫外，纠察不法，管理武器库藏，领武库、公车司马令。

俟城[1]而还。初，帝尝谓给事郎蔡徵曰："自古天子有巡狩之礼，而江东诸帝多傅[2]脂粉，坐深宫，不与百姓相见，此何理也？"及将西巡，命裴矩说高昌王曲伯雅及伊吾吐屯设等，啖以厚利，召使入朝。至是，至燕支山[3]，伯雅、吐屯设等及西域二十七国谒于道左。帝复令武威、张掖士女盛饰纵观[4]，以示中国之盛。车服不鲜者，郡县督课[5]之。吐屯设献地数千里，帝大悦。置西海、河源、鄯善、且末[6]等郡，谪天下罪人为戍卒以守之。命刘权镇河源郡积石镇，大开屯田，捍御吐谷浑，以通西域之路。进裴矩银青光禄大夫。是时，天下凡有郡一百九十，县一千二百五十五，户八百九十万有奇。东西九千三百里，南北万四千八百一十五里。隋氏之盛，极于此矣。自西京及西北诸郡，皆转输塞外，岁巨亿计。或遇寇钞，死亡不达[7]，郡县皆征破其家。由是百姓失业，西方先困矣。初，伏允使其子顺来朝，帝留不遣。至是，伏允败走，帝立顺为可汗，遣之，不果入而还。

冬，十一月，还东都车驾东还，行经大斗拔谷[8]，山路隘险[9]，风雪晦暝[10]，文武饥馁沾湿[11]，士卒冻死者太半，后宫妃主或狼狈相失，与军士杂宿山间。

以裴蕴为御史大夫民部侍郎裴蕴以民间版籍[12]多脱漏户口，诈注老小，奏令貌阅，若一人不实，则官司解职。又许民纠得一丁者，令被纠之家代输赋役。是岁，进丁二十四万，口六十四万。帝谓百官曰："前代无贤才，致此罔

1 伏俟城：古地名，位于今青海省海南藏族自治州共和县西北石乃亥镇西北铁卜卡古城。
2 傅：涂抹。
3 燕支山：古山名，亦谓焉支山，即今甘肃省张掖市山丹县东南大黄山。
4 纵观：恣意观看。
5 督课：督察考核。
6 河源、鄯善、且末：河源，古郡名，辖今青海省共和、兴海、同德、贵南、玛沁等县地。鄯善，古郡名，辖今阿尔金山脉以北、库鲁克塔格山脉以南、塔里木盆地东部地区。且末，古郡名，辖今新疆维吾尔自治区安迪尔河以东、若羌县以南的大部分地区。
7 死亡不达：因死亡不能到达目的地。
8 大斗拔谷：古地名，又作达斗拔谷、大斗谷，即今甘肃省张掖市民乐县东南扁都口河谷。
9 隘险：狭窄险要。
10 晦暝：昏暗。
11 沾湿：被淋湿，浸湿。
12 版籍：登记户口、土地的簿册。

冒[1]。今户口皆实，全由裴蕴。”擢授御史大夫，与裴矩、虞世基参掌机密。蕴善候伺人主微意，所欲罪者，则锻成[2]其罪；所欲宥者，则附从轻典[3]。是后大小之狱皆以付蕴，轻重皆由其口，人不能诘。

突厥启民可汗死，立其子咄吉为始毕可汗始毕表请尚公主，诏从其俗。

杀司隶大夫[4]薛道衡道衡以才学有盛名，自番州刺史召还，上《高祖颂》。帝不悦曰："此《鱼藻》之义也[5]。"拜司隶大夫，将罪之。司隶刺史房彦谦劝以杜绝宾客，卑辞下气，道衡不能用。会议新令，久不决，道衡谓人曰："向使高颎不死，令决当久行。"有人奏之，帝怒，付执法者推之。裴蕴奏："道衡负才悖逆，有无君之心。"缢杀之，妻子徙且末。天下冤之。

庚午**六年**（公元610年）

春，正月，盗入建国门有盗数十人，素冠练衣[6]，焚香持花，自称弥勒佛，入建国门，夺卫士仗，将为乱。齐王暕遇而斩之。于是都下大索，连坐者千余家。

诸蕃来朝，陈百戏于端门以示之帝以诸蕃酋长毕集洛阳，陈百戏于端门街，执丝竹者万八千人，自昏达旦，终月而罢，所费巨万。自是岁以为常。诸蕃请入丰都市[7]交易，许之。先命整饰店肆[8]，盛设帷帐，珍货充积，人物华

1　罔冒：欺骗冒充。
2　锻成：罗织成。
3　轻典：条文简约、处罚从宽的法律。
4　司隶大夫：古官名，司隶台长官，掌巡察京畿内外。
5　此《鱼藻》之义也：这有点《鱼藻》讽刺的意味。《鱼藻》，《诗经》篇名，赞美君贤民乐的歌，《毛诗序》以为："刺幽王也。言万物失其性，王居镐京，将不能以自乐，故君子思古之武王焉。"
6　练衣：白色布衣。
7　丰都市：古市场名，又称东市，隋东都三市之一，位于今河南省洛阳市隋唐故城洛河南偏东。
8　店肆：商店，店铺。肆，铺子。

盛。胡客过酒食店，悉令邀入，醉饱而散，不取其直[1]，给之曰："中国丰饶，酒食例不取直。"胡客皆惊叹。其黠者颇觉之，见以缯帛缠树，曰："中国亦有贫者，衣不盖形，何如以此物与之，缠树何为？"市人惭，不能答。帝称裴矩之能，谓群臣曰："裴矩大识朕意，凡所陈奏，皆朕之成算而未发者。自非奉国尽心，孰能若是？"是时矩及大将军宇文述、内史侍郎虞世基、御史大夫裴蕴、光禄大夫郭衍皆以谄谀有宠。述容止便辟，侍卫者咸取则[2]焉。衍尝劝帝五日一视朝，曰："无效高祖，空自勤苦为也。"帝临朝凝重，发言可观[3]，而内存声色，日于苑中林亭盛陈酒馔，敕燕王倓与梁公萧巨、千牛左右[4]宇文晶及高祖嫔御为一席，僧尼、道士、女官为一席，帝与诸宠姬为一席，略相连接，酒酣殽乱[5]，靡所不至。杨氏妇女之美者，往往进御。晶出入不限门禁。妃嫔、公主皆有丑声[6]，帝亦不之罪也。

遣兵攻流求[7]，杀其王，虏其众以归帝遣使招抚流求，不从。遣虎贲郎将陈棱发兵泛海击之，斩其王渴剌兜，虏其民而还。

诏自今非有功者不赐爵诏以："近世茅土妄假，名实相乖，自今唯有功勋，乃得赐封，仍令子孙承袭。"于是旧赐五等爵，非有功者皆除之。

以散乐配太常以所征散乐悉配太常，皆置博士弟子以相传授，乐工至三万余人。

三月，帝如江都。

除榆林太守张衡名，以王世充领江都宫监[8]初，帝营汾阳宫，令张衡具图奏之。衡进谏曰："比年劳役繁多，百姓疲弊，愿稍加抑损[9]。"帝意不平，

1 直：价值，代价。
2 取则：取作准则、规范或榜样。
3 可观：优美。
4 千牛左右：古官名，掌执千牛刀宿卫。
5 殽乱：混乱。
6 丑声：坏名声。
7 流求：指台湾本岛。另有学者认为，流求即今琉球群岛。
8 宫监：古官名，隋时离宫负责人。
9 抑损：限制，减省。

谓侍臣曰："张衡自谓由其计划，令我有天下也。"乃录前幸涿郡，父老谒见，衣冠不整，衡为宪司[1]，不能举正[2]之罪，出为榆林太守。久之，敕督役[3]江都宫。礼部尚书杨玄感，素之子也，使至江都，衡谓之曰："薛道衡真为枉死。"玄感奏之。江都郡丞王世充又奏衡频减顿具[4]。帝怒，将斩之，久乃得释，除名为民。以世充领江都宫监。世充，本西域胡人，姓支氏，父收，幼从母嫁王氏，因冒其姓。世充性谲诈[5]，有口辩，颇涉书传，好兵法，习律令。帝数幸江都，世充能伺候颜色[6]，雕饰池台，奏献珍物，由是有宠。

冬，十二月，文安侯牛弘卒弘宽厚恭俭，学术精博，隋室旧臣，始终信任，悔吝[7]不及者，一人而已。弟弼酗酒，射杀弘驾车牛。弘自外还，其妻迎谓之曰："叔射杀牛。"弘无所问，直云："作脯。"坐定，其妻又言，弘曰："已知之矣。"颜色自若，读书不辍。

穿江南河自京口至余杭八百余里，广十余丈，欲东巡会稽也。

诏百官戎服从驾帝以百官从驾，皆服袴褶，于军旅间不便，诏："皆戎衣，五品以上通着紫袍，六品以下兼用绯绿[8]，胥吏以青，庶人以白，屠、商以皂，士卒以黄。"

征高丽王元入朝，不至帝之幸启民帐也，高丽使者在启民所，启民不敢隐，与之见帝。裴矩说帝曰："高丽，汉、晋皆为郡县，今乃不臣，先帝欲征之久矣。今其使者，亲见启民举国从化，可因其恐惧，胁使入朝。"帝从之。敕牛弘宣旨，令使者还，语高丽王入朝。至是不至，乃谋讨之。课天下富人买马，匹至十万钱。简阅器仗，或有滥恶，使者立斩。

1　宪司：御史的别称。
2　举正：列举其罪而正之以法。
3　督役：监工。
4　顿具：摆设的器具。
5　谲诈：奸诈。
6　颜色：表情，神色。
7　悔吝：灾祸。
8　绯绿：红和绿。

辛未**七年**（公元611年）

春，二月，帝自将击高丽。夏，四月，至临朔宫[1]**，征天下兵会涿郡**帝御龙舟渡河，入永济渠，仍敕选部、门下、内史、御史于船前选补[2]，其受选者三千余人，或徒步随船三千余里，冻馁疲顿[3]，死者什一二。遂下诏讨高丽。敕幽州总管元弘嗣往东莱海口造船三百艘，官吏督役，昼夜立水中，不敢息，自腰以下皆生蛆，死者什三四。又敕河南、淮南、江南造戎车五万乘送高阳[4]，供载衣甲幔幕[5]，令兵士自挽之，发河南、北民夫以供军需。江、淮以南民夫及船运黎阳及洛口诸仓米，舳舻千里，往还常数十万人，昼夜不绝，死者相枕，天下骚动。

山东、河南大水漂没三十余郡。

冬，十月，底柱崩偃河，逆流数十里[6]。

西突厥酋长射匮逐处罗可汗。处罗来朝初，帝西巡，遣使召西突厥处罗可汗，令与车驾会大斗拔谷，不至，帝大怒。会其酋长射匮遣使求婚，裴矩因奏曰："处罗不朝，恃强大耳。臣请以计弱之，分裂其国，即易制也。射匮者，达头之孙，世为可汗，今以失职，附属处罗。若厚其礼，拜以为大可汗，则突厥势分矣。"帝然之，因召其使者谕之，令诛处罗，然后为婚。射匮大喜，兴兵袭处罗。处罗大败，将数千骑东走高昌。帝遣裴矩与向氏驰至玉门关，谕处罗入朝。十二月，至临朔宫，帝大悦，接以殊礼。处罗终有怏怏之色。

王薄、张金称、高士达、窦建德等兵起帝自去岁谋讨高丽，诏山东置府，令养马以供军役。又发民夫运米塞下，车牛往者皆不返，士卒死亡过半。耕稼失时，谷价踊贵，东北边尤甚，斗米直数百钱。所运米或粗恶[7]，令民籴以

1 临朔宫：隋代蓟城行宫，位于今北京城西南。
2 选补：官吏有缺额，选人递补。
3 疲顿：非常疲乏。
4 高阳：古地名，位于今河北省保定市高阳县东旧城。因在高河之阳，故名。
5 幔幕：帷幕。
6 偃河，逆流数十里：堵塞黄河河道，使河水逆流几十里。
7 粗恶：粗糙低劣，与精良相对。

偿之。又发鹿车夫六十余万，二人共推米三石，道途险远，不足充糇粮，至镇无可输，皆惧罪亡命。重以官吏侵渔，百姓穷困，于是始相聚为群盗。邹平[1]民王薄拥众据长白山[2]，剽掠齐、济[3]之郊，自称“知世郎”，言事可知矣。又作《无向辽东浪死歌》以相感劝[4]，避征役者多往归之。平原东有豆子䴚[5]，负海带河，地形深阻，群盗多匿其中。有刘霸道者，家于其旁，喜侠，食客常数百人，远近多往依之，有众十余万，号“阿舅贼”。漳南[6]人窦建德，少尚气侠[7]，胆力过人。会募人征高丽，建德以选为二百人长。同县孙安祖亦以骁勇选为征士。安祖辞以家为水漂，妻子馁死，县令怒，笞之。安祖杀令，亡抵建德。建德谓曰：“文皇帝时，天下殷盛，发百万之众以伐高丽，尚为所败。今水潦为灾，百姓困穷，加之往岁西征，行者不归，疮痍未复。主上不恤，乃更发兵亲击高丽，天下必大乱。丈夫不死，当立大功，岂可但为亡虏邪？”乃集无赖少年，得数百人，使安祖将之，入高鸡泊[8]中为群盗。时鄃人张金称聚众河曲，蓨[9]人高士达聚众于清河，郡县疑建德与贼通，悉收其家属杀之。建德率麾下二百人亡归士达。士达自称东海公，以建德为司兵[10]。顷之，安祖为金称所杀，其众尽归建德，建德兵至万余人。建德能倾身接物，与士卒均劳逸，由是人争附之，为之致死。自是所在群盗蜂起，不可胜数，徒众多者至万余人，攻陷城邑。敕都尉、鹰扬与郡县追捕，然莫能禁。

1　邹平：古地名，位于今山东省滨州市辖邹平市东北。
2　长白山：古山名，即今山东省滨州市辖邹平市西南会仙山。以山中云气长白，故名。
3　齐、济：齐郡、济北郡。齐郡，古郡名，辖今山东省济南、淄博、禹城、齐河、临邑、章丘、邹平、高青等市县地。济北郡，古郡名，辖今山东省肥城、平阴等市县地。
4　感劝：鼓动。
5　豆子䴚：古盐泽名，位于今山东省滨州市惠民县、商河县一带。
6　漳南：古县名，治所位于今河北省衡水市故城县东北。
7　气侠：义气豪侠。
8　高鸡泊：古地名，位于今河北省衡水市故城县西南，隋时为宽广数百里、芦苇丛生的大泽。
9　蓨：古县名，亦作脩县，治所位于今河北省衡水市景县南。
10　司兵：古官名，掌兵器，作战前颁发兵器，祭祀时发给舞者兵器，大丧时制作埋葬用兵器。

壬申**八年**（公元612年）

春，正月，分西突厥为三部帝分西突厥为三，使处罗之弟阙达度设将羸弱万余口居会宁[1]，特勒大奈别将余众居楼烦，处罗将五百骑常从巡幸，赐号曷娑那可汗。

道士潘诞伏诛诞自言三百岁，为帝合炼金丹。帝为之作嵩阳观，所费巨万。诞云金丹应用石胆、石髓。发工凿石，深百尺者数十处，不得。乃言："若得童男女胆、髓各三斛六斗，可以代之。"帝怒，锁诣涿郡，斩之。

遣诸军分道击高丽四方兵皆集涿郡，帝征合水[2]令庾质，问曰："高丽之众，不能当我一郡。今朕以此众伐之，卿以为克不？"对曰："伐之可克。然陛下亲行，战或未克，惧损威灵。若车驾留此，命猛将劲卒，指授方略，倍道兼行，出其不意，克之必矣。事机在速，缓则无功。"帝不悦。尚方监[3]耿询上书切谏，帝大怒，命左右斩之，何稠苦救，得免。诏左十二军出镂方[4]、乐浪等道，右十二军出黏蝉[5]、襄平等道，络驿[6]引途，总集平壤，凡一百一十三万人，其馈运者倍之。帝亲授节度，每军大将、亚将[7]各一人。骑兵四十队，队百人，十队为团。步卒八十队，分为四团，团各有偏将一人，其铠胄、缨拂、旗旛[8]，每团异色。受降使者一人，承诏慰抚，不受大将节制。其辎重、散兵等，亦为四团，使步卒挟之而行。日遣一军，相去四十里，连营渐进。御营六军后发。首尾亘千余里，近古出师之盛，未之有也。

内史令元寿卒。

三月，左候卫大将军段文振卒于师文振尝上表曰："陛下宠待突厥太厚，处之塞内，资以兵食，戎狄之性，无亲而贪，异日必为国患，宜以时谕

1　会宁：古县名，治所即今甘肃省兰州市永登县。
2　合水：古县名，治所即今甘肃省庆阳市庆城县。
3　尚方监：古官名，即少府监，掌手工业制造。
4　镂方：古县名，治所位于今朝鲜平安南道成川、阳德二郡之间。
5　黏蝉：古县名，治所位于今朝鲜平安南道龙冈郡西于乙洞古城。
6　络驿：前后相接，连续不断。
7　亚将：次将，副将。
8　缨拂、旗旛：缨拂，冠带与印带。旗旛，旌旗。

遣，令出塞外，然后明设烽候[1]，缘边镇防，务令严重[2]，此万岁之长策也。"兵曹郎[3]解斯政以器干有宠，帝使专掌兵事。文振屡言政险薄[4]，不可委以机要，不从。及征高丽，为左候卫大将军，出南苏道。道病，上表曰："陛下以辽东未服，亲降六师。夷狄多诈，深须防拟，口陈降款，毋宜遽受。水潦方降，不可淹迟[5]。唯愿严勒诸军，星驰[6]速发，水陆俱前，出其不意，则平壤孤城，势必可拔。如不时定，脱遇秋霖[7]，兵粮必竭，强敌在前，靺鞨出后，迟疑不决，非上策也。"及卒，帝甚惜之。

诸军渡辽水，击败高丽兵，遂围辽东师进至辽水，高丽兵阻水拒守，隋军不得济。将军麦铁杖谓人曰："丈夫性命自有所在，岂能卧死儿女手中乎？"乃自请为前锋。帝命造浮桥于西岸。既成，趋东岸，桥短，不及岸丈余。高丽兵大至，铁杖跃而登岸，与钱士雄、孟叉等皆战死。何稠接桥，二日而成，诸军继进，大战，高丽兵败。诸军乘胜进围辽东城，即汉之襄平城也。车驾渡辽，引曷萨那可汗及高昌王伯雅观战处以慑惮之。命尚书卫文昇抚其民，给复[8]十年，建置郡县。

夏，五月，纳言杨达卒。

六月，帝至辽东，攻城，不克诸将之东下也，帝亲戒之曰："今者吊民伐罪，非为功名。诸将或欲轻兵掩袭，孤军独斗，立一身之名以邀勋赏，非大军行法[9]。公等进军当分为三道，有所攻击，必三道相知。凡军事进止，皆须奏闻待报。"至是，辽东婴城固守，帝命诸军攻之。又敕诸将，高丽若降，即宜抚纳，不得纵兵[10]。城将陷，城中辄请降，诸将不敢赴，先令驰奏，比报至，城

1　烽候：烽火台。
2　严重：严厉。
3　兵曹郎：古官名，改兵部头司长官兵部侍郎置，掌管武官的阶品和差遣。
4　险薄：轻薄无行。
5　淹迟：延缓。
6　星驰：连夜奔走。
7　秋霖：秋日的淫雨。
8　给复：免除赋税徭役。
9　行法：按法行事。
10　纵兵：发兵，出兵。

中守御亦备，随出拒战。如此再三，帝终不悟。既而城久不下，帝幸辽东城南，召诸将责之曰："公今畏死，莫肯尽力，谓我不能杀公邪？"因留止城西。高丽诸城各坚守不下。

将军来护儿以水军攻平壤，败绩护儿率江淮水军，舳舻数百里，浮海先进，入自浿水，去平壤六十里，与高丽相遇，进击，大破之。护儿欲乘胜趋其城，副总管周法尚止之，请俟诸军俱进。护儿不听，直造城下。高丽伏兵郭内，出兵与战而伪败，护儿逐之，入城，纵兵俘掠[1]，无复部伍。伏发，大败而还。高丽追至船所，周法尚整阵待之，高丽乃退。

秋，七月，将军宇文述等九军大败于萨水[2]而还将军宇文述、于仲文、辛世雄、卫文昇等九人分出诸道，会于鸭绿水[3]西。兵自泸河[4]、怀远二镇，人马皆给百日粮，又给衣资、戎具[5]、火幕，人别三石以上，重莫能胜。述令军中："遗弃米粟者斩！"士卒皆于幕下掘坑埋之。才及中路，粮已将尽。高丽遣大臣乙支文德诣其营诈降，实欲观虚实。于仲文先奉密旨："若高元[6]及文德来者，必擒之。"至是，仲文将执文德，慰抚使刘士龙固止之，遂听其还。既而悔之，遣人召之，不至。述以粮尽欲还，仲文议以精锐追文德，述固止之。仲文怒曰："古之良将能成功者，军中之事，决在一人。今人各有心，何以胜敌？"时帝以仲文有计划，令诸军咨禀节度。由是述等不得已而从之，与诸将渡水追文德。文德见述军士有饥色，故欲疲之，每战辄走。述一日之中七战皆捷，遂济萨水，去平壤城三十里，因山为营。文德复遣使诈降于述，曰："若旋师者，当奉高元朝行在所。"述见士卒疲弊，不可复战，又平壤险固，渡难猝拔，遂还至萨水。军半济，高丽自后击之。辛世雄战死，诸军俱溃，将士奔还，一日夜至鸭绿水，行四百五十里。王仁恭为殿，击高丽，却之。来护儿亦

---

1 俘掠：俘获抢劫。
2 萨水：古水名，即今朝鲜中部清川江。
3 鸭绿水：古水名，即今中、朝两国界河鸭绿江。
4 泸河：古军镇名，位于今辽宁省锦州市西，一说位于今辽宁省锦州市义县境。
5 戎具：兵器。
6 高元：即高句丽婴阳王，为高句丽第 26 任君主。

引兵还。唯卫文昇一军独全。初，九军渡辽，凡三十万五千人，及还至辽东，唯二千七百人，资械荡尽。帝大怒，锁系[1]述等而还。是行也，唯于辽水西拔高丽武厉逻[2]，置辽东郡及通定镇[3]而已。

九月，帝还东都。慰抚使刘士龙伏诛，诸将皆除名宇文述素有宠，其子士及尚帝女南阳公主，故帝不忍诛，与于仲文等皆除名为民。斩刘士龙以谢天下。诸将皆委罪于于仲文，帝独系[4]之。仲文忧恚病卒。

山东大旱。

杀张衡衡既放废[5]，帝每令亲人觇之。及还自辽东，衡妾告衡怨望、谤讪，诏赐自尽。衡临死大言曰："我为人作何等事，而望久活？"监刑者塞耳，促令杀之。

癸酉**九年**（公元613年）

春，正月，征天下兵集涿郡，始募民为骁果[6]。

灵武[7]**白瑜娑兵起**贼帅白瑜娑劫牧马，连突厥，陇右多被其患，谓之"奴贼"。

命代王侑留守西京以刑部尚书卫文昇辅之。

二月，复宇文述官爵诏曰："兵粮不继，乃军吏失于支料[8]，非述罪也，宜复其官爵。"寻加开府仪同三司。

三月，济阴孟海公起兵据周桥[9]海公众至数万，见人称引书史，辄杀之。

1　锁系：锁铐捆绑，拘禁。
2　武厉逻：古地名，故址位于今辽宁省沈阳市辖新民市公主屯镇后山遗址。
3　通定镇：古军镇名，位于今辽宁省沈阳市辖新民市东北。
4　系：拘押。
5　放废：放逐罢黜。
6　骁果：勇猛敢死之士。
7　灵武：古郡名，辖今宁夏中卫、同心县及其以北地区。
8　支料：军资供应。
9　周桥：古地名，位于今山东省菏泽市曹县东北。

帝复自将击高丽，命越王侗留守东都帝议复伐高丽，光禄大夫郭荣谏曰：“千钧之弩，不为鼷鼠发机，奈何亲辱万乘以敌小寇乎？”不听而行。命民部尚书樊子盖辅侗守东都。

齐郡丞张须陀击王薄等，破之时所在盗起：齐郡王薄、孟让，北海郭方预，清河张金称，平原郝孝德，河间格谦，勃海孙宣雅，各聚众攻剽[1]，多者十余万，少者数万人，山东苦之。天下承平日久，人不习兵。郡县吏每与贼战，望风沮败。唯齐郡丞张须陀得士众心，勇决善战，将郡兵击王薄，大破之。薄北连孙宣雅、郝孝德等十余万攻章丘[2]，须陀率步、骑二万击之，贼众大败。贼帅裴长才等众二万掩至城下，须陀未暇集兵，率五骑与战，贼竞赴之，围百余重，身中数创，勇气弥厉。会城中兵至，贼稍却，须陀督众击之，败走。郭方预等合军攻陷北海，大掠而去。须陀谓官属曰：“贼恃其强，谓我不能救，吾今速行，破之必矣！”乃简精兵，倍道进击，大破之。历城罗士信，年十四，从须陀击贼于潍水上。贼始布阵，士信驰至阵前，刺杀数人，斩一人首，掷空中，以槊承之，揭以略阵[3]。贼徒愕眙[4]，莫敢近。须陀因引兵奋击，贼众大溃。须陀叹赏，引置左右。每战，须陀先登，士信为副。

夏，四月，帝渡辽水，遣诸将击高丽车驾渡辽，遣宇文述与杨义臣趋平壤。王仁恭出扶余[5]道，进至新城，高丽兵数万拒战。仁恭率劲骑一千击破之，高丽婴城固守。帝命诸将攻辽东，听以便宜从事。飞楼、橦[6]、云梯、地道，四面俱进，昼夜不息，而高丽应变拒之二十余日，不拔，主、客死者甚众。

六月，楚公杨玄感起兵黎阳，围东都玄感骁勇，便[7]骑射，好读书，喜宾客，海内知名之士多与之游。蒲山公李密，弼之曾孙也，少有才略，志气雄

1　攻剽：侵扰劫夺。
2　章丘：古地名，位于今山东省济南市章丘区西北。
3　揭以略阵：挑着首级在阵前巡走。
4　愕眙：惊视。
5　扶余：古县名，治所即今吉林省四平市西一面城。
6　飞楼、橦：飞楼，攻城用的一种楼车。橦，战具，一个圆木头上周围钉上许多铁钉，用于城池防守。
7　便：熟习。

远，轻财好士，为左亲侍[1]。帝见之，谓宇文述曰："左仗下黑色小儿，瞻视[2]异常，勿令宿卫！"述乃讽密，使称病自免。密遂屏人事，专务读书。尝乘黄牛读《汉书》，杨素遇而异之，与语大悦，谓玄感等曰："汝等不及也。"由是玄感与为深交。时或侮之，密曰："若决机两阵之间，喑呜咄嗟[3]，使敌人震慑，密不如公；驱策天下贤俊，各申其用，公不如密。岂可以阶级[4]稍崇，而轻天下士大夫邪？"玄感笑而服之。素恃功骄倨，或失臣礼，帝心衔而不言。及素卒，谓近臣曰："使素不死，终当族灭。"玄感知之，内不自安，且以朝政日紊[5]，乃与诸弟潜谋作乱。帝方事征伐，玄感自言："世荷国恩，愿为将领。"帝喜，宠遇日隆，颇预朝政。至是，命玄感于黎阳督运，遂与虎贲郎将王仲伯、汲郡赞治[6]赵怀义等谋，故为逗遛，欲令诸军乏食。弟郎将玄纵、万石并从幸辽东，玄感潜召之，皆亡还。万石至高阳，为人所执，斩于涿郡。时来护儿以舟师自东莱将入海，趋平壤，玄感遣家奴伪为使者从东方来，诈称护儿反。六月，玄感入黎阳，大索男夫[7]，移书旁郡，以讨护儿为名，各令发兵，会于仓所[8]。以怀义为卫州刺史，元务本为黎州刺史，河内主簿唐祎为怀州刺史。御史游元督运在黎阳，玄感谓曰："独夫肆虐，陷身绝域，此天亡之时也。我今亲率义兵以诛无道，卿意如何？"元正色曰："尊公荷国宠灵，近古无比，公之弟兄，青紫[9]交映，当谓竭诚尽节，上答鸿恩。岂意坟土未干，亲图反噬[10]？仆有死而已，不敢闻命！"玄感怒而囚之，屡胁以兵，不能屈，乃杀之。元，明

1　亲侍：亲卫，属鹰扬府。
2　瞻视：顾盼，观看。
3　喑呜咄嗟：喑呜，怒喝。咄嗟，叱喝。
4　阶级：官的品位、等级。
5　紊：乱。
6　赞治：古官名，又称赞务、赞理，佐太守理郡务。
7　男夫：成年男子。
8　仓所：即黎阳仓。
9　青紫：古代高官印绶、服饰的颜色，"青紫"代表高官显爵。
10　反噬：反咬一口，背叛。

根之孙也。玄感选运夫[1]少壮者，得五千余人，篙梢[2]三千余人，刑三牲[3]誓众，且谕之曰："主上无道，不以百姓为念，天下骚扰，死辽东者以万计。今与君等起兵，以救兆民之弊，何如？"众皆踊跃称万岁，乃勒兵部分。唐祎逃归河内。先是，玄感阴遣召李密及弟玄挺。密至，玄感大喜，问计，密曰："天子出征，远在辽外，去幽州犹隔千里。公拥兵出其不意，长驱入蓟，扼其咽喉。高丽闻之，必蹑其后，不过旬日，资粮皆尽，其众不降则溃，可不战而擒，此上计也。"玄感曰："更言其次。"密曰："关中四塞，天府之国，虽有卫文昇，不足为意。今率众鼓行而西，经城勿攻，直取长安，收其豪杰，抚其士民，据险而守之。天子虽还，失其根本，可徐图也。"玄感曰："更言其次。"密曰："简兵倍道，袭取东都，以号令四方。但恐唐祎告之，先已固守。若引兵攻之，百日不克，天下之兵四面而至，非仆所知也。"玄感曰："不然。今百官家口并在东都，若先取之，足以动其心。且经城不拔，何以示威？公之下计，乃上策也。"遂引兵向洛阳，遣玄挺将千人为前锋，先取河内。唐祎据城拒守，又使人告东都越王侗等勒兵为备。玄感渡河，从者如市[4]。使弟积善将兵三千缘洛水西入，玄挺逾邙山南入，玄感将三千余人随其后。其兵皆执单刀、柳楯[5]，无弓矢、甲胄。东都遣河南[6]令达奚善意将精兵五千人拒积善，将作监[7]裴弘策将八千人拒玄挺。善意兵溃，铠仗皆为积善所取。弘策战败走，玄挺不追。弘策退收散兵，复结阵以待之。玄挺徐至，坐息[8]良久，忽起击之，弘策又败，如是五战，直抵太阳门。弘策将十余骑驰入宫城，余皆归于玄感。玄感每誓众曰："我身为上柱国，家累巨万金，至于富贵，无所求也。今不顾灭族者，但为天下解倒悬之急耳。"众皆悦。父老争献牛酒，子弟诣军门请自效者，日以千数。

1　运夫：搬运工。
2　篙梢：熟练的船工。
3　刑三牲：古时为了祭祀或盟约而杀牲畜猪、牛、羊。
4　从者如市：形容跟随的人多。
5　柳楯：柳条编的盾牌。
6　河南：古县名，治所位于今河南省洛阳市西涧水东岸。
7　将作监：古官名，将作大匠属官，掌营建等。
8　坐息：坐着休息。

内史舍人韦福嗣为玄感所获，使掌文翰，为书遗樊子盖，数帝罪恶，云：“欲废昏立明。”子盖新自外藩入为京官，东都旧官多慢之，至于部分军事，未甚承禀[1]。裴弘策失利，更使出战，不肯行，子盖斩以徇。于是将吏震肃，无敢仰视，令行禁止。玄感尽锐攻城，子盖随方拒守，玄感不能克。然达官子弟应募从军者，闻弘策死，皆不敢入城。韩擒虎子世咢等四十余人，皆降于玄感，玄感悉以亲要重任委之。收兵得五万余人，遣世咢围荥阳，顾觉取虎牢，以为郑州刺史。代王侑使卫文昇率兵救东都，至华阴，掘杨素冢，焚其骸骨，示士卒以必死，直趋东都城北。玄感屡破之。玄感身先士卒，所向摧陷，又善抚悦[2]其下，皆乐为致死。由是每战多捷，众至十万。文昇众寡不敌，死伤且尽，乃更进屯邙山之阳[3]，与玄感决战。会杨玄挺中流矢死，玄感军乃稍却。

帝引军还，遣宇文述、来护儿等击杨玄感辽东城久不拔，帝遣造布囊百万，贮土，欲积于大道，高与城齐，使战士登而攻之。又作八轮楼车，高出于城，欲俯射城内。会杨玄感反书至，帝大惧，引苏威入帐中，谓曰：“此儿聪明，得无为患？”威曰：“玄感粗疏，必无所虑，但恐因此浸成乱阶耳。”帝又闻达官子弟皆在玄感所，益忧之。兵部侍郎斛斯政素与玄感通谋，内不自安，亡奔高丽。帝夜召诸将，使引军还，资械委弃，众心恟惧，无复部分。高丽觉之，然疑其诈，经二日，乃出兵追蹑，而不敢逼。帝遣虎贲郎将陈棱攻元务本于黎阳，又遣宇文述、屈突通乘传发兵以讨玄感。来护儿至东莱，闻玄感围东都，召诸将议旋军[4]救之。诸将咸以无敕，不宜擅还。护儿厉声曰：“洛阳被围，心腹之疾。高丽逆命[5]，犹疥癣耳。公家之事，知无不为，专擅在吾，不关诸人。有沮议[6]者，军法从事。”即日回军，令子弘、整驰驿奏闻。帝时还至涿郡，已敕护儿救东都，见弘、整甚悦。先是，将军李子雄坐事除名，从军自

1　承禀：禀告。
2　抚悦：亲近友好。
3　阳：山之南，水之北，谓之阳。
4　旋军：回师。
5　逆命：违抗命令。
6　沮议：非议，异议。

效，帝疑之，诏锁子雄送行在所。子雄杀使者，逃奔玄感。

秋，七月，余杭刘元进兵起元进手长尺余，臂垂过膝，自以相表非常，阴有异志。会帝再发三吴兵征高丽，三吴兵皆相谓曰："往岁天下全盛，吾辈父兄征高丽者犹太半不返，今已罢弊，复为此行，吾属无遗类矣！"由是多亡命。郡县捕之急，闻元进举兵，亡命者云集，旬月间众至数万。

杨玄感引兵趋潼关。八月，宇文述等追之，玄感败死杨玄感得韦福嗣，委以心膂，不复专任李密。福嗣每画策，皆持两端[1]。密揣知其意，谓玄感曰："福嗣原非同盟，实怀观望。明公听之，必为所误，请斩之。"玄感不听。密退谓所亲曰："楚公好反而不欲胜，吾属今为虏[2]矣。"李子雄劝玄感速称尊号，玄感以问密，密曰："兵起以来，虽复频捷，至于郡县，未有从者。东都守御尚强，天下救兵益至，公当挺身力战，早定关中，乃亟欲自尊，何示人不广也？"玄感笑而止。屈突通引军屯河阳，宇文述继之，子雄曰："通晓习兵事，若一得渡河，则胜负难决，不如分兵拒之。通不能济，则樊、卫失援。"玄感然之，将拒通。樊子盖知其谋，数击其营，玄感不得往。通济河，军于破陵[3]。玄感分为两军，西抗文昇，东拒通。子盖复出兵大战，玄感军屡败。子雄曰："援军益至，不可久留，不如直入关中，开永丰仓[4]以赈贫乏，三辅可指麾而定，据有府库，东面而争天下，亦霸王之业也。"会华阴诸杨请为乡导，玄感引兵西趋潼关。宇文述等诸军蹑之。至弘农宫，太守、蔡王智积曰："玄感闻大军将至，欲西图关中，若成其计，则难克也。当以计縻之，使不得进，不出一旬，可以成擒。"及玄感军至城下，智积登陴詈[5]之。玄感怒，留攻之。李密谏曰："公今诈众西入，军事贵速，况乃追兵将至，安可稽留？若前不得据关[6]，退无所守，大众一散，何以自全？"玄感不从，遂攻之，三日不拔，乃引

1 持两端：犹豫不决，或怀有二心。
2 虏：俘虏。
3 破陵：古地名，位于今河南省洛阳市孟津县东。
4 永丰仓：古粮仓名，位于今陕西省渭南市辖华阴市东北渭河入黄河处。
5 詈：骂。
6 据关：占据关隘。

而西。至阌乡，宇文述、卫文昇、来护儿、屈突通等军追及之。玄感布阵亘五十里，且战且行，一日三败，乃独与十余骑奔上洛。自度不免，谓积善曰："我不能受人戮辱[1]，汝可杀我！"积善抽刀斫杀之，因自刺，不死，追兵执之。

以唐公李渊为弘化留守[2]帝以弘化留守元弘嗣，斛斯政之亲也，遣卫尉少卿[3]李渊驰往执之，因代为留守。渊御众宽简，人多附之。帝以渊相表奇异，又名应图谶，忌之。未几，征诣行在所。渊遇疾未谒，其甥王氏在后宫，帝问曰："汝舅来何迟？"王氏以疾对，帝曰："可得死否？"渊闻之，惧，因纵酒、纳赂[4]以自晦[5]。

吴郡朱燮、晋陵管崇兵起燮涉猎经史，颇知兵法，为昆山县博士，与数十学生起兵，民苦役者赴之如归。崇志气倜傥，隐居常熟[6]，群盗相与奉之。时帝在涿郡，命虎牙郎将赵六儿将兵万人屯扬子[7]，以备南贼。崇遣将陆颉袭破其营，收其器械军资，众至十万。

杀杨玄感党与三万余人帝使大理卿郑善果、御史大夫裴蕴、刑部侍郎骨仪与留守樊子盖推[8]玄感党与，谓曰："玄感一呼而从者十万，益知天下人不欲多，多即相聚为盗耳。不尽加诛，无以惩后。"由是所杀三万余人，枉死者太半。玄感之围东都也，开仓赈给百姓，凡受米者，皆坑之于都城之南。玄感所善文士王胄，坐徙边，亡命，捕得，诛之。帝善属文，不欲人出其右。薛道衡死，帝曰："更能作'空梁落燕泥'否？"胄死，帝诵其佳句曰："'庭草无人随意绿'，复能作此语邪？"帝自负才学，每骄天下之士，

1　戮辱：受刑被辱。
2　弘化留守：弘化，古郡名，辖今甘肃省西峰、庆阳、环县、合水、华池等市县及陕西省志丹县西部。留守，皇帝出巡或亲征，命大臣督守京城，便宜行事，其陪京和行都则常设留守，多以地方长官兼任。
3　卫尉少卿：古官名，卫尉寺次官，协助卫尉卿掌供宫廷、祭祀、朝会的仪仗帷幕，通判本寺事务。
4　纳赂：收受贿赂。
5　自晦：自隐才能，不使声名彰著。
6　常熟：古县名，治所位于今江苏省苏州市辖常熟市南。
7　扬子：古县名，治所位于今江苏省扬州市邗江区南扬子桥附近。
8　推：审问，推究。

尝谓侍臣曰："天下皆谓朕承藉绪余[1]而有四海，设令朕与士大夫高选，亦当为天子。"谓秘书郎虞世南曰："我性不喜人谏，若位望通显[2]而谏以求名者，弥[3]所不耐。至于卑贱之士，虽少宽假，然卒不置之地上[4]。汝其知之！"世南，世基之弟也。

冬，十月，遣将军吐万绪击刘元进刘元进将渡江，会玄感败，朱燮、管崇共迎元进，推以为主，据吴郡，称天子，署置百官，毗陵[5]、东阳、会稽、建安豪杰多执长吏以应之。帝遣左屯卫大将军吐万绪、光禄大夫鱼俱罗将兵讨之。

十一月，将军冯孝慈击张金称，败死。

十二月，内史舍人韦福嗣等伏诛杨玄感之西也，韦福嗣亡诣东都归首。樊子盖得其书草，封以呈帝，帝命执送行在。李密亡命，为人所获，送东都。子盖锁送福嗣、密及杨积善、王仲伯等十余人诣高阳。密与仲伯等窃谋[6]亡去，悉使出其所赍金以示使者，曰："吾等死日，此金并留付公，幸用相瘗[7]，其余即皆报德。"使者许诺，防禁[8]渐弛。密请通市酒食[9]，每宴饮，喧哗竟夕，使者不以为意。行至魏郡石梁驿[10]，饮防守者皆醉，穿墙而逸。密呼福嗣，福嗣曰："我无罪，天子不过一面责我耳。"至高阳，帝以书草示福嗣，收付大理[11]。宇文述请为重法以肃[12]将来。十二月，就野外，缚诸应刑者于格上，使九品以上持兵斫、射，肢体糜碎。积善、福嗣仍加车裂。

---

1 承藉绪余：承藉，凭借。绪余，抽丝后留在蚕茧上的残丝，此借指先帝遗业。
2 位望通显：地位和声望都很显赫。通显，官位高、名声大。
3 弥：更加。
4 置之地上：意指让他有出头之日。
5 毗陵：古郡名，辖今江苏省镇江、常州、无锡、江阴、武进、丹阳等市县地。
6 窃谋：暗中策划。
7 幸用相瘗：请您用来埋葬我们。
8 防禁：防备禁戒。
9 通市酒食：通融去买酒菜。
10 石梁驿：古地名，位于今河南省安阳市附近。
11 大理：即大理寺。
12 肃：儆戒。

唐县[1]**、扶风妖人作乱，讨平之。**

吐万绪击刘元进，破之，管崇败死。诏征绪还，遣王世充代将。元进、朱燮皆败死刘元进攻丹杨[2]，吐万绪济江击破之。元进结栅拒绪，相持百余日。元进兵溃，夜遁保垒[3]，与朱燮、管崇等连营百余里。绪乘胜进击，复破之，斩崇。然百姓从乱者如归市[4]，贼败而复聚，其势益盛。绪以士卒疲弊，请息甲待来春，帝不悦。鱼俱罗亦以贼非岁月可平，潜迎诸子于洛。帝怒，有司希旨，奏绪怯懦，俱罗败衄[5]，俱罗坐斩，征绪诣行在。绪忧愤，道卒。帝更遣江都[6]丞王世充发淮南兵数万人讨元进。世充渡江，频战皆捷，元进、燮败死，余众降散。世充召降者于通玄寺瑞像[7]前，焚香为誓，约降者不杀。散者闻之，归首略尽，世充悉坑之，死者三万余人。由是余党复相聚为盗，官军不能讨，以至隋亡。帝以世充有将帅才，益加宠任。又诏凡为盗者，籍没其家。时群盗所在皆满，郡县官因之各专威福，生杀任情矣。

杜伏威起兵，掠江、淮章丘杜伏威与临济辅公祏为刎颈交，俱亡命为群盗。伏威年十六，每出则居前，入则殿后，由是其徒推以为帅。下邳苗海潮亦聚众为盗，伏威使公祏谓之曰："我与君同苦隋政，各举大义，力分势弱，常恐被擒，若合而为一，则可以敌隋矣。君能为主，吾当敬从；自揆[8]不堪，宜来听命。不则，一战以决雌雄。"海潮惧，即率其众降之。伏威转掠淮南。江都留守遣校尉宋颢讨之，伏威与战，佯败，引颢众入葭苇[9]中，因从上风纵火，颢众皆烧死。

1　唐县：古县名，治所位于今河北省保定市唐县东北。
2　丹杨：古郡名，辖今河南省沈丘县及淮阳县东部地。
3　保垒：据守在营垒中。
4　归市：趋向集市，形容人多而踊跃。
5　败衄：挫败损伤，多指战事失败。
6　江都：古郡名，辖今江苏省淮南江北地区及镇江、丹阳、句容，安徽省天长、全椒、滁州等县市地。
7　瑞像：佛教始祖释迦牟尼之像。
8　自揆：自己估量。
9　葭苇：芦苇。

甲戌**十年**（公元614年）

春，二月，征天下兵伐高丽。三月，帝如涿郡。秋，七月，次怀远镇。高丽遣使请降诏百僚议伐高丽，数日无敢言者，遂复征天下兵，百道俱进。三月，帝发高阳，士卒在道亡者相继。至临渝宫[1]，祃祭[2]，斩叛军者以衅鼓[3]，亦不能止。时天下已乱，所征兵多不至。高丽亦困弊。来护儿至卑奢城[4]，高丽举兵逆战，护儿击破之，将趋平壤。高丽王元惧，遣使乞降，囚送斛斯政。帝大悦，遣使持节召护儿还。护儿集众曰："大军三出，未能平贼，劳而无功，吾窃耻之。今高丽实困，以此众击之，不日可克。吾欲进兵径围平壤，取高元，献捷而归，不亦善乎？"答表[5]请行。长史崔君肃固争，护儿不可，曰："吾在阃外，事当专决。宁得高元，还而获谴[6]。舍此成功，所不能矣。"君肃告众曰："若违诏书，必当获罪。"诸将惧，俱请还，护儿乃奉诏。八月，帝班师。邯郸贼帅杨公卿率其党八千人抄驾后第八队，得飞黄上厩马四十二匹而去。

冬，十月，还西京以高丽使者及斛斯政告太庙。仍征高丽王元入朝，元竟不至。敕将帅严装[7]，更图后举，竟不果行。初，开皇之末，国家殷盛，朝野皆以高丽为意，刘炫独以为不可，作《抚夷论》以刺之，至是，其言始验。杀斛斯政，烹其肉，使百官啖之，佞者或啖之至饱。

十一月，祀南郊，大风有事于南郊，帝不斋于次[8]。诘朝，备法驾，至即行礼。是日，大风。一献礼毕，御马疾驱而归。

胡氏曰：董子[9]有言："自非大无道之君，天必扶持而安全之，故时出灾异

1　临渝宫：隋行宫名，位于今河北省秦皇岛市抚宁区东榆关乡。
2　祃祭：古代出兵，于军队所止处举行的祭礼。
3　衅鼓：古代战争时，杀人或杀牲以血涂鼓行祭。
4　卑奢城：古地名，一作卑沙城，隋属高句丽，位于今辽宁省大连市东北大黑山（大和尚山）山城。
5　答表：臣下用以回覆帝王诏命的表章。
6　获谴：受到责罚。
7　严装：整理行装。
8　不斋于次：不在住宿的地方进行斋戒。
9　董子：即董仲舒。

以儆戒之，至于再，至于三，而犹不悛，然后改命有德。”若隋炀十有四年之间，无复灾异之变，盖其夺宗为储，是日四海地震，天既以告文帝而不知戒焉，则亦已矣。天意若曰：“罪恶如炀者，非所告也。”中间山东、河南大水，底柱偃河逆流，则是征兵远伐，山东盗起，人心愁怨，侵迫阴阳之应尔。或曰：“使炀而知惧，罢兵修政，可有瘳乎？”曰：“罪有轻重，恶有大小。恶轻罪小，悔而改往，圣人所许也。五刑之属三千，而无弑父之条，是不孝不足以尽之，而炀也犯焉。纵使息役罢兵，省德修政，是一杯水不足以救一车薪之火，亦无全而归之之理矣。至是，郊而大风，正与慕容超同符，盖天动威以绝之也。”

离石胡刘苗王兵起众至数万。

汲郡王德仁起兵据林虑山拥众数万。

十二月，帝如东都，杀太史令庾质帝将如东都，太史令庾质谏曰：“比岁伐辽，民实劳弊。陛下宜镇抚关内，使百姓尽力农桑，三五年间，四海稍丰实，然后巡省[1]，于事为宜。”帝不悦。质辞疾不从，帝怒，下质狱，杀之。

齐郡孟让兵掠盱眙，王世充击破之孟让自长白山寇掠诸郡，至盱眙，众十余万，据都梁宫[2]，阻淮为固。江都丞王世充将兵拒之，栅塞险要，羸形示弱。民间亦皆结堡自固，野无所掠，贼众渐馁，乃留兵围栅，分人于南方抄掠。世充伺其懈，纵兵出击，大破之，让遁去。

以张须陀为河南讨捕大使齐郡贼帅左孝友众十万屯蹲狗山[3]，张须陀列营逼之，孝友窘迫出降。须陀威振东夏，以功迁通守[4]，领河南道十二郡黜陟讨捕大使。涿郡贼帅卢明月众十余万，军祝阿，须陀将万人邀之。相持十余日，粮尽，将退，谓将士曰：“贼见吾退，必悉众来追，若以千人袭据其营，可有大

1　巡省：巡行视察。
2　都梁宫：隋行宫名，位于今江苏省淮安市盱眙县南都梁山上。
3　蹲狗山：古山名，又称蹲犬山，位于今山东省烟台市辖龙口市东南，因山形似犬蹲，故名。
4　通守：古官名，佐理郡务，职位略低于太守。

利。此诚危事，谁能往者？”众莫对，唯罗士信及秦叔宝请行。于是须陀委栅[1]而遁，使二人分将千兵，伏葭苇中。明月悉众追之，士信、叔宝驰至其栅，栅门闭，二人超升其楼[2]，各杀数人，营中大乱。二人斩关以纳外兵，因纵火焚其三十余栅，烟焰张天。明月奔还，须陀回军奋击，大破之。明月以数百骑遁去，所俘、斩无算[3]。

乙亥**十一年**（公元615年）

春，正月，增秘书省官百二十员帝好读书著述，自为扬州总管，置王府学士至百人，常令修撰，自经术、文章、兵、农、地理、医、卜、释、道，乃至蒱博、鹰狗，皆为新书，无不精洽[4]，共成万七千余卷。初，西京嘉则殿有书三十七万卷，帝命秘书监柳顾言等诠次[5]，除其复重猥杂[6]，得三万七千余卷，纳于东都修文殿。又写五十副本，分置西京、东都宫、省、官府。

二月，诏村坞[7]皆筑城。

上谷王须拔、魏刀儿兵起上谷贼帅王须拔自称“漫天王”，魏刀儿自称“历山飞”，众各十余万，北连突厥，南寇燕赵。

杀郕公李浑，夷其族初，高祖梦洪水没都城，意恶之，故迁都大兴[8]。申公李穆薨，孙筠袭爵。叔父浑忿其吝啬，使兄子善衡杀之，而谓妻兄宇文述曰：“若得绍封，当岁奉国赋之半。”述为之言，得为嗣。二岁后，遂不复以国赋与述，述大恨之。至是，累官大将军，改封郕公。帝以其门族强盛，忌之。会有方士言“李氏当为天子”，劝帝尽诛李姓。浑从子、将作监敏，小名洪儿，帝疑其名应谶，当面告之，冀其引决。敏大惧，数与浑及善衡屏人私语。述谮

1 委栅：放弃营栅。
2 超升其楼：意指爬过栅栏上到寨楼。
3 无算：无法算计，形容数目多。
4 精洽：精深广博。
5 诠次：选择和编排。诠，通“铨”。
6 猥杂：繁杂，杂乱。
7 村坞：村庄。
8 大兴：古地名，隋文帝杨坚于汉长安城东南营建的新都，故址即今陕西省西安市。

之于帝，遣郎将裴仁基表告[1]浑反。帝收浑等，遣裴蕴等杂治之，数日，不得反状。帝更遣述。述诱教敏妻为表，诬告浑谋，因渡辽，与子弟袭御营，立敏为天子，持入奏之。杀浑、敏、善衡及宗族三十二人，敏妻亦鸩死。

孔雀集朝堂，百官称贺有二孔雀自西苑飞集朝堂，亲卫校尉高德儒等十余人见之，奏以为鸾。时孔雀已去，无可得验，于是百官称贺。拜德儒朝散大夫[2]，赐物百段。

夏，四月，帝如汾阳宫[3]。

以李渊为山西、河东抚慰大使以渊承制黜陟，讨捕群盗。渊行至龙门，击贼帅毋端儿，破之。

秋，八月，帝巡北边。突厥始毕可汗入寇。帝入雁门，始毕围之，九月乃解初，裴矩以突厥始毕可汗部众渐盛，献策分其势，欲以宗女[4]嫁其弟叱吉设，拜为南面可汗。叱吉不敢受，始毕闻而渐怨。突厥之臣史蜀胡悉多谋略，矩诈与为互市，诱杀之，遣使诏始毕曰："史蜀胡悉叛可汗来降，我已相为[5]斩之。"始毕由是不朝。八月，帝巡北边，始毕率骑数十万谋袭乘舆，义成公主先遣使者告变。车驾驰入雁门，齐王暕以后军保崞县[6]。突厥围雁门，城中兵民十五万口，食仅可支二旬。雁门四十一城，突厥尽克之，唯雁门、崞不下。突厥急攻雁门，矢及御前，帝大惧，抱赵王杲而泣，目尽肿。宇文述劝帝简精锐溃围而出，苏威曰："城守则我有余力，轻骑乃彼之所长，陛下万乘之主，岂宜轻动？"尚书樊子盖曰："陛下乘危徼幸，一朝狼狈，悔之何及？不若据坚城以挫其锐，坐征四方兵使入援。陛下亲抚循士卒，谕以不复征辽，厚为勋格，必人人自奋，何忧不济？"内史侍郎萧瑀以为："突厥之俗，可贺敦

1　表告：上表举报。
2　朝散大夫：古官名，文职散官，正四品。
3　汾阳宫：隋行宫名，位于今山西省忻州市宁武县西南管涔山上。
4　宗女：君主同宗的女儿，即宗室之女。
5　相为：相助。
6　崞县：古县名，治所位于今山西省忻州市辖原平市北。

预知军谋，且义成公主以帝女嫁外夷，必恃大国之援。若使一介[1]告之，借使无益，庸有何损？又发明诏，谕将士以赦高丽，专讨突厥，则众心皆安，人自为战矣。”瑀，皇后之弟也。虞世基亦以是劝帝，帝从之。帝亲巡将士，谓之曰：“努力击贼，苟能保全，凡在行阵[2]，勿忧富贵，必不使有司弄刀笔，破汝勋劳。”乃下令：“守城有功者，无官直除六品，有官以次增益。”于是众皆踊跃，昼夜拒战。又诏天下募兵，守、令竞来赴难。李渊之子世民，年十六，应募，隶屯卫将军云定兴，说之曰：“始毕敢举兵围天子，必谓我仓猝不能赴援故也。宜昼则引旌旗，令数十里不绝，夜则钲鼓相应，虏必谓救兵大至，望风遁去。”定兴从之。帝遣间使求救于义成公主，公主遣使告始毕云：“北边有急。”诸郡援兵亦至。九月，始毕解围去。帝遣骑追蹑[3]，得老弱二千余人而还。

冬，十月，帝还东都车驾还至太原。苏威曰：“今盗贼不息，士马疲弊，愿陛下亟还西京，深根固本，为社稷计。”帝初然之，宇文述曰：“从官妻子多在东都，宜向洛阳，自潼关入。”帝从之。既至东都，顾眄街衢[4]，谓侍臣曰：“犹大有人在。”意谓平杨玄感，杀人尚少故也。苏威追论勋格太重，宜加斟酌，樊子盖固请，以为不宜失信，帝曰：“公欲收物情邪？”子盖惧，不敢对。帝性吝官赏[5]，初平杨玄感，应授勋者多，乃更置戎秩[6]：建节、奋武、宣惠、绥德、怀仁、秉义、奉诚、立信等尉。将士守雁门者万七千人，至是得勋者才千五百人，一战得第一勋者进一阶，先无戎秩者止得立信尉，无勋者四战进一阶。又议伐高丽，由是将士愤怨。初，萧瑀以外戚有才行，得掌机务。瑀性刚鲠[7]，数言事忤旨，帝渐疏之。及雁门围解，帝谓群臣曰：“突厥狂悖，势何能为？萧瑀遽相恐动，情不可恕！”候卫将军杨子崇从至汾阳，知突厥必为寇，

1　介：使者，传宾主之言的人。
2　行阵：军队行列。
3　追蹑：追寻踪迹。
4　街衢：大路，四通八达的道路。
5　官赏：对官吏的赏赐。
6　戎秩：武职。
7　刚鲠：刚强正直。

屡请早还，不纳。至是，怒之曰："子崇怯懦，惊动众心，不可居爪牙官[1]。"皆出为郡守。

诏江都更造龙舟杨玄感之乱，龙舟皆焚。诏江都更造数千艘，制度仍大于旧者。

东海李子通据海陵[2]子通有勇力，先依长白山贼帅左才相。群盗皆残忍，而子通独宽仁，由是人多归之。未半岁，有众万人，才相忌之。子通引去，渡淮，与杜伏威合。伏威选军中壮士养为假子，凡三十余人，济阴王雄诞、临济阚棱为之冠。既而子通谋杀伏威，遣兵袭之。伏威被创，雄诞负之以逃，收散兵，复振。将军来整又击子通，破之。子通率其余众奔海陵，复收兵，得二万人。

城父[3]**朱粲兵起**粲始为县佐史，从军，亡命，聚众为盗，谓之"可达寒贼"，自称迦楼罗王，众至十余万，引兵转掠荆、沔及山南郡县，所过噍类无遗。

十二月，李渊击敬盘陀等，降之诏樊子盖发关中兵数万，击绛[4]贼敬盘陀等，自汾北村坞尽焚之，贼有降者皆坑之。百姓怨愤，益相聚为盗。诏以李渊代之。有降者，渊引置左右，由是贼众多降。

丙子**十二年**（公元616年）

楚帝林士弘太平元年。

春，正月，分遣使者发兵击诸起兵者朝集使不至者二十余郡，始议分遣使者十二道，发兵讨捕盗贼。

1　爪牙官：心腹武将。
2　海陵：古县名，治所即今江苏省泰州市。
3　城父：古县名，治所位于今安徽省亳州市东南城父集。
4　绛：绛郡，古郡名，辖今山西省襄汾、翼城、稷山、新绛、曲沃、绛县、闻喜、垣曲等县地。

作毗陵宫[1]诏毗陵通守集十郡兵数万人，于郡东南起宫苑，周围十二里，内为十六离宫，大抵仿东都西苑之制，而奇丽过之。

三月，宴群臣于西苑上巳，帝与群臣饮于西苑水上，命学士采古水事七十二，以木为之[2]，间以妓航[3]、酒船，人物自动，能成音曲。

张金称击破平恩[4]**等郡县**金称比诸贼尤残暴，所过民无孑遗。

夏，四月，大业殿火大业殿西院火，帝以为盗起，惊走，匿草间，火定乃还。帝自八年以后，每夜眠中恒惊悸[5]，云有贼，令数妇人摇、抚乃得眠。

魏刀儿将甄翟儿攻太原，将军潘长文战死。

五月朔，日食，既[6]。

除纳言苏威名帝问侍臣盗贼，翊卫大将军宇文述曰："渐少。"纳言苏威引身隐柱，帝呼问之，对曰："臣非所司，不委多少，但患渐近[7]。"帝曰："何谓也？"威曰："他日贼据长白山，今近在汜水。且往日租赋、丁役，今皆何在？岂非其人皆化为盗乎？比见奏贼皆不实，遂使失于支计[8]，不时翦除[9]。又昔在雁门，许罢征辽，今复征发，贼何由息？"帝不悦。属[10]五月五日，百僚多馈珍玩，威独献《尚书》。或谮之曰："《尚书》有《五子之歌》，威意甚不逊。"帝益怒。顷之，帝问威以伐高丽事，威欲帝知天下多盗，对曰："今兹之役，愿不发兵，但赦群盗，自可得数十万，遣之东征，高丽可灭。"帝不怿。威出，裴蕴奏曰："此大不逊！天下何处有许多贼？"帝曰："老革[11]多奸，

1　毗陵宫：隋行宫名，位于今江苏省常州市东南。
2　命学士采古水事七十二，以木为之：命令学士收集古代七十二个关于水的故事，让人依故事用木头制成木雕。
3　妓航：女妓乘坐的船。
4　平恩：古县名，治所位于今河北省邯郸市曲周县东南。
5　惊悸：因惊慌而心跳得厉害。
6　既：食尽，即日全食或月全食。
7　臣非所司，不委多少，但患渐近：我不是管这方面的，不清楚有多少盗贼，但贼患距京城越来越近。
8　支计：筹划。
9　不时翦除：不能及时地加以剿灭。
10　属：系，是。
11　老革：老兵。多用为詈词。

以贼胁我。欲批[1]其口，且复隐忍。”蕴知帝意，遣河南白衣张行本奏：“威昔典选，滥授人官。”按验，狱成，诏除名为民。后月余，复有奏威与突厥阴图不轨者，蕴处威死。威无以自明，但摧谢[2]而已。帝悯而释之，遂并其子孙皆除名。

秋，七月，帝如江都，命越王侗留守。杀谏者任宗、崔民象、王爱仁江都龙舟成，送东都。宇文述劝幸江都，帝从之。将军赵才谏曰：“今百姓疲劳，府藏空竭，盗贼蜂起，禁令不行，愿陛下还京师，安兆庶。”帝大怒，以属吏，旬日出之。朝臣皆不欲行，无敢谏者。建节尉[3]任宗上书极谏，即日于朝堂杖杀之。遂幸江都，命越王侗与光禄大夫段达、太府卿元文都、民部尚书韦津、右武卫将军皇甫无逸、右司郎[4]卢楚等总留后[5]事。帝以诗留别宫人曰：“我梦江都好，征辽亦偶然。”奉信郎[6]崔民象以盗贼充斥，于建国门上表谏，帝大怒，先解其颐[7]，然后斩之。虞世基以盗贼充斥，请发兵屯洛口仓，帝曰：“卿是书生，定犹恇怯。”敕移箕山、公路二府于仓内，仍令筑城以备不虞。至汜水，奉信郎王爱仁复上表请还西京，斩之。至梁郡，郡人邀驾上书曰：“陛下若遂幸江都，天下非陛下之有！”又斩之。

遣光禄大夫陈棱击李子通等，败之时李子通据海陵，左才相掠淮北，杜伏威屯六合，众各数万。帝遣棱将宿卫精兵八千讨之，往往克捷。

冬，十月，许公宇文述卒初，述子化及、智及皆无赖。化及事帝于东宫，帝宠昵[8]之，从幸榆林，化及、智及冒禁[9]与突厥交市。帝怒，将斩之，既

1　批：用手掌打。
2　摧谢：受挫折而谢过。
3　建节尉：古官名，武职散官，八尉之一，正六品。
4　右司郎：古官名，为尚书右丞副贰，协掌尚书都省事务，监管兵、刑、工部诸司政务，举稽违、署符目、知直宿，位在诸司郎中之上。
5　留后：帝王离京后留在京师总摄政事。
6　奉信郎：古官名，为散从郎，量事大小，受命出使，隶谒者台。
7　颐：下巴。
8　宠昵：宠爱亲近。
9　冒禁：违犯禁令。

而释之，赐述为奴。述卒，帝复以化及为右屯卫将军，智及为将作少监[1]。

翟让、李密起兵，攻荥阳。张须陀击之，败死李密之亡也，往依郝孝德。孝德不礼之，又入王薄。薄亦不之奇也。密困乏[2]，变姓名，聚徒教授。郡县疑而捕之，密亡去，抵其妹夫雍丘令丘君明。君明转寄于游侠王秀才家，为君明从侄[3]怀义所告。帝令怀义与梁郡通守杨汪捕之。汪遣兵围秀才宅，值密出外，获免。韦城[4]翟让为东都法曹[5]，坐事当斩。狱吏黄君汉奇其骁勇，夜谓让曰："天时人事，抑[6]亦可知，岂能守死狱中乎？"让惊喜叩头，君汉即破械[7]出之。让再拜曰："让蒙再生之恩则幸矣，奈曹主[8]何？"因泣下。君汉怒曰："本以公为大丈夫，可救生民之命，故不顾其死以奉脱[9]，奈何反效儿女子涕泣相谢乎？君但努力自免，勿忧吾也。"让遂亡命于瓦岗[10]为群盗。同郡单雄信骁健，善马槊[11]，聚少年往从之。离狐[12]徐世勣年十七，有勇略，说让曰："东郡于公与勣，皆为乡里，人多相识，不宜侵掠。荥阳、梁郡，汴水所经，剽行舟、商旅，足以自资。"让然之，引众入二郡界，掠公私船，资用丰给，附者益众，至万余人。时又有外黄王当仁、济阳[13]王伯当、韦城周文举、雍丘李公逸等皆拥众为盗。李密自雍丘亡命，往来诸帅间，说以取天下之策，始皆不信，久之，稍以为然，相谓曰："今人皆云杨氏将灭，李氏将兴。吾闻王者不死，斯人再三获济[14]，岂非其人？"由是渐敬密。密察诸帅，唯翟让最强，乃因王伯当

1 将作少监：古官名，将作监次官。
2 困乏：贫困，困难。
3 从侄：堂房侄子。
4 韦城：古县名，治所位于今河南省滑县东南，因地处韦氏之国，故名韦城。
5 法曹：古官名，掌管刑法、狱讼等事。
6 抑：用在句首，无义。
7 破械：砸开枷锁等刑具。
8 曹主：谓机构的负责人或主持者，此处代指黄君汉。
9 奉脱：帮你脱逃。
10 瓦岗：古地名，又称瓦岗集，位于今河南省滑县东南瓦岗寨乡。
11 马槊：古代在马上使用的长矛。
12 离狐：古县名，治所位于今河南省濮阳市东南。相传初置县于濮水南，常为神狐穿穴，遂移濮水北，故名离狐。
13 济阳：古县名，治所位于今河南省开封市兰考县东北。
14 获济：得到救助。

以见让，为让画策，往说诸小盗，皆下之，让悦。密因说让曰："刘、项皆起布衣为帝王。今主昏于上，民怨于下，锐兵尽于辽东，和亲绝于突厥，方乃巡游扬、越，委弃东都，此亦刘、项奋起之会也。以足下雄才大略，士马精锐，席卷二京，诛灭暴虐，隋氏不足亡也。"让谢曰："吾侪[1]群盗，偷生草间，君言非所及也。"有李玄英者，自东郡逃来，经历诸贼，求访李密，云："斯人当代隋家。"人问其故，玄英言："比来民间谣歌曰：'桃李子，皇后绕扬州，宛转花园里。勿浪语，谁道许！''桃李子'，谓逃亡者李氏之子也；'莫浪语，谁道许'者，密也。"既与密遇，遂委身事之。前宋城[2]尉房彦藻自负其才，恨不为时用，预于杨玄感之谋，变姓名亡命，遇密，遂与俱游汉、沔，遍入诸贼，说其豪杰。还日，从者数百人，仍为游客，处于让营。让见密为豪杰所归，欲从其计，犹豫未决。有贾雄者，晓阴阳占候，言无不用，密深结之，使托术数以说让。让果以密言问之，对曰："吉不可言。然公自立恐未必成，若立斯人，事无不济。"让然之。密因说让曰："今四海糜沸[3]，不得耕耘，公士众虽多，食无仓廪，唯资野掠，常苦不给，若旷日持久，加以大敌临之，必涣然离散。未若先取荥阳，休兵馆谷[4]，待士马肥充[5]，然后与人争利。"让从之。于是攻荥阳诸县，多下之。帝徙张须陀为荥阳通守以讨之。让向数为须陀所败，闻其来，大惧，将避之。密曰："须陀勇而无谋，兵又骤胜，既骄且狠，可一战擒也。"分兵千余人伏林间。须陀方阵而前，让与战，不利。须陀乘之，逐北十余里。密发伏掩之，须陀兵败。密与让及徐世勣、王伯当合军围之，须陀战死，部兵号泣，数日不止，河南郡县为之丧气。诏以裴仁基代领其众，徙镇虎牢。让乃令密建牙，别统所部，号蒲山公营。密部分严整，躬服俭素，所得金宝，悉颁赐麾下，由是人为之用。然麾下多为让士卒所陵辱[6]，亦不敢报也。让

1　吾侪：我们这些人。
2　宋城：古县名，治所位于今河南省商丘市睢阳区南。
3　糜沸：比喻世事混乱之甚，如糜粥之沸于釜中。
4　馆谷：居其馆，食其谷。代指驻军就食。
5　肥充：体肥肉充。
6　陵辱：欺凌侮辱。

谓密曰："今资粮粗足，意欲还向瓦岗，公若不往，唯公所适，让从此别矣。"乃率辎重东引。密亦西行，至康城[1]，说下数城，大获资储。让寻悔之，复引兵从密。

十二月，鄱阳林士弘称楚帝，据江南鄱阳贼帅操师乞自称元兴王，攻陷豫章郡，以其乡人林士弘为大将军。诏治书侍御史刘子翊将兵讨杀之。士弘代统其众，与子翊战，杀子翊，兵遂大振，至十余万人。自称皇帝，国号楚，建元"太平"。豪杰争杀隋守、令，以郡县应之。北自九江，南及番禺，皆为所有。

以李渊为太原留守，击甄翟儿，破之诏以李渊为太原留守，以郎将王威、高君雅为之副。将兵讨甄翟儿，遇于雀鼠谷[2]。渊众才数千，贼围数匝，李世民将精兵救之，拔渊于万众之中。会步兵至，合击，大破之。

蔡王智积卒帝疏薄[3]骨肉，智积每不自安。及病，不呼医。临终，谓所亲曰："吾今日始知得保首领没于地矣！"

太仆杨义臣击张金称、高士达，斩之。窦建德收其众，取饶阳。诏罢义臣兵群盗寇掠河北，屠陷[4]郡县。隋将帅败亡相继，唯虎贲中郎将王辩、清河郡丞杨善会数有功。善会前后七百余战，未尝负败。至是，太仆杨义臣讨张金称。义臣引兵据永济渠为营，去金称营四十里，深沟高垒，不与战。金称日引兵至，义臣勒兵擐甲，约与之战，既而不出。如是月余，金称以为怯，屡逼其营詈辱之，义臣乃谓曰："汝明旦来，我当必战！"金称易之，不复设备。义臣简精骑二千，夜自馆陶济河，伺金称离营，即入击其累重。金称引还，义臣从后击之。金称大败，与左右逃于清河之东。月余，杨善会擒杀之。诏以善会为清河通守。时涿郡通守郭绚将兵讨高士达。士达自以才略不及窦建德，乃进建德为军司马，悉以兵授之。建德请士达守辎重，自简精兵拒绚。诈为与

1　康城：古县名，治所位于今河南省禹州市西北。
2　雀鼠谷：古地名，即今山西省介休市西南、霍州市以北的汾河河谷。
3　疏薄：疏远淡薄。
4　屠陷：屠杀攻陷。

士达有隙而叛，遣人请降于绚，愿为前驱自效。绚引兵随之，至长河[1]，建德袭之，杀数千人，斩绚首。张金称余众皆归建德。杨义臣乘胜欲讨之，建德谓士达曰："历观隋将善用兵者，无如义臣，今灭张金称而来，其锋不可当。请引兵避之，使其欲战不得，坐费岁月，将士疲倦，然后乘间击之，乃可破也。不然，恐非公之敌。"士达不从，留建德守营，自率精兵逆击义臣，战小胜，因纵酒高宴[2]。建德闻之，曰："东海公未能破敌，遽自矜大，祸至不久矣。"后五日，义臣大破士达，斩之，其兵皆溃。建德与百余骑亡去，至饶阳，乘其无备，攻陷之，收兵，得三千余人。义臣以为建德不足忧，引去。建德还平原，收散兵，葬死者，为士达发丧，军复大振，自称"将军"。先是，群盗得隋官及士族子弟，皆杀之，独建德善遇之，由是隋官稍以城降之，声势日盛，胜兵至十余万人。内史郎虞世基以帝恶闻贼盗，诸将有告败求救者，皆不以闻，或杖其使者，以为妄言，由是盗贼遍海内，帝皆弗之知。杨义臣破、降河北贼数十万，列状上闻，帝叹曰："我初不闻贼顿[3]如此，义臣降贼何多也？"世基对曰："小窃虽多，未足为虑，义臣克之，拥兵不少，久在阃外，此最非宜。"帝曰："卿言是也。"遽追义臣，放散其兵，贼由是复盛。治书侍御史韦云起劾奏："世基及御史大夫裴蕴职典枢要，四方告变，不为奏闻，贼多言少，致发兵不多，往皆不克，故使官军失利，贼党日滋。请付有司，结正[4]其罪。"大理卿[5]郑善果奏："云起言不实。"左迁大理司直[6]。

帝至江都帝至江都，江、淮郡官谒见者，专问礼饷[7]丰薄，丰则超迁，薄则停解。江都郡丞王世充献铜镜屏风，迁通守；历阳郡丞赵元楷献异味，迁江都郡丞。由是郡县竞务刻剥，以充贡献。民外为盗贼所掠，内为郡县所赋，生

1　长河：古县名，治所位于今山东省德州市东。
2　高宴：盛大的宴会。
3　顿：立刻，忽然。
4　结正：定案判决。
5　大理卿：古官名，大理寺最高长官，掌邦国折狱详刑之事。
6　大理司直：古官名，大理寺属官，掌出使推按。
7　礼饷：馈赠的礼物。

计无遗，加之饥馑，民始采树皮叶，或捣藁[1]、煮土而食之，诸物皆尽，乃自相食，而官仓犹充牣，吏皆畏法，莫敢赈救[2]。王世充密为帝简阅江、淮民间美女献之，由是益有宠。

遣江都通守王世充击河间格谦，斩之。谦党高开道收其众，掠燕地 谦拥众十余万，据豆子䴚，自称燕王。帝命王世充将兵讨斩之。谦将高开道收余众，寇掠燕地，军势复振。

虎贲郎将罗艺起兵涿郡 初，帝谋伐高丽，器械资储，皆积于涿郡。又临朔宫多珍宝，诸贼竞来侵掠。留守官不能拒，唯虎贲郎将罗艺独出战，前后破贼甚众。将作乱，先宣言以激其众曰："吾辈讨贼数有功，城中仓库山积，制[3]在留守之官，而莫肯散施以济贫乏，将何以劝将士？"众皆愤怨。军还，郡丞出城候艺。艺因执之，陈兵而入，发库物[4]以赐战士，开仓廪以赈贫乏，境内咸悦。杀勃海太守唐祎等数人，柳城、怀远[5]并归之。艺自称幽州总管，改柳城郡为营州，以邓暠为总管。

诏李渊击突厥 突厥数寇北边，诏李渊与马邑[6]太守王仁恭击之。时突厥方强，两军不满五千，渊选善骑射者二千人，使之饮食、舍止一如突厥。或与突厥遇，则伺便[7]击之，前后屡捷。

丁丑**十三年**（公元617年）

恭帝侑义宁元年。长乐王窦建德丁丑元年。魏公李密元年。定杨可汗刘武周天兴元年。梁王梁师都永隆元年。秦主薛举秦兴元年。梁王萧铣鸣凤元年。

---

1 捣藁：把藁草捣成粉末。
2 赈救：赈济救助。
3 制：主管。
4 库物：仓库里的物资。
5 柳城、怀远：柳城郡、怀远镇。柳城，古郡名，辖今河北省山海关以东，辽宁省大小凌河流域、锦州、朝阳以西地区。
6 马邑：古郡名，辖今山西省五寨县和恒山以北，内蒙古岱海、黄旗海以南地区。
7 伺便：等待合适的时机。

○是岁，并楚凡八国。

春，正月，陈棱讨杜伏威，败绩。伏威遂据历阳棱讨杜伏威，伏威率众拒之。棱闭壁不战，伏威遗以妇人之服，谓之“陈姥”。棱怒，出战，伏威奋击，大破之。乘胜破高邮[1]，引兵据历阳，自称总管，以辅公祏为长史，分遣诸将徇属县，所至辄下，江、淮间小盗争附之。伏威常选敢死之士五千人，谓之“上募”，宠遇甚厚。有攻战，令先击之，战罢阅视，有伤在背者即杀之。所获资财，皆以赏军。士有战死者，以妻妾殉葬，故人自为战，所向无敌。

窦建德称长乐王。

鲁郡徐圆朗兵起圆朗攻陷东平，分兵略地，自琅邪以西，北至东平，尽有之，胜兵二万余人。

卢明月掠河南，遣王世充击斩之明月转掠河南，至于淮北，众号四十万。帝命王世充讨之，战于南阳，大破之。斩明月，余众皆散。

二月，马邑校尉刘武周、朔方郎将梁师都各据郡起兵马邑太守王仁恭多受货赂，不能赈施。郡人刘武周骁勇，喜任侠，为鹰扬府校尉，仁恭甚亲厚之，令率亲兵屯阁下[2]。武周与仁恭侍儿[3]私通，恐事泄，谋乱，先宣言曰：“今百姓饥馑，僵尸满道，王府君闭仓不赈恤，岂为民父母之意乎？”众皆愤怒。武周称疾卧家，豪杰来候问，武周椎牛纵酒，因大言曰：“壮士岂能坐待沟壑？今仓粟烂积，谁能与我共取之？”豪杰皆许诺。武周入谒仁恭，其党随入，斩仁恭，持其首出徇，郡中无敢动者。于是开仓以赈饥民，驰檄境内，收兵，得万余人。遣使附于突厥。师都亦杀郡丞，据郡附突厥。

翟让、李密据兴洛仓[4]，击败东都兵。让推密称魏公，略取[5]河南诸郡李密说翟让曰：“今东都空虚，越王冲幼，政令不一，士民离心。段达、元文

1　高邮：古县名，治所即今江苏省扬州市辖高邮市。
2　阁下：指太守官署内。
3　侍儿：侍妾，姬妾。
4　兴洛仓：古粮仓名，即洛口仓，位于今河南省郑州市辖巩义市东北。
5　略取：夺取。

都暗而无谋，以仆料之，彼非将军之敌。若将军能用仆计，天下可指麾而定也。”乃遣其党觇东都虚实，留守官司觉之，始为守备，驰告江都。密曰：“事势如此，不可不发。今百姓饥馑，洛口仓多积粟，将军若亲行掩袭，彼未能救，取之如拾遗[1]耳。发粟以赈穷乏，远近孰不归附？百万之众，一朝可集，枕威养锐[2]，以逸待劳，纵彼能来，吾有备矣。然后檄召四方，引贤豪[3]而资计策，选骁悍而授兵柄，除亡隋之社稷，布将军之政令，岂不盛哉？”让曰：“此英雄之略，非仆所堪，惟君之命，尽力从事。”于是密、让将精兵七千人出阳城，袭兴洛仓，开仓恣民所取，老弱襁负相属。时德睿以尉氏应密，祖君彦往归之。君彦，珽之子也，博学强记，文辞赡敏[4]，薛道衡尝荐之于高祖，高祖曰：“是歌杀斛律明月人儿邪？朕不须此辈。”帝即位，尤疾其名，调宿城[5]令。君彦恒郁郁思乱，密得之喜，引为上客。越王侗遣郎将刘长恭率步、骑二万讨密，而使河南讨捕使裴仁基等自汜水西入以掩其后。时东都人皆以密为饥贼盗米，乌合易破，争来应募，衣服鲜华[6]，旗鼓甚盛，陈于石子河[7]西。密、让选骁雄，分为十队，令四队伏岭下以待仁基，以六队陈于石子河东。长恭等见密兵少，轻之。让先接战，不利，密率麾下横冲之，隋兵大败，死者什五六。密、让威声大振。让于是推密为主，号魏公，称“元年”，其文书行下，称“行军元帅府”。拜让司徒，单雄信、徐世勣为大将军，各领所部。房彦藻、邴元真为长史，祖君彦为记室。于是赵、魏以南，江、淮以北，群盗莫不响应，悉拜官爵，使各领其众，置百营簿以领之，众至数十万。乃广筑洛口城，周四十里而居之。遣彦藻将兵东略地，取安陆、汝南、淮安、济阳[8]，河南

1 拾遗：拾取别人失落的东西。
2 枕威养锐：养精蓄锐。
3 贤豪：贤士豪杰。
4 赡敏：形容词语丰富，文思敏捷。
5 宿城：古县名，治所位于今山东省泰安市东平县西南宿城。
6 鲜华：鲜艳华丽。
7 石子河：古水名，一名石泉河，位于今河南省郑州市辖巩义市东南。
8 安陆、汝南、淮安、济阳：均为古郡名。安陆，辖今湖北省安陆、云梦、应城等市县地。淮安，辖今河南省泌阳、桐柏、社旗三县。济阳，辖今河南省兰考县东部、山东省东明县南部。

郡县多陷于密。

三月，突厥立刘武周为定杨可汗，取楼烦[1]、定襄、雁门诸郡武周袭破楼烦郡，进取汾阳宫，获隋宫人，以赂突厥始毕可汗。始毕以马报之。兵势益振，又攻陷定襄。突厥立武周为定杨可汗，遗以狼头纛。武周即皇帝位，改元，以卫士杨伏念为左仆射，妹婿苑君璋为内史令。引兵围雁门，郡丞陈孝意悉力拒守，乘间出击，武周屡破之。既而外无救援，遣间使诣江都，皆不报。孝意誓以必死，旦暮[2]向诏敕库[3]俯伏流涕，悲动左右。百余日，食尽，校尉张伦杀孝意以降。

梁师都取雕阴[4]、弘化、延安[5]等郡，自称梁帝，引突厥寇边师都略定雕阴、弘化、延安等郡，遂即皇帝位，国号梁。始毕遗以狼头纛，号为大度毗伽可汗。师都乃引突厥居河南之地，攻破盐川郡[6]。

流人郭子和起兵榆林，突厥以为屋利设翊卫[7]郭子和坐事徙榆林。会郡中大饥，子和潜结敢死士十八人，执郡丞，数以不恤百姓，斩之，开仓赈施。自称永乐王，有二千余骑，南连梁师都，北附突厥。始毕以刘武周为定杨天子，梁师都为解事天子，子和为平杨天子。子和固辞，不敢当，乃更以为屋利设。

夏，四月，金城校尉薛举起兵陇西，自称西秦霸王举骁勇绝伦，家赀巨万，交结豪杰，雄于西边，为金城府校尉。时陇右盗起，金城[8]令郝瑗募兵，得数千人，使举将而讨之。方授甲，置酒飨士，举与其子仁杲及同党十三人，于座劫瑗发兵，开仓赈施，自称西秦霸王。招集群盗，掠官牧马。贼帅宗

1　楼烦：古郡名，辖今山西省静乐、保德、岢岚、兴县、岚县、定襄等县及忻州市地。
2　旦暮：朝夕。
3　诏敕库：存放皇帝诏书的府库。
4　雕阴：古郡名，辖今陕西省绥德、清涧、横山等县以北至边墙之地。
5　延安：古郡名，辖今陕西省延安、延川、宜川、志丹、子长、安塞等市县地。
6　盐川郡：古郡名，辖今陕西省定边县、宁夏盐池县和内蒙古鄂托克旗以南地。
7　翊卫：古官名，十二卫、太子左右卫率府所领翊卫府属官，甚受亲信，可宿卫内庑，号称内仗，为士大夫进身之途，皆用势官子弟。
8　金城：古县名，治所即今甘肃省兰州市。

罗睺率众归之。选精锐克枹罕。岷山羌酋钟利俗拥众二万归之，举兵大振。以仁杲为齐王，领东道行军元帅，少子仁越为晋王，兼河州刺史。罗睺为兴王，以副仁杲。未几，尽得陇西之地，众至十三万。

河南讨捕使裴仁基以虎牢降李密。密攻东都，入其郛李密以孟让为总管，使夜率步、骑入东都外郭烧掠。于是东都居民悉迁入宫城。巩县长柴孝和、监察御史郑颋以城降密。密以孝和为护军，颋为右长史。裴仁基每破贼，得军资，悉以赏士卒。监军御史萧怀静不许，屡求仁基长短[1]劾奏之。仓城[2]之战，仁基失期不至，恐获罪。李密使人说之。贾闰甫劝仁基降密，仁基曰："如萧御史何？"闰甫曰："萧君如栖上鸡，若不知机变，在明公一刀耳[3]。"仁基从之，遣闰甫诣密请降。密大喜，以闰甫为参军，使之复命。仁基还屯虎牢。萧怀静密表其事，仁基知之，遂杀怀静，率其众以虎牢降密。密以仁基为上柱国。仁基子行俨骁勇善战，密亦以为上柱国。密得秦叔宝及程咬金，皆以为骠骑。咬金，后更名知节。罗士信、赵仁基皆率众归密。密署为总管，使各统所部。遣裴仁基、孟让率二万余人袭回洛东仓，破之。遂烧天津桥[4]，纵兵大掠。东都出兵击之，仁基等败走，密自率众屯回洛仓。攻偃师、金墉，皆不克，还洛口。东都城内乏粮，而布帛山积，至燃布以爨。越王侗使人运回洛仓米入城，遣兵屯丰都市、上春门、北邙山，为九营，以备密。汝阴、淮阳降密。密复据回洛仓。段达等出兵拒之，败走。密遂移檄郡县，数帝十罪，且曰："罄南山之竹，书罪无穷；决东海之波，流恶难尽。"祖君彦之辞也。越王侗遣太常丞[5]元善达间行诣江都，奏曰："李密围逼东都，城内无食。若陛下速还，乌合必散。不然者，东都决没。"因歔欷呜咽，帝为之改容。虞世基进曰："越王年少，

---

1 长短：偏指短处，错误之处。
2 仓城：指在洛口仓修筑的城。
3 如栖上鸡，若不知机变，在明公一刀耳：就象栖身在树枝上的鸡，如果不懂随机应变，您一刀就解决了。
4 天津桥：古桥名，位于今河南省洛阳市隋唐故城正南洛水上。
5 太常丞：古官名，太常副贰，掌管宗庙祭祀礼仪的具体事务，总管本府诸曹，参议礼制。丞，主官之下皆有丞，主官的副手。

此辈诳之。若如所言，善达何缘来至？”帝乃怒曰：“善达小人，敢廷辱我！”因使向东阳催运，善达遂为群盗所杀。是后，人莫敢以贼闻。世基容貌沉审[1]，言多合意，特为帝所亲爱，鬻官卖狱，其门如市，朝野共疾怨[2]之。舍人封德彝托附[3]世基，以世基不闲吏务，密为指画，谄顺[4]帝意，表、疏忤旨者，皆屏而不奏。鞠狱多峻文深诋，行赏则抑削就薄。故世基之宠日隆，而隋政益坏，皆德彝所为也。

五月，李渊起兵太原，杀副留守王威、高君雅初，渊娶于神武肃公窦毅，生四男：建成、世民、玄霸、元吉，一女，适太子千牛备身[5]临汾[6]柴绍。世民聪明勇决，识量[7]过人，见隋室方乱，阴[8]有安天下之志，倾身下士，散财结客，咸得其欢心。娶长孙晟女。晟族弟、右勋卫[9]顺德，与右勋侍[10]刘弘基皆避辽东之役，亡命晋阳，与世民善。左亲卫[11]窦琮亦亡命太原，素与世民有隙，世民加意待之，琮意乃安。晋阳宫[12]监裴寂、晋阳令刘文静相与同宿，见城上烽火，寂叹曰：“贫贱如此，复逢乱离，何以自存？”文静笑曰：“时事可知，吾二人相得，何忧贫贱？”文静见李世民而异之，深自结纳，谓寂曰：“此人虽少，命世才也。”寂初未然[13]之。文静坐与李密连昏[14]，系狱，世民就省之。文静曰：“天下大乱，非高、光[15]之才，不能定也。”世民曰：“安知其无？但人不

1　沉审：深沉明察，沉稳谨慎。
2　疾怨：怨恨。
3　托附：依附。
4　谄顺：逢迎阿顺。
5　太子千牛备身：古官名，太子左、右内率属官，掌执千牛刀宿卫。
6　临汾：古郡名，辖今山西省临汾、霍州及汾西、洪洞、安泽、浮山等县地。
7　识量：见识与度量。
8　阴：暗中。
9　勋卫：古官名，左右卫、太子左右卫率府所领勋卫府属官，宿卫内庑，号称内仗，为士大夫进身之途，皆用势官子弟。
10　勋侍：古官名，即勋卫。
11　左亲卫：古官名，掌皇帝宿卫。
12　晋阳宫：隋离宫名，东魏权臣高欢始建，隋炀帝杨广扩建，位于今山西省太原市西南天龙山一带。
13　然：同意。
14　连昏：姻亲。昏，通“婚”。
15　高、光：指汉高祖刘邦、汉光武帝刘秀。

识耳。我来相省，非儿女之情，欲与君议大事也。计将安出？”文静曰：“今主上南巡江、淮，李密围逼东都，群盗殆以万数。当此之际，有真主驱驾[1]而用之，取天下如反掌耳。太原百姓皆避盗入城，文静为令数年，知其豪杰，一旦收集，可得十万人。尊公[2]所将之兵，复且数万，一言出口，谁敢不从？以此乘虚入关，号令天下，不过半年，帝业成矣。”世民笑曰：“君言正合我意。”乃阴部署宾客，渊不之知也。世民恐渊不从，久不敢言。渊与裴寂有旧，每相与宴语，或连日夜。文静欲因寂关说[3]，乃引寂与世民交。世民出私钱数百万与寂博[4]，稍以输之，寂大喜，由是款狎。世民乃以其谋告之，寂许诺。会突厥寇马邑，渊遣高君雅将兵与王仁恭拒之，不利，恐并获罪，甚忧之。世民乘间屏人说渊曰：“今主上无道，百姓困穷，晋阳城外皆为战场。大人若守小节，下有寇盗，上有严刑，危亡无日。不若顺民心，兴义兵，转祸为福，此天授之时也。”渊大惊曰：“汝安得为此言？吾今执汝以告县官。”世民徐曰：“世民睹天时、人事如此，故敢发言。必欲执告，不敢辞死！”渊曰：“吾岂忍告汝，汝慎勿出口！”明日，世民复说渊曰：“人皆传李氏当应图谶，故李金才无罪，一朝族灭。大人设能尽贼，则功高不赏，身益危矣。唯昨日之言，可以救祸，此万全之策也。愿大人勿疑。”渊乃叹曰：“吾一夕思汝言，亦大有理。今日破家亡躯亦由汝，化家为国亦由汝矣。”先是，裴寂私以晋阳宫人侍渊。至是，渊从寂饮，酒酣，寂从容言曰：“二郎[5]阴养士马，欲举大事，正为寂以宫人侍公，恐事觉并诛耳。众情已协，公意如何？”渊曰：“事已如此，当复奈何？正须从之耳。”帝以渊与王仁恭不能御寇，遣使者执诸[6]江都。渊大惧，世民与寂等复说渊曰：“事已迫矣，宜早定计。且晋阳士马精强，宫监蓄积巨万，代王幼冲，关中豪杰并起，公若鼓行而西，抚而有之，如探囊中之物耳。奈何受

1 驱驾：使用，驾驭。
2 尊公：对人父亲的敬称。
3 关说：代人陈说，从中给人说好话。
4 博：古代的一种棋戏，后来泛指赌博。
5 二郎：指李渊的二儿子李世民。
6 诸：相当于“之于”。

单使[1]之囚，坐取夷灭乎？”渊然之，密部勒将发。会帝遣使驰驿赦渊及仁恭，渊谋亦缓。大理司直夏侯端谓渊曰：“今帝座不安，参墟得岁[2]，必有真人[3]起于其分，非公而谁乎？”司马许世绪、司铠[4]武士彟、前勋卫唐宪、宪弟俭皆劝渊举兵。时建成、元吉尚在河东，故渊迁延未发。刘文静谓裴寂曰：“先发制人，后发制于人。且公为宫监，而以宫人侍客，公死可尔，何误唐公也？”寂甚惧，屡趣渊起兵。渊乃使文静诈为敕书，发太原、西河、雁门、马邑民年二十以上为兵，击高丽。由是人情恼恼[5]，思乱者众。及刘武周据汾阳宫，世民言于渊曰：“大人为留守，而盗贼窃据离宫，不早建大计，祸今至矣。”渊乃集将佐谓之曰：“武周据汾阳宫，吾辈罪当族灭，若之何？”王威等皆惧，请计，渊曰：“朝廷用兵，皆禀节度。今贼在数百里内，江都在三千里外，加以道路险要，复有他贼据之。以婴城胶柱之兵，当巨猾豕突之势，必不全矣。进退维谷[6]，何为而可？”威等皆曰：“公地兼亲贤[7]，同国休戚，要在平贼，专之可也。”渊佯若不得已而从之者，曰：“然则先当集兵。”乃命世民与刘文静、长孙顺德、刘弘基等各募兵，远近赴集[8]，旬日间近万人，仍密遣使召建成、元吉于河东，柴绍于长安。王威、高君雅见兵大集，疑渊有异志，谓武士彟曰：“顺德、弘基皆背征三侍[9]，安得将兵？”欲收按[10]之。士彟曰：“二人皆唐公客，若尔，必大致纷纭[11]。”威等乃止。威、君雅欲因晋祠[12]祈雨讨渊。五月，渊使

1 单使：单身使者。
2 参墟得岁：岁星位于参宿的位置。
3 真人：《史记·秦始皇本纪》：“始皇曰：吾慕真人，自谓‘真人’，不称朕。”后因指真命天子。
4 司铠：古官名，即司铠参军，大将军府属官，掌管铠甲等事务。
5 恼恼：纷扰貌。
6 进退维谷：进退都陷于困难的境地，形容进退两难。维，是。谷，穷尽，比喻困境。
7 地兼亲贤：地位是宗亲，又是贤士。
8 赴集：前往聚集。
9 背征三侍：逃避征役亡命的三侍之官。三侍，即左右亲侍、左右勋侍、左右武侍，负责宫廷宿卫之事。
10 收按：收押审问。
11 纷纭：纷争，混乱。
12 晋祠：祠堂名，位于今山西省太原市西南悬瓮山下，为纪念晋国开国君主唐叔虞而建。

世民伏兵于晋阳宫城之外。旦，与威、君雅共坐视事，使刘文静引开阳[1]府司马刘政会入，告："威、君雅潜引突厥入寇。"君雅攘袂大诟[2]，世民已布兵塞路，文静因与弘基、顺德等共执威、君雅，系狱。会突厥数万众寇晋阳，渊命裴寂等勒兵为备，而悉开诸城门，突厥不敢进。众以为威、君雅实召之也，于是斩威、君雅以徇。突厥大掠而去。

东都遣兵击李密，大破之，密退屯洛口帝命将军庞玉、郎将霍世举将关内兵援东都。柴孝和说李密曰："秦地山川之固，秦、汉所凭以成王业者也。今不若使翟司徒守洛口，裴柱国守回洛，明公自简精锐西袭长安，然后东向以平河洛，传檄而天下定矣。不早为之，必有先我者，悔之无及！"密曰："此诚上策。但昏主尚存，从兵犹众，我兵皆山东人，谁肯从我西入？诸将出于群盗，留之各竞雌雄，如此，则大业隳矣！"孝和曰："然则仆请间行观衅。"密许之。孝和与数十骑至陕县[3]，山贼归之者万余人。会密为流矢所中，卧营中，越王侗使段达与庞玉等夜出兵与战，大破之。密乃弃回洛，奔洛口。孝和众散，轻骑归密。密以郑颋、郑乾象为左、右司马。

六月，李渊遣使如突厥李建成、李元吉弃其弟智云于河东而去，吏执送长安，杀之。六月，建成、元吉与柴绍偕至晋阳。刘文静劝李渊与突厥相结，资其士马以益兵势。渊从之，自为手启[4]，卑辞厚礼遗始毕可汗，云："欲举义兵迎主上，复与突厥和亲。若能与我俱南，愿勿侵暴百姓。若但和亲，坐受宝货，亦唯可汗所择。"始毕得启，谓其大臣曰："隋主为人，我所知也，若迎以来，必害唐公而击我无疑矣。苟唐公自为天子，我当以兵马助之。"即命以此意为复书。使者七日而返，将佐皆喜，请从突厥之言。渊不可，曰："诸君宜更思其次。"寂等乃请尊天子为太上皇，立代王为帝，以安隋室。移檄郡县，

1 开阳：古县名，治所位于今山西省忻州市神池县境内。
2 大诟：大骂。
3 陕县：古县名，治所位于今河南省三门峡市西陕县老城。
4 手启：书信，书札。

改易旗帜，杂用绛、白，以示突厥[1]。渊曰："此可谓'掩耳盗钟'，然逼于时事，不得不尔。"乃许之，遣使以此告突厥。

李渊遣世子建成及世民击西河郡[2]，拔之，斩郡丞高德儒西河郡不从渊命，渊使建成、世民将兵击之。时军士新集，咸未阅习[3]，建成、世民与之同甘苦，遇敌则以身先之。近道菜果，非买不食。军士有窃之者，辄求其主偿之，亦不诘窃者，兵民皆悦。至西河城下，郡丞高德儒闭城拒守，攻拔之。执德儒至军门，世民数之曰："汝指野鸟为鸾，以欺人主，取高官，吾兴义兵，正为诛佞人[4]耳！"遂斩之。自余不戮一人，秋毫无犯，各慰抚使复业，远近闻之大悦。建成等引兵还晋阳，往返凡九日。渊喜曰："以此行兵，虽横行天下可也。"遂定入关之计。

李渊自称大将军，开府，置官属渊开仓以赈贫民，应募者日益多。渊命为三军，分左右，通谓之"义士"。裴寂等上渊号为大将军。渊以寂为长史，刘文静为司马，唐俭、温大雅为记室。大雅仍与弟大有共掌机密，武士彟为铠曹[5]，刘政会及崔善为、张道源为户曹，姜謩为司功参军[6]，殷开山为府掾[7]，长孙顺德、刘弘基、窦琮及王长谐、姜宝谊、阳屯为左、右统军，自余文武，随才授任。以世子建成为陇西公、左领军大都督，左三统军隶焉。世民为敦煌公、右领军大都督，右三统军隶焉。各置官属。以柴绍为右领军府长史、咨议。

李密复取回洛仓李密复率众向东都，大战于平乐园[8]。密左骑右步，中列强弩，鸣千鼓以冲之，东都兵大败。密复取回洛仓。

突厥遣使至太原，李渊遣刘文静报之突厥遣其柱国康鞘利等送马千匹，诣李渊为互市，许发兵送渊入关。渊拜受书，择其马之善者，止市其半。

1　杂用绛、白，以示突厥：用红、白掺杂的颜色，以此向突厥示意不完全与隋室相同。
2　西河郡：古郡名，辖今山西省离石、中阳、石楼、汾阳、介休、灵石等地。
3　阅习：训练演习。
4　佞人：善于花言巧语、阿谀奉承的人。
5　铠曹：古官名，即铠曹参军。铠曹掌仪卫兵仗。府中分掌某方面事务的机构称"曹"。
6　司功参军：古官名，掌官吏考课、选举、祭祀、佛道、学校及表疏、书启等事。
7　府掾：古官名，掌通判功曹、仓曹、户曹等事。
8　平乐园：古地名，隋改平乐观置，位于今河南省洛阳市东。

义士请以私钱市其余，渊曰："虏饶马[1]而贪利，其来将不已，恐汝不能市也。吾所以少取者，示贫且不以为急故尔，当为汝货之，不足为汝费也。"渊命刘文静使于突厥以请兵，私谓文静曰："胡骑入中国，生民之大蠹[2]也。吾所以欲得之者，恐刘武周引之共为边患。又胡马行牧，不费刍粟，聊欲藉之以为声势耳。数百人之外，无所用之。"

秋，七月，李渊引兵至霍邑[3]，代王侑遣郎将宋老生、将军屈突通将兵拒之李渊以子元吉为太原太守，留守晋阳宫。率甲士三万发晋阳，誓众移檄，谕以尊立代王之意。西突厥阿史那大奈亦率其众以从。渊至西河，慰劳吏民，赈赡[4]穷乏。民年七十以上，皆除散官。其余豪杰，随才授任，一日除千余人。至贾胡堡[5]，去霍邑五十余里。代王侑遣郎将宋老生率精兵二万屯霍邑，大将军屈突通将骁果数万屯河东以拒渊。会积雨，渊不得进。刘文静至突厥，见始毕可汗，请兵，且与之约曰："若入长安，民众土地入唐公，金玉、缯帛归突厥。"始毕大喜。渊以书招李密，密自恃兵强，欲为盟主，复书曰："所望左提右挈，戮力同心，执子婴于咸阳，殪商辛[6]于牧野。"渊得书，笑曰："密妄自矜大，非折简可致。吾方有事关中，若遽绝之，乃是更生一敌，不如卑辞推奖[7]以骄其志，使为我塞成皋之道，缀[8]东都之兵，我得专意西征。俟关中平定，据险养威，徐观蚌鹬[9]之势，以收渔人之功，未为晚也。"乃复书曰："天生烝民，必有司牧[10]。当今为牧，非子而谁？老夫年逾知命[11]，愿不及此。欣戴大

1 饶马：马匹多。
2 大蠹：大蛀虫。
3 霍邑：古县名，治所即今山西省临汾市辖霍州市。
4 赈赡：以财物周济。
5 贾胡堡：古地名，位于今山西省晋中市灵石县西南。
6 商辛：即商纣王，在牧野之战中败于周武王。上文"子婴"即秦最后一任君主。
7 推奖：推崇夸奖。
8 缀：牵制。
9 蚌鹬：即鹬蚌相争，渔翁得利。鹬，鹬鸟。蚌，河蚌。
10 司牧：君主，官吏。
11 知命：五十岁。

弟，攀鳞附翼，唯弟早膺图箓，以宁兆民！宗盟之长，属籍见容，复封于唐[1]，斯荣足矣。”密得书甚喜，以示将佐曰：“唐公见推，天下不足定矣。”自是信使往来不绝。雨久不止，渊军中粮乏，刘文静未返，或传突厥与刘武周乘虚袭晋阳，渊欲北还。裴寂等亦以为隋兵尚强，未易猝下。李密奸谋难测，武周惟利是视，不如还救根本，更图后举。李世民曰：“今禾菽被野[2]，何忧乏粮？老生轻躁，一战可擒。李密顾恋仓粟，未遑远略。武周与突厥，外虽相附，内实相猜。武周虽远利太原[3]，岂可近忘马邑？本兴大义，奋不顾身，以救苍生，当先入咸阳，号令天下。今遇小敌，遽已班师，恐从义之徒，一朝解体。还守太原一城之地，为贼耳，何以自全？”建成亦以为然。渊不听，促令引发[4]。世民将复入谏，会渊已寝，不得入，号哭于外，声闻帐中。渊召问之，世民曰：“今兵以义动，进战则克，退还则散。众散于前，敌乘于后，死亡无日，何得不悲？”渊乃悟曰：“军已发，奈何？”世民曰：“右军严[5]而未发，左军去亦未远，请自追之。”渊笑曰：“吾之成败皆在尔，唯尔所为！”世民乃与建成分道夜追左军复还。既而太原运粮亦至。

胡氏曰：武王伐商，数纣之罪则多矣，炀帝皆有之，而弑父杀兄，则纣之所未有，其当讨无疑矣。李渊声其大逆不道之罪，而举兵讨之，则虽德非成汤，亦无愧于自亳之载[6]。世民不必用宫人私侍以劫父也，不必诈为敕书发民以鼓怨也，不必称臣突厥也，不必尊江都而立代王也，不必推奖李密以骄其志也，坚守晋阳，收召豪杰，厚集其众，分击二京，义声既振，群盗自下，乃

1　欣戴大弟，攀鳞附翼，唯弟早膺图箓，以宁兆民。宗盟之长，属籍见容，复封于唐：我很高兴能拥戴弟弟您，这已经是高攀了，希望您早些应验图谶，安定万民。您是同姓之长，希望您能允许我进入宗室谱籍，将我还封在唐地。欣戴，欣悦拥戴。大弟，对朋辈中年龄小于己者的亲切称呼。攀鳞附翼，攀龙附凤，指巴结投靠有权势的人以获取富贵。图箓，图谶符命之书。宗盟，同宗，同姓。

2　禾菽被野：禾菽，谷类和豆类。被野，布满田野。

3　远利太原：追逐远方的利益而攻取太原。

4　引发：启程。

5　严：整饬，整备。

6　自亳之载：意思是我开始与商汤谋划讨伐夏桀是从亳地开始的。典出《孟子》：“天诛造攻自牧宫，朕载自亳。”

遣良将总锐师，南指扬土[1]，则不逾旬时[2]，罪人斯得，天下归唐，其孰能御之？惜乎！世民有安天下之志，才足以拨乱，而无汤、武反身[3]之学。刘文静智谋之士耳，裴寂又出其下，故虽乘时举事，不旋踵成功，而用智术，违义理者多矣。

武威司马李轨起兵河西，自称凉王轨家富，任侠。薛举起兵金城，轨与同郡曹珍、关谨、梁硕、李赟、安修仁等谋曰："薛举必来侵暴，郡官庸怯[4]，势不能御，吾辈岂可束手，并妻孥为人所虏邪？不若相与并力拒之，保据河右，以待天下之变。"众皆以为然。欲推一人为主，各相让，莫肯当。曹珍曰："久闻图谶李氏当王，今轨在谋中，乃天命也。"遂相与拜轨，奉以为主。轨乃令修仁集诸胡，自结民间豪杰，共起兵，称河西大凉王，置官属。关谨等欲尽杀隋官，分其家赀[5]，轨曰："今兴义兵以救生民，乃杀人取货，此群盗耳，将何以济[6]？"乃止。薛举遣其将常仲兴济河击轨，与轨将李赟战于昌松，仲兴举军败没。轨欲纵遣之，赟曰："力战获俘，复纵以资敌，将焉用之？不如尽坑之。"轨曰："天若祚[7]我，当擒其主，此属终为我有。若其无成，留此何益？"乃纵之。未几，攻张掖、敦煌、西平、枹罕，皆克之，尽有河西五郡之地。

薛举自称秦帝，徙据天水薛举称帝，立仁杲为太子。遣仁杲将兵取天水，徙都之。仁杲多力，善骑射，军中号"万人敌"，然性贪而好杀。其克天水，悉召富人，倒悬之，以醋灌鼻，责其金宝。举每戒之曰："汝之才略足以办事，然苛虐无恩，终当覆我国家。"

涿郡留守薛世雄击李密，窦建德袭破之，遂围河间诏涿郡留守薛世

1 扬土：即扬州，借指隋炀帝所在。
2 旬时：旬日，十天。
3 反身：反过来要求自己，自我检束。
4 庸怯：胆小无识。
5 家赀：家财。
6 济：成功。
7 祚：保佑，赐福。

雄将燕地精兵三万讨李密，命王世充等诸将皆受节度，所过盗贼，随便诛翦[1]。世雄行至河间，军于七里井[2]。窦建德士众惶惧，悉拔诸城南遁，声言还入豆子䴚。世雄以为畏己，不复设备。建德谋还袭之。其处去世雄营百四十里，建德率敢死士二百八十人先行，令余众续发，约曰："夜至，则击其营；已明，则降之。"未至二里所[3]，天欲明，建德惶惑，议降。会天大雾，咫尺不辨，建德喜曰："天赞我也！"遂突入其营击之，士卒大乱，世雄遁归涿郡，惭恚，发病卒。建德遂围河间。

八月，李渊与宋老生战，斩之，遂取霍邑八月，雨霁，李渊趋霍邑。渊恐宋老生不出，建成、世民曰："老生勇而无谋，以轻骑挑之，理无不出。脱其固守，则诬以贰于我[4]，彼恐为左右所奏，安敢不出？"渊然之，乃与数百骑先至霍邑城东数里以待步兵，使建成、世民将数十骑至城下，举鞭指麾，若将围城之状，且诟[5]之。老生怒，引兵三万分道而出，渊使殷开山趣召[6]后军。后军至，渊欲使军士先食而战，世民曰："时不可失。"渊乃与建成陈于城东，世民陈于城南。渊、建成战小却，世民与军头[7]段志玄自南原引兵驰下，冲老生阵，出其背。老生兵败投堑，刘弘基就斩之。僵尸数里。日已暮，渊即命登城，时无攻具，将士肉薄而登，遂克之。及行赏，军吏疑奴应募者不得与良人[8]同，渊曰："矢石之间，不辨贵贱，论勋之际，何有等差？宜并从本勋授。"引见霍邑吏民，劳赏[9]如西河，选其丁壮使从军。关中军士欲归者，并授五品散官，遣归。或谏以官太滥，渊曰："隋氏吝惜勋赏，此所以失人心也，奈何效之？且收众以官，不胜于用兵乎？"

1　诛翦：剪除。
2　七里井：古地名，位于今河北省沧州市辖河间市南。
3　未至二里所：距薛营不到二里的地方。
4　贰于我：对我们有贰心。
5　诟：辱骂，怒骂。
6　趣召：催促召集。
7　军头：古官名，府兵将官。
8　良人：平民，百姓。
9　劳赏：犒劳赏赐。

李渊克临汾、绛郡。刘文静以突厥兵至，遂下韩城[1]李渊入临汾，绛郡通守陈叔达拒守，进攻，克之。叔达，陈高宗之子，有才学，渊礼而用之。至龙门，刘文静、康鞘利以突厥兵五百人、马二千匹来。至，渊喜其来缓，谓文静曰："吾西行及河，突厥始至，兵少马多，皆君将命之功也。"汾阳[2]薛大鼎说渊："请勿攻河东，自龙门直济河，据永丰仓，传檄远近，关中可坐取也。"渊将从之，诸将请先攻河东。河东县户曹任瓌说渊曰："关中豪杰皆企踵以待义兵。瓌在冯翊积年，知其豪杰，请往谕之，必从风而靡[3]。义师自梁山[4]济河，指韩城，逼合阳[5]。萧造文吏，必望尘请服；孙华之徒，皆当远迎[6]。然后鼓行而进，直据永丰，虽未得长安，关中固已定矣。"渊悦。时关内群盗，孙华最强。渊至汾阴，以书招之。华来见渊，渊慰奖[7]之。以任瓌为招慰大使。瓌说韩城，下之。渊谓王长谐等曰："屈突通精兵不少，相去五十余里，不敢来战，足明其众不为之用。然通畏罪，不敢不出。若自济河击卿等，则我进攻河东，必不能守；若全军守城，则卿等绝其河梁[8]，前扼其喉，后拊其背，彼不走，必为擒矣。"

九月，以江都妇女配将士骁果在江都者多逃亡，帝患之，以问裴矩，对曰："人情非有匹偶[9]，难以久处，请听军士于此纳室。"帝从之，悉召江都境内寡妇、处女集宫下，恣将士所取。

武阳郡[10]**降李密**武阳郡丞元宝藏以郡降李密，密以为上柱国。宝藏使其客

---

1 韩城：古县名，治所位于今陕西省渭南市辖韩城市东南。
2 汾阳：古县名，治所位于今山西省忻州市静乐县西。
3 从风而靡：比喻仿效、风行之迅速。
4 梁山：古山名，位于今陕西省渭南市辖韩城市西，接合阳县界。
5 合阳：古县名，治所位于今陕西省渭南市合阳县东南。
6 萧造文吏，必望尘请服；孙华之徒，皆当远迎：萧造这样的文官，看到大军来到必定请求归降；孙华之流，也会远迎义师。
7 慰奖：抚慰勉励。
8 河梁：桥梁。
9 匹偶：配偶。
10 武阳郡：古郡名，辖今河北省大名、魏县、馆陶，河南省南乐、清丰、范县，山东省冠县、莘县、聊城等县市地。

巨鹿魏徵为启[1]谢密，且请改武阳为魏州，又请率所部西取魏郡，南会诸将取黎阳仓。密喜，即以宝藏为魏州总管，召徵掌记室。徵少孤贫，好读书，有大志，落拓不事生业[2]。始为道士，宝藏召典书记。密爱其文辞，故召之。初，贵乡[3]长魏德深为政清静，不严而治。辽东之役，征税百端，民不堪命，唯贵乡闾里不扰，有无相通，不竭其力，所求皆给。元宝藏受诏捕贼，数调器械，动以军法从事。其邻城营造[4]，皆聚于听事，官吏督责，犹不能济。德深听随便修营[5]，唯戒吏以不须过胜[6]余县，使百姓劳苦。然民各竭心，常为诸县之最。县民爱之如父母。宝藏害其能，遣将千兵赴东都。所领兵闻宝藏降密，思其亲戚，辄出都门[7]，东向恸哭而返。或劝之降密，皆泣曰："我与魏明府同来，何忍弃去？"

李密遣徐世勣取黎阳仓河南、山东大水，饿莩[8]满野，诏开黎阳仓赈之，吏不时给[9]，死者日数万人。徐世勣言于李密曰："天下大乱，本为饥馑。今更得黎阳仓，大事济矣。"密遣世勣率麾下五千人济河，会元宝藏、郝孝德共袭破黎阳仓，据之，开仓恣民就食，浃旬[10]间，得胜兵三十余万。窦建德、朱粲之徒，亦遣使附密。泰山道士徐洪客献书于密，以为："大众久聚，恐米尽人散，师老厌战，难可成功。"劝密乘进取之机，因士马之锐，沿流东指，直向江都，执取独夫，号令天下。密壮其言，以书招之，洪客竟不出，莫知所之。

胡氏曰：洪客之谋，奇而正，非惟李密不及，唐初诸人皆不及也。天下未

1　启：旧时文体之一，较简短的书信。
2　落拓不事生业：为人性情放浪，不从事谋生之业。
3　贵乡：古县名，治所位于今河北省邯郸市大名县西北。
4　营造：建筑工程及器械制作等事宜。
5　修营：修建制造。
6　过胜：胜过太多。
7　都门：都中里门。
8　饿莩：同"饿殍"，饿死的人。
9　时给：按时赈济。
10　浃旬：一旬，十天。

尝无才，或隐于屠贩[1]，或寄于盗贼，洪客、魏徵皆优游黄冠[2]中，而抱匡时[3]之略，怀济世之具，顾人不能知耳。然李密不足与言，岂洪客未知晋阳兴师，或无路以自达，而于密发之耶？以此一言观之，其胸中之奇固多矣，而迄不自见[4]，岂其不及唐室之兴而死欤？抑如黄石公、鲁仲连之流欤？呜呼！其可谓高士矣。

冯翊太守萧造降于李渊。渊留兵围河东，自引军西时河东未下，三辅豪杰至者日以千数。渊欲引兵西趋长安，犹豫未决。裴寂曰："屈突通拥大众，凭坚城，吾舍之而去，若进攻长安不克，退为河东所踵[5]，腹背受敌，此危道也。不若先克河东，然后西上。"李世民曰："不然。兵贵神速，吾席[6]累胜之威，抚归附之众，鼓行而西，长安之人望风震骇，智不及谋，勇不及断，取之若振槁叶[7]耳。若淹留自弊于坚城之下，彼得成谋、修备[8]以待我，坐费日月，众心离沮，则大事去矣。且关中蜂起[9]之将，未有所属，不可不早招怀也。屈突通自守虏[10]耳，不足为虑。"渊两从之，留诸将围河东，自引军而西。朝邑[11]法曹靳孝谟以蒲津、中潬[12]二城降，华阴令李孝常以永丰仓降，京兆诸县亦多遣使请降。

王世充救东都，合击李密于洛口王世充等率所领救东都，越王侗使刘长恭、庞玉等率兵，与世充等合击李密于洛口。诏诸军皆受世充节度。江都郡丞冯慈明向东都，为密所获。密素闻其名，延坐[13]劳问，礼意甚厚，因谓

1 屠贩：屠者贩夫，亦指地位低微的人。
2 黄冠：黄色的冠帽，多为道士戴用，后用以代指道人。
3 匡时：挽救危难的时局。
4 自见：自我表白，显露自己。
5 退为河东所踵：后退就会遇到河东方面的追击。
6 席：凭借，倚仗。
7 槁叶：干枯的叶子。
8 修备：整治武备。
9 蜂起：像蜂群飞那样纷纷而起，含有数量多、范围广的意思。
10 守虏：即"守钱虏"，有钱却非常吝啬的人。
11 朝邑：古县名，治所位于今陕西省渭南市大荔县东。
12 中潬：古地名，为河阳三城之一，位于今河南省焦作市辖孟州市南黄河中沙洲上。
13 延坐：请坐。

曰："隋祚已尽，公能与孤共立大功乎？"慈明曰："公家历事先朝，荣禄兼备，不能善守门阀[1]，乃与玄感举兵，偶脱网罗[2]，得有今日，唯图反噬，未谕高旨[3]。莽、卓、敦、玄[4]，非不强盛，一朝夷灭，罪及祖宗。仆死而后已，不敢闻命！"密怒，囚之。慈明说防人[5]席务本，使亡走，奉表江都，及致书东都，论贼形势。至雍丘，为密将李公逸所获，密又义而释之。出至营门，翟让杀之。密之克洛口也，箕山府郎将张季珣固守不下，骂密极口，密怒，攻之，不能克。时密众数十万，季珣所领不过数百人，而执志[6]弥固，誓以必死。久之，粮尽水竭，士卒羸病[7]，季珣抚循之，一无离叛，自三月至于是月，城遂陷。季珣见密，不肯拜，曰："天子爪牙，何容拜贼？"密杀之。

李渊济河，遣建成守潼关，世民徇渭北李渊率诸军济河，关中士民归之者如市。渊遣世子建成、刘文静率王长谐等诸军屯永丰仓，守潼关，以备东方兵，慰抚使窦轨等受其节度。世民率刘弘基等诸军徇渭北，慰抚使殷开山等受其节度。冠氏[8]长于志宁、安养[9]尉颜师古及世民妇兄长孙无忌谒见渊于长春宫[10]。志宁、师古皆以文学知名，无忌仍有才略，渊皆礼而用之。屈突通署郎将尧君素领河东通守，使守蒲坂，自引兵数万趋长安，为刘文静所遏。渊遣其将吕绍宗等攻河东，不能克。

柴绍妻李氏及李神通、段纶各起兵以应李渊。关中群盗悉降于渊柴绍之赴太原也，谓其妻李氏曰："尊公举兵，今偕行[11]则不可，留此则及祸，奈

---

1 门阀：古代有权势的人家。阀，古代仕宦人家大门外的柱子，常用来张贴功状。
2 网罗：捕捉鸟兽的工具，常用以比喻法网。
3 高旨：称对方意旨的敬词。
4 莽、卓、敦、玄：王莽、董卓、王敦、桓玄。
5 防人：守卫的士卒。
6 执志：坚持素志，不改变其操守。
7 羸病：衰弱生病。
8 冠氏：古县名，治所即今山东省聊城市冠县。
9 安养：古县名，治所位于今湖北省襄阳市北。
10 长春宫：北周、隋、唐行宫名，位于今陕西省渭南市大荔县东北。
11 偕行：一同出发，一起走。

何？”李氏曰：“君第[1]速行，我一妇人，易以潜匿[2]，当自为计。”绍遂行。李氏归鄠县别墅，散家赀，聚徒众。渊从弟神通亦在长安，亡入鄠县山中，与长安大侠史万宝等起兵以应渊。西域商胡何潘仁入司竹园[3]为盗，有众数万，劫李纲为长史。李氏使其奴马三宝说潘仁，与之就神通，合势攻鄠县，下之。神通众逾一万，以令狐德棻为记室。李氏又使马三宝说群盗李仲文、向善志、丘师利等，皆率众从之。徇盩厔、武功、始平[4]，皆下之，众至七万。左亲卫段纶娶渊女，亦聚徒于蓝田，得万余人。各遣使迎渊。渊使柴绍将数百骑并南山迎李氏。关中群盗皆请降，渊以书慰劳，使受世民节度。

冬，十月，李渊合诸军围长安京兆内史卫文昇年老，闻渊军至，忧惧成疾，独将军阴世师、郡丞骨仪奉代王侑乘城拒守。渊如永丰仓劳军，赈饥民。进屯冯翊。世民所至，吏民及群盗归之如流，世民收其豪俊以备僚属，营于泾阳，胜兵九万。李氏将精兵万余，会世民于渭北，与柴绍各置幕府，号“娘子军”。隰城尉[5]房玄龄谒世民于军门，世民一见如旧识，署记室参军，引为谋主。玄龄罄竭[6]心力，知无不为。渊命刘弘基、殷开山分兵西略扶风，有众六万，南渡渭水，屯长安故城。城中出战，弘基逆击，破之。世民引兵趋司竹，军令严整，秋毫不犯。遣使白渊，请期日[7]赴长安。渊命建成选仓上[8]精兵，趋长乐宫[9]。世民率新附诸军，北屯长安故城。延安、上郡[10]、雕阴皆请降。渊引军西行，所过离宫、园苑皆罢之，出宫女，还其亲属。十月，至长安，诸军皆集，合二十余万。渊命各依垒壁[11]，毋得入村落侵暴。遣使至城下谕卫文昇等，

---

1 第：尽管，只管。
2 潜匿：潜藏隐匿。
3 司竹园：古园名，位于今陕西省西安市周至县东南。
4 始平：古县名，治所位于今陕西省咸阳市西北。
5 隰城尉：隰城县的县尉。隰城县，古县名，治所即今山西省汾阳市。
6 罄竭：竭尽，用尽。
7 期日：约定日期。
8 仓上：指永丰仓。
9 长乐宫：古宫殿名，位于今陕西省西安市西北，汉长安城东隅。
10 上郡：古郡名，辖今陕西省富县、甘泉、洛川、黄陵、黄龙等县地。
11 垒壁：军营的围墙或工事。

不报。命诸军进围城。

萧铣起兵巴陵，自称梁王巴陵校尉董景珍、雷世猛、旅帅[1]郑文秀、徐德基、张绣等谋据郡叛隋，推景珍为主。景珍曰："吾素寒贱[2]，不为众所服。罗川[3]令萧铣，梁室之后，宽仁大度，请奉之，以从众望。"乃遣使报铣。铣喜，从之，声言讨贼，召募，得数千人。铣，岩之孙也。会颍川贼帅沈柳生寇罗川，铣与战，不利，因谓其众曰："今天下皆叛，隋政不行，巴陵豪杰起兵，欲奉吾为主。若从其请，以号令江南，可以中兴梁祚。以此召柳生，亦当从我矣。"众皆悦，听命，乃自称梁公，改隋服色、旗帜，皆如梁旧。柳生即率众归之，铣以为车骑将军。起兵五日，远近归附者至数万人，遂向巴陵。景珍遣徐德基率郡中豪杰数百人出迎。柳生与其党谋曰："我先奉梁公，勋居第一。今巴陵诸将，皆位高兵多，我若入城，反出其下。不如杀德基，质[4]其首领，独挟梁公，进取郡城，则无出我右者矣。"遂杀德基，入白铣。铣大惊曰："今欲拨乱返正，忽自相杀，吾不能为若主[5]矣。"因步出军门。柳生大惧，伏地请罪，铣责而赦之，陈兵入城。景珍言于铣曰："徐德基建义功臣，而柳生无故擅杀之，此而不诛，何以为政？且柳生为盗日久，今虽从义，凶悖[6]不移，共处一城，势必为变。失今不取，后悔无及！"铣又从之。景珍收柳生斩之，其徒皆溃。铣乃筑坛燔燎[7]，自称梁王。

王世充及李密战于洛北，败绩王世充营于黑石[8]，分兵守营，自将精兵陈于洛北。李密引兵渡洛，逆战，大败。密率精骑渡洛南，余众东走月城[9]，世充追，围之。密策马直趋黑石，营中惧，连举六烽[10]。世充释月城之围，狼狈自

1　旅帅：古官名，为一旅之长，五百人为一旅。
2　寒贱：微贱，门第卑下。
3　罗川：古县名，治所位于今甘肃省庆阳市正宁县西南。
4　质：扣押。
5　若主：这样的首领。
6　凶悖：凶暴悖逆。
7　燔燎：烧柴祭天。
8　黑石：古地名，又名黑石渡、黑水关，位于今河南省郑州市辖巩义市西南洛水津渡处。
9　月城：也叫瓮城，城外用来屏蔽城门的小城。
10　连举六烽：接连举了六次烽火报警。

救。密还与战，大破之，斩首三千余级。

十一月，李渊克长安，杀留守官阴世师等十余人李渊命诸军攻城，约："毋得犯七庙及代王、宗室，违者夷三族。"十一月，克长安。代王左右奔散，唯侍读[1]姚思廉侍侧。军士将登殿，思廉厉声诃[2]之曰："唐公举义兵，匡帝室，卿等毋得无礼！"众皆愕然，布立庭下。渊迎王于东宫，迁居大兴殿后厅。思廉扶王至阁下，泣拜而去。渊还，舍于长乐宫，与民约法十二条，悉除隋苛禁[3]。渊之起兵也，留守官发其坟墓，毁其五庙。至是，卫文昇已卒，执阴世师、骨仪等十余人斩之，余无所问。马邑郡丞三原李靖素与渊有隙，渊将斩之，靖大呼曰："公兴义兵，欲平暴乱，乃以私怨杀壮士乎？"世民为之固请，乃舍之。世民因召置幕府。靖少负志气，有文武才略，其舅韩擒虎每抚之曰："可与言将帅之略者，独此子耳！"

王世充与李密战于石子河，败绩王世充坚壁不出，越王侗遣使劳之。世充惭惧，请战，与密夹石子河而陈。密布阵十余里。翟让先战不利，世充逐之，王伯当、裴仁基从旁横断其后，密勒[4]中军击之，世充大败。

李密诱翟让，杀之翟让司马王儒信劝让自为大冢宰，总统众务，以夺密权，让不从。让兄弘曰："天子汝当自为，奈何与人？汝不为者，我当为之。"让但大笑，不以为意。密闻而恶之。让谓房彦藻曰："君前破汝南，大得宝货，独与魏公，全不与我。魏公，我之所立，事未可知。"彦藻惧，与郑颋共说密曰："让贪愎不仁，宜早图之。"密乃置酒召让，弘与裴仁基、郝孝德共坐，单雄信等皆立侍，房彦藻、郑颋往来检校。密曰："今日不须多人。"密左右皆引去，让左右犹在。彦藻白密曰："今方为乐，天时甚寒，司徒左右，请给酒食。"让许之，乃引让左右尽出，独密下壮士蔡建德持刀立侍。食未进，密出良弓，与让习射，让方引满，建德自后斫之，并弘、儒信皆杀之。徐世勣走

1　侍读：古官名，为帝王、皇子讲学之官。
2　诃：通"呵"，呵斥。
3　苛禁：苛刻的禁令。
4　勒：统率。

出，门者斫之，伤颈，王伯当遥诃止之。单雄信叩头请命，密释之。左右惊扰，莫知所为。密大言曰："与君等同起义兵，本除暴乱。司徒专行贪虐，陵辱群僚，今所诛止其一家，诸君无预[1]也。"命扶徐世勣置幕下，亲为傅创[2]。让麾下欲散，密使单雄信前往宣慰。密寻独骑入其营，历加抚谕，令世勣、雄信、伯当分领其众，中外遂定。让残忍，儒信贪纵，故死之日，所部无哀之者。然密之将佐始有自疑之心矣。

李渊立代王侑为皇帝，尊帝为太上皇侑时年十三。

渊自为大丞相，封唐王。以建成为唐王世子，世民为秦公，元吉为齐公以武德殿为丞相府，改教称令[3]。置丞相府官属，以裴寂为长史，刘文静为司马。何潘仁使李纲入见，渊留之，以为丞相府司录，专掌选事[4]。又以窦威为司录参军，使定礼仪。渊倾府库以赐勋人，国用不足。光禄大夫刘世龙献策，以为："今义师数万，并在京师，樵苏[5]贵而布帛贱，请伐六街[6]及苑中树为樵，以易布帛，可得十数万匹。"渊从之。

荥阳郡降李密河南诸郡尽附李密，唯荥阳太守郇王庆、梁郡太守杨汪尚为隋守。密以书招庆，为陈利害，且曰："王之先世，家住山东，本姓郭氏，初非杨族。"初，庆祖父元孙随母郭氏养于舅族，及武元帝[7]从周文帝起兵关中，元孙在邺，恐为高氏所诛，冒姓郭氏，故密云然。庆即以郡降密，复姓郭氏。

十二月，唐王渊追谥其大父[8]为景王，考为元王，夫人窦氏为穆妃。

薛举侵扶风，唐王渊遣秦公世民击败之薛举遣其子仁杲寇扶风，李弼

1 无预：无关连，不加入。
2 傅创：包扎伤口。
3 改教称令：把所颁公文由"教"改称为"令"。
4 选事：考选举士、铨选职官之事。
5 樵苏：柴草。
6 六街：长安城的六条中心大街。
7 武元帝：即隋武元帝杨忠，杨坚之父，帝号为追尊。下文"周文帝"即宇文泰，帝号亦为追尊。
8 大父：祖父。下文"考"为亡父。

拒之。举遣使招弼，弼乃请降。仁杲乘其无备，袭破之，悉并其众，势益张，众号三十万，谋取长安。唐王渊使世民将兵击之，大破之，追奔至陇坻而还。薛举大惧，问其群臣曰："自古天子有降事乎？"黄门侍郎褚亮曰："赵佗归汉，刘禅仕晋，转祸为福，自古有之。"卫尉卿郝瑗趋进曰："陛下失问！褚亮之言，又何悖也！昔汉高祖屡经奔败，蜀先主亟亡妻子，卒成大业。陛下奈何以一战不利，遽为亡国之计乎？"举亦悔之，曰："聊以此试君等耳。"乃厚赏瑗，引为谋主。

河池[1]太守萧瑀以郡降唐唐以瑀为礼部尚书，封宋国公。时榆林、灵武、平凉[2]、安定、汉阳诸郡相继皆降于唐。

唐王渊遣李孝恭、张道源招慰山南、山东诸州，下之孝恭，渊之从父兄子也。击破朱粲，诸将请尽杀其俘，孝恭曰："不可，自是以往，谁复肯降矣？"皆释之。于是降附者三十余州。

屈突通降唐。唐遣通招河东通守尧君素，不下屈突通与刘文静相持月余，复使桑显和夜袭文静营，文静悉力苦战，显和败走。通势益蹙。或说通降，通泣曰："吾历事两主，恩顾[3]甚厚。食人之禄而违其难[4]，吾不为也。"每自摩其颈，曰："要当为国家受一刀。"劳勉将士，未尝不流涕，人亦以此怀[5]之。及闻长安不守，家属皆为渊所虏，乃留显和镇潼关，引兵东出，将趋洛阳。显和即以城降。文静遣窦琮等与显和追之，及于稠桑。通结阵自固，窦琮遣通子寿往谕之，通骂曰："此贼何来？昔与汝为父子，今与汝为仇雠！"命左右射之。显和谓其众曰："今京城已陷，汝辈皆关中人，去欲何之？"众皆释仗而降。通知不免，下马，东南再拜号哭，曰："臣力屈至此，非敢负国。"军人执送长安，渊以为兵部尚书，赐爵蒋公，兼秦公长史。遣至河东城下，招

1　河池：古郡名，辖今陕西省凤县、留坝及甘肃省徽县、成县、两当等县地。
2　平凉：古郡名，辖今宁夏同心县以南及甘肃省平凉市地。
3　恩顾：尊长所给予的关心照顾。
4　违其难：躲避他经受的祸难。
5　怀：归向。

谕尧君素，君素歔欷不自胜，通亦泣下沾衿，因谓君素曰："事势如此，卿当早降！"君素曰："公为国大臣，主上委公以关中，代王付公以社稷，奈何负国生降[1]，更为人作说客耶？且公所乘马，代王所赐也，公何面目乘之哉？"通曰："我力屈耳！"君素曰："我力犹未屈，何用多言！"通惭而退。

王世充袭李密，败绩东都米斗三千，人饿死者什二三。王世充军士有亡降李密者，密问："世充军中何为？"军士曰："比[2]见益募兵，再飨将士，不知其故。"密谓裴仁基曰："吾几落奴度中[3]。吾久不出兵，世充刍粮将竭，求战不得，故募兵飨士，欲乘月晦[4]以袭仓城耳。宜速备之。"乃命郝孝德、王伯当、孟让勒兵分屯城侧以待之。其夕，世充兵果至，伯当遇之，不利。总管鲁儒拒却[5]之，伯当收兵击之，斩其骁将，士卒战、溺死者千余人。世充屡战不胜，越王侗遣使劳之，世充诉以兵少，侗以兵七万益之。

唐刘文静取弘农。

唐王渊遣使徇巴蜀，下之。

萧铣取豫章，林士弘退保余干[6]。

1　生降：投降。
2　比：近来。
3　吾几落奴度中：我几乎中了王世充这个奴才的算计。
4　月晦：月尽，多指农历每月的最后一日。
5　拒却：抵御击退。
6　余干：古县名，治所即今江西省上饶市余干县。

卷三十八

起戊寅隋恭帝侗皇泰元年、唐高祖武德元年，尽甲申[1]唐高祖武德七年**凡七年。**

戊寅（公元618年）

隋恭帝侑义宁二年，恭帝侗皇泰元年。唐高祖神尧皇帝李渊武德元年。夏王窦建德五凤元年。凉王李轨安乐元年。楚王朱粲昌达元年。〇是岁，并楚士弘、魏、定杨、梁师都、梁铣，凡十二国。隋炀帝广、恭帝侑、秦、魏亡。

春，正月，唐王渊自加殊礼剑履上殿，赞拜不名。王既克长安，以书谕降郡县。于是东自商洛[2]，南尽巴蜀，郡县长吏、盗贼、氐、羌争遣子弟入见请降。有司复书，日以百数。

魏公密败隋王世充于洛北王世充既得东都兵，进击李密于洛北，败之，遂屯巩北[3]。命诸将各造浮桥渡洛，桥成者先进[4]，前后不一。密率敢死士乘之，溺死数万人，世充仅免，诸军皆溃。世充复收合[5]亡散，得万余人，屯含嘉城[6]。密乘胜进据金墉城，拥兵三十万，陈于北邙，南逼上春门。越王侗使段达、韦津拒之。达望见密兵盛，惧而反走，密纵兵乘之，军溃，津死。城中乏食，于是偃师、柏谷、河阳、河内皆降于密。窦建德等并遣使奉表劝进，密曰："东都未平，未可议此。"

唐遣世子建成、秦公世民救东都，以齐公元吉为太原道行军元帅。

三月，隋宇文化及弑其君广于江都，立秦王浩炀帝至江都，荒淫益甚，酒卮[7]不离口。然见天下危乱，亦不自安。退朝则幅巾短衣，遍历台阁，

1　甲申：即公元624年。
2　商洛：古县名，治所位于今陕西省商洛市丹凤县西。
3　巩北：巩县以北。
4　先进：先行。
5　收合：聚集。
6　含嘉城：古地名，位于今河南省洛阳市东北隅。
7　酒卮：盛酒的器皿。

汲汲顾景[1]，唯恐不足。常仰视天文，谓萧后曰："外间大有人图侬[2]，然且共乐饮耳！"因引满沉醉。又引镜自照，曰："好头颈，谁当斫之？"后惊问故，帝笑曰："贵贱苦乐，更迭为之，亦复何伤？"见中原已乱，无心北归，欲保江东。门下录事[3]李桐客曰："江东卑湿，土地险狭，内奉万乘，外给三军，民不堪命，恐亦将散乱耳。"御史劾之。于是公卿皆阿意，言："江东之民望幸已久，陛下抚而临之，此大禹之事也。"乃命治丹杨宫，将徙都之。时江都粮尽，从驾骁果多关中人，思归。郎将司马德戡、元礼、直阁裴虔通等共谋亡去，因转相招引，日夜结约，于广坐[4]明论叛计，无复畏避。宫人闻之，言于帝。帝怒，斩之，自是无敢言者。郎将赵行枢以告将作少监宇文智及，智及大喜曰："上虽无道，威令尚行，卿等亡去，徒取死耳。今天实丧隋，英雄并起，同心叛者已数万人，因行大事，此帝王之业也。"德戡等然之。行枢因请以智及兄、许公化及为主。化及闻之，变色流汗，既而从之。德戡等乃悉召骁果，谕以所为，皆曰："唯将军命！"乃夜于东城集兵，得数万人，举火与城外相应。帝望见火，闻外喧嚣，问曰："何事？"虔通对曰："草坊失火，外人共救之耳。"帝以为然。明日，未明，德戡使虔通将数百骑入宫，屯卫将军独孤盛与左右十余人拒战而死。千牛[5]独孤开远率殿内数百人叩阁[6]，请帝自出临战，无应者，军士稍散。先是，帝选骁健[7]官奴数百人置玄武门，谓之"给使"，以备非常。至是，化及等结帝所信司宫[8]魏氏，使矫诏听给使出外。德戡遂引兵自玄武门入。帝闻乱，易服逃于西阁。虔通等入永巷，问："陛下安在？"有美人出指之。校尉令狐行达拔刀直进，扶帝下阁，勒兵守之。至旦，以甲

1 汲汲顾景：不停地观赏四周景色。
2 侬：人称代词，我。
3 门下录事：古官名，门下省属官，掌出纳文奏。
4 广坐：众人聚坐的场所。
5 千牛：古官名，千牛备身、千牛左右省称。
6 叩阁：敲门。
7 骁健：勇猛强健。
8 司宫：古官名，主管宫内之事，以阉人担任。

骑迎化及，化及战栗不能言。既至，德戡等迎谒[1]，引入朝堂，号为丞相。虔通逼帝出官，化及见之，曰："何用持此物出？亟还与手[2]。"于是引帝还至寝殿，虔通等露刃[3]侍立。帝叹曰："我何罪至此？"贼党马文举曰："陛下违弃宗庙，巡游不息，外勤征讨，内极奢淫，使丁壮尽于矢刃，女弱填于沟壑，四民丧业，盗贼蜂起，专任佞谀，饰非拒谏，何谓无罪？"帝曰："我实负百姓。至于尔辈，荣禄兼极，何乃如是？今日之事，孰为首邪？"德戡曰："溥天同怨，何止一人？"化及又使封德彝数帝罪，帝曰："卿乃士人，何为亦尔？"德彝赧然[4]而退。帝爱子赵王杲，年十二，在侧号恸不已，虔通斩之，血溅御服。欲遂弑帝，帝曰："天子死自有法，何得加以锋刃？取鸩酒[5]来。"文举等不许，使令狐行达缢杀之。初，帝每巡幸，常以蜀王秀自随，化及既弑帝，欲迎立之。众议不可，乃杀之。及齐王暕，宗戚无少长皆死。唯秦王浩素与智及往来，且以计全之。暕素失爱于帝，恒相猜忌。帝闻乱，谓萧后曰："得非阿孩[6]耶？"化及使人诛暕，暕谓帝使收之，曰："诏使[7]且缓儿，儿不负国家！"父子至死不相明。又杀虞世基、裴蕴、来护儿等。世基弟世南抱世基号泣，请以身代，化及不许。化及自称大丞相，总百揆。以皇后令立秦王浩为帝，居别宫，以兵守之，令发诏画敕而已。以智及、裴矩为仆射，士及为内史。初，矩知将有乱，虽厮役皆厚遇之，又建策为骁果娶妇，故免于难。化及至，又迎拜于马首，故化及亦以为仆射。化及之入朝堂也，百官毕贺，苏威亦往，给事郎许善心独不至，化及杀之。其母范氏年九十二，抚柩不哭，曰："吾有子矣。"不食而卒。唐王之入关也，张季珣之弟仲琰为上洛令，死之。至是，仲琰弟琮为千牛左右，亦为化及所杀，兄弟皆死国难，时人愧之。唐王闻变，恸哭曰：

1　迎谒：迎接谒见。
2　与手：下毒手。
3　露刃：拔出兵刃。
4　赧然：形容难为情的样子。
5　鸩酒：用鸩羽泡的酒，毒酒。
6　阿孩：杨暕的小字。
7　诏使：皇帝派出的特使。

“吾北面事人，失道不能救，敢忘哀乎？”追谥曰“炀”。

唐王渊自为相国，加九锡隋以唐王为相国，总百揆，加九锡。王谓僚属曰：“此谄谀者所为耳。孤秉大政，而自加宠锡[1]，可乎？必若循魏、晋之迹，彼皆繁文伪饰，欺天罔人，孤窃耻之。”或曰：“历代所行，亦何可废？”王曰：“尧、舜、汤、武，各因其时，取与异道，皆推其至诚以应天顺人，未闻夏、商之末必效唐、虞之禅也。”但改丞相为相国府，其九锡、殊礼，皆归之有司。

范氏[2]曰：唐高祖可谓不自欺矣。然以兵取，而必曰“受禅”，是未免袭衰世之迹也。

胡氏曰：天道诚，圣人亦诚，人非生知安行[3]，必勉于思诚[4]。思而不息，亦能学知而利行[5]矣。汤、武之德不及尧、舜，而列于圣人者，由此其选也。故其于桀、纣也，尚为君，则臣之；天命殛之，则伐之。固不虚为“臣之”之名，而实为“伐之”之事也。唐王惟不正名杨广为弑父与君之贼而举师，是故节目繁多，诡正并用，兴王之术，驳而不懿[6]也。夫殊礼固不可自加也，前日都督、丞相、唐王之命，果出恭帝耶？能言汤、武之诚，而不悟在己之多伪，由不学之过也。

宇文化及发江都宇文化及拥众十余万，据有六宫，自奉[7]如炀帝。以少主诰付尚书省，令卫士守之，遣吏取其画敕，百官不复朝参[8]。下令欲还长安，夺人舟楫以行。至显福宫[9]，虎贲郎将麦孟才等与折冲郎将沈光谋曰：“吾侪受先帝厚恩，今俯首事仇，何面目视息[10]世间哉？吾必欲杀之，死无所恨！”光泣

1 宠锡：皇帝的恩赐。
2 范氏：即范祖禹，宋代著名史学家，著有《唐鉴》十二卷。
3 生知安行：“生而知之”“安而行之”之省，古时以为圣人方能具有的资质。
4 思诚：运用思维自我反省，使自己的道德行为达到与天道合一的“至诚”的境界。
5 利行：见利而行。
6 懿：德行美好。
7 自奉：自身日常生活的供养。
8 朝参：上朝参拜君主。
9 显福宫：隋离宫名，位于今江苏省扬州市东北。
10 视息：视觉、呼吸。

曰："是所望于将军也。"乃与孟才纠合恩旧[1]，率所将数千人，将以晨袭化及。语泄，化及杀之，其麾下皆斗死，无一降者。

隋吴兴太守沈法兴起兵，据江表十余郡法兴闻宇文化及弑逆[2]，举兵讨之，得精卒六万，攻余杭、毗陵、丹杨，皆下之，据十余郡。

夏，四月，唐世子建成等还长安世子建成、秦公世民引兵至东都，城中多欲为内应者，世民曰："吾新定关中，根本未固，虽得东都，不能守也。"遂不受。将还，世民又曰："城中见吾还，必来追蹑[3]。"乃设三伏[4]以待之。段达果来追，遇伏而败。世民遂置新安、宜阳[5]二郡，分兵守之而还。

宇文化及至彭城，魏公密拒之。化及引兵入东郡宇文化及至彭城，夺人车、牛，载宫人、珍宝，而使军士自负戈、甲，道远疲剧[6]，军士皆怨。司马德戡谓赵行枢曰："君大谬[7]误我，当今拨乱[8]，必藉英贤。化及庸暗，群小在侧，事将必败，若之何？"行枢曰："在我等耳，废之何难？"遂与诸将谋杀化及。事泄，化及执德戡等，让之。德戡曰："本杀昏主，苦其淫虐，推立足下[9]，而又甚之。逼于物情，不得已也。"化及杀之，并其党十余人。李密据巩洛以拒化及，化及不得西，引兵入东郡，通守王轨以城降之。

梁王铣称皇帝梁公萧铣即帝位，置百官，徙都江陵，修复园庙。引岑文本为中书侍郎，委以机密。又使张绣徇岭南，郡县多降。始安[10]郡丞李袭志散财募士，以保郡城，群盗攻之，皆不能下。闻炀帝遇弑，率吏民临三日。或以尉佗之事说之，袭志怒曰："吾世继忠贞，江都虽覆，宗社尚存，尉佗狂僭[11]，

1　恩旧：旧交。
2　弑逆：弑君。
3　追蹑：跟踪追寻，追踪。
4　三伏：三重伏兵。
5　宜阳：古郡名，辖今河南省宜阳、嵩县、洛宁、新安等县一带。
6　疲剧：非常疲劳。
7　大谬：大错。
8　拨乱：平定祸乱。
9　足下：古代下称上或同辈相称的敬词。
10　始安：古郡名，辖今广西桂林、平乐间漓水流域及永福县等地。
11　狂僭：狂妄僭越。

何足慕也？”欲斩说者，众乃不敢言。坚守二年，外无声援，至是城陷，为铣所虏。于是东自九江，西抵三峡，南尽交趾，北距汉川，铣皆有之，胜兵四十万。

五月，唐王渊称皇帝隋恭帝禅位于唐，唐王即皇帝位。推五运[1]为土德，色尚黄。

唐罢郡置州，以太守为刺史。

隋越王侗称皇帝东都留守官闻炀帝凶问，奉越王侗即位。段达、王世充为纳言，元文都为内史令，共掌朝政。侗眉目如画，温厚仁爱，风格俨然。

突厥遣使如唐时突厥强盛，东自契丹、室韦[2]，西尽吐谷浑、高昌，诸国皆臣之，控弦百余万。唐初起兵，资其兵马，前后饷遗，不可胜纪。突厥恃功骄倨，每遣使者至长安，多暴横，唐主优容之。

唐定律令，置学校命裴寂、刘文静等修律令，行之。置国子、太学、四门生三百余员，郡县学亦置生员[3]。

六月，唐以赵公世民为尚书令，裴寂为右仆射、知政事，刘文静为纳言，窦威、萧瑀为内史令唐主待裴寂特厚，群臣莫及，日赐御膳，言无不从，称为“裴监”而不名。委萧瑀以庶政，事无大小，莫不关掌。瑀亦孜孜尽力，绳违[4]举过，人皆惮而毁之，瑀终不自理[5]。尝有敕，不时宣行[6]，唐主责之，瑀对曰：“大业之世，内史宣敕，或前后相违，有司不知所从。今王业经始，事系安危，故臣每受一敕，必勘审[7]，使与前敕不违，始敢宣行。稽缓之愆，实由于此。”唐主曰：“卿用心如此，吾复何忧？”唐主每视事，自称名，引贵臣同榻而坐。刘文静谏曰：“贵贱失位，非常久之道。”唐主曰：“诸公皆

1　五运：古代据五行生克说推算出的王朝兴替的气运。
2　室韦：古族名，分布于今嫩江及黑龙江南北岸地区，唐代有二十部，其中居住在额尔古纳河一带的蒙兀室韦是蒙古部的祖先。
3　生员：国学及州、县学在学学生。
4　绳违：纠正错误。
5　自理：为自己申诉。
6　不时宣行：没有及时宣布并执行。
7　勘审：勘验审核。

名德旧齿[1]，平生亲友，宿昔之欢，何可忘也？”

胡氏曰：裴、刘皆非宰相才，一时起事同谋，次第至此耳。然自二人长短论之，文静智计出寂右，建义之举，又文静先言，而高祖待寂特厚者，寂之为人宜于高祖，而文静之为人合于太宗也。夫高祖不取磊落奇士，而眷眷于私昵狎比之徒[2]，久而不忘，故唐室初政无足观者。人主之职，亦论相而止矣。

唐立四亲庙追尊皇高祖熙曰宣简公，皇曾祖天赐曰懿王，皇祖虎曰景皇帝，庙号太祖，皇考昞曰元皇帝，庙号世祖。妣皆为后。谥妃窦氏曰穆皇后。每岁祀昊天上帝、皇地祇、神州地祇[3]，以景帝配；感生帝[4]、明堂，以元帝配。

唐立世子建成为皇太子，世民为秦王，元吉为齐王宗室封王者八人。

秦主举侵唐泾州。

唐以永安王孝基为陕州总管时边要州[5]皆置总管府，以统数州之兵。

唐废隋帝侑为酅国公，而选用其宗室诏曰：“近世以来，时运迁革[6]，前代亲族，莫不诛夷，兴亡之效，岂伊人力？其隋蔡王智积等子孙，并付所司，量才选用。”

范氏曰：商之孙子，侯服[7]于周，诛其罪人之身，而立其子，天下公义也，况宗族乎？高祖始即位，而录隋子孙，由汉以来，最为忠厚，其享国长世[8]，宜哉！

唐以孙伏伽为治书侍御史万年县法曹孙伏伽上表曰：“隋以恶闻其过亡天下，故陛下得之。然陛下徒知得之之易，而未知隋失之之不难也。谓宜易其

1　旧齿：老臣，旧臣。
2　眷眷于私昵狎比之徒：眷眷，念念不忘，依恋不舍。私昵，私下亲近。狎比，亲近，亲昵。
3　昊天上帝、皇地祇、神州地祇：昊天上帝，天的尊号。皇地祇，地的尊号。神州地祇，神州大地的尊号。
4　感生帝：古代认为王者之先祖皆感太微五帝之精以生，因称其祖所感生之帝为“感生帝”。
5　边要州：边境地区重要的州。
6　迁革：变革，变化。
7　侯服：古代王畿外围，以五百里为一区划，由近及远，最近的一服即侯服。
8　长世：很久的时间。

覆辙，务尽下情。凡人君言动，不可不慎。陛下今日即位，而明日有献鹞雏[1]者，此乃少年之事，岂圣主所须哉？又百戏散乐，亡国淫声。近太常于民间借妇女裙襦[2]以充妓衣[3]，拟五月五日玄武门游戏，此亦非所以为子孙法也。夫善恶之习，渐染易移。太子、诸王参僚[4]左右，宜谨择其人，有门风不睦、素无行义、专好奢靡、以声色游猎为事者，皆不可近。自古骨肉乖离，以至败亡，未有不因左右离间而然也。”唐主大悦，下诏褒称，擢为治书侍御史，赐帛三百匹，仍颁示远近。

范氏曰：天下之势，如人一身，必气血周流无壅[5]，而后能存。谏者使下情上通，上意下达，如血气之周流于一身也。故言路开则治，言路塞则乱。高祖鉴隋之所以亡，首辟言路，可谓知先务矣。是以民知上之忧己，而疾痛将有所赴愬[6]也。唐室之兴，不亦宜乎！

唐窦威卒，以窦抗、陈叔达为纳言。

魏公密败宇文化及于黎阳，奉表降隋东都闻宇文化及西来，上下震惧。有盖琮者上疏，请说李密与之合势以拒化及。元文都、卢楚以为然，使琮赍敕书赐密。化及引兵北趋黎阳。李密将徐世勣先据黎阳，畏其军锋，西保仓城。化及渡河，保黎阳，分兵围世勣。密壁于清淇[7]，与世勣以烽火相应，深沟高垒，不与战。密与化及隔水而语，数之曰：“卿本匈奴皂隶，世受隋恩，主上失德，不能死谏，反行弑逆，天地所不容，将欲何之？”化及默然良久，大言曰：“与尔论相杀事，何须作书语[8]耶？”乃盛修攻具以逼仓城，世勣击败之。密畏东都议其后，见盖琮至，大喜，遂上表乞降，请灭化及以赎罪。隋主

1 鹞雏：幼小的鹞鹰，此处借指玩乐之物。
2 裙襦：裙子与短袄。
3 妓衣：遮隔女乐的帘子。
4 参僚：部下。
5 壅：堵塞。
6 赴愬：奔走求告，上诉。
7 清淇：古县名，治所位于今河南省鹤壁市浚县西。
8 书语：书传中的话，常含有引经据典、咬文嚼字之义。

引见其使，册拜[1]密太尉、尚书令，封魏公，俟平化及，入朝辅政。元文都等喜于和解，于上东门置酒作乐。王世充作色曰："朝廷官爵，乃以与贼，其志欲何为邪？"文都等亦疑世充欲以城应化及，由是有隙。七月，李密悉以精兵东击化及。化及食尽，入汲郡求军粮，又遣使栲掠[2]东郡吏民，以责米粟[3]。王轨等不堪其弊，诣密请降。化及大惧，引余众二万北趋魏县[4]。密知其无能为，西还巩洛，留徐世勣以备之。苏威在东郡，亦诣密降，密虚心礼之。威初不言帝室艰危，唯再三舞蹈[5]，称"不图今日复睹圣明"，时人鄙之。

秋，七月，唐秦王世民与秦主举战于高墌[6]，败绩薛举进逼高墌，秦王深沟高垒，不与战。会得疟疾，委军政于长史刘文静，且戒之曰："薛举悬军深入，食少兵疲，若来挑战，慎勿应也。俟吾疾愈，为君等破之。"文静欲曜武以威之，乃陈于高墌西南，恃众而不设备。举潜师掩其后，士卒死什五六，大将刘弘基等皆没。世民引还长安，举遂拔高墌。文静等皆坐除名。

隋王世充杀元文都，隋主以世充为仆射。魏公密如东都，不至而复[7]李密每战胜，辄使告捷于隋，隋人皆喜。世充独曰："文都辈刀笔吏[8]耳，吾观其势，必为李密所擒。且吾军士屡与密战，杀其父兄子弟，前后已多，一旦为之下，吾属无类矣。"欲以激怒其众。文都惧，谋因世充朝，伏甲诛之。段达以告世充，世充夜勒兵袭含嘉门。文都入奉隋主御殿，闭门拒守。世充攻太阳门，得入，杀卢楚。隋主使人问世充："称兵[9]何为？"世充下马谢曰："元文都、卢楚横见规图[10]，请杀文都，甘从刑典[11]。"段达令人执送文都，隋主

1　册拜：以册书授官。
2　栲掠：拷掠，拷打。栲，通"拷"。
3　米粟：米和粟，亦泛指粮食。
4　魏县：古县名，治所位于今河北省邯郸市大名县西南。
5　舞蹈：手舞足蹈，表示欣庆或颂扬。
6　高墌：古地名，又名浅水城，位于今陕西省咸阳市长武县北。
7　复：回头。
8　刀笔吏：代办文书的小吏。
9　称兵：采取军事行动。
10　横见规图：横加诬陷。规图，谋求。
11　刑典：刑法。

恸哭遣之。世充杀之，及其诸子。段达开门纳世充，世充悉遣人代宿卫者，然后入见，谢曰："文都等欲召李密以危社稷，疾臣违异，深积猜嫌。迫于救死，不暇闻奏。"被发[1]为誓，词泪俱发。隋主以为诚，以世充为左仆射，总督内外诸军事。世充移居尚书省，使兄世恽入居禁中，子弟咸典兵马，隋主拱手[2]而已。密将入朝，至温，闻变而还。初，密获东都国子祭酒徐文远，以故尝受业，备弟子礼，北面拜之。文远曰："将军之志欲为伊、霍，以继绝扶倾，则老夫虽迟暮，犹愿尽力。若为莽、卓[3]，乘危邀利[4]，则无所用老夫矣。"密顿首曰："愿竭庸虚[5]，康济[6]国难，此密之本志也。"文远曰："将军名臣之子，失途至此，若不远而复[7]，犹不失为忠义之臣。"密顿首受教。至是，密复问计，文远曰："世充亦门人也，其人残忍，必有异图。将军前计为不谐矣。非破世充，不可入朝也。"

唐诏废隋离宫。

长乐王建德定都乐寿[8]初，隋河间郡丞王琮守郡城，建德攻之，岁余不下。琮闻炀帝凶问，率吏民发丧，建德遣使吊之，琮乃降，建德退舍[9]待之。琮言及隋亡，俯伏流涕，建德亦为之泣。诸将请烹之，建德曰："琮，忠臣也，吾方赏之以劝事君，奈何杀之？往在高鸡泊为盗，容[10]可妄杀人，今欲安百姓，定天下，岂得害忠良乎？"以琮为瀛州刺史。于是河北郡县闻之，争附于建德。先是，建德陷景城[11]，执户曹张玄素，将杀之，县民千余号泣，请代其死，曰："户曹清慎[12]无比，杀之何以劝善？"建德释之，以为治书侍御史，固辞。及闻

1 被发：发不束而披散。
2 拱手：无为而治。
3 莽、卓：即王莽、董卓。
4 邀利：请求私利。
5 庸虚：才能低下，学识浅薄，自谦之词。
6 康济：安抚救助。
7 不远而复：走入迷途不远而知道回头。
8 乐寿：古县名，治所位于今河北省沧州市献县西南。
9 退舍：退却，退避。
10 容：或许，也许。
11 景城：古县名，治所位于今河北省沧州市西。
12 清慎：清廉谨慎。

江都败，以为黄门侍郎，玄素乃起。饶阳令宋正本，博学有才气，说建德以定河北之策，建德引为谋主。定都乐寿，备置百官。

八月，秦主举卒，子仁杲立郝瑗言于薛举曰："唐兵新破，关中骚动，宜乘胜直取长安。"举然之，会病，卒。仁杲立，居折墌城[1]。

唐立李轨为凉王唐主欲与李轨共图秦、陇，遣使招抚之，谓之"从弟"。轨大喜，遣弟入贡。遂册拜轨为凉王。

唐遣秦王世民伐秦。

隋人葬炀帝于江都隋江都太守陈棱求得炀帝之柩，略备仪卫葬之。

魏公密与隋战，大败，遂以其众降唐李密骄矜，不恤士众。徐世勣尝讥其短，密不怿，使出镇黎阳以疏之。洛口仓无防守文券[2]，取者随意，委弃衢路，米厚数寸。群盗来就食者，近百万口。东都降者，日以百数。淘米洛水，两岸十里，粲[3]如白沙。密喜，谓贾闰甫曰："此可谓足食矣。"闰甫曰："国以民为本，民以食为天。今民襁负而至者，以所天在此故也。而有司不吝，屑越[4]如此，一旦米尽民散，孰与成大业哉？"时隋军乏食，密军少衣，王世充请交易，密许之，东都降者遂少。世充简兵击密。密留王伯当守金墉，邴元真守洛口，自引精兵出偃师北，阻邙山以待之。召诸将会议，裴仁基曰："世充悉众而至，洛下必虚，可简精兵三万，傍河西出，以逼东都。世充还，我且按甲。如此，则我有余力，彼劳奔命，破之必矣。"密曰："公言大善。"既而诸将欲战者什七八，密又惑而从之。仁基苦争不得。魏徵亦言于长史郑颋曰："公虽骤胜，而骁将锐卒多死，战士心怠，难以应敌。且世充乏食，志在死战，未若深沟高垒以拒之，不过旬月，世充必退，追而击之，蔑不胜矣。"颋曰："此老生之常谈耳！"密轻世充，不设壁垒。世充夜遣骑潜入北山，伏溪谷中，

1　折墌城：古地名，一名薛举城，位于今甘肃省平凉市泾川县东北。
2　防守文券：防守，警戒守卫。文券，文契，契约。
3　粲：上等白米。
4　屑越：轻易捐弃，糟踏。

命军士皆秣马蓐食。迟明薄密[1]，密兵未及成列，世充纵击之。世充士卒皆江淮剽勇，出入如飞。战方酣[2]，伏兵乘高驰下，密众大溃，驰向洛口。元真已遣人潜引世充矣。单雄信亦降于世充。密自度不能支，率轻骑奔虎牢。王伯当亦弃金墉，保河阳。密欲南阻[3]河，北守太行，东连黎阳，以图进取。诸将曰："兵新失利，众心危惧，难以成功。"密曰："孤所恃者，众也。众既不愿，孤道穷矣。诸君幸不相弃，当共归关中。"众咸曰："然。"从密入关者二万人。于是密之将帅、州县多降于隋。元真本县吏，坐赃亡命，从翟让，让以为书记。及密开幕府，荐以为长史，密不得已用之，未尝使预谋画。元真贪鄙，宇文温劝密杀之，元真知之，故叛。雄信骁捷，善马槊[4]，军中号"飞将"。房彦藻以雄信轻于去就，劝密除之。密爱其材，不忍也。至是，果叛。

秦围泾州，唐兵败绩，守将刘感死之唐将军刘感镇泾州，薛仁杲围之。唐长平王叔良将兵至，仁杲伪遁，又遣高墌人伪以城降，叔良命感率众赴之，大败。仁杲擒感，复围泾州，令感语城中云："援兵已败，不如早降。"感许之，至城下，大呼曰："逆贼饥馁，亡在朝夕。秦王率数十万众四面俱集，城中勉之！"仁杲怒，埋感至膝，驰骑射之。至死，声色逾厉。

唐遣使如突厥，突厥遣使报之唐遣郑元琦以女妓[5]赂始毕可汗，始毕遣使报之。唐主与之宴，引升御坐以宠之。

唐行《戊寅历》白马道士傅仁均所造也。

隋宇文化及弑秦王浩，自称许帝宇文化及兵势日蹙，兄弟酣宴[6]，醉，尤智及曰："今所向无成，负弑君之名，天下不容，必将灭族，岂不由汝？"智及怒，数相斗阋[7]。其众多亡。化及叹曰："人生固当死，岂不一日为帝乎？"

1 迟明薄密：天快亮的时候逼近李密。迟明，黎明，天快亮的时候。薄，逼近。
2 酣：激烈。
3 阻：隔绝。
4 马槊：在马上使用的长矛。
5 女妓：女乐，歌伎。
6 酣宴：纵情饮宴。
7 斗阋：争斗。

于是鸩杀秦王浩，称帝于魏县，国号许。

冬，十月朔，日食。

唐以李密为光禄卿[1]、邢国公密将至，唐主遣使迎劳相望。密喜曰："我拥众百万，解甲[2]归唐，比于窦融，功亦不细，岂不以台司见处乎？"至长安，乃拜光禄卿，赐爵邢国公。密大失望。

唐以淮安王神通为山东安抚大使。

朱粲自称楚帝，取唐邓州[3]，刺史吕子臧死之邓州刺史吕子臧与抚慰使马元规击朱粲，破之。言于元规曰："粲新败，危惧，并力击之，一举可灭。若复迁延，其徒稍集，则为患深矣。"元规不从。既而粲收集余众，兵复大振，自称楚帝，进攻邓州。子臧抚膺谓元规曰："老夫今日坐公死矣。"会霖雨城坏，所亲劝子臧降，子臧曰："安有天子方伯降贼者乎？"率麾下赴敌而死。俄而城陷，元规亦死。

隋以王世充为太尉徐文远复入东都，见世充，必先拜。或问曰："君倨见[4]李密而敬王公，何也？"文远曰："魏公，君子也，能容贤士；王公，小人也，能杀故人。吾何敢不拜？"

唐以李袭誉为太府少卿[5]隋末群盗起，冠军司兵李袭誉说西京留守阴世师遣兵据永丰仓，发粟以赈穷乏，出库物赏战士，移檄郡县，同心讨贼，世师不能用。乃求募兵山南。唐主克长安，召为太府少卿，附属籍。

唐纳言窦抗罢。

十一月，凉王轨称帝。

唐秦王世民破秦兵，围折墌。秦主仁杲出降薛仁杲之为太子也，与诸

1　光禄卿：古官名，位列十二卿，掌宫殿门户及部分宫廷供御事务。
2　解甲：放下武器，投降。
3　邓州：古州名，辖今河南省邓州、南阳二市及南阳、新野、内乡、西峡、淅川、镇平、南召等县地。
4　倨见：傲慢地接见或往见。
5　太府少卿：古官名，为太府副贰，位在丞上，协助太府卿掌仓储出纳、两京诸市，通判各署事务。

将多有隙。及即位，众心猜惧。郝瑗哭举而死，由是浸弱。秦王世民至高墌，仁杲使宗罗睺将兵拒之。世民坚壁不出，诸将请战，世民曰："我军新败，士气沮丧，贼恃胜而骄，有轻我心，宜闭垒以待之。彼骄我奋，可一战而克也。"乃令军中曰："敢言战者斩！"相持六十余日，仁杲粮尽，所部多降。世民乃命梁实营于浅水原[1]以诱之，罗睺大喜，尽锐攻之。数日，世民度其已疲，谓诸将曰："可以战矣！"使庞玉陈于原南，罗睺并兵击之，玉几不能支，世民乃引大军自原北出其不意，自率骁骑陷阵，罗睺军溃。世民率骑追之，窦轨叩马苦谏，世民曰："破竹之势不可失也！"遂进围之。仁杲将士多叛，计穷出降，得其精兵万余人。诸将皆贺，因问曰："大王一战而胜，遽舍步兵，又无攻具，直造城下，众皆以为不克，而卒取之，何也？"世民曰："罗睺所将，皆陇外骁将悍卒，吾特出其不意而破之，斩获不多。若缓之，则皆入城，仁杲抚而用之，未易克也；急之，则散归陇外，折墌虚弱，仁杲破胆，不暇为谋，此吾所以克也。"众皆悦服。世民所得降卒，悉使仁杲兄弟及罗睺等将之，与之射猎，无所疑间[2]。贼畏威衔恩，皆愿效死。世民闻褚亮名，求访，获之，引为文学。唐主使李密迎世民于豳州。密自恃智略功名，见唐主犹有傲色，及见世民，不觉惊服，私谓殷开山曰："真英主也！不如是，何以定祸乱乎？"唐以姜謩为秦州刺史，抚以恩信，士民安之。

徐世勣降唐，赐姓李氏徐世勣据李密旧境，未有所属。魏徵随密至长安，无所知名，乃自请安集山东。唐主以为秘书丞，乘传至黎阳，劝世勣早降。世勣遂决计西向，谓长史郭孝恪曰："此民众、土地，皆魏公有也，吾若献之，是利主之败，自为功以邀富贵也，吾实耻之。今宜籍郡县户口、士马之数以启魏公，使自献之。"乃使孝恪诣长安。唐主初怪世勣无表，既而闻之，叹曰："世勣不背德，不邀功，真纯臣也。"赐姓李氏。使孝恪与世勣经营虎牢以东。

---

1 浅水原：古地名，亦名鹑觚原，位于今陕西省咸阳市长武县北浅水村一带。
2 疑间：猜忌离间。

范氏曰：古者天子建国，赐姓命氏，所以别其族类之所出，子孙各本于其祖，不可改也。汉祖赐娄敬姓为刘，鄙陋无稽[1]甚矣！而唐世遂以为法，或加于盗贼、夷虏，遂以逆族异类为同宗。然则古人赐姓者，别之。而后之赐姓者，乱之也。夫天亲不可以人为，而强欲同之，岂理也哉？上渎其姓，下忘其祖，非先王之制，不可为后世法也。

唐斩薛仁杲于市秦王世民还至长安，斩薛仁杲于市。唐主享劳[2]将士，谓群臣曰："诸公共相翊戴[3]以成帝业，若天下承平，可共保富贵。使王世充得志，公辈岂有种[4]乎？如仁杲君臣，岂可不以为鉴也？"

唐遣李密收抚[5]山东李密遇大朝会，职当进食，深耻之。退，以告王伯当，伯当曰："天下事，在公度内[6]耳。"乃言于唐主曰："臣蒙荣宠，曾无报效。山东之众，皆臣故时麾下，请往收之。凭藉国威，取世充如拾芥耳。"群臣皆以密狡猾好反，不可遣，唐主不听。密请贾闰甫偕行，唐主许之，引升御榻，饮劳[7]甚厚。又以王伯当为副而遣之。

夏王建德取深[8]、冀、易[9]、定等州有大鸟五，集于乐寿，群鸟数万从之。又有得玄圭[10]以献者，建德群臣曰："此天所以锡大禹也。"乃改国号夏，改元"五凤"。初，王须拔掠幽州，中流矢死，其将魏刀儿代领其众，据深、泽[11]，掠冀、定，众至十万。建德袭击斩之，并其众。易、定亦降，唯冀州刺史麴棱不下，攻拔之。建德见棱曰："忠臣也。"以为内史令。

唐以秦王世民为陕东大行台蒲州及河北兵马并受节度。

1　鄙陋无稽：鄙陋，见识浅薄。无稽，无从查考，没有根据。
2　享劳：犒劳。
3　翊戴：辅佐拥戴。
4　有种：有后嗣，有后代。
5　收抚：收容安抚。
6　度内：计虑之内，意料之中。
7　饮劳：以酒食慰劳。
8　深：深州，古州名，以故深城为名，辖今河北省深州、安平、饶阳、辛集等县市地。
9　易：易州，古州名，辖今河北省内长城以南，安新、满城以北，南拒马河以西。
10　玄圭：一种黑色的玉器，上尖下方，古代用以赏赐建立特殊功绩的人。
11　泽：泽州，古州名，辖今山西省晋城市及沁水、高平、陵川、阳城等县地。

唐杀隋河东守将尧君素隋将尧君素守河东，唐遣独孤怀恩攻之，不下。招之，不从。遣其妻至城下，谓之曰："隋室已亡，君何自苦？"君素曰："天下名义，非妇人所知！"引弓射之，应弦而倒。君素志在守死，每言及国家，未尝不歔欷，谓将士曰："吾大义不得不死。必若隋祚永终，天命有属，自当断头以付诸君，持取富贵。今城池甚固，仓储丰备[1]，大事犹未可知，不可横生心也。"久之，食尽，又闻江都倾覆，左右杀君素以降。别将王行本诛作乱者，复乘城拒守，怀恩引兵围之。

唐以罗艺为幽州总管，击夏兵，败之初，宇文化及遣使招罗艺，艺曰："我，隋臣也。"斩其使，为炀帝发丧，临三日。窦建德、高开道各遣使招之，艺曰："二子皆剧贼[2]耳，唐公乃吾主也。"遂与渔阳、上谷诸郡皆奉表降唐。唐以为幽州总管，其将薛万彻、万均亦皆授以官爵。窦建德率众十万寇幽州，艺将逆战，万均曰："彼众我寡，出战必败。不若使羸兵阻水为阵，彼必渡水击我。万均请以百骑伏于城旁，俟其半渡而击之，蔑不胜矣。"艺从之，大破建德。相拒百余日，建德引还。艺司马温彦博赞其归唐之计，唐征为中书侍郎，与兄黄门侍郎大雅对居近密[3]，时人荣之。

唐以西突厥曷娑那可汗为归义王曷娑那献大珠，唐主曰："珠诚至宝，然朕宝王赤心，珠无所用。"竟还之。

唐李密叛，行军总管[4]盛彦师讨斩之密之出关也，长史张宝德上封事，言其必叛。唐主乃敕密还，更受节度。密谓贾闰甫曰："无故召还，恐无生理，不若破桃林县[5]，收兵渡河。苟得至黎阳，大事必成。公意如何？"闰甫曰："明公既已委质，复生异图，虽破桃林，兵岂暇集？一称叛逆，谁复容人？为明公

1 丰备：充足。
2 剧贼：大盗，强悍的贼寇，亦用以贬称势力大的反叛者。
3 对居近密：两人的衙门相对而居，同为天子的亲近之臣。
4 行军总管：古官名，战时临时任命大臣为之，统兵出征，事讫即罢。
5 桃林县：古县名，治所位于今河南省三门峡市辖灵宝市东北。

计，不若且应朝命，以明元[1]无异心。”密怒曰：“唐使吾与绛、灌[2]同列，吾何以堪之？”闰甫曰：“自翟让受戮之后，人皆谓明公弃恩忘本，今日谁肯复以兵委公者？大福不再，愿熟思之。”密大怒，挥刃欲击之，闰甫奔熊州[3]。密遂斩使者，入桃林县，驱掠徒众，直趋南山，乘险而东，使人驰告故将、伊州刺史张善相，令以兵应接，而声言向洛。行军总管盛彦师闻之，率众逾熊耳山，南据要道，令其众夹路而伏，令之曰：“俟贼半渡，一时俱发。”或曰：“闻密欲向洛，而公入山，何也？”彦师曰：“密声言向洛，实欲出人不意，走襄城，就张善相耳。若贼入谷，我自后追之，山路险隘，一夫殿后，必不能制。今吾得先入谷，擒之必矣。”密果南出，半渡，彦师击斩之，及伯当，传首长安。李世勣在黎阳，唐主遣使以密首示之，世勣北面号恸，表请收葬。诏归其尸，世勣举军缟素葬之。密素得士心，哭之者多呕血。善相亦降于唐。

高开道据渔阳，自称燕王。

唐以李素立为侍御史有犯法不至死者，唐主特命杀之。监察御史[4]李素立谏曰：“三尺法，王者所与天下共也。法一动摇，人无所措手足。陛下甫创鸿业，奈何弃法？臣不敢奉诏。”唐主从之。命所司授以七品清要官[5]，拟雍州司户[6]，唐主曰：“要而不清。”又拟秘书郎，唐主曰：“清而不要。”遂擢授侍御史。

唐以舞胡[7]安叱奴为散骑侍郎唐以舞胡安叱奴为散骑侍郎。礼部尚书李纲谏曰：“古者乐工不与士齿[8]。今天下新定，建义功臣，行赏未遍，高材硕

1　元：本来，原来。
2　绛、灌：即绛侯周勃、灌婴。
3　熊州：古州名，辖今河南省宜阳、洛宁、嵩县、新安、渑池等县地。
4　监察御史：古官名，掌监察百官、巡视郡县、纠正刑狱、肃整朝仪等事务。
5　清要官：地位显贵、职司重要而政务不繁的官职。
6　司户：古官名，“司户参军事”的简称，掌户籍、计帐、道路、过所、蠲符、杂徭、逋负等。
7　舞胡：跳舞的胡人。
8　乐工不与士齿：乐工不能与士人并列。

学[1]，犹滞草莱，而先擢舞胡为五品，使鸣玉曳组，趋翔廊庙[2]，非所以规模[3]后世也。”唐主曰：“吾业已[4]授之，不可追也。”

陈岳[5]曰：受命之主，发号施令，为子孙法。一不中理，则为厉阶，岂可谓业已授之而不可追欤？

凉大饥李轨发民筑台，劳费甚广。河右饥，人相食，轨倾家财赈之。不足，议发仓粟，群臣皆以为然。谢统师等故隋官，心不服轨，乃曰：“百姓饿者，自是羸弱，勇壮之士，终不至此。仓粟以备不虞，岂可散之以饲羸弱？”轨以为然。由是士民离怨。

己卯（公元619年）

隋恭帝侗皇泰二年、唐武德二年。郑主王世充开明元年。梁王沈法兴延康元年。吴王李子通明政元年。〇是岁，隋、凉、楚粲亡，并楚、夏、定杨、梁师都、梁铣，凡九国。

春，正月，隋王世充杀总管刘孝元、独孤武都王世充尽取隋朝显官、名士为官属，杜淹、戴胄皆预焉。世充专总朝政，事无大小，悉关[6]太尉府，台省阒然[7]。上书陈事者，日以百数，世充悉引见，殷勤慰谕，人人自喜，然终无所施行。下至士卒、厮养，皆以甘言悦之，而实无恩施。马军[8]总管独孤武都为世充所亲任。步兵总管刘孝元等谋召唐兵，使崔孝仁说武都曰：“王公徒为儿女之态以说下愚[9]，而鄙隘贪忍[10]，不顾亲旧，岂能成大业哉？唐起晋阳，奄

1 硕学：知识渊博，知识渊博的人。
2 鸣玉曳组，趋翔廊庙：让他当高官，行走于庙堂之上。鸣玉曳组，佩玉饰、曳印组，形容任高官。
3 规模：榜样，典范。
4 业已：已经。
5 陈岳：南宋人，拊循劳来，御民以诚，有死丧不能葬者，作两义冢，别男、女瘗之。
6 关：通报。
7 阒然：形容寂静无声的样子。
8 马军：骑兵。
9 下愚：极愚蠢的人。
10 鄙隘贪忍：鄙隘，卑鄙狭隘。贪忍，贪婪残忍。

有关内，兵不留行，英雄景附[1]。且坦怀待物，举善责功，不念旧恶，据胜势以争天下，谁能敌之？今其兵近在新安，若遣间使召之，吾曹为内应，事无不集矣。”武都从之。事泄，世充皆杀之。

唐淮安王神通击宇文化及于魏县，走之。

淮安杨士林击破朱粲，唐以为显州[2]行台朱粲有众二十万，剽掠汉、淮间，每破州县，食其积粟，将去，悉焚其余。军中乏食，乃教士卒烹妇人、婴儿啖之，曰：“肉之美者，无过于人，但使他国有人，何忧于馁？”初，以隋著作佐郎陆从典、通事舍人颜愍楚为宾客，其后合家皆为所啖。又税诸城堡细弱[3]以供军食。淮安土豪杨士林起兵攻粲，诸州皆应之。粲大败，奔菊潭[4]。士林率汉东四郡请降，唐以为显州道行台。

二月，唐定租庸调法[5]每丁，租二石，绢二匹，绵三两，自兹以外，不得横敛[6]。

唐置宗师诏：“诸宗姓居官者在同列之上，未仕者免徭役。每州置宗师一人以摄总[7]，别为团伍。”

唐使吐谷浑伐凉初，唐册使[8]至凉州，李轨欲去帝号，受唐官爵，曹珍曰：“隋失其鹿，天下共逐之。唐帝关中，凉帝河右，固不相妨。必欲以小事大，请依萧詧事魏故事。”轨从之。遣其左丞邓晓入见，奉书称“皇从弟大凉皇帝臣轨”。唐主怒，始议讨之。初，隋炀帝征吐谷浑，可汗伏允奔党项[9]。炀帝立其质子顺为主，不果入。会中国丧乱，伏允还，收其故地。唐主即位，遣使与伏允连和，使击李轨，许以顺还之。伏允喜，起兵击轨，数遣使入贡请

1　兵不留行，英雄景附：军队未遇阻滞，各路英雄纷纷归附。
2　显州：古州名，辖今河南省泌阳县一带。
3　细弱：妻子儿女，亦泛指家属。
4　菊潭：古县名，治所位于今河南省南阳市内乡县北，属邓州。
5　租庸调法：唐时实行的赋税制度，以征收谷物、布匹或者为政府服役为主。
6　横敛：滥征捐税。
7　摄总：主持管理。
8　册使：册封的使臣。
9　党项：汉时羌族的一支，居住于今青海省东南部黄河河曲和四川省松潘以西山谷一带。

顺，唐主遣之。

朱粲降唐，唐以为楚王。

夏王建德破宇文化及于聊城，诛之宇文化及诱海曲诸贼帅共守聊城。窦建德谓其下曰："隋为吾君，吾为隋民。化及弑逆，不可不讨！"乃引兵趋聊城。时唐淮安王神通攻聊城，化及粮尽，请降，神通不许。建德军且至，神通引退。建德与化及连战，大破之，生擒化及。先谒隋萧后，称臣，素服哭炀帝尽哀。收传国玺，执智及与其党，集隋官而斩之。建德每克城，得资财，悉以分将士，常食蔬茹粟饭[1]。妻曹氏，不衣纨绮[2]，婢妾才十许人。得隋宫人千数，实时散遣[3]。以裴矩为左仆射，自余随才授职，欲诣关中及东都者听之。又与王世充结好，奉表于隋。隋封建德为夏王。裴矩为定朝仪，制律令，建德甚悦。

胡氏曰：商纣既亡，子孙皆臣服于周，惟妹土顽民[4]，乃有哀号呼天，欲纪其绪[5]。未闻殷之贤臣，为纣斩衰擗踊，敬事妲己者也。隋炀之罪，视纣为浮[6]，窦建德于是焉数宇文化及以世受国恩，不能匡谏，亲行弑逆，辄自称尊，讨而杀之可也，而为昏炀发哀，拜谒萧后，则施之不当，何足以感动人心？其与汉祖为义帝之节异矣。

唐以宇文士及为上仪同[7]，封德彝为内史侍郎初，唐主与宇文士及善。化及既死，手诏召之，士及与封德彝来降。时士及妹为昭仪，由是授上仪同。唐主以德彝谄巧不忠，罢遣就舍[8]。德彝以秘策干[9]唐主，唐主悦，拜内史舍人，俄[10]迁侍郎。

范氏曰：甚矣，佞人之难远也！自古君子易疏，小人易亲。盖君子难于进

1　蔬茹粟饭：蔬茹，蔬菜。粟饭，糙米饭。
2　纨绮：精美的丝织品。
3　实时散遣：实时，即时，马上。散遣，遣散。
4　顽民：殷代遗民中坚决不服从周朝统治的人。
5　欲纪其绪：打算接续他的世系。
6　浮：超过。
7　上仪同：上仪同大将军、上仪同三司的简称。
8　就舍：回家。
9　干：谋求，求取。
10　俄：时间很短，突然间。

而果于退，小人不耻于自售[1]，而戚于不见知。其进也，无所不至，人君一为所惑，鲜有不至祸败者也。

胡氏曰：祸乱之臣，于兴国无怨恶也，而不可不戮者，天下之恶一也，既以谢涂炭之人，又以训吾之臣子也。德彝、士及，身为大臣，产祸召乱，又与叛逆诟詈其君，此而不诛，反宠秩之，唐之官赏[2]，为不足贵矣。

隋王世充侵唐谷州[3]王世充以秦叔宝、程知节为将军，待之皆厚。然二人疾世充多诈，知节谓叔宝曰："王公器度浅狭，多妄语，好呪誓[4]，乃老巫妪[5]耳，岂拨乱之主乎？"至是，世充与唐兵战于九曲[6]，叔宝、知节以数十骑西驰百许步，下马拜世充曰："仆荷公殊礼，深思报效。公猜忌信谗，非仆托身之所，请从此辞。"遂降于唐。秦王世民闻其名，厚礼之，以叔宝为总管，知节为统军。既而将军李君羡、田留安亦降于唐。世民置君羡左右，以留安为统军。世充攻获嘉[7]，唐陟州[8]刺史李育德与弟三人皆战死。

唐并州总管、齐王元吉免，寻复本任殿内监[9]窦诞、右卫将军宇文歆助齐王元吉守晋阳。元吉性骄侈，好田猎，载网罟三十余车，尝言："我宁三日不食，不能一日不猎。"尝与诞猎，蹂践人禾稼。纵左右掠夺民物，当衢[10]射人，观其避箭。歆乃表言其状，元吉坐免官。寻讽父老留己，诏复从之。

唐以杨恭仁为凉州总管恭仁素习边事，晓羌、胡情伪[11]，民夷悦服，自葱岭以东，并入朝贡。

突厥始毕可汗死，弟处罗可汗立。

1　自售：自夸其才。
2　官赏：授官爵和加赏赐。
3　谷州：古州名，辖今河南省新安、渑池二县及孟津县一部分。
4　呪誓：赌咒发誓。
5　巫妪：巫婆。
6　九曲：古地名，又称九阿，位于今河南省洛阳市宜阳县西北。
7　获嘉：古县名，治所即今河南省新乡市获嘉县。
8　陟州：古州名，治所位于今河南省新乡市获嘉县境内。
9　殿内监：古官名，殿内省长官，掌诸供奉之事。
10　衢：四通八达的大路。
11　情伪：虚实。

隋东海、北海、东平[1]、须昌、淮南诸郡县皆降于唐。

隋王世充自称郑王，加九锡初，王世充既杀元、卢，虑人情未附，犹媚事[2]隋主，既而渐骄横。尝赐食宫中，还家大吐，疑为遇毒，自是不复朝谒。其侵谷州也，外示攻取，实召文武议受禅。李世英深以为不可，曰："四方所以归附东都者，以公能中兴隋室故也。今九州之地，未清其一，而遽正位号，恐远人皆思叛去矣。"戴胄亦曰："君臣，犹父子也，休戚同之。明公若能竭忠徇国，则家、国俱安矣。"世充诡辞称善而遣之。及议受九锡，胄复固谏，世充怒，出为郑州长史。乃使段达等言于隋主，隋主曰："郑公近平李密，已拜太尉，自是以来，未有殊绩[3]。俟天下稍平，议之未晚。"达曰："太尉欲之。"隋主熟视，曰："任公[4]！"达等遂称诏进世充爵郑王，加九锡。世充奉表三让。纳言苏威年老，不任朝谒，世充以威隋氏重臣，欲以眩耀[5]士民，每劝进，必冠威名。及受殊礼之日，扶威置百官之上，然后南面正坐受之。

唐以郑善果为内史侍郎初，宇文化及以隋大理卿郑善果为民部尚书，从至聊城，为化及督战，中流矢。及城破，王琮获之，责之曰："公，名臣之家，隋室大臣，奈何为弑君之贼效命至此乎？"善果大惭，欲自杀。奔长安，唐主优礼之。

夏，四月，定杨可汗武周击唐并州，取榆次[6]刘武周引突厥寇并州，兵锋甚盛。齐王元吉遣将军张达以步卒百人当之。达以兵少辞，强遣之，至则俱没。达忿恨，引武周袭榆次，陷之。

楚王朱粲杀唐使者，奔东都唐散骑常侍段确奉诏慰劳朱粲，乘醉侮粲曰："闻卿好啖人，人作何味？"粲曰："啖醉人，正如糟彘肉[7]。"确怒，骂

1　东平：古郡名，辖今山东省郓城、巨野、鄄城等县地。
2　媚事：以谄媚事人。
3　殊绩：特出的政绩、功绩。
4　任公：随你便。
5　眩耀：迷惑，惑乱。
6　榆次：古县名，治所即今山西省晋中市榆次区。
7　糟彘肉：糟猪肉。

曰："狂贼入朝，为一头奴[1]耳，复得啖人乎？"粲烹食之。遂屠菊潭，奔王世充。

郑王世充称帝世充令长史韦节等造禅代仪，遣段达等入奏隋主曰："天命不常，郑王功德甚盛，愿陛下遵唐、虞之迹！"隋主怒曰："天下者，高祖之天下。若隋祚未亡，此言不应发；必天命已改，何烦禅让？公等或祖祢旧臣，或台鼎高位，既有斯言，朕复何望？"世充乃称隋主命，禅位于郑，幽隋主于含凉殿，虽有三表陈让，及敕书敦劝，隋主皆不之知。世充遂备法驾入宫，即皇帝位。立子玄应为太子，玄恕为汉王。奉隋主为潞国公。以苏威为太师。以陆德明为汉王师，令玄恕就其家行束脩礼[2]。德明耻之，故服巴豆散，对之遗利[3]，竟不与语。世充听朝，语词重复，百司疲于听受。御史大夫苏良谏曰："陛下语太多而无领要[4]，计云尔即可，何烦许辞？"世充不能改。

夏王建德立杨政道为郧公建德闻王世充自立，乃绝之，始建天子旌旗，出入警跸。立隋齐王暕遗腹子政道为郧公，然犹倚突厥以壮兵势。隋义成公主遣使迎萧后，建德遣之。又传宇文化及首，以献公主。

定杨可汗武周围唐并州，齐王元吉拒却之。

郑主世充取唐伊州，总管张善相死之。

唐遣安兴贵袭执凉主轨以归，杀之，河西平李轨将安修仁兄兴贵，仕长安，表请说轨，唐主曰："轨阻兵恃险，岂口舌所能下？"兴贵曰："臣家在凉州，奕世豪望，为民夷所附。弟修仁为轨所信任，子弟在机近[5]者以十数。轨听臣固善，若其不听，图之易矣。"唐主乃遣之。兴贵至，乘间说轨曰："凉地不过千里，土薄民贫。今唐起太原，取函秦[6]，宰制中原，战胜攻取，此殆天

1　头奴：奴仆的头目。
2　束脩礼：拜师礼。束脩，古代学生与教师初见面时必先奉赠礼物，表示敬意，名曰"束脩"。
3　遗利：拉肚子，腹泻。
4　领要：要领，要点。
5　机近：机密近要的地位。
6　函秦：泛指长安一带。

启[1]，非人力也。若往归之，则窦融之功，复见于今日矣。”轨曰：“吾据河山之固，彼若我何？汝自唐来，为唐游说耳。”兴贵退，与修仁阴结诸胡，起兵击轨。轨败，婴城自守。兴贵徇[2]曰：“大唐遣我来诛李轨，敢助之者，夷三族！”城中人争出。轨计穷，兴贵执之以闻。河西悉平。邓晓在长安，舞蹈称庆，唐主曰：“汝为人使臣，闻国亡而不戚，既不忠于李轨，其肯为朕用乎？”遂废之终身。轨至长安，伏诛。以兴贵、修仁为左、右武候大将军。

五月，郑主世充弑隋主侗世充以尚书裴仁基、将军裴行俨有威名，忌之。仁基父子知之，亦不自安，乃与尚书左丞宇文儒童等谋杀世充，复立隋主。事泄，皆夷三族。齐王世恽言于世充曰：“儒童等谋反，正为隋主尚在故也，不如早除之。”世充遣人鸩之。隋主请与太后诀，不许。乃布席[3]礼佛曰：“愿自今以往不复生帝王家！”饮药，不能绝，以帛缢杀之。谥曰恭皇帝。

六月，定杨将宋金刚击唐并州，唐以裴寂为总管，拒之初，易州贼宋金刚有众万余，为窦建德所败，西奔刘武周。武周得之甚喜，号曰宋王，委以军事。金刚说武周图晋阳，南向以争天下。武周从之，使将兵寇并州。武周进陷介州，唐主以为忧。裴寂请自行，听以便宜从事。

秋，七月，唐置十二军置十二军，分统关内诸府，皆取天星为名。每军将、副各一人，督以耕战之务。由是士马精强，所向无敌。

唐以徐圆朗为兖州总管海岱[4]贼帅徐圆朗以数州降唐，唐以为总管。

郑将罗士信降唐先是，士信从李密击世充。兵败，为士充所得。世充厚礼之，与同寝食。既而得邴元真等，待之如士信。士信耻之，故降唐。唐以为陕州道行军总管。

郑人侵唐谷州，刺史任瓌大破之。

西突厥、高昌遣使入贡于唐初，西突厥曷娑那可汗入朝于隋，隋人留

---

1 天启：上天的启示。
2 徇：对众宣示。
3 布席：铺设坐席。
4 海岱：古地区名，即今山东省渤海至泰山之间的地带。

之。国人立其叔父，号射匮可汗。射匮者，达头可汗之孙也。既立，拓地东至金山，西至海，遂与北突厥为敌，建庭于龟兹北三弥山[1]。射匮卒，弟统叶护可汗立。统叶护勇而有谋，北并铁勒，控弦数十万，据乌孙故地，又移庭于石国北千泉[2]。西域诸国皆臣之，叶护各遣吐屯[3]监之，督其征赋[4]。至是，入贡于唐。

八月，唐酅公薨谥曰隋恭帝。

夏王建德取唐邢[5]、沧、洺[6]、相州建德将兵十余万，陷邢、沧，趋洺、相，淮安王神通不能拒，就李世勣于黎阳。

梁王师都以突厥寇延州，唐总管段德操击破之梁师都与突厥合数千骑寇延州，唐总管段德操初以兵少不敌，闭壁不战，伺师都稍怠，遣副总管梁礼将兵击之。战方酣，德操以轻骑掩击其后，师都军溃，逐北二百余里，破其魏州[7]，虏男女二千余口。

梁主铣遣兵侵唐峡州[8]，刺史许绍击破之先是，唐主遣开府李靖诣夔州[9]经略萧铣。靖至峡州，阻铣兵，久不得进。唐主怒其迟留[10]，阴敕许绍斩之。绍惜其材，为之奏请，获免。

唐杀其民部尚书刘文静文静自以材略、功勋在裴寂之右，而位居其下，意甚不平。家数有妖，弟文起召巫厌胜。文静有妾无宠，使其兄上变告之。唐主以文静属吏，遣寂问状，文静曰："建义之初，忝为司马，计与长史位望略同。今寂为仆射，据甲第，臣官、赏不异众人，东西征讨，老母留京师，风雨

1　三弥山：古山名，即今新疆阿克苏地区库车县北哈尔克山。
2　千泉：古地名，位于今吉尔吉斯斯坦北部吉尔吉斯山脉北麓库腊加特河上游一带。
3　吐屯：古代突厥汗国官名，突厥语音译，又作吐屯发，为监察之官，职司相当于唐代御史。
4　征赋：赋税。
5　邢：邢州，古州名，辖今河北省巨鹿县、广宗县以西，泜河以南及沙河以北地。
6　洺：洺州，古州名，辖今河北省邯郸、鸡泽、永年、曲周、丘县、肥乡、武安等市县地。
7　魏州：古州名，辖今河北省大名、魏县，河南省南乐、清丰、范县，河北馆陶，山东省冠县、莘县等市县地。
8　峡州：古州名，辖今湖北省宜昌、宜都、长阳等市县及远安、枝江县西部。
9　夔州：古州名，辖今重庆市奉节、云阳、巫山、巫溪等县地。
10　迟留：停留，逗留。

无所庇，实有觖望之心。”唐主曰：“观此言，反明白矣。”李纲、萧瑀皆明其不反，秦王世民为之固请，曰：“昔在晋阳，文静先定非常之策，始告寂知。及克京城，任遇悬隔[1]。今文静觖望则有之，非敢谋反。”寂曰：“文静材略过人，性复粗险，天下未定，留之必贻后患。”唐主素亲寂，低回久之，卒用寂言，杀文静，籍没其家。

胡氏曰：文静首倡大谋，赏不酬勋，又以谗死，而太宗不能力救，何也？曰：非不能也，不敢也。文静晋阳引寂见世民之时，有汉高、魏武之比，而未尝归心高祖。寂则高祖所厚，而世民所薄也。其不敢力谏，为是也与？在世民则当然，而李纲、萧瑀不能数批逆鳞[2]，使勋旧冤死，其责大矣。为文静者，功名已著，退以全身，何善如之？而乃芥蒂自取积毒[3]，其材智虽高，而识量浅矣。

沈法兴称梁王于毗陵，李子通称吴帝于江都沈法兴称梁王，都毗陵。性残忍，专尚威刑，其下离怨。时杜伏威据历阳，陈棱据江都，李子通据海陵，俱有窥江表之心。子通攻江都，克之，棱奔伏威。子通入江都，即帝位，国号吴。

杜伏威降唐，唐以为和州[4]总管。

唐裴寂军溃，定杨可汗武周取并州，齐王元吉奔长安裴寂至介休，宋金刚击之，寂军溃，自晋州以北城镇俱没。寂表谢罪，唐主慰谕之，复使镇抚河东。刘武周进逼并州，元吉绐其参佐，夜携妻妾奔还长安。唐主怒，谓李纲曰：“元吉未习时事，故遣窦诞、宇文歆辅之。晋阳强兵数万，食支十年，兴王之基，一旦弃之。闻歆首画此策，我当斩之！”纲曰：“王年少骄逸[5]，诞曾无规谏，又掩覆之。今日之败，诞之罪也。歆谏，王不悛，寻皆闻奏，乃忠

1 悬隔：相隔很远。
2 批逆鳞：传说龙喉下有逆鳞径尺，有触之必怒而杀人，常以喻弱者触怒强者或臣下触犯君主等。
3 积毒：积恨。
4 和州：古州名，辖今安徽省和县、含山等县地。
5 骄逸：骄纵放肆。

臣也，岂可杀哉？”唐主悦，引纲升御坐，诏曰：“我得公，遂无滥刑。元吉自为不善，非二人所能禁也。”并诞赦之。武周据太原，遣宋金刚攻晋州，拔之，进逼绛州[1]，陷龙门。

唐杀西突厥曷娑那曷娑那在长安，北突厥遣使请杀之，唐主不许。群臣皆曰：“保一人而失一国，后必为患！”秦王曰：“人穷归我，杀之不义。”久之，引曷娑那入内殿，既而送中书省，纵北突厥使者杀之。

唐以李纲为太子少保初，纲以尚书领太子詹事，太子建成始甚礼之。久之，渐昵近小人，以秦王世民功高，忌之。纲屡谏不听，乃乞骸骨。唐主骂曰：“卿为何潘仁长史，乃耻为朕尚书邪？”纲曰：“潘仁，贼也，每欲妄杀人，臣谏之则止，为其长史，可以无愧。陛下创业明主，臣所言，如水投石。言于太子亦然。臣何敢久污天台、辱东朝[2]乎？”唐主曰：“知公直士，勉留辅吾儿。”以为太子少保，尚书、詹事如故。纲复谏太子饮酒无节，及信谗慝，疏骨肉，太子不怿。纲固称老病辞职，乃解尚书，仍为少保。唐主尝考第群臣，以纲及孙伏伽为第一，谓裴寂曰：“隋以主骄臣谄亡天下。朕即位以来，每虚心求谏，唯纲尽忠款，伏伽诚直[3]，余人皆踵弊风，俯眉[4]而已，岂朕所望哉？朕视卿如爱子，卿当视朕如慈父，有怀[5]必尽，勿自隐也。”

夏王建德取唐赵州[6]建德陷赵州，执总管张志昂、慰抚使张道源，以其不早下，欲杀之。国子祭酒凌敬曰：“人臣各为其主用，彼坚守不下，乃忠臣也。大王杀之，何以励群下乎？”建德怒不解。敬曰：“大王使高士兴拒罗艺于易水，艺才至，兴即降，大王以为何如哉？”建德乃悟，释之。

1　绛州：古州名，辖今山西省河津、稷山、新绛、曲沃、绛县、翼城等县地。
2　东朝：即东宫，太子所居。
3　诚直：忠诚正直。
4　俯眉：即“俯首低眉”，形容低着头显得很谦卑恭顺的样子。
5　怀：心意，情意。
6　赵州：古州名，辖今河北省宁晋、元氏、赵县、赞皇、高邑、栾城、临城、柏乡、隆尧等地。

冬，唐赐罗艺姓李氏。艺破夏兵于衡水[1]。

定杨将宋金刚取浍州[2]，唐遣秦王世民击之宋金刚攻浍州，陷之，军势甚锐。裴寂恇怯无将略，唯趣民入堡，焚其积聚，民惊扰愁怨，悉起为盗。寂讨之，为所败。诏永安王孝基等讨之。时王行本据蒲坂，犹未下，亦与武周相应，关中震骇。唐主曰："贼势如此，难与争锋，宜弃大河[3]以东，谨守关西而已。"秦王世民请曰："太原，王业所基，国之根本。河东殷实，京邑所资，若举而弃之，臣窃愤恨。愿假臣精兵三万，必平殄武周，克复汾、晋。"唐主于是发关中兵以益世民，使击武周。

夏王建德克唐黎阳，虏淮安王神通，李世勣降，遂定卫、滑[4]、齐、兖等州窦建德进趋卫州，过黎阳三十里，自将千骑前行。世勣遣骑将丘孝刚侦之，与建德遇，击之，建德败走。其大军救之，斩孝刚。建德怒，还攻黎阳，克之，虏淮安王神通及世勣父盖、魏徵等，世勣走免。数日，以父故，还，诣建德降。建德使守黎阳，而以其父为质。以魏徵为起居舍人[5]。滑州刺史王轨奴杀轨，携其首诣建德降，建德曰："奴杀主，大逆。"立命斩奴，反轨首于滑州。吏民感悦，即日请降。于是其旁州县及徐圆朗等皆望风归附。建德还洺州，筑宫，徙都之。

郑主世充徇地至滑台，唐汴、亳州[6]降之。

唐以夏侯端为秘书监初，唐主遣大理卿郎楚之安抚山东，秘书监夏侯端安抚淮左。端至黎阳，李世勣发兵送之，自澶渊[7]济河，传檄州县，东至于海，南至于淮，二十余州，皆遣使来降。行至谯州，会汴、亳降于王世充，还路遂绝。端素得众心，所从二千人，虽粮尽，不忍委去。端谓曰："卿等乡里皆已

1 衡水：古县名，治所位于今河北省衡水市西南。
2 浍州：古州名，辖今山西省翼城、绛县等县地。
3 大河：黄河。
4 滑：滑州，古州名，辖今河南省滑县、长垣、延津等县地。
5 起居舍人：古官名，属内史省，掌记录皇帝日常行动与国家大事。
6 亳州：古州名，辖今安徽省亳州、涡阳、蒙城及河南省鹿邑、永城等市县地。
7 澶渊：古县名，治所位于今河南省濮阳市濮阳县西。

从贼，可斩吾首归贼，必获富贵。”众皆曰：“公于唐室非有亲属，直以忠义，志不图存[1]。某等虽贱，心亦人也，宁肯害公以求利乎？”乃复同进，潜行五日，馁死及遇贼奔溃，唯存五十二人。时河南之地皆入世充，唯杞州刺史李公逸为唐坚守，遣兵迎端，馆给之[2]。世充遣使召端，解衣遗之，送除书，以端为淮南郡公。端对使者焚书毁衣，曰：“夏侯端天子大使，岂受王世充官乎？汝欲吾往，唯取吾首耳。”因解节旄怀之，置刃于竿，自山中西走，冒践[3]荆棘，昼夜兼行，得达宜阳，从者坠崖、溺水、为虎狼所食，又丧其半。端诣阙见唐主，但谢无功，初不自言艰苦，唐主复以为秘书监。楚之至山东，亦为窦建德所获，楚之不屈，竟得还。王世充攻雍丘，李公逸遣使求救，唐主以隔贼境，不能救。公逸乃留其属李善行守雍丘，身率轻骑入朝。至襄城，为世充所获。世充谓曰：“卿越郑臣唐，其说安在？”公逸曰：“我于天下，惟知有唐，不知有郑。”世充怒，斩之。善行亦没。

十一月，唐秦王世民击宋金刚，屯柏壁[4]秦王世民引兵自龙门渡河，屯柏壁，与金刚相持。民闻世民来，莫不归附，至者日多，然后渐收其粮，军食以充。乃休兵秣马，唯令偏裨乘间抄掠，大军坚壁不战，由是贼势日衰。永安王孝基等攻贼党吕崇茂，崇茂求救于金刚。金刚遣其将尉迟敬德、寻相将兵奄至夏县[5]，虏孝基等。敬德等将还，世民遣兵部尚书殷开山等邀之于美良川[6]，大破之。顷之，敬德、相潜引精骑援王行本于蒲坂，世民自将步、骑三千，从间道邀击，又大破之。敬德、相仅以身免，悉俘其众，复归柏壁。诸将咸请与金刚战，世民曰：“金刚悬军深入，兵精将猛，虏掠为资，利在速战。我闭营养锐，以挫其锋，分兵汾、隰[7]，冲其心腹，彼粮尽计穷，自当遁走。当待此机，

1　图存：谋划国家存亡大计。
2　馆给之：供给他食宿。
3　冒践：不顾艰险而跋涉。
4　柏壁：古地名，位于今山西省运城市新绛县西南。
5　夏县：古县名，治所位于今山西省运城市夏县西北。
6　美良川：古地名，又名美阳川、秦王涧，位于今山西省运城市闻喜县南，夏县北。
7　隰：隰州，古州名，辖今山西省石楼、隰县、永和、蒲县、大宁等县和孝义市西南部地区。

未宜速战。”孝基谋逃归，刘武周杀之。

夏人克郑新乡[1]**，虏其将刘黑闼**李世勣欲归唐，恐祸及其父，谋于郭孝恪。孝恪曰：“吾新事窦氏，动则见疑，宜先立效以取信，然后可图也。”世勣从之。袭王世充获嘉，多所俘获以献。又击新乡，虏其将刘黑闼。窦建德由是亲之。黑闼，漳南人，少骁勇，与建德善，后事王世充，常窃笑其所为。世充使守新乡。至是，建德署为将军，使将奇兵东西掩袭，往来乘间奋击，克获而还。于是世勣说建德曰：“曹、戴二州[2]，户口完实，孟海公窃有其地。今以大军取之，而临徐、兖，则河南可不战而定矣。”建德然之，欲自将以徇河南，先遣其行台曹旦等将兵五万济河，世勣引兵三千会之。

庚辰（公元620年）

唐武德三年。〇是岁，并楚、夏、定杨、梁师都、梁铣、郑、梁法兴、吴，凡九国。定杨、梁法兴亡。

春，正月，唐克蒲反[3]**，隋守将王行本降**行本粮尽援绝，乃出降，斩之。

李世勣复归于唐李世勣谋俟建德至河南，掩袭其营，杀之，冀得其父，并建德土地归唐。建德久之不至。曹旦在河南多侵扰，诸贼羁属者皆怨之。世勣以谋告中滍贼帅李商胡之母霍氏。霍氏亦善骑射，号霍总管，令商胡召旦偏裨饮，皆杀之。乃遣人告世勣。世勣欲袭其营，闻已有备，遂与郭孝恪率数十骑奔唐。建德群臣请诛李盖，建德曰：“世勣，唐臣，为我所虏，不忘本朝，乃忠臣，其父何罪？”遂赦之。旦取济州。

定杨取唐长子、壶关。

唐工部尚书独孤怀恩谋反，伏诛初，独孤怀恩攻蒲反，久不下，唐主

1　新乡：古县名，治所即今河南省新乡市。
2　曹、戴二州：曹州，古州名，辖今山东省菏泽市及定陶、成武、东明和河南省民权等县地。戴州，古州名，辖今山东省菏泽市单县、成武县、曹县等县地。
3　蒲反：古县名，治所位于今山西省运城市辖永济市西南。

数诮让之，怀恩由是怨望。唐主尝戏谓之曰："姑之子[1]皆已为天子，次应至舅之子乎？"怀恩亦颇以此自负，时扼腕曰："我家岂女独贵乎？"遂与麾下元君宝谋反。会怀恩、君宝与唐俭、刘世让皆没于尉迟敬德，君宝谓俭曰："独孤尚书近谋大事，若能早决，岂有此辱哉？"及美良川之战，怀恩逃归，唐主复使攻蒲反。俭恐怀恩遂成其谋，说敬德，使刘世让还与唐连和，遂以怀恩反状闻。时王行本已降，怀恩入据其城。唐主欲幸怀恩营，已登舟矣，世让适至。唐主大惊曰："吾得免，岂非天也？"乃使召怀恩。怀恩未知事露，轻舟来至，遂诛之。

突厥立杨政道为隋王居定襄。

二月，唐改官名纳言为侍中，内史令为中书令。

唐以封德彝为中书令。

夏，四月，唐秦王世民击宋金刚，破之，定杨可汗武周及金刚皆走死宋金刚战屡败，食尽，北走。秦王世民追及寻相于吕州[2]，大破之，乘胜逐北，一昼夜行二百余里，战数十合。总管刘弘基谏曰："大王逐北，深入不已，不爱身乎？且士卒饥疲，宜留壁于此，俟兵、粮毕集，复进未晚也。"世民曰："金刚计穷而走，众心离沮。功难成而易败，机难得而易失，必乘此势取之。若更淹留，使之计立备成，不可复攻矣。吾竭忠徇国，岂顾身乎？"遂策马而进，将士不敢复言饥。追及金刚于雀鼠谷，一日八战，皆破之，俘、斩数万人。世民不食二日，不解甲三日矣，军中止有一羊，与将士分食之。引兵趋介休，金刚以众二万出西门，背城布阵，南北七里。李世勣与战，小却，世民率精骑击之，出其阵后，金刚大败。敬德、寻相举介休及永安[3]降。世民得敬德，喜甚，使将其旧众八千，与诸营相参[4]。屈突通虑其为变，骤以为言，世民不听。刘武周闻金刚败，大惧，弃并州，走突厥。金刚欲复战，众莫肯从，亦走

1　姑之子：隋炀帝杨广与唐高祖李渊均为独孤怀恩姑姑的儿子。
2　吕州：古州名，辖今山西省霍州市及汾西、洪洞县地。
3　永安：古县名，治所即今山西省临汾市辖霍州市。
4　相参：互相参错，混杂。

突厥。世民入并州，武周所得州县皆入于唐。唐以唐俭为并州道安抚大使，李仲文为总管。未几，金刚谋走上谷，突厥追获，腰斩之。武周之南寇也，其党苑君璋谏曰："唐主举一州之众直取长安，所向无敌，此乃天授，非人力也。不如北连突厥，南结唐朝，南面称孤，足为长策。"武周不听。及败，泣谓君璋曰："不用公言，以至于此。"久之，谋亡归马邑，事泄，突厥杀之，而使君璋统其余众。

五月，夏人侵唐幽州，不克窦建德遣兵击幽州，李艺再击破之。建德大将王伏宝，勇略冠军中，诸将疾之，言其谋反，建德杀之。伏宝曰："大王奈何听谗，自斩左右手乎？"

唐立老子庙晋州人吉善行自言于羊角山[1]见白衣老父，曰："为吾语唐天子，吾为老君。吾，而祖也。"诏于其地立庙。

范氏曰：唐祖老子，由妖人之言，而谗谀者附会之。高祖启其源，高宗、明皇扇其风，遂用方士之言，而跻之于上帝。卑天诬祖，悖道甚矣。

康熙御批：唐高祖惑于诞妄[2]之言，遂以老子为祖，而为之立庙。至高宗、明皇，复恢张[3]其说，崇信[4]不疑，何所见耶？

六月，显州人杀唐行台杨士林，以降于郑。

秋，七月，唐遣秦王世民督诸军伐郑初，王世充所部降唐者相继，世充令：一人亡叛，举家就戮，父子、兄弟、夫妇，许相告而免之。举家亡者，四邻皆坐诛。而亡者益甚。又以宫城为大狱，意所忌者，并系其家属。系者不下万口，馁死者日有数十。至是，唐主议击之。世充闻之，选诸州镇骁勇，皆集洛阳。七月，唐诏秦王世民督诸军击世充。屈突通二子在洛阳，唐主谓通曰："今欲使卿东征，如卿二儿何？"通曰："臣昔为俘囚，分当就死，陛下释缚[5]，

1 羊角山：古山名，一名龙角山，位于今山西省临汾市浮山县南。
2 诞妄：荒诞虚妄。
3 恢张：张扬，扩展。
4 崇信：尊崇信仰。
5 释缚：解开捆绑的绳索。

加以恩礼。当是时，臣心口相誓，期以更生[1]余年为陛下尽节，但恐不获死所耳。今得备先驱，二儿何足顾乎？”唐主叹曰：“徇义[2]之士，一至此乎！”秦王世民遣行军总管史万宝自宜阳南据龙门，刘德威自太行东围河内，王君廓自洛口断其饷道，黄君汉攻回洛城[3]，大军屯于北邙，连营以逼之。世充陈于青城宫[4]，世民亦置阵当之。世充隔水谓世民曰：“唐帝关中，郑帝河南，世充未尝西侵，王忽举兵东来，何也？”世民使应之曰：“四海咸仰皇风，唯公独阻声教，为此而来。”世充曰：“相与息兵讲好[5]，不亦善乎？”又应之曰：“奉诏取东都，不令讲好也。”至暮，各引兵还。

胡氏曰：唐帝长安，郑帝洛阳，迹其所以取之，未有大相过[6]者，故王世充有隔水之问，而秦王所以答之者，语虽大而理不畅也。使唐初举事，若汤伐桀，若武诛纣，沛公诛无道秦，则其文告[7]之辞，岂止如是而已乎？

九月，郑显州总管田瓒以二十五州降唐自是襄阳声问[8]与世充绝。

唐攻郑轘辕，拔之秦王世民遣王君廓攻轘辕，拔之，遂东徇地，至管城[9]而还。先是，世充将郭士衡等掠唐境，君廓以策击却之。诏劳之曰：“卿以十三人破贼一万，自古以少制众，未之有也。”于是河南州县相继降唐。刘武周降将寻相等多叛去，诸将疑尉迟敬德，囚之。屈突通、殷开山言于世民曰：“敬德骁勇绝伦，留之恐为后患，不如杀之。”世民曰：“敬德若叛，岂在寻相之后耶？”遽命释之，引入卧内，赐之金，曰：“丈夫意气相期，勿以小嫌介意。吾终不信谗言以害忠良，公宜体之。必欲去者，以此金相资，表一时共事之情也。”世民以五百骑行战地，世充率步、骑万余猝至，围之。单雄信引槊

1　更生：死而复生。
2　徇义：不惜自身以维护正义，舍生而取义。徇，通“殉”。
3　回洛城：古地名，位于今河南省洛阳市孟津县东。此与“回洛仓”不同地。
4　青城宫：洛阳禁苑诸宫之一，隋建，位于今河南省洛阳市西北。
5　讲好：修好，讲和。
6　相过：互相超越。
7　文告：以文德告谕。
8　声问：音讯，音信。
9　管城：古县名，治所即今河南省郑州市。

直趋世民，敬德跃马大呼，横刺雄信坠马，翼[1]世民出围。更率骑兵还战，屈突通引大兵继至，世充大败，仅以身免。世民谓敬德曰："公何相报之速也！"自是宠遇日隆。

郑濮州降唐初，王世充以邴元真为滑州行台仆射。李密故将杜才干守濮州，恨元真叛密，诈以其众降之。元真自往招慰，才干迎入，就坐执而数之曰："汝本庸才，魏公置汝元僚[2]，不建毫发之功，乃构滔天之祸，今来送死，是汝之分！"遂斩之。遣人赍其首至黎阳，祭密墓。以濮州降唐。

冬，十月，夏王建德围幽州，高开道遣使降唐窦建德之围幽州也，李艺告急于高开道。开道率二千骑救之，建德兵引去。开道因艺遣使降唐，唐以为蔚州总管，赐姓李氏，封北平郡王。建德率众二十万复攻幽州。兵已攀堞，薛万均、万彻率敢死百人，从地道出其背，击走之。

郑管、荥[3]、汴州降唐李密之败也，杨庆归洛阳，王世充以为管州总管。秦王世民逼洛阳，庆潜遣人请降，世民遣总管李世勣将兵往据其城。时世充太子玄应镇虎牢，军于荥、汴之间，闻之，引兵趋管城，李世勣击却之。荥州刺史魏陆、阳城[4]令王雄、汴州刺史王要汉皆来降。玄应闻诸州皆叛，大惧，奔还洛阳。

突厥处罗可汗死，弟颉利可汗咄苾立初，梁师都说突厥处罗可汗曰："比者中原丧乱，分为数国，势均力弱，故皆北面归附突厥。今定杨既亡，天下将悉为唐有。师都不辞灰灭[5]，亦恐次及可汗。不若及其未定，南取中原，师都请为乡导。"处罗从之，谋大举入寇而卒。立其弟莫贺咄设咄苾，号颉利可汗。

郑遣使如夏乞师初，王世充侵黎阳，窦建德袭破其殷州以报之。自是二

1 翼：帮助，辅佐。
2 元僚：贤佐，重臣。
3 管、荥：管州、荥州。管州，古州名，辖今河南省郑州、新郑二市和中牟、原阳等县部分地。荥州，古州名，辖今河南省郑州、荥阳、中牟、新密、新郑、原阳等市县部分地。
4 阳城：古县名，治所位于今河南省郑州市辖登封市东南。
5 灰灭：如灰烬之消散泯灭。

国交恶，信使不通。及唐兵逼洛阳，世充遣使求救于建德。夏中书侍郎刘彬曰："天下大乱，唐得关西，郑得河南，夏得河北，共成鼎足之势。今唐举兵临郑，郑地日蹙，唐强郑弱，势必不支，郑亡，则夏不能独立矣。不如解仇除忿，发兵救之，夏击其外，郑攻其内，破唐必矣。唐师既退，徐观其变，若郑可取则取之，并二国之兵，乘唐师之老，天下可取也。"建德从之。

十二月，郑许[1]、亳等十一州降唐。

唐峡州兵伐梁，拔荆门镇梁主萧铣性褊狭[2]，多猜忌。诸将恃功恣横，好专诛杀，铣患之，乃宣言罢兵营农，实欲夺诸将之权。大司马董景珍弟为将军，怨望，谋作乱，事泄，伏诛。景珍时镇长沙[3]，据郡降唐。唐遣峡州刺史许绍出兵应之。绍即攻梁，拔荆门镇。铣遣其将张绣攻长沙，景珍谓曰："'前年醢彭越，往年杀韩信。'卿不见之乎，何为相攻？"绣不应。景珍欲走，为麾下所杀。铣以绣为尚书令。绣恃功骄横，铣又杀之。由是功臣、诸将皆有离心，兵势益弱。绍所部与梁、郑邻接，二境得绍士卒皆杀之。绍得二境士卒，皆资给遣之。敌人愧感，不复侵掠，境内以安。

吴主子通败梁兵，取京口。杜伏威击之，子通败走。袭梁，梁王法兴走死李子通渡江攻沈法兴，取京口，法兴败走吴郡。于是丹杨、毗陵等郡皆降于子通。杜伏威遣辅公祏攻之，子通大败，弃江都，保京口，江西之地尽入于伏威。伏威徙居丹杨。子通复东走太湖，收合亡散，得二万人，袭沈法兴于吴郡，大破之。法兴赴江溺死。子通军势复振，率其群臣徙都余杭，尽收法兴之地，北自太湖，南至岭[4]，东包会稽，西距宣城，皆有之。

1　许：许州，古州名，辖今河南省许昌、漯河、舞钢、鄢陵、扶沟、临颍、舞阳、郾城、长葛等市县地。

2　褊狭：心胸、气量、见识等狭隘。

3　长沙：古县名，治所即今湖南省长沙市。

4　岭：即五岭，古地名，大庾岭、越城岭、骑田岭、萌渚岭、都庞岭的总称，位于今江西、湖南、广东、广西四省之间，是长江与珠江流域的分水岭。

辛巳（公元621年）

唐武德四年。○是岁，夏、郑、梁铣、吴亡，并楚、梁师都，凡三国。

春，正月，唐黔州[1]兵攻梁，拔其五州、四镇。

唐秦王世民击郑，郑主世充与战，败走秦王世民选精锐千骑，皆皂衣玄甲[2]，分为左右，使秦叔宝、程知节、尉迟敬德、翟长孙将之。每战，自被玄甲率之，以为前锋。所向摧破，敌人畏之。屈突通将兵行屯[3]，猝遇王世充，战不利。世民率玄甲赴之，世充败走。

二月，唐以赵郡王孝恭为夔州总管，李靖为行军总管李靖说孝恭攻取萧铣十策，孝恭上之。以孝恭为夔州总管，使大造舟舰，习水战。以靖为行军总管，委以军事。靖说孝恭悉召巴蜀酋长子弟，量材授任，置之左右，外示引擢[4]，实以为质。

唐秦王世民败郑主世充于谷水，进围洛阳王玄应自虎牢运粮入洛阳，世民遣李君羡邀击，大破之，玄应仅以身免。世民奏请进围东都，唐主曰："今取洛阳，正欲息兵，克城之日，乘舆、法物、图籍、器械，可悉收之。子女、玉帛，分赐将士。"世民移军青城[5]，壁垒未立。王世充率众二万，临谷水以拒之。诸将皆惧，世民曰："贼势窘矣，悉众而出，徼幸一战，今日破之，后不敢复出矣。"命屈突通率步卒五千，渡水击之。兵交，世民引骑南下，身先士卒，与通合势[6]。众殊死战，散而复合者数四，自辰至午[7]，世充兵始退。世民纵兵乘之，直抵城下，遂围之。城中守御甚严，世民四面攻之，旬余不能克。将士皆疲弊思归，总管刘弘基请班师，世民曰："东方诸州已望风款服[8]，

---

1 黔州：古州名，辖今重庆市彭水苗族土家族自治县和贵州省务川、德江、思南等县部分地。
2 皂衣玄甲：黑衣黑甲。皂、玄，黑色。
3 行屯：巡查驻军。
4 引擢：起用提拔。
5 青城：古地名，位于今河南省洛阳市西北，筑有青城宫。
6 合势：合力，协力。
7 自辰至午：从早上到中午。辰，辰时，上午七时至九时。午，午时，上午十一时到下午一时。
8 款服：诚心归附，也指服罪。

唯洛阳孤城，势不能久，功在垂成，奈何弃之？”乃下令军中曰：“敢言班师者斩！”众乃不敢复言。唐主亦密敕世民使还，世民遣封德彝言于唐主曰：“世充号令所行，一城而已，智尽力穷，克在朝夕。若旋师，贼势复振，后必难图。”唐主从之。世民又遣王君廓夜袭虎牢，拔之。

夏王建德虏孟海公。

三月，唐袭夏邺城窦建德普乐[1]令程名振降唐，唐使将兵徇河北。名振夜袭邺，俘其男女千余人。去邺八十里，阅妇人乳有湩[2]者九十余人，悉纵遣之，邺人感其仁。

突厥寇汾阴突厥颉利可汗士马雄盛，有凭陵[3]中国之志。王世充使人说之曰：“昔启民奔隋，赖文帝之力，有此土宇，子孙享之。今唐天子，非文帝子孙，宜奉杨政道伐之，以报文帝之德。”颉利然之。唐主以中国未宁，待突厥甚厚，而颉利求请无厌，言辞骄慢。至是，寇汾阴。

夏王建德将兵救郑。夏，五月，唐秦王世民大破，擒之。郑主世充降唐兵围洛阳，掘堑筑垒而守之。城中乏食，民食草木泥饼，死者相倚于道。窦建德悉发孟海公、徐圆朗之众，西救洛阳，陷管州、荥阳、阳翟等县，水陆并进，兵十余万，军于成皋之东原，遣使与王世充相闻。先是，建德遗秦王世民书，请退军潼关，返郑侵地，复修前好。世民集将佐议之，皆请避其锋，郭孝恪曰：“世充穷蹙，垂将面缚，建德远来助之，此天意欲两亡之也。宜据武牢之险以拒之，伺间而动，破之必矣。”记室薛收曰：“世充府库充实，所将皆江淮精锐，但乏粮食，故为我持。建德自将远来，亦当极其精锐。若纵之至此，两寇合从，转河北之粟以馈洛阳，则战争方始，混一无期。今宜分兵守洛阳，深沟高垒，勿与战。大王亲率骁锐，先据成皋，以逸待劳，决可克也。建德既破，世充自下，不过二旬，两主就缚矣。”世民善之。萧瑀、屈突通、封

1　普乐：古县名，治所位于今河北省邯郸市鸡泽县东南。
2　湩：乳汁。
3　凭陵：侵扰。

德彝皆欲退保新安以承其弊，世民曰："建德新克海公，将骄卒惰，吾扼其咽喉，取之甚易。若其不战，旬月之间，世充溃矣。若不速进，贼入武牢，诸城新附，必不能守。两贼并力，其势必强，何弊之承？吾计决矣！"中分麾下，使通等副[1]齐王守东都，世民将骁勇三千五百人东趋武牢。正昼[2]出兵，历北邙，抵河阳，趋巩而去。世充莫测，竟不敢出。世民入武牢，将骁骑五百出觇建德营。缘道分留[3]，使李世勣、程知节、秦叔宝将之，伏于道旁，才余四骑偕进。去建德营三里所，建德游兵[4]遇之，世民大呼曰："我秦王也。"引弓射之，毙其一将。建德大惊，出五六千骑逐之。世民按辔徐行，追骑将至，则射之。止而复来，如是再三。世民逡巡稍却以诱之，既入伏，世勣等奋击，大破之。建德迫于武牢，累月不得进，战数不利，将士思归。世民又遣王君廓将轻骑千余抄其粮运。凌敬言于建德曰："大王宜悉兵济河，攻取怀州、河阳，使重将守之，遂建旗鼓，逾太行，入上党，徇汾、晋，趋蒲津，蹈无人之境，拓地收兵，则关中震惧，而郑围自解矣。"建德将从之，而世充遣使告急，又阴以金玉啖建德诸将，诸将皆曰："凌敬书生，安知战事？"建德乃谢敬。敬固争之，建德怒，令扶出。其妻曹氏曰："祭酒之言，不可违也。"建德曰："此非女子所知也。"谍告曰："建德伺唐牧马于河北，将袭武牢矣。"五月，世民北济河，南临广武而还，故留马千余匹，牧于河渚以疑之。建德果悉众出牛口[5]，置阵亘二十里，鼓行而进。诸将皆惧，世民升高而望之，谓诸将曰："贼起山东，未尝见大敌，今渡险而嚣[6]，是无纪律；逼城而陈，有轻我心。我按兵不出，彼勇气自衰，陈久卒饥，势将自退，追而击之，无不克矣。"建德列阵自辰至午，士卒饥倦，皆坐列[7]，又争饮水，逡巡欲退。世民命宇文士及将三百骑

1 副：辅助。
2 正昼：大白天。
3 缘道分留：沿路分别留下随行的骑兵。
4 游兵：流动作战的小股军队。
5 牛口：古地名，即牛口渚，位于今河南省郑州市辖荥阳市西北牛口峪，古黄河南岸。
6 嚣：吵闹，喧哗。
7 坐列：排列而坐，形容无斗志。

经建德阵西，驰而南上，建德阵动，世民曰："可击矣！"世民率轻骑先进，大军继之，直薄其阵。建德方朝群臣，召骑兵使拒唐兵，阻朝者不得过，建德挥朝者令却，进退之间，唐兵已至，于是大战。世民率史大奈、程知节、秦叔宝等卷旆[1]而入，出其阵后，张唐旗帜。建德将士见之，大溃。建德中槊坠马，车骑将军杨武威擒之。世民让之曰："我讨世充，何预汝事？"建德曰："今不自来，恐烦远取。"建德将士皆溃去，俘获五万人。世民即日散遣，使还乡里。封德彝入贺，世民笑曰："不用公言，得有今日。"遂囚建德至洛阳城下，以示世充。世充议突围，南走襄阳，诸将曰："吾所恃者夏王，今为擒，虽出，终必无成。"世充乃素服，率其太子、群臣二千余人诣军门降。于是部分诸军，先入洛阳，分守市肆，禁止侵掠，无敢犯者。世民乃入宫城，命房玄龄收隋图籍、制诏[2]，已为世充所毁。命萧瑀等封府库，收其金帛，颁赐将士。收段达、单雄信、朱粲等十余人，斩之。初，秦王府属杜如晦叔父淹事王世充，谮如晦兄，杀之，又囚其弟楚客，饿几死。至是，淹当死，楚客请如晦救之，不从。楚客曰："曩者叔已杀兄，今兄又杀叔，一门之内，相残而尽，岂不痛哉？"欲自刭。如晦乃为之请，淹得免死。秦王坐阊阖门，苏威请见，称老病不能拜。世民遣人数之曰："公隋室宰相，危不能扶，使君弑国亡。见李密、王世充皆拜伏舞蹈[3]，今既老病，何劳相见？"世民观隋宫殿，叹曰："逞侈心[4]，穷人欲，无亡，得乎？"命撤端门楼，焚乾阳殿，毁则天门阙[5]，废诸道场。建德余众走至洺州，欲立建德养子为主，征兵以拒唐。仆射齐善行曰："夏王英武，士马精强，一朝为擒，易如反掌，岂非天命有所属邪？今丧败如此，必无所成，不若委心请命于唐。"乃与裴矩、曹旦率百官奉建德妻曹氏及传国八玺请降于唐。

1　旆：泛指旌旗。
2　制诏：皇帝的命令。
3　舞蹈：手舞足蹈，表示欣庆或颂扬。
4　侈心：恣肆之心。
5　门阙：塔楼状建筑，置于道路两旁作为城市、宫殿、坛庙、关隘、官署、陵墓等入口的标志，外观大体分为阙座、阙身与阙檐三部分。

王世充弟世辩亦以徐、宋[1]等三十八州请降。淮安王神通又徇下山东三十余州。世充、建德之地悉平。

胡氏曰：凌敬之策，诚善策也。然长安、并州将帅自足以当建德，而汾、晋、蒲津岂不战所能下？延引日月，适足以孤洛阳之心尔。而秦王攻围益急，世充其能不破乎？既破世充，北取建德，不过迟时月间耳。

又曰：苏威罪固大矣，比之封德彝、裴矩、宇文士及之徒，不有闲[2]乎？秦王能责苏威，而不能戮德彝等，反宠任之，其失甚矣。

秋，七月，唐以苏世长为谏议大夫王世充仆射豆卢行褒、苏世长以襄州来降。唐主与之皆有旧，先是，屡以书招之，行褒辄杀使者，既至长安，唐主诛行褒，而以世长为谏议大夫。尝从校猎高陵，大获禽兽，唐主曰："今日乐乎？"世长曰："不满十旬，未足为乐！"唐主变色，既而笑曰："狂态复发邪？"对曰："于臣则狂，于陛下甚忠。"尝侍宴披香殿，酒酣，谓唐主曰："此殿炀帝之所为耶？"唐主曰："卿谏似直而实多诈，岂不知此殿朕之所为乎？"对曰："臣实不知，但见其华侈如倾宫、鹿台，非兴王[3]之所为耳。昔侍陛下于武功，见所居宅仅庇风雨，当时亦以为足。今因隋之宫室，已极侈矣，而又增之，将何以矫其失乎？"唐主深然之。

唐秦王世民至长安，献俘太庙。赦王世充，斩窦建德秦王世民至长安，披黄金甲，齐王元吉、李世勣等二十五将从其后，铁骑万匹，甲士三万人，前后部鼓吹，俘王世充、窦建德献于太庙，行饮至之礼以飨之。诏赦世充为庶人，徙蜀，斩建德于市。以天下略定，大赦，百姓给复一年。陕、虢转输劳费，幽州久隔寇戎，皆复二年。既而王、窦余党尚有远徙者，孙伏伽上言："兵、食可去，信不可去。陛下已赦而复徙之，使臣民何所凭依？且世充尚蒙

1　宋：宋州，古州名，唐时辖今河南省商丘、虞城、宁陵、睢县、柘城、夏邑，安徽省砀山及山东省曹县、单县等市县地。
2　有闲：有区别，有差距。
3　兴王：开创基业的君主。

宽宥，况于余党？所宜纵释[1]。”上从之。世充未行，定州刺史独孤修德矫敕[2]杀之，诏免修德官。

胡氏曰：王、窦皆非唐之叛臣也。而世充事炀帝不忠，致隋失天下，又弑恭帝而自立，淫刑以逞，虐及无罪，其罪为重，宜数其罪而戮之。而待建德以不死，则刑有章矣。而唐不然，其不戮世充也，得非内省有疚与？其诛建德也，无乃畏恶其能与？已而使人潜杀世充，岂所谓“与众弃之”与？

唐初行开元通宝钱隋末，钱弊滥薄，至裁皮糊纸为之，民间不胜其弊。至是，初行开元通宝钱，径八分，重二铢四参，积十钱重一两，轻重大小，最为折衷，远近便之。置监于洛、并、幽、益等州。秦王世民、齐王元吉赐三炉，裴寂赐一炉，听铸钱。余盗铸者，身死家没。

窦建德故将刘黑闼起兵漳南窦建德诸将居闾里暴横，为民患，唐官吏以法绳之，皆惊惧不安。会诏悉征建德故将，于是范愿、高雅贤等相谓曰：“王世充以洛阳降唐，其将相大臣皆夷灭。吾属至长安，必不免矣。且夏王得淮安王，遇以客礼，唐得夏王即杀之。吾属皆为夏王所厚，今不为之报仇，无以见天下之士！”乃谋作乱，卜之，以刘氏为主吉，因相与之漳南，见建德故将刘雅。雅曰：“天下适安定，吾将老于耕桑[3]，不愿复起兵。”众怒，杀之。故汉东公刘黑闼屏居漳南，诸将诣之，告以其谋，黑闼方种蔬，即杀耕牛与之饮食，定计聚众，袭县据之。是时，诸道有事，则置行台尚书省，无事则罢之。朝廷闻黑闼作乱，乃置山东道行台于洺州，魏、冀、定、沧并置总管府，以淮安王神通为行台仆射。

八月朔，日食。

刘黑闼据鄃县，唐遣兵击之黑闼陷鄃县，窦建德旧党稍出归之，众至二千人，为坛于漳南，祭建德，告以举兵之意，自称大将军。诏发关中步、骑

1　纵释：宽容纵放。
2　矫敕：假托诏令。
3　耕桑：种田与养蚕，亦泛指从事农业。

三千，使将军秦武通、李玄通等击之。又诏李艺引兵会击。

唐徐圆朗举兵应刘黑闼初，洛阳既平，徐圆朗请降，拜兖州总管。黑闼作乱，圆朗与通谋。唐主使盛彦师安集河南，行至任城，圆朗执之，举兵反。兖、郓、陈[1]、杞、伊、洛、曹、戴等八州皆应之。圆朗自称鲁王，厚礼彦师，使作书与其弟，令举虞城[2]降。彦师为书曰："吾奉使无状，为贼所擒，为臣不忠，誓之以死。汝善侍老母，勿以吾为念。"圆朗初色动，乃笑曰："盛将军有壮节，不可杀也。"待之如旧。

唐括户口[3]。

唐蠲太常乐工为民诏以太常乐工皆前代因罪配没，子孙相承，多历年所，并蠲为民，且令执事，若仕宦入流，勿更追集[4]。

唐淮安王神通击刘黑闼，败绩淮安王神通至冀州，与李艺合兵。与黑闼战于饶阳，乘风[5]击之，既而风反，神通大败，艺归幽州。黑闼兵势大振。

冬，十月，唐以秦王世民为天策上将唐主以秦王世民功大，前代官皆不足以称之，特置天策上将，位在王公上，以世民为之，开府置属。世民以海内浸平，乃开馆以延文学之士，杜如晦、房玄龄、虞世南、褚亮、姚思廉、李玄道、蔡允恭、薛元敬、颜相时、苏勖、于志宁、苏世长、薛收、李守素、陆德明、孔颖达、盖文达、许敬宗为文学馆学士，分为三番，更日直宿[6]。世民暇日[7]，辄至馆中，讨论文籍，或至夜分。使库直[8]阎立本图像，褚亮为赞，号"十八学士"。士大夫得预其选者，时人谓之"登瀛洲[9]"。时府僚多补

---

1 郓、陈：郓州、陈州。郓州，古州名，辖今山东省东平、梁山、郓城、巨野等县地。陈州，古州名，辖今河南省项城市和淮阳、沈丘、西华、太康等县地。
2 虞城：古县名，治所位于今河南省商丘市虞城县北。
3 括户口：登记户口。括，征集，汇集。
4 令执事，若仕宦入流，勿更追集：命令管理此事的官吏，如果他们已经做官入流内，就不要再追查。
5 乘风：顺风。
6 分为三番，更日直宿：分为三班，每日轮值。
7 暇日：空闲的日子。
8 库直：古官名，亦作库真，是诸王及主要大臣的侍卫，多为名门亲贵子弟担任。
9 登瀛洲：比喻成仙。瀛洲，传说中的仙山。

外官，如晦亦出为陕州长史。房玄龄曰：“余人不足惜，杜如晦王佐之才，大王欲经营四方，非如晦不可。”世民惊曰：“微公言，几失之。”即奏留之，使参谋帷幄。军中多事，如晦剖决如流[1]。世民每克城，诸将争取宝货，玄龄独收采[2]人物，致之幕府。每令入奏事，唐主曰：“玄龄为吾儿陈事，虽隔千里，皆如面谈。”

唐遣赵郡王孝恭、李靖伐梁，梁主铣降唐发巴蜀兵，以孝恭、李靖统之，自夔州东击萧铣。时峡江[3]方涨，诸将请俟水落，李靖曰：“兵贵神速。今吾乘江涨，掩其不备，此必成擒，不可失也。”孝恭乃率战舰二千余艘东下，铣果不为备。孝恭等拔其荆门、宜都[4]二镇，屡破其兵，进至夷陵，入北江。铣以罢兵营农，宿卫才数千人，闻唐兵至，仓猝征兵，未集，乃悉见兵出拒战。孝恭将击之，靖曰：“彼救败之师，策非素立，势不能久。不若且泊南岸，缓之一日，彼必分兵归守。兵分势弱，乘其懈击之，蔑不胜矣。若急之，则并力死战，楚兵剽锐[5]，未易当也。”孝恭不从，出战，果败。铣众委[6]舟，收掠军资，靖见其众乱，纵兵奋击，大破之，乘胜直抵江陵，入其外郭，大获舟舰，靖使散之江中。诸将皆曰：“破敌所获，当藉[7]其用，奈何弃以资敌？”靖曰：“萧铣之地，南出岭表，东距洞庭。吾悬军深入，若攻城未拔，援兵四集，吾表里受敌，进退不获，虽有舟楫，将安用之？今弃舟舰，使塞江而下，援兵见之，必谓江陵已破，未敢轻进，往来觇伺，动淹[8]旬月，吾取之必矣。”援兵见之，果疑不进。遂围江陵，铣内外阻绝，问策于岑文本，文本劝铣降。铣谓群下曰：“天不祚梁，不可复支矣。必待力屈，则百姓蒙患，奈何以我之故，陷

1　剖决如流：形容分析、解决问题明快、敏捷。剖决，分析、解决。如流，如同流水一般。
2　收采：录用。
3　峡江：古水名，亦名锁江，指今四川、重庆、湖北间长江三峡河段。
4　宜都：古县名，治所即今湖北省宜昌市辖宜都市。
5　剽锐：强悍勇猛。
6　委：放弃。
7　藉：借助。
8　淹：拖延。

百姓于涂炭乎？”以太牢告庙，下令出降，守城者皆哭。铣率群臣缌衰布帻[1]诣军门。曰：“当死者唯铣耳，百姓无罪，愿不杀掠。”孝恭入城，诸将欲大掠，文本曰：“江南之民遭隋虐政，重以战争，跂踵延颈[2]，以望真主，是以萧氏君臣决计归命，庶几有所息肩。今若纵兵俘掠，使士民失望，恐自此以南，无复向化之心矣。”孝恭称善，遽禁止之。诸将又言：“梁将帅拒斗死者，请籍其家以赏将士。”靖曰：“王者之师，宜使义声先路[3]。彼为其主斗死，乃忠臣也，岂可同之叛逆之科乎？”于是城中安堵，秋毫无犯。南方州县闻之，皆望风款附。孝恭送铣长安，斩于都市[4]。以孝恭为荆州总管，靖为上柱国，安抚岭南。先是，铣遣刘洎略地岭表，得五十余城，未还而铣败，洎以所得城来降。靖既渡岭，所至皆下。铣桂州总管李袭志率所部来降。以靖代之，引兵下九十六州，得户六十余万。

范氏曰：萧铣，故梁子孙，因隋之乱，保据荆楚[5]，欲复先业，非唐之叛臣也。唐师伐之，铣又以百姓之故，不忍固守而降，然则唐初割据之主，铣最无罪，高祖诛之，淫刑甚矣。

胡氏曰：萧铣志复旧业，非唐叛臣。唐若以文告之辞招而抚之，再三不下，然后用兵，既服其人，当矜[6]其志，胙[7]以江南百里之国，使奉梁祀，则唐之德，庶几乎武王下车之政[8]矣。而以盗贼待之，必杀之而后慊[9]，不仁甚矣。

十一月，唐杜伏威击李子通，执送长安伏威于是尽有淮南、江东之地。

刘黑闼取唐定州，总管李玄通死之刘黑闼执玄通，爱其才，欲以为大

1　缌衰布帻：缌衰，古代王为诸侯所服的丧服。布帻，布制的头巾。
2　跂踵延颈：踮起脚跟，伸长脖子，形容仰慕或企望之切。
3　义声先路：义声，德义的名声。先路，先行。
4　都市：都城中的集市。
5　荆楚：古地区名，略相当于古荆州地区，位于今湖北省、湖南省一带。荆为楚之旧号。
6　矜：怜惜，怜悯。
7　胙：赐与，分封。
8　下车之政：典出《礼记·乐记》：“武王克殷，反商，未及下车而封黄帝之后于蓟。”
9　慊：满足，满意。

将，玄通不可。故吏有以酒肉馈[1]之者，玄通饮醉，谓守者曰："吾能剑舞，愿假吾刀。"守者与之。玄通舞竟[2]，太息曰："大丈夫受国厚恩，镇抚方面，不能保全所守，亦何面目视息世间哉？"引刀自刺而死。

高开道叛唐，自称燕王幽州饥，李艺告籴[3]于高开道，许之。艺发三千人，车数百乘，驴马千匹往受粟。开道悉留之，告绝于艺，复称燕王。北连突厥，南与刘黑闼相结，恒、定、幽、易咸被其患。

十二月，唐命秦王世民、齐王元吉击刘黑闼初，黑闼既破淮安王神通，移书赵、魏，窦建德故将卒争杀唐官吏以应之。李世勣走保洺州，黑闼追击，破之，拔相、黎、卫州。半岁之间，尽复建德旧境，遣使北连突厥。将军秦武通、程名振等皆自河北遁归长安。乃命秦王世民、齐王元吉讨之。

壬午（公元622年）

唐武德五年。〇汉东王刘黑闼天造元年。〇是岁楚亡，并梁，凡三国。

春，正月，刘黑闼自称汉东王黑闼称王，改元，都洺州。建德时文武悉复本位。其设法[4]行政，悉师建德，而攻战勇决过之。

三月，突厥遣使如唐先是，处罗可汗与刘武周寇并州，唐遣郑元璹往谕以祸福，处罗不从。未几，处罗病死，国人疑元璹毒之，留不遣。唐又遣汉阳公瓌使颉利。颉利欲令瓌拜，不从，亦留之。唐复遣使赂颉利，且许结婚，颉利乃遣使送元璹等还。

唐秦王世民破刘黑闼于洺水[5]，黑闼奔突厥秦王世民军至获嘉，黑闼弃相州，世民取之。进军肥乡，列营洺水上以逼之。李艺以兵数万来会，黑闼自将拒之。程名振载鼓六十具，于城西堤上急击之，城中地皆震动。范愿驰告

1　馈：馈赠。
2　竟：完毕。
3　告籴：请求买粮。
4　设法：立法。
5　洺水：古水名，位于今河北省南部，源出河北省邯郸市辖武安市西北。

黑闼，黑闼遽还，遣兵击艺于鼓城[1]，大败。洺水人据城来降，世民遣王君廓守之。黑闼引兵还攻甚急，世民三引兵救之，不得进。恐君廓不能守，行军总管罗士信请代君廓守之。世民登城西南高冢，以旗招君廓。君廓率其徒力战，溃围而出，士信乘之入城。黑闼昼夜急攻，会大雪，救兵不得往，凡八日，城陷。黑闼素闻其勇，欲生之，士信辞色不屈，乃杀之。世民复拔洺水，与艺营于洺水之南。黑闼数挑战，世民坚壁不应。李世勣逼其营，高雅贤出战，败死。黑闼运粮，水陆俱进，程名振邀之，沉其舟，焚其车。相持六十余日，世民度黑闼粮尽必来决战，乃使人堰洺水上流。黑闼果率步、骑二万南渡洺水，压唐营而陈，世民自将精骑击破之。黑闼率众殊死战，自午至昏[2]，战数合，黑闼势不能支，遂先遁。余众不知，犹格战[3]。守吏决堰，水大至，众遂溃。黑闼与范愿等奔突厥，山东悉平。

夏，六月，刘黑闼引突厥寇山东，又寇定州。

秋，七月，唐秦王世民击徐圆朗。杜伏威入朝于唐秦王世民击徐圆朗，下十余城，声震淮泗。杜伏威惧，遂请入朝。世民以淮、济[4]略定，使淮安王神通及任瓌、李世勣攻圆朗而还。

李子通叛唐，伏诛子通谓乐伯通曰："伏威既来，江东未定，往收旧兵，大功可立。"遂相与亡走，至蓝田，为吏所获，伏诛。

隋汉阳太守冯盎降唐盎承李靖檄，以所部降唐。以其地为高、罗、春、白、崖、儋、林、振[5]八州，以盎为总管。先是，或说盎宜效赵佗称王，盎曰："吾家居此，为牧伯者五世，富贵极矣，常惧不克负荷，为先人羞，敢效佗

1 鼓城：古县名，治所即今河北省晋州市。
2 自午至昏：从中午到黄昏。
3 格战：格斗，搏斗。
4 淮、济：淮水、济水流域。
5 春、白、崖、儋、林、振：春州，古州名，辖今广东省阳春市一带。白州，古州名，辖今广西博白县及陆川县部分地。崖州，古州名，辖今海南省海口、琼山、琼海三市及文昌、澄迈、定安等县地。儋州，古州名，辖今海南省海南岛西部地区。林州，古州名，辖今广西容县西北大容山和桂平市西南郁江以东地区之间的浔江流域。振州，古州名，辖今海南省海南岛西南部地。

乎？”遂降唐。岭南悉平。

八月，突厥寇并州，唐遣郑元琇如[1]师，颉利引兵还突厥颉利可汗将十五万骑入雁门，寇并州，命太子建成、秦王世民御之。唐主谓群臣曰：“和、战孰利？”郑元琇曰：“战则怨深，不如和利。”封德彝曰：“突厥恃犬羊[2]之众，有轻中国之意，若不战而和，示之以弱，明年将复来。臣愚以为击之，既胜而后与和，则恩威兼著矣。”唐主从之。襄邑王神符、汾州刺史萧顗连破突厥，斩首五千余级。乃遣郑元琇诣颉利，责以负约，颉利颇惭。元琇因说之曰：“唐与突厥风俗不同，突厥虽得唐地，不能居也。今虏掠所得，皆入国人，于可汗何有？不如还师修好，坐受金币，孰与弃昆弟积年之欢，结子孙无穷之怨乎？”颉利悦，引兵还。元琇自义宁[3]以来，五使突厥，几死者数焉。

冬，十月，唐遣齐王元吉击刘黑闼。淮阳王道玄与黑闼战，败没时道玄将兵三万，与副将史万宝不协。道玄率轻骑先出犯阵[4]，万宝拥兵不进，由是败没，时年十九。秦王世民深惜之，曰：“道玄尝从吾征伐，见吾深入贼阵，心慕效之，以至于此。”为之流涕。世民自起兵以来，前后数十战，常身先士卒，轻骑深入，虽屡危殆，而未尝为矢刃[5]所伤。

楚王林士弘卒，其众遂散初，萧铣之败也，散卒多归士弘，士弘军势复振。至是，攻循州[6]，不克，其将王戎以南昌州[7]降唐。士弘惧，亦请降，复走保安成山洞。洪州[8]总管若干则击破之。会士弘死，其众遂散。

十一月，唐遣太子建成击刘黑闼淮阳王道玄之败也，山东震骇，刘黑闼尽复故地，进据洺州。齐王元吉不敢进，而太子建成请行，故遣之。初，唐主之起兵晋阳也，皆秦王世民之谋，唐主谓世民曰：“事成，当以汝为太子。”

1　如：到，往。
2　犬羊：狗和羊，常用以比喻任人宰割者，如俘虏、囚犯等。
3　义宁：隋恭帝杨侑的年号，存续时间为公元 617 至 618 年。
4　犯阵：冲入敌阵。
5　矢刃：箭和刀，也泛指兵器。
6　循州：古州名，辖今广东省罗浮山以东、和螺河水流域以西、九连山以南至沿海地区。
7　南昌州：古州名，治所位于今江西省九江市永修县西北。
8　洪州：古州名，辖今江西省修水、锦江、潦水等流域和赣江、抚河下游地。

将佐亦以为请，世民固辞而止。太子喜酒色游畋，齐王多过失，皆无宠。世民功名日盛，建成内不自安，乃与元吉协谋，共倾[1]世民，曲意事诸妃嫔，谄谀赂遗，无所不至，以求媚于上。世民独不事之。由是诸妃嫔争誉建成、元吉，而短世民。时世民、元吉皆居别殿，与上台[2]、东宫昼夜通行，无复禁限，相遇如家人礼。太子令、秦、齐王教与诏敕并行，有司莫知所从，唯据得之先后为定。世民以淮安王神通有功，给田数十顷。张婕妤求之，手敕赐之，神通以教给在先，不与。婕妤诉于唐主，唐主怒，以责世民。复谓裴寂曰："此儿久典兵在外，为书生所教，非复昔日子也。"

胡氏曰：太子令、二王教与诏敕并行，虽高祖隆爱诸子之失，而世民独不知其不可而辞之耶？房、杜诸人亦无所警发[3]，何也？高祖不思因事更制，乃谓秦王为书生所教，可谓易[4]其言矣。

秦王每侍宴宫中，思太穆皇后早终，不得见唐主有天下，或歔欷流涕，唐主不乐。诸妃嫔曰："陛下春秋高，宜相娱乐，而秦王如此，正是憎疾妾等。陛下万岁后，妾母子必无孑遗矣。皇太子仁孝，陛下以妾母子属之，必能保全。"唐主为之怆然。由是无易太子意，待世民浸疏，而建成、元吉日亲矣。太子中允[5]王珪、洗马魏徵亦说太子曰："秦王功盖天下，中外归心，殿下但以年长居东宫，无大功以镇服海内。今刘黑闼散亡之余，众不满万，以大军临之，势如拉朽，殿下宜自击之以取功名，因结纳山东豪杰，庶可自安。"于是太子请行。

范氏曰：立子以长不以功，以德不以众，古之道也。晋献公使申生伐东山，里克入而谏君，出而勉太子以孝。君子曰："善处父子之间矣。"王、魏辅导东宫，当劝建成以孝友，则储位安矣。秦王有定天下之功，高祖苟欲立

1 倾：倾轧。
2 上台：宫廷，朝廷。
3 警发：警醒启发。
4 易：轻视。
5 太子中允：古官名，太子属官，佐左庶子掌侍从赞相，驳正启奏。

之，能为太伯[1]，不亦善乎？乃使建成击贼以立威，结豪杰以自助，是导之以争也，祸乱何从而息乎？以王、魏之贤犹如此，况庸人乎？

胡氏曰：人之大伦，有常有变。若王、魏能劝建成如东海王强，力请而去，则父子、君臣之间，变而不失其正矣。

唐封宗室道宗为任城王道宗为灵州总管，梁师都引突厥数万围之，道宗乘间出击，大破之。突厥与师都连结，遣郁射设入居故五原，道宗逐出之，斥地[2]千余里。唐主以道宗武干，立为任城郡王。

十二月，唐魏州总管田留安击刘黑闼，破之刘黑闼拥兵而南，河北州县皆附之，唯魏州总管田留安不下。黑闼攻之，留安奋击破之，获其将孟柱，降六千人。是时，山东豪杰多杀长吏以应黑闼，上下相猜[3]。留安独坦然无疑，白事者皆令直入卧内，谓吏民曰："吾与尔曹为国御贼，固宜同心协力，必欲弃顺从逆，但斩吾首去。"吏民相戒曰："田公推至诚以待人，当共竭死力报之。"卒收其用。

唐太子建成兵至昌乐[4]，刘黑闼亡走太子建成、齐王元吉军至昌乐，刘黑闼引兵拒之。再陈[5]，皆不战而罢。魏徵言于太子曰："前破黑闼，其将帅皆悬名[6]处死。故齐王之来，虽有诏赦其党与之罪，皆莫之信。今宜悉解其囚俘，慰谕遣之，则可坐视其离散矣。"太子从之。黑闼食尽，众多亡、降，黑闼遂与数百骑遁去。

癸未（公元623年）

唐武德六年。○是岁，汉东亡。并梁，凡二国。

1　太伯：古代先贤，父亲为周部落首领古公亶父，兄弟三人，排行老大，为了使父亲顺利传位给三弟季历，避让到江南之地，建立吴国。
2　斥地：开拓疆土。
3　相猜：互相猜测，彼此猜疑。
4　昌乐：古县名，治所位于今河南省濮阳市南乐县西北。
5　再陈：两次列阵。
6　悬名：张榜公布名姓。

春，正月，汉东将诸葛德威执其君黑闼降唐，唐斩之时太子遣骑将刘弘基追黑闼，黑闼奔走，不得休息，至饶阳，从者才百余人，馁甚。黑闼所署刺史诸葛德威出迎，馈之食，未毕，勒兵执之，送诣太子，斩于洺州。黑闼临刑，叹曰："我幸在家锄菜，为高雅贤辈所误至此！"

二月，唐平阳公主薨平阳昭公主薨，诏加鼓吹、班剑[1]、武贲、甲卒以葬。太常奏："礼，妇人无鼓吹。"唐主曰："鼓吹，军乐也。公主亲执金鼓，兴义兵以辅成大业，岂与常妇人比乎？"

徐圆朗走死，其地皆入于唐。

林邑遣使入贡于唐初，隋破林邑，分其地为三郡。及中原丧乱，林邑复国。至是，始入贡。

幽州总管李艺入朝于唐艺入朝，唐以为左翊卫大将军。

唐废参旗[2]等十二军。

三月，梁将贺遂索同以十二州降唐。

唐前洪州总管张善安反。

夏，唐以裴寂、萧瑀为仆射，杨恭仁、封德彝为中书令。

高开道寇唐幽州，败走。

六月，苑君璋奔突厥，高满政以马邑降唐先是，前并州总管刘世让除广州总管，将之官，唐主问以备边之策，世让对曰："突厥比数为寇，良以马邑为之中顿[3]故也。请以勇将戍崞城[4]，多贮金帛，募有降者厚赏之，数出骑兵蹂其禾稼，败其生业，不出岁余，彼无所食，必降矣。"唐主然其计，曰："非公，谁为勇将？"即命世让戍崞城，马邑病之。是时，马邑人多不愿属突厥。唐主复遣人招谕苑君璋，君璋不从。高满政因众心所欲，夜袭君璋。君璋奔突

1 班剑：有纹饰的剑，或曰以虎皮饰之。班，通"斑"。汉制，朝服带剑，晋易以木，谓之班剑，取装饰灿烂之义。后用作仪仗，由武士佩持，天子以赐功臣。

2 参旗：本为星名，此处借为军队的番号。

3 中顿：途中饮食的处所。

4 崞城：古地名，位于今山西省忻州市辖原平市北崞阳镇。

厥，满政杀突厥戍兵而降。君璋复与突厥寇马邑，满政与战，破之。遂以满政为朔州总管。

唐岐州刺史柴绍击吐谷浑，败之先是，吐谷浑寇洮、岷二州。遣柴绍救之，为其所围。虏乘高射之，矢下如雨。绍遣人弹胡琵琶，二女子对舞。虏怪之，相与聚观。绍察其无备，潜遣精骑出虏阵后，击之，虏众大溃。

秋，八月，唐淮南道行台仆射辅公祏反初，杜伏威与公祏友善，兄事之，军中谓之"伯父"，畏敬与伏威等[1]。伏威浸忌之，潜夺其兵权。公祏知之，佯为学道、辟谷以自晦。及伏威入朝，留公祏守丹杨，令王雄诞典兵，为之副。公祏诈雄诞，夺其兵，谕以反计。雄诞曰："今天下方平定，吴王在京师，奈何无故自求族灭乎？"公祏杀之。诈称伏威贶[2]书令其起兵，寻称帝于丹杨，国号宋。诏赵郡王孝恭、李靖等讨之。孝恭将发，与诸将宴集，命取水，忽变为血。在坐皆失色，孝恭举止自若，曰："此乃公祏授首之征也！"饮而尽之，众皆悦服。

冬，十月，唐杀其崞城总管刘世让突厥恶世让为己患，遣其臣曹般陀来，言世让与可汗通谋，欲为乱。唐主信之，杀世让，籍没其家。

唐朔州杀其总管高满政，降突厥初，唐主遣将军李高迁助高满政守马邑。颉利大发兵攻之，高迁惧，宵遁[3]。满政出兵御之，一日战十余合。会突厥求婚于唐，唐主曰："释马邑之围，乃可议也。"颉利欲解兵，义成公主固请攻之。马邑粮尽，救兵未至，右虞候[4]杜士远惧不免，杀满政以降。突厥复请和亲，乃以马邑归唐。

唐置屯田于并州突厥数为边患，并州长史窦静表请于太原置屯田以省馈

1 畏敬与伏威等：敬畏他同敬畏杜伏威一样。
2 贶：赠送。
3 宵遁：连夜逃跑。
4 虞候：古官名，本为春秋时期掌管山泽的职官，西魏和隋朝以后用作军官称号，其职掌不尽相同，或为警备巡查官，或为内部监察官。

运，议者以为烦扰。静切论[1]不已。征静入朝，与裴寂等相问难[2]于唐主前。寂等不能屈，乃从静议。岁收谷数千斛。秦王复请增置屯田于并州之境，从之。

十二月，唐安抚使李大亮讨张善安，执之初，辅公祏之反，与张善安连兵。黄州[3]总管周法明将兵击辅公祏，善安遣刺客杀之。至是，李大亮击善安于洪州，隔水而陈，遥相与语，谕以祸福，善安曰："善安初无反心，为将士所误。欲降，又恐不免。"大亮曰："张总管有降心，则与我一家耳。"因单骑入其阵，执手共语。善安大悦，遂许降。既而善安诣大亮营，大亮执之。善安营中闻之，将攻大亮。大亮遣人谕之曰："总管自言：'赤心归国，还营，恐将士或有异同。'故留不去耳。卿辈何怒于我？"众遂溃去。送善安于长安，赦其罪。及公祏败，得所与往还书，乃杀之。

甲申**唐高祖神尧皇帝武德七年**（公元624年）

是岁，高开道、辅公祏皆败死，唯梁师都至贞观二年乃亡。

春，正月，置大中正依周、齐旧制，州置中正一人，掌知州内人物，品量望第[4]，以门望高者领之，无品秩。

二月，封高丽王建武为辽东王上以隋末战士多没于高丽，赐高丽王建武书，使悉遣还。亦索高丽人在中土者，遣归其国。建武奉诏遣还，前后万数。至是，又请颁历[5]，乃遣使册封之。

置州、县、乡学诏："州、县、乡皆置学。有明一经以上者，咸以名闻。"

帝诣国子学，释奠于先圣先师诏王公子弟各就学。

改大总管府为大都督府。

1 切论：激切的议论。
2 问难：对于疑难问题，两方各申己见，互相驳斥，互相诘问，展开辩论。
3 黄州：古州名，唐时辖今湖北省长江以北，京汉铁路以东，巴水以西地。
4 品量望第：品量，品评，衡量。望第，望族的等次。
5 请颁历：请求颁布下年新历。意指奉唐为正朔。

高开道为其下所杀。诏以其地为妫州[1]开道见天下皆定，欲降，自以数反复，不敢。其将卒咸有离心。开道选勇敢数百人，谓之“假子”，尝直阁内，使其将张金树领之。金树遣人入与假子游戏，因潜断其弓弦，窃其刀、槊以出，乃率其党攻开道。假子将御之，弓弦皆绝，刀、槊已失，争出降。开道知不免，乃自杀。金树悉收假子斩之，遣使来降。以其地置妫州，以金树为北燕州[2]都督。

吴王杜伏威卒辅公祏之反也，诈称伏威之命以令其众。公祏平，诏追除伏威名，没其妻子。太宗即位，知其冤，赦之，复其官爵。

三月，初定官制以太尉、司徒、司空为三公，次尚书、门下、中书、秘书、殿中、内侍为六省，次御史台，次太常至太府为九寺，次将作监，次国子学，次天策上将府，次左、右卫至左、右领卫为十四卫。东宫置三师、三少、詹事及两坊、三寺、十率府。王公置府佐、国官。公主置邑司[3]。并为京职事官。州、县、镇、戍为外职事官。自开府仪同三司至将仕郎[4]二十八阶，为文散官。骠骑大将军至陪戎副尉三十一阶，为武散官。上柱国至武骑尉十二等，为勋官。

范氏曰：三公论道经邦，燮理阴阳[5]，故不以一职名官。太尉掌武，大司马之职也。司徒主民，司空主土。皆六卿之任，非三公也。自汉以来失之，而唐不能革也。且既有三公，而又有尚书省，是政出于二也；既有尚书省，又有九寺，是政出于三也。夫天地之有四时，百官之有六职，天下万事，备尽于此，如网之在纲，裘之挈领[6]，虽百世不可易也。如欲稽古以正名，苟舍周官，未见其可也。

1　妫州：古州名，因妫水得名，辖今河北省张家口、宣化、怀来、怀安、涿鹿、赤城、万全及北京市延庆等市县部分地。
2　北燕州：古州名，辖今河北省涿鹿、宣化等县部分地。
3　邑司：古官署名，掌管大官、公主食邑财物。
4　将仕郎：古官名，为文散官，从九品下，掌出使。
5　燮理阴阳：指大臣辅佐天子治理国事。燮，调和。理，治理。
6　挈领：提起衣领。

胡氏曰：国学[1]之地重矣，夫岂与他官府有司比也，而次于匠监[2]之下，非失之大乎？若以尚书、门下、中书、国子监、秘书、殿中为六省，而降内侍于寺监之下，则尊儒重道之意明，而阉尹[3]与政之阶替[4]矣。

赵郡王孝恭克丹杨，斩辅公祏先是，公祏遣其将冯慧亮等将舟师，陈正通等将步、骑，以拒官军。赵郡王孝恭与李靖率舟师次舒州[5]，李世勣率步卒一万渡淮，次硖石。慧亮等坚壁不战。皆曰："慧亮拥强兵，据水陆之险，攻之不可猝拔，不如直指丹杨，掩其巢穴。"靖曰："今此诸栅尚不能拔，公祏保据石头，兵亦不少，岂易取哉？进攻丹杨，旬月不下，慧亮等蹑吾后，腹背受敌，此危道也。慧亮、正通皆百战余贼，其心非不欲战，正以公祏立计，使之持重，以老我师耳。今攻其城以挑之，一举可破也。"孝恭然之，使羸兵先攻贼垒，而勒精兵结阵以待之。攻垒者不胜而走，贼出兵追之，遇大军与战，大败。乘胜逐北，两戍皆溃。公祏弃城走，野人[6]执送丹杨，枭首。江南皆平。

夏，四月，颁新律令比开皇旧制，增新格五十三条。

初定均田、租庸调法丁、中之民[7]，给田一顷；笃疾[8]，减什之六；寡妻妾，减七。皆以什之二为世业[9]，八为口分[10]。每丁，岁入租粟二石。调随土地所宜，绫、绢、絁[11]、布。岁役二旬，不役则收其佣，日三尺。有事而加役者，旬有五日，免其调。三旬，租、调俱免。水、旱、虫、霜为灾，什损四以上免租，损六以上免调，损七以上课、役俱免。凡民赀业[12]分九等。百户为里，五里为乡，四家为邻，四邻为保。在城邑者为坊，田野者为村。食禄之家，无得与民争利。

1 国学：即国子学。
2 匠监：即将作监。
3 阉尹：管领太监的官。
4 替：衰落，消亡。
5 舒州：古州名，辖今安徽省天柱山、三官山以南，长江以北地区。
6 野人：泛指村野之人，农夫。
7 丁、中之民：二十岁以上的成年丁男及十六岁以上、二十以下的中男。
8 笃疾：重病。
9 世业：即世业田，亦称永业田，世代承耕，永不收授。
10 口分：即口分田，按户口授予的田地。
11 絁：一种粗绸。
12 赀业：财产，产业。赀，通"资"。

工商杂类，无预士伍。男女始生为黄，四岁为小，十六为中，二十为丁，六十为老。岁造计帐[1]，三年造户籍。

范氏曰：自井田废，而贫富不均，后世未有能制民之产，使之养生送死无憾者也。唐之法盖庶几焉。然为治者，唯能省力役、薄赋敛，务本抑末，尚俭去奢，占田有限，困穷有养，使贫者足以自立，富者不得兼之，则均天下之本也。不然，虽有法令，徒文具[2]而已，何益于治哉？

胡氏曰：食禄之家，无得与民争利，此以廉耻待士大夫之美政也。然古之仕者世禄，故仕则不稼。后世用人不慎，升黜[3]无常，则此制将有不可行者。必也仕者视其品而给之田，进而任用，则有禄以酬其劳，置而不用，则有田以资其生，必有大罪，然后收其田里。如此，则不得争利之法可行，而廉耻之风益劝矣。

六月，庆州[4]都督杨文干反，遣秦王世民讨平之初，齐王元吉劝太子建成除秦王世民，曰："当为兄手刃之！"世民从上幸元吉第，元吉伏甲欲刺之，建成止之。元吉愠曰："为兄计耳，于我何有？"建成擅募骁勇二千余人为东宫卫士，发幽州突骑三百置诸坊，又私使庆州都督杨文干募壮士。至是，上幸仁智宫，建成居守[5]，世民、元吉皆从。建成使元吉就图世民，又使人以甲遗文干，使之举兵，表里相应。上闻之，怒，召建成。建成惧，不敢赴。詹事主簿赵弘智劝其贬损车服，屏从者，诣上谢罪，建成乃诣仁智宫见上，叩头谢罪，奋身自掷[6]。上怒不解，置之幕下，以兵守之。文干遂发兵反。上召秦王世民，告之曰："文干事连建成，恐应之者众。汝宜自行，还，立汝为太子。吾不能效隋文帝自诛其子，当封建成为蜀王。蜀兵脆弱，他日苟能事汝，汝宜全之。不能事汝，汝取之易耳！"世民既行，元吉与妃嫔更迭为建成请，封德彝

1　计帐：古代州郡计吏用于登记、上报人事、户口、赋税等的帐册。
2　文具：条文。
3　升黜：官职的提升与降免。
4　庆州：古州名，辖今甘肃省西峰、庆阳、环县、合水、华池等市县及陕西省志丹县西部。
5　居守：皇帝出征或巡幸时，重臣镇守京都或行部。
6　奋身自掷：以头碰地，表示自责之意。

复为营解[1]于外，上意遂变，遣建成还守京师。惟责以兄弟不睦，归罪于王珪、韦挺、杜淹，并流嶲州[2]。文干陷宁州[3]，世民军至，其党杀之，传首京师。

范氏曰：建成擅募兵甲以危君父，其罪大矣。高祖不以公义废之，乃惑于奸臣之计，牵于妃嫔之请，至使兄弟不相容于天下，皆高祖不明之过也。

秋，闰七月，突厥入寇，遣秦王世民将兵御之或说上曰："突厥所以屡寇关中者，以子女、玉帛皆在长安故也。若焚长安而不都，则胡寇自息矣。"上欲从之，秦王世民谏曰："戎狄为患，自古有之。陛下以圣武龙兴[4]，所征无敌，奈何为此以贻四海之羞，为百世之笑乎？愿假数年之期，臣请系颉利之颈，致之阙下。若其不效[5]，迁都未晚。"上曰："善。"建成与妃嫔因共谮世民曰："突厥犯边，得赂则退。秦王外托御寇之名，内欲总兵权，成其篡夺之谋。"上大怒，召世民责之。会有司奏突厥入寇，上乃改容劳勉。诏世民、元吉将兵出豳州以御之。上每有寇盗，辄命世民讨之。事平之后，猜嫌益甚。

命韦仁寿检校南宁州都督仁寿性宽厚，有识度，初为蜀郡司法书佐[6]，所论囚至市，犹西向为仁寿礼佛，然后死。时西南夷内附，朝廷遣使抚之，类皆贪纵，远民患之。上闻仁寿名，命检校南宁州都督。仁寿既受命，将兵五百人至西洱河，周历数千里，蛮夷望风归附。仁寿承制置七州、十五县，各以其豪帅为刺史、县令，法令清肃，蛮夷悦服，各遣子弟入贡。

八月，突厥受盟而还颉利、突利二可汗举国入寇，连营南上，秦王世民引兵拒之。会关中久雨，粮运阻绝，士卒饥疲，器械顿弊[7]，朝廷以为忧。世民与虏遇于豳州，二可汗率万余骑奄至城西。元吉惧，不敢出，世民乃率骑驰诣虏阵，告之曰："国家与可汗和亲，何为负约，深入我地？我秦王也，可汗

1 营解：解救。
2 嶲州：古州名，辖今四川省西昌市、越西县等市县地。
3 宁州：古州名，辖今甘肃省宁县、正宁及陕西省彬县、旬邑、长武、永寿等县地。
4 以圣武龙兴：圣武，圣明英武，旧时称颂帝王之词。龙兴，龙飞腾上天，喻王者兴起。
5 不效：没有效果。
6 司法书佐：古官名，职同司法参军事，掌执法理狱，督捕盗贼，追赃查贿。
7 顿弊：废败，损坏。

能斗，独出与我斗。若以众来，我直以此百骑相当耳。”颉利不之测，笑而不应。世民又前，遣骑告突利曰：“尔往与我盟，有急相救。今乃引兵相攻，何无香火之情[1]也？”突利亦不应。世民又前，将渡沟水[2]。颉利见世民轻出，又闻香火之言，疑突利与世民有谋，乃遣止世民曰：“王不须渡，我但欲与王申固盟约耳。”乃引兵稍却。是后，雨益甚，世民谓诸将曰：“虏所恃者，弓矢耳。今积雨弥时，筋胶俱解[3]，弓不可用。吾屋居火食[4]，刀、槊犀利，以逸制劳，此而不乘，将何复待？”乃潜师夜出，冒雨而进，突厥大惊。世民又遣人说突利。颉利欲战，突利不可，乃请和亲，世民许之。突利因自托于世民，请为兄弟。世民亦以恩意抚之，与盟而去。

冬，十一月，以裴矩权[5]侍中。

1　香火之情：结盟之情。香火，誓约结盟时燃点香火。
2　沟水：河沟。
3　筋胶俱解：筋弦松弛，胶性失黏。
4　屋居火食：屋居，居住在房子里。火食，吃熟食。
5　权：暂时代理。

卷三十九

起乙酉唐高祖武德八年，尽庚子[1]唐太宗贞观十四年**凡十六年**。

乙酉**八年**（公元625年）

春，正月，以张镇周为舒州都督镇周，舒州人也，到州，就故宅，召亲故酣宴十日，赠以金帛，泣，与之别，曰："今日张镇周犹得与故人欢饮，明日之后，则舒州都督治百姓耳。"自是犯法者一无所纵，境内肃然。

诏许突厥、吐谷浑互市突厥、吐谷浑各请互市，诏皆许之。先是，中国丧乱，民乏耕牛。至是，资于戎狄，杂畜被野[2]。

夏，四月，西突厥遣使请婚，许之西突厥统叶护可汗遣使请婚，上以问裴矩，对曰："今北寇方强，国家且当远交而近攻，臣谓宜许其婚，以威[3]颉利。俟数年之后，徐思其宜耳。"上从之。

范氏曰：自汉以女嫁匈奴，而后世习为故常[4]，不以为耻，而以为法。以为畏之邪？则是以天下之大而畏人。至于纳女，耻也。以为谋之邪？则是以女为间[5]，而欲夺人之国，亦耻也。高祖不谋于众贤，而问诸亡国之臣，宜其不知耻也。夫匹士[6]求偶，犹以其类，今乃以天子之女而弃之戎狄，变华为夷，岂不哀哉？然终唐之世，人君行之不以为难，其臣亦不以为非，由高祖启之也。

复置十二军初，上以天下大定，罢十二军。既而突厥为寇不已，复置之，简练士马，议大举击突厥。

秋，七月，突厥寇边。诏右卫大将军张瑾御之，败绩先是，上与突厥书，用敌国礼。至是，上谓侍臣曰："突厥贪婪无厌，朕将征之。自今勿复为书，皆用诏敕。"突厥遂寇灵、相、潞、沁、韩[7]、朔等州。张瑾与战大谷，

1　庚子：即公元640年。
2　杂畜被野：杂畜，各种牲畜。被野，布满原野。
3　威：震慑。
4　故常：惯例，旧例。
5　间：间谍。
6　匹士：即士。以其地位低微，故称。
7　沁、韩：沁州、韩州。沁州，古州名，辖今山西省沁源县及安泽县北部地区。韩州，古州名，辖今山西省襄垣、黎城、武乡、沁县、榆社及河北省涉县地。

全军皆没，瑾仅以身免。长史温彦博为虏所执，虏以彦博职在机近，问以国家兵粮虚实，彦博不对，虏迁之阴山。灵州都督、任城王道宗击破虏兵，颉利遣使请和而退。

九月，令太府检校诸州权量。

冬，十一月，裴矩罢，以宇文士及权侍中。

加秦王世民中书令，齐王元吉侍中。

丙戌**九年**（公元626年）

春，正月，诏太常少卿祖孝孙定雅乐。

以裴寂为司空日遣员外郎一人更直其第[1]。

二月，以齐王元吉为司徒。

初令州县、里闬各祀社稷初令州县祀社稷，士民里闬亦相从立社。各申祈报[2]，用洽乡党之欢。

夏，沙汰僧道太史令傅奕上疏曰："佛在西域，言妖路远。汉译胡书，恣其假托[3]，使不忠不孝，削发而揖君亲[4]。游手游食，易服以逃租赋。伪启三途，谬张六道[5]，遂使愚迷[6]妄求功德，不惮科禁，轻犯宪章[7]。且生死寿夭[8]，由于自然，刑德威福，关之人主。贫富贵贱，功业所招，而愚僧矫诈，皆云由佛。窃人主之权，擅造化之力，其为害政，良可悲矣。自汉以前，初无佛法，君明臣忠，祚长年久。自立胡神，羌、戎乱华，主庸臣佞，政虐祚短，梁武、齐襄，足为明镜。今天下僧尼，数盈十万，请令匹配[9]，即成十万余户，产育男女，十

1 更直其第：轮流到其府第值班。
2 祈报：古代祀社，春、夏祈而秋、冬报。
3 假托：假冒，附会。
4 揖君亲：对君主与父母仅拱手行礼。
5 伪启三途，谬张六道：虚假地开启了地狱、饿鬼、畜牲三恶道的教义，又错误地加入人、天、阿修罗，扩充为六道轮回之说。
6 愚迷：愚昧而执迷不悟。
7 宪章：典章制度。
8 寿夭：长寿或者夭折。
9 匹配：婚配。

年长养[1]，一纪教训，可以足兵[2]。”诏百官议之，惟太仆卿张道源是[3]奕言。萧瑀曰：“佛，圣人也，而奕非之。非圣人者无法，当治其罪。”奕曰：“人之大伦，莫如君父。佛以世嫡而叛其父，以匹夫而抗天子。萧瑀不生于空桑[4]，乃遵无父之教。非孝者无亲，瑀之谓矣。”瑀不能对，但合手曰：“地狱之设，正为是人！”上亦恶沙门、道士苟避征徭[5]，不守戒律，诏命有司沙汰天下僧、尼、道士、女冠[6]，其精勤练行[7]者，迁大寺观，庸猥粗秽[8]者，勒还乡里。京师留三寺、二观，诸州各留一所。奕性谨密[9]，以职在占候，杜绝交游，所奏灾异，悉焚其稿。

六月，太白经天[10]。秦王世民杀太子建成、齐王元吉。立世民为皇太子，决军国事世民既与建成、元吉有隙，以洛阳形胜之地，恐一朝有变，欲出保之。乃以行台尚书温大雅镇洛阳。建成夜召世民饮酒而鸩之，世民暴心痛，吐血数升。上谓世民曰：“首建大谋，削平海内，皆汝之功。吾欲立汝为嗣，而汝固辞。且建成为嗣日久，吾不忍夺也。观汝兄弟，似不相容，不可同处，当遣汝居洛阳，自陕以东皆主之。仍建天子旌旗，如汉梁孝王故事。”世民泣辞，不许。将行，建成、元吉相与谋曰：“秦王若至洛阳，不可复制。不如留之长安，则一匹夫，取之易矣。”乃密令数人上封事，言：“秦王左右闻往洛阳，无不喜跃。观其志趣，恐不复来。”上乃止。元吉密请杀世民，秦府僚佐皆惶惧不知所出。行台郎中房玄龄谓长孙无忌曰：“今嫌隙已成，一旦祸机[11]窃发，岂惟府朝涂地[12]，乃实社稷之忧。莫若劝王行周公之事，以安家国。存亡之

1　长养：抚育培养。
2　一纪教训，可以足兵：再经过十二年的教育训导，可以补充兵源。一纪，十二年。
3　是：赞同。
4　空桑：指非父母所生，来历不明者。
5　征徭：赋税和徭役。
6　女冠：女道士。唐代女道士皆戴黄冠，因俗女子本无冠，唯女道士有冠，故名。
7　精勤练行：精勤，专心勤勉。练行，佛教语，谓修练戒行。
8　庸猥粗秽：庸猥，庸俗鄙陋。粗秽，粗浊污秽。
9　谨密：谨慎细密，形容办事极细心。
10　经天：经过天空。
11　祸机：隐伏待发之祸患。
12　府朝涂地：府朝，官署，王府。涂地，惨死，遭受残害。

机，正在今日。”无忌以告世民。召杜如晦谋之，亦劝世民如玄龄言。建成、元吉以秦府多骁将，欲诱之，使为己用，密以金银器一车赠尉迟敬德。敬德辞不受，以告世民。世民曰：“公心如山岳，虽积金至斗，知公不移。”元吉乃谮敬德于上，将杀之。世民固请，得免。又谮程知节，出为康州[1]刺史。知节谓世民曰：“大王股肱、羽翼尽矣，身何能久？知节以死不去，愿早决计。”建成谓元吉曰：“秦府智略之士，可惮者独房玄龄、杜如晦耳。”皆谮之于上而逐之。世民腹心惟长孙无忌在，与其舅高士廉、将军侯君集及尉迟敬德等日夜劝世民决计。世民犹豫，问于李靖及李世勣，皆辞[2]，世民由是重二人。会突厥入塞，建成荐元吉将兵击之。元吉请尉迟敬德等与之俱，又悉简秦府精卒以益其军。率更丞[3]王晊密告世民曰：“太子语齐王：‘吾与秦王饯汝于昆明池，使壮士拉杀之，因遣人说上，授我以国，而立汝为太弟[4]。’”世民以告长孙无忌，无忌等劝世民先事图之。世民叹曰：“骨肉相残，古今大恶。吾诚知祸在朝夕，欲俟其发，然后以义讨之，不亦可乎？”敬德曰：“人情，谁不爱其死[5]？今众人以死奉王，乃天授也。大王不用敬德之言，敬德将窜身草泽，不能留居大王左右，交手[6]受戮也。”无忌曰：“不从敬德之言，无忌亦当相随而去，不能复事大王矣。”世民曰：“公更图之。”敬德曰：“大王素所畜养勇士八百余人，今已入宫擐甲执兵，事势已成，大王安得已[7]乎？”世民访之府僚，皆曰：“齐王凶戾，终不肯事其兄。尝谓护军薛实曰：‘但除秦王，取东宫如反掌耳。’彼与太子谋乱未成，已有取太子之心。乱心无厌，何所不至？若使二人得志，天下非复唐有。大王奈何徇[8]匹夫之节，忘社稷之计乎？”世民犹未决，众曰：

1　康州：古州名，辖今广东省德庆、郁南二县及云浮市北部地。
2　辞：推辞不答。
3　率更丞：古官名，又称太子率更丞，率更令的副手，掌宗族次序，礼乐、刑罚及漏刻之政令。
4　太弟：经选定继承皇位的皇弟。
5　谁不爱其死：谁能够舍得去死。
6　交手：拱手，形容恭敬，恭顺。
7　已：制止。
8　徇：曲从。

“大王以舜为何如人？”曰：“圣人也。”众曰：“使舜浚井而不出，涂廪[1]而不下，则井中之泥、廪上之灰耳，安能泽被天下，法施后世乎？是以小杖则受，大杖则走，盖所存者大也。”世民命卜之，幕僚张公谨自外来，见之，取龟投地，曰：“卜以决疑，不疑何卜？卜而不吉，庸得已乎？”世民意乃决。于是太白再经天，傅奕密奏：“太白见秦分，秦王当有天下。”上以其状授世民。于是世民密奏建成、元吉淫乱后宫，且曰：“兄弟专欲杀臣，似为世充、建德报仇。臣今永违君亲，亦当耻见诸贼于地下。”上惊报曰：“明当鞫问[2]，汝宜早参。”明日，世民率长孙无忌等入，伏兵于玄武门。张婕妤窃知世民表意，驰语建成。建成召元吉谋之，元吉曰：“宜勒兵不朝，以观形势。”建成曰：“兵备已严，当俱入参，自问消息。”乃俱入。至临湖殿，觉有变，欲还。世民追射建成，杀之。尉迟敬德射杀元吉。于是东宫、齐府将帅薛万彻等率众大至，攻玄武门，敬德以二人首示之，乃颇[3]散去。上方泛舟海池[4]，世民使敬德入侍。敬德擐甲持矛，直至上所，奏曰：“太子、齐王作乱，秦王兵已诛之矣。恐惊动陛下，遣臣宿卫。”上谓裴寂等曰：“不图今日乃见此事，当如之何？”萧瑀、陈叔达曰：“建成、元吉本不豫义谋，又无功于天下，疾秦王功高望重，共为奸谋。今秦王已讨而诛之，陛下若处以元良[5]，委之国务，无复事矣。”上曰：“此吾之夙心也。”时秦府兵与二宫左右战犹未已，敬德请降手敕，令内外诸军一受秦王节度，众然后定。上召世民抚之，世民跪吮上乳[6]，号恸久之。建成、元吉诸子皆坐诛。诸将又欲尽诛建成、元吉左右百余人，敬德曰：“此非所以求安也。”乃止。遂立世民为皇太子，军国庶事，悉委太子处决，然后闻奏。太子命纵禁苑鹰犬，罢四方贡献，听百官各陈治道，政令简肃[7]，中外大

1　涂廪：修补粮仓。
2　鞫问：审问。
3　颇：略微，稍。
4　海池：唐代长安太极宫中的池名。
5　元良：太子的代称。
6　跪吮上乳：此为李世民借“羊羔跪乳”的典故，表明自己饮水思源，不忘亲恩。
7　简肃：简约而严肃。

悦。召傅奕谓曰："汝前所奏，几为吾祸。然凡有天变，卿宜尽言，勿以前事为惩也。"

司马公曰：立嫡以长，礼之正也。然高祖所以有天下，皆太宗之功，隐太子[1]以庸劣居其右，地嫌势逼[2]，必不相容。向使高祖有文王之明，隐太子有太伯之贤，太宗有子臧之节[3]，则乱何自而生哉？既不能然，太宗始欲俟其先发，然后应之，如此，则事非获已，犹为愈也。既而为群下所迫，遂至喋血禁门，推刃同气[4]，贻讥[5]千古，惜哉！夫创业垂统[6]之君，子孙之所仪刑也。彼中、明、肃、代[7]之传继，得非有所指拟以为口实乎[8]？

范氏曰：建成虽无功，太子也；太宗虽有功，藩王也。太子，君之贰，父之统也，而杀之，是无君父也。立子以长不以功，所以重先君之世也。故周公不有天下，弟虽齐圣[9]，不先于兄久矣。或以太宗杀建成、元吉，比周公诛管、蔡者，亦非也。昔象日以杀舜为事，而舜封之；管、蔡启[10]商以叛周，而周公诛之。其迹不同，其道一也。盖象得罪于舜而已，故封之；管、蔡将危周公以间王室，得罪于天下，故诛之。非周公诛之，天下所当诛也。后世王者，不幸而有弟如象，则当如舜封之是也。不幸而有兄如管、蔡，则当如周公诛之是也。舜处其常，周公处其变，此圣人所以同归于道也。夫建成、元吉非得罪于天下者也，则杀之者，己之私耳，岂周公之心乎？或曰：使建成为天子，辅以

1　隐太子：即李建成。李世民即位后追封李建成为息王，追谥"隐"。
2　地嫌势逼：处在嫌疑之地，为形势所逼迫。嫌，嫌疑。
3　子臧之节：春秋时，子臧之父曹宣公死后，宣公嫡子继位曹君。曹成公却杀死曹君而自立。各国诸侯和曹国人都认为曹成公不义，后来晋国抓住了曹成公，想让周天子立子臧为国君。而子臧认为担任国君不符合自己的节义，便离开了曹国，以成全曹成公继续在位。
4　推刃同气：推刃，泛称用刀剑刺杀或复仇。同气，有血缘关系的亲属，此指同胞兄弟。
5　贻讥：招致讥责。
6　创业垂统：创立功业，传给后代子孙。创业，创建功业。垂，流传。统，一脉相承的系统。
7　中、明、肃、代：指唐中宗李显、唐明皇李隆基、唐肃宗李亨、唐代宗李豫。
8　得非有所指拟以为口实乎：难道不是在对太宗的效法中找到假托的理由吗。
9　齐圣：聪明睿智，聪明圣哲。
10　启：开导。

元吉，则唐必亡矣，奈何？曰："古之贤人，守死而不为不义者，义重于死故也。必若悖天理、灭人伦而有天下，不若亡[1]之愈也。"故为唐史者，书曰"秦王世民杀皇太子建成、齐王元吉。立世民为皇太子"，然则太宗之罪著矣。

康熙御批：秦王既有创业之功，亦饶[2]守成之略，唐高祖审度神器所归，自当早定大计，顾乃优游不决，坐致惨祸，诚不得辞其责。若秦王英明特达，为有唐之令主，其于建成、元吉，岂无委蛇[3]、善全之道？必致骨肉相残，取讥后世，固其谋之未臧[4]，匪独[5]遭逢不幸也。

罢沙汰僧道。

以魏徵、王珪为谏议大夫初，洗马魏徵常劝建成早除秦王。及建成败，太子召徵谓曰："汝何为离间我兄弟？"徵举止自若，对曰："先太子早从徵言，必无今日之祸。"太子改容礼之，引为詹事主簿。亦召王珪、韦挺于巂州，皆以为谏议大夫。

范氏曰：闻之程子，齐桓公杀公子纠，召忽死之，管仲不死，又相桓公以霸，而孔子取之，何哉？桓公、子纠皆以公子出奔，子纠未尝为世子也。桓公先入而得齐，非取诸子纠也。桓公既入而杀子纠，恶则恶矣，然纳桓公者，齐也。《春秋》书："公伐齐纳纠。"不称"子"，不当立者也。"齐小白入于齐。"以小白系之"齐"，当立者也。是以管仲不得仇桓公，而得以之为君。建成为太子，且兄也；秦王为藩王，又弟也。王、魏受命为东宫之臣，则建成其君也，岂有人杀其君，而可北面为之臣乎？以弟杀兄、以藩王杀太子而夺其位，太宗亦非可事之君矣。食君之禄而不死其难，朝以为仇，暮以为君，于其不可事而事之，皆有罪焉。臣之事君，如妇之从夫也，其义不可以不明。苟不明于义，而委质于人，虽曰"不利"，吾不信也。

1　亡：无。
2　饶：多。
3　委蛇：敷衍，应付。
4　臧：善，好。
5　匪独：不只是。

帝自称太上皇。

庐江王瑗反幽州，将军王君廓杀之初，上以瑗为幽州都督，又以其懦怯，非将帅才，使王君廓佐之。君廓，故群盗，勇悍险诈[1]，瑗推心倚仗之。太子建成谋害秦王，密与瑗相结。建成死，诏遣使驰驿召瑗。瑗心不自安，谋于君廓。君廓欲取瑗以为功，乃曰："大王若入，必无全理。"瑗曰："我今以命托公，举事决矣。"乃发驿[2]征兵，又召燕州刺史王诜计事，欲除君廓，以诜代之。君廓知之，往见诜，斩之，持其首告众曰："李瑗与王诜同反，汝何故从之，取族灭乎？"遂率麾下逾城而入，执瑗缢之。诏以君廓为幽州都督，以瑗家口赐之。

秋，七月，以高士廉为侍中，房玄龄、宇文士及为中书令，萧瑀、封德彝为仆射。

遣魏徵宣慰山东建成、元吉之党亡在民间，虽更赦令，犹不自安，徼幸者争告捕以邀赏。谏议大夫王珪以启太子，太子令："事连东宫、齐王及李瑗者，并不得告，违者反坐[3]。"遣魏徵宣慰山东，听以便宜从事。徵至磁州[4]，遇州县锢送[5]前太子千牛李志安、齐王护军李思行诣京师，徵曰："前东宫、齐府左右已赦不问，今复送思行等，则谁不自疑？虽遣使者，人谁信之？吾不可以顾身嫌，不为国虑。且既蒙国士之遇，敢不以国士报之乎？"遂皆解纵[6]之。太子闻之，甚喜。

八月，太子即位诏传位于太子，太子固辞，不许，乃即位。

放宫女三千余人。

立妃长孙氏为皇后后少好读书，造次必循礼法。上为秦王，后奉事高

---

1 险诈：阴险狡诈。
2 发驿：发动各地驿站。
3 反坐：把被诬告的罪名所应得的刑罚加在诬告人身上。
4 磁州：古州名，辖今河北省邯郸、磁县及武安等市县地。州西北有慈石山，出磁石，故名。
5 锢送：戴上刑具押送。
6 解纵：释放。

祖，承顺[1]妃嫔，甚有内助。及为后，务崇节俭，服御取给而已[2]。上深重之，尝与之议赏罚，后辞曰：“牝鸡之晨，惟家之索[3]。妾妇人，安敢预闻政事？”固问之，终不对。

突厥入寇，至便桥[4]。帝出责之，突厥请盟而退梁师都所部离叛，国浸衰弱，乃朝于突厥，劝令入寇。于是颉利、突利二可汗合兵十余万骑寇泾州。颉利进至渭水便桥之北，遣其腹心执失思力入见，以观虚实。思力盛称：“二可汗将兵百万，今至矣。”上让之曰：“吾与汝可汗面结和亲，赠遗无算。今汝可汗背盟入寇，于我无愧。汝虽戎狄，亦有人心，何得全忘大恩，自夸强盛？我今先斩汝矣！”思力惧。乃囚之。上乃自与高士廉、房玄龄等六骑径诣渭水上，与颉利隔水而语，责以负约。突厥大惊，皆下马罗拜[5]。俄而诸军继至，旌甲[6]蔽野。颉利见思力不返，而上轻出，军容甚盛，有惧色。上麾诸军，使却布阵，独留与颉利语。萧瑀叩马固谏，上曰：“突厥所以敢倾国而来者，以我国内有难，朕新即位，谓我不能抗御[7]也。我若示之以弱，虏必放兵大掠，不可复制。故朕轻骑独出，示若轻之。震曜[8]军容，使知必战。虏既深入，必有惧心，与战则克，与和则固。制服突厥，在此举矣。”是日，颉利来请和，诏许之，斩白马，与盟于便桥之上。突厥引兵退。萧瑀请曰：“突厥未和之时，诸将争欲战，陛下不许，而虏自退，其策安在？”上曰：“突厥之众多而不整，君臣之志唯贿是求，昨其达官皆来谒我，我若醉而缚之，因击其众，伏兵邀其前，大军蹑其后，覆之如反掌耳。然吾即位日浅，国家未安，一与虏战，结冤

1 承顺：遵奉顺从。
2 服御取给而已：车马衣服等物品只要求够用罢了。
3 牝鸡之晨，惟家之索：母鸡而不是公鸡在清晨打鸣，这个家庭就要破败。比喻女性掌权，颠倒阴阳，会导致家破国亡。牝，雌性的。索，尽。
4 便桥：古桥名，即便门桥，位于今陕西省咸阳市南渭河上。
5 罗拜：环绕下拜。
6 旌甲：旌旗与铠甲。
7 抗御：抵抗和防御。
8 震曜：震动显耀。

既深，彼或惧而修备[1]，则吾未可以得志也。故卷甲韬戈[2]，啖以金帛。彼既得所欲，志必骄堕[3]，然后养威俟衅，一举可灭也。‘将欲取之，必固与之。’此之谓也。”瑀谢不及。颉利献马三千匹，羊万口，上不受，诏归所掠中国户口[4]。

九月，引诸卫将卒习射于显德殿上日引诸卫将卒数百人习射殿庭，谕之曰：“朕不使汝曹穿池筑苑，专习弓矢。居闲无事，则为汝师；突厥入寇，则为汝将。庶几中国之民可以少安。”群臣多谏曰：“于律，以兵刃至御在所[5]者绞。今使将卒习射殿庭，万一狂夫窃发，出于不意，非所以重社稷也。”上曰：“王者视四海如一家，封域之内，皆朕赤子，朕一一推心置其腹中，奈何宿卫之士亦加猜忌乎？”由是人思自励，数年之间，悉为精锐。上尝言：“吾自少经略四方，颇知用兵之要，每观敌阵，则知其强弱。常以吾弱当其强，强当其弱。彼乘吾弱，逐奔不过数十百步；吾乘其弱，必出其阵后，反而击之，无不溃败矣。”

范氏曰：有国家者，虽不可忘战，然教习士卒，乃有司之事，殿庭非其所也。将帅得人，何患士之不勇，技之不精乎？且以万乘之主，而为卒伍之师，既非所以示德。即位之初，不以教化礼乐为先务，而急于习射，志则陋矣。虽士励兵强，征伐四克，非帝王之盛节，亦不足贵也。

定勋臣爵、邑上面定勋臣爵、邑，命陈叔达唱名示之，且曰：“所叙未当，宜各自言。”于是诸将争功，纷纭不已。淮安王神通曰：“臣举兵关西，首应义旗，今房玄龄、杜如晦等专弄刀笔，功居臣上，臣窃不服。”上曰：“叔父虽首唱举兵，盖亦自营脱祸。及窦建德吞噬山东，叔父全军覆没。刘黑闼再合余烬，叔父望风奔北。玄龄等运筹帷幄，坐安社稷，论功行赏，固宜居叔父之先。叔父国之至亲，朕诚无所爱，但不可以私恩滥与勋臣同赏耳。”诸将乃

1　修备：整治武备。
2　卷甲韬戈：卷起铠甲，收起武器。借指停止战斗。
3　骄堕：骄纵怠惰。
4　户口：住户和人口的总称，计家为户，计人为口。
5　御在所：皇帝住处。

相谓曰："陛下至公，淮安王尚无所私，吾侪何敢不安其分？"遂皆悦服。房玄龄尝言："秦府旧人未迁官者，皆嗟怨。"上曰："王者至公无私，故能服天下之心。设官分职，以为民也，当择贤才而用之，岂以新旧为先后哉？必也新而贤，旧而不肖，安可舍新而取旧乎？今不论其贤不肖，而直言嗟怨，岂为政之体乎？"其后或请追秦府旧兵入宿卫，上曰："朕以天下为家，惟贤是与，岂旧兵之外皆无可信者乎？汝之此意，非所以广朕德于天下也。"

禁淫祀杂占[1]。

置弘文馆上于弘文殿聚四部书[2]二十余万卷，置弘文馆于殿侧，选天下文学之士虞世南、褚亮、姚思廉、欧阳询、蔡允恭、萧德言等，以本官兼学士，令更日宿直[3]。听朝之隙，引入内殿，讲论前言往行，商榷政事，或至夜分乃罢。又取三品以上子孙充弘文馆学生。上谓侍臣曰："朕观炀帝文辞奥博[4]，亦知是尧、舜而非桀、纣，然行事何其相反也？"魏徵对曰："人君虽圣哲，犹当虚己以受人，故智者献其谋，勇者竭其力。炀帝恃其俊才，骄矜自用，故口诵尧、舜之言，而身为桀、纣之行，曾不自知，以至覆亡也。"上曰："前事不远，吾属之师也。"

胡氏曰：太宗之问，岂独炀帝为然？魏徵当因此力陈尧、舜所以为尧、舜者，使其君有修进企及之方，则其益大矣。顾[5]以虚己受人为言，何其见尧、舜之浅耶？

上问给事中孔颖达曰："《论语》：'以能问于不能，以多问于寡，有若无，实若虚。'何谓也？"颖达具释其义以对，且曰："非独匹夫如是。帝王

1　杂占：古时称卜筮之外的占卜术。
2　四部书：晋荀勗将群书分为四部：六艺、小学为甲部；诸子、兵书、术数为乙部；历史记载和杂著为丙部；诗赋、图赞、《汲冢书》为丁部。东晋李充加以调整，以五经为甲部，历史记载为乙部，诸子为丙部，诗赋为丁部。隋唐以后沿用此种分法，称为经、史、子、集。后亦用以泛指群书。
3　更日宿直：更日，按日轮换，隔日。宿直，夜间值班。
4　奥博：渊深而广博。
5　顾：反而。

内蕴神明，外当玄默，若位居尊极[1]，炫耀聪明，以才陵人，饰非拒谏，则下情不通，取亡之道也。”

胡氏曰：太宗有善，惟恐人之不知，颖达所对，亦足以箴之矣。虽然，吾友从事于斯之意，则未易晓也。夫既能矣，不自以为能，可也，而又问于不能。既多矣，不自以为多，可也，而又问于少。彼不能与少者，将何以益我，不几于伪以下人[2]者乎？是不然。惟善学者志不倦，心不盈，一善之不闻，一义之不知，歉然[3]如饮食之不饱也。此何所为而然哉？诚以道无量[4]，理无极，而事无方[5]也。使太宗而知此，庶乎[6]其少进矣。

上曰：“朕每临朝，欲发一言，未尝不三思，恐为民害，是以不敢多言。”知起居事[7]杜正伦曰：“臣职在记言。陛下之言失，臣必书之，岂徒有害于今，亦恐贻讥于后。”上尝谓傅奕曰：“佛教玄妙可师，卿何独不悟其理？”对曰：“佛乃胡中桀黠，诳耀彼土。中国邪僻之人，取庄、老玄谈，饰以妖幻之语，用欺愚俗，无益于民，有害于国，臣非不悟，鄙[8]不学也。”上颇然之。后因谓侍臣曰：“梁武帝惟谈苦空[9]，侯景之乱，百官不能乘马；元帝为周师所围[10]，犹讲《老子》，百官戎服以听，此深足为戒！朕所学者，惟尧、舜、周、孔之道，如鸟之有翼，鱼之有水，失之则死，不可暂无耳。”

胡氏曰：太宗可谓知所去取矣。而劫父臣虏[11]，杀兄及弟，骇君亲而代其位，室弟妇[12]欲以为妻，此人道所不得为者，孰谓尧、舜、周、孔之道而有

1 尊极：至尊。多用以指帝、后及帝、后之位。
2 下人：居于人之后，对人谦让。
3 歉然：不满足貌，惭愧貌。
4 无量：不可计量，没有限度。
5 无方：无定法，变化无穷。
6 庶乎：近似，差不多。
7 知起居事：古官名，掌录天子起居法度。
8 鄙：视为浅陋。
9 苦空：佛教语，谓人世间一切皆苦，凡事俱空。后亦用作佛门的代称。
10 元帝为周师所围：梁元帝萧绎被周朝的军队包围了。
11 臣虏：以贼人为臣子。
12 室弟妇：把弟媳妇据为己有。

是哉？

上谓裴寂曰："比多上书言事者，朕皆粘之屋壁，得出入省览，数思治道，或深夜方寝。公辈亦当恪勤职业[1]，副朕此意。"有上书请去佞臣者，上问："佞臣为谁？"对曰："愿陛下与群臣言，或佯怒以试之。彼执理不屈者，直臣也；畏威顺旨者，佞臣也。"上曰："君，源也；臣，流也。浊其源而求其流之清，不可得矣。君自为诈，何以责臣下之直乎？朕方以至诚治天下，见前世帝王好以权谲小数接其臣下者，常窃耻之。卿策虽善，朕不取也。"

范氏曰：太宗可谓知君道矣。夫君以一人之身，而御四海之广，应万务之众，苟不以至诚与贤，而役其独智[2]以先天下，则耳目、心志之所及者，其能几何？是故人君必清心以莅[3]之，虚己以待之，如鉴之明，如水之止，则物至而不能罔[4]矣。且我以其正，彼以其颇[5]，我以其直，彼以其伪，何患乎邪之不察，佞之不辨，而必行诈以试之哉？一为不诚，则心且蔽矣，邪、正何能辨乎？惟能御以至诚，则忠直者进，而奸邪无自入矣。

上与群臣论止盗。或请重法以禁之，上曰："朕当去奢省费，轻徭薄赋，选用廉吏，使民衣食有余，则自不为盗，安用重法耶？"自是数年之后，海内升平，路不拾遗，外户不闭，商旅野宿[6]焉。

范氏曰：季康子患盗，问于孔子，孔子曰："苟子之不欲，虽赏之不窃。"信哉，斯言也。盖君者，本也；民者，末也。君者，源也；民者，流也。本正则末正，源清则流清矣。是以先王之治，必反求诸己，己正而物莫不应矣。夫重法以止盗，法繁而盗愈多，则去奢省费，轻徭薄赋，此清源、正本、止欲之

1　恪勤职业：恪勤，恭敬勤恳。职业，职分内应做之事。
2　独智：一己的智慧。
3　莅：治理，管理。
4　罔：蒙蔽。
5　颇：偏邪，不公正。
6　野宿：在野外过夜。此处形容很安全，野外过夜也没有危险。

道也，太宗行之，其效如此。君人[1]者，无以迂言[2]为难行，而以峻法为足恃，则知致治之方矣。

上尝曰："君依于国，国依于民。刻[3]民以奉君，犹割肉以充腹，腹饱而身毙，君富而国亡矣。然人君之患，不自外来，常由身出。盖欲盛则费广，费广则赋重，赋重则民愁而国危。朕常以此思之，不敢纵欲也。"上谓公卿曰："昔禹凿山治水，而民无谤讟者，与人同利故也。秦始皇营宫室，而民怨叛者，病人以利己故也。夫美丽珍奇，固人之所欲，若纵之不已，则危亡立至。朕欲营一殿，材用[4]已具，鉴秦而止。王公以下，宜体朕此意。"由是二十年间风俗素朴[5]，衣无锦绣，公私富给。上谓侍臣曰："吾闻西域贾胡得美珠，剖身以藏之，有诸？"侍臣曰："有之。"上曰："人皆知笑彼之爱珠，而不爱其身也。吏受赇抵法[6]，与帝王徇奢欲而亡国者，何以异于胡之可笑邪？"魏徵曰："昔鲁哀公谓孔子曰：'人有好忘者，徙宅而忘其妻。'孔子曰：'又有甚者，桀、纣乃忘其身[7]。'亦犹是也。"上曰："然。朕与公辈宜戮力相辅，庶免为人笑也。"上患吏多受赇，密使左右试赂之。有司门[8]令史受绢一匹，上欲杀之，民部尚书裴矩谏曰："为吏受赂，罪诚当死。但陛下使人遗之而受，乃陷人于法也，恐非所谓'道之以德，齐之以礼[9]'。"上悦，告群臣曰："裴矩能当官力争，不为面从[10]，傥每事皆然，何忧不治？"

司马公曰：古人有言："君明臣直。"裴矩佞于隋而忠于唐，非其性之有

1　君人：为人之君，统治人民。
2　迂言：迂阔的言辞。
3　刻：伤害。
4　材用：器材。
5　素朴：朴素。
6　抵法：犯法。
7　桀、纣乃忘其身：夏桀、商纣荒淫无度，导致国家亡了，自己也完了，他们最终连自身都忘记了。
8　司门：古官署名，掌门、关出入之籍及遗失之物。
9　道之以德，齐之以礼：用道德加以诱导，以礼教来约束人心。
10　面从：当面顺从。

变也。君恶闻其过，则忠化为佞；君乐闻直言，则佞化为忠。是知君者表也，臣者景也[1]，表动则景随矣。

冬，十月朔，日食。

诏追封故太子为息隐王，齐王为海陵剌王，改葬之后诏复息隐王为隐太子，海陵剌王号巢剌王。

立子承乾为皇太子承乾生八年矣。

萧瑀免初，萧瑀荐封德彝于上皇，上皇以为中书令。及上即位，瑀为仆射。议事已定，德彝数反之于上前，由是有隙。时房玄龄、杜如晦新用事，皆疏瑀而亲德彝。瑀不能平，遂上封事论之，由是忤旨。会与陈叔达忿争[2]于上前，皆坐不敬免官。

诏民遭突厥暴践[3]者，计口给绢民部尚书裴矩奏："民遭突厥暴践者，户给绢一匹。"上曰："朕以诚信御下，不欲虚有存恤之名而无其实。户有大小，岂得雷同给赐乎？"于是计口为率[4]。

十一月，降宗室郡王为县公初，上皇欲强宗室以镇天下，自三从[5]昆弟以上，虽童孺[6]皆为王。上问群臣："遍封宗子[7]于天下，利乎？"封德彝以为："今封爵太广，恐非所以示天下至公。"上曰："然。朕为天子，所以养百姓也，岂可劳百姓以养己之宗族乎？"降宗室郡王皆为县公，唯有功者数人不降。

十二月，益州獠反益州奏獠反，请发兵讨之。上曰："獠依阻山林，时出鼠窃[8]，乃其常俗。牧守苟能抚以恩信，自然率服，安可轻动干戈，渔猎其民，比之禽兽，岂为民父母之意邪？"不许。

1　君者表也，臣者景也：君主如同测影子的表，大臣便似影子。
2　忿争：忿怒相争。
3　暴践：暴虐践踏。
4　率：规格，标准。
5　三从：即从曾祖、从祖、从父。
6　童孺：儿童，幼年。
7　宗子：皇族子弟。
8　鼠窃：小规模的叛乱或小范围的割据。

遣使点兵上厉精求治，数引魏徵入卧内，访以得失。徵知无不言，上皆欣然嘉纳。上遣使点兵，封德彝奏："中男[1]虽未十八，其壮大者亦可并点。"上从之。敕出，徵固执以为不可。上怒，召而让之，对曰："夫兵在御之得其道耳，何必多取细弱以增虚数乎？且陛下每云：'吾以诚信御天下。'今即位未几，失信者数矣。"上愕然曰："何也？"对曰："陛下初诏：'悉免负逋官物[2]。'有司以为负秦府国司者非官物，征督[3]如故。陛下以秦王升为天子，国司之物，非官物而何？又曰：'关中免二年租调，关外给复一年。'既而继有敕云：'已役已输者，以来年为始。'散还之后，方复更征，百姓固已不能无怪。今复点兵，何谓来年为始乎？又陛下所与共治天下者，在于守宰，至于点兵，独疑其诈，岂所谓以诚信为治乎？"上悦，从之。

以张玄素为侍御史上闻景州[4]录事参军张玄素名，召见，问以政道，对曰："隋主自专庶务，不任群臣。以一人之智，决天下之务，借使得失相半，乖谬[5]已多，下谀上蔽，不亡何待？陛下诚能择群臣而分任以事，高拱穆清[6]而考其成败，何忧不治？"上善其言，擢为侍御史。

以张蕴古为大理丞[7]前幽州记室张蕴古上《大宝箴》，其略曰："圣人受命，拯溺亨屯[8]，故以一人治天下，不以天下奉一人。"又曰："壮九重于内，所居不过容膝[9]。彼昏不知，瑶其台而琼其室。罗八珍于前，所食不过适口，惟狂罔念，丘其糟而池其酒[10]。"又曰："勿没没而暗，勿察察而明，虽冕旒蔽目而

1 中男：十六岁以上但尚未成丁的男子。
2 悉免负逋官物：百姓拖欠官家的财物，一律免除。负逋，拖欠。
3 征督：征收监督。
4 景州：古州名，辖今河北省东光、阜城、景县、吴桥、宁津等县及山东省德州市。
5 乖谬：荒谬背理。
6 穆清：太平祥和。
7 大理丞：古官名，大理寺次官，协助主官大理寺卿掌一般刑狱的判处。丞为主官副职之称。
8 拯溺亨屯：拯溺，救援溺水的人，引申指解救危难。亨屯，解救困厄。
9 容膝：放下双膝的地方。
10 惟狂罔念，丘其糟而池其酒：忽发狂想，堆糟成丘，以酒为池。

视于未形，虽黈纩塞耳而听于无声[1]。”上嘉之，赐以束帛，除大理丞。

丁亥**太宗文武皇帝贞观元年**（公元627年）

春，正月，宴群臣上宴群臣，奏《秦王破阵乐》。上曰：“朕昔受委专征，民间遂有此曲，虽非文德之雍容，然功业所由，不敢忘也。”封德彝曰：“陛下以神武平海内，文德岂足比乎？”上曰：“戡乱以武，守成以文，文武之用，各随其时。卿谓文不及武，斯言过矣。”

制谏官随宰相入阁议事。

更定律令命吏部尚书长孙无忌与法官更议定律令，宽绞刑五十条为断右趾。上曰：“肉刑废已久，宜有以易之。”于是有司请改为加役流[2]，流三千里，居作三年，从之。

以戴胄为大理少卿上以选人多诈冒资荫[3]，敕令自首，不首者死。未几，有诈冒事觉者，上欲杀之。胄奏：“据法应流。”上怒曰：“卿欲守法而使朕失信乎？”对曰：“敕者，出于一时之喜怒；法者，国家所以布大信于天下也。陛下忿选人之多诈，故欲杀之，既而知其不可，复断之以法，此乃忍小忿而存大信也。”上曰：“卿能执法，朕复何忧！”胄前后犯颜执法，言如涌泉，上皆从之，天下无冤狱。将军长孙顺德受人馈绢，事觉，上于殿庭赐绢数十匹，大理少卿胡演以为不可，上曰：“彼有人性，得绢之辱，甚于受刑；如不知愧，一禽兽耳，杀之何益？”

燕郡王李艺反泾州，统军杨岌讨杀之艺之初入朝也，恃功骄倨，殴上左右。至是，将兵戍泾州，惧诛，诈称奉敕勒兵入朝，遂引兵据豳州。统军杨岌勒兵攻之，艺众溃，将奔突厥，左右斩之，传首长安。

1　勿没没而暗，勿察察而明，虽冕旒蔽目而视于未形，虽黈纩塞耳而听于无声：不要无声无息、糊里糊涂，也不要苛察小事，自以为精明，虽有冕前的帽穗遮住双眼，却能看清事物的未成形状态，虽有黈纩挡住耳朵，却能听到尚未发出的声音。

2　加役流：唐刑律名，谓于流放的本刑外，加罚劳役。流，流放。

3　资荫：凭先代的功勋或官爵而得到授官封爵。

二月，分天下为十道隋末，豪杰据地，自相雄长[1]。唐兴，相率来归，上皇割置州县以宠禄之。上以民少吏多，悉并省之。因山川形便，分为十道，曰关内、河南、河东、河北、山南、陇右、淮南、江南、剑南、岭南。

三月，皇后率内、外命妇亲蚕。

闰月朔，日食。

命京官五品以上更宿[2]中书内省上谓太子少师萧瑀曰："朕少得良弓十数，自谓无以加，近以示弓工，乃曰：'皆非良材，木心不正，则脉理皆邪，弓虽劲而发矢不直。'朕以弓矢定四方，识之犹未能尽，况天下之务乎？"乃命京官五品以上更宿中书内省，数延见，问民疾苦，政事得失。

范氏曰：传曰："国之将兴也，君子自以为不足；其亡也，若有余。"太宗因识弓之未精，而知天下之理，己不能尽，询谋于众而不自用，此其所以兴也。

胡氏曰：工人之意，借弓为喻以规之也，犹曰："君心不正，则言行皆邪，势虽尊严，而出政不善云尔。"太宗虽愧于听德之聪，然能因是延见京官，问民疾苦，政事得失，是亦为君之道也。

夏，五月，苑君璋降初，君璋引突厥陷马邑，杀高满政，退保恒安[3]，数与突厥入寇。至是，见颉利政乱，知其不足恃，遂率众来降。

六月，封德彝卒初，上令封德彝举贤，久无所举。上诘之，对曰："非不尽心，但于今未有奇才耳。"上曰："君子用人如器，各取所长。古之致治者，岂借才于异代[4]乎？正患己不能知，安可诬一世之人？"德彝惭而退。御史大夫杜淹奏："诸司文案恐有稽失[5]，请令御史就司检校。"上以问德彝，对曰："设官分职，各有所司。果有愆违[6]，御史自应纠举。如淹所言，太为烦碎。"

---

1 雄长：称雄，称霸。
2 更宿：轮流值班。
3 恒安：古地名，位于今山西省大同市境内。
4 异代：前代，前世。
5 稽失：延误，贻误。
6 愆违：过失。

淹默然。上问淹："何故不复论执？"对曰："德彝所言，真得大体，臣诚心服，不敢遂非[1]。"上悦曰："公等各能如是，朕复何忧？"

以萧瑀为左仆射上与侍臣论周、秦修短，萧瑀对曰："纣为不道，武王征之。周及六国无罪，始皇灭之。得天下虽同，人心则异。"上曰："公知其一，未知其二。周得天下，增修仁义；秦得天下，益尚诈力，此修短之所以殊也。盖取之或可以逆，而守之不可以不顺故也。"瑀谢不及。

范氏曰：取之以仁义，守之以仁义者，周也；取之以诈力，守之以诈力者，秦也。此周、秦之所以异也。太宗以汤、武之征伐为逆取[2]，而不知征伐顺天应人，所以为仁义也。其曰"取之或可以逆"，亦非也。既谓之"逆"，则无时而可矣。

山东旱，诏所在赈恤，蠲其租赋。

康熙御批：赈恤以惠民，固朝廷之德意，惟虑奉行未善，泽不下究[3]尔。独蠲其租赋，则比户[4]均沾，为爱民之实政。

秋，七月，以长孙无忌为右仆射无忌与上为布衣交，加以外戚，有佐命功，上委以腹心，欲相者数矣，皇后固请曰："妾备位椒房，贵宠极矣，诚不愿兄弟执国政。吕、霍、上官可为切骨之戒。"上不听，卒用之。

胡氏曰：无忌亦常才[5]也，若从皇后之言，不使知政，退避权势，保其宠禄，又安有黔南之祸哉？

初，突厥性淳厚，政令质略。颉利可汗得华人赵德言，委用之，变更旧俗，政令烦苛，国人始不悦。加以兵革岁动，连年饥馑，内外离叛。言事者多请击之。上问群臣，萧瑀以为击之便，无忌曰："虏不犯塞，而弃信劳民，非

1　遂非：坚持、掩饰错误。
2　逆取：背叛国君夺取天下。
3　下究：下达。
4　比户：家家户户。
5　常才：平庸的人。

王者之师也。”上乃止。

高士廉罢坐寝[1]王珪密奏也。

九月朔，日食。

宇文士及罢，以御史大夫杜淹参预朝政他官参预政事自此始。淹荐刑部员外郎邸怀道，曰：“炀帝幸江都，怀道独言不可。”上曰：“卿以怀道为贤，当时何不自谏？”对曰：“臣尔日不居重任，知谏不从，徒死无益。”上曰：“卿仕世充，位不卑矣，何亦不谏？”对曰：“臣非不谏，但不从耳。”上曰：“然则何以立于其朝？”淹不能对，上曰：“今日尊任[2]矣，可以谏未？”对曰：“愿尽死！”上笑。

冬，十月，岭南酋长冯盎遣子入朝初，盎与诸酋长迭相攻击，诸州皆奏盎反。上欲发兵讨之，魏徵谏曰：“岭南瘴疠[3]险远，不可以宿大兵。且告者已数年，而盎兵未尝出境，此不反明矣。若遣信臣，示以至诚，可不烦兵而服。”上乃遣使谕之。盎遣其子智戴随使者入朝。上曰：“魏徵一言，胜十万之师，不可不赏！”乃赐绢五百匹。

十二月，萧瑀免。

诏殿中侍御史崔仁师按狱[4]青州青州有谋反者，逮捕满狱，诏崔仁师等覆按之。仁师至，悉去杻械[5]，与饮食汤沐，止坐其魁首十余人。孙伏伽谓仁师曰：“足下平反者多，恐人情贪生，见其徒侣[6]得免，未肯甘心耳。”仁师曰：“凡治狱当以仁恕为本，岂可自规免罪，知其冤而不为伸耶？万一误有所纵，以一身易十囚之死，亦所愿也。”及敕使至，更讯诸囚，皆曰：“崔公平恕[7]无枉，请速就死。”无一人异辞者。

1 寝：搁置。
2 尊任：尊崇信任，重用。
3 瘴疠：感受瘴气而生的疾病，亦泛指恶性疟疾等病。
4 按狱：巡视监狱，断狱。
5 杻械：脚镣手铐，亦泛指刑具。
6 徒侣：朋辈，党与。
7 平恕：持平宽仁。

以孙伏伽为谏议大夫上好骑射，孙伏伽谏，以为："天子居则九门，行则警跸，非欲苟自尊严，乃为社稷生民之计也。夫走马射的[1]，乃少年诸王所为，非今日天子事业也。既非所以安养圣躬，又非所以仪刑后世，臣窃为陛下不取。"上悦。以伏伽为谏议大夫。上神采英毅[2]，群臣进见，皆失举措，上知之，每假以辞色[3]。尝谓公卿曰："人欲自见其形，必资明镜；君自欲知其过，必待忠臣。苟其君愎谏自贤，其臣阿谀顺旨，君既失国，臣岂能独全？如隋炀帝、虞世基者，亦足以观矣。公辈宜用此为戒。事有得失，无惜尽言也。"

令吏部四时选集[4]，并省吏员隋世选人，十一月集，至春而罢，人患其期促。至是，吏部侍郎刘林甫奏四时听选，随缺注拟[5]，人以为便。唐初，士大夫以乱离之后，不乐仕进，官员不充，州府多以赤牒[6]补官。至是，皆勒赴省选[7]，集者七千余人，林甫随才铨叙[8]，各得其所，时人称之。上谓房玄龄曰："官在得人，不在员多。"遂并省之，留文武总六百四十三员。

征隋秘书监刘子翼，不至子翼有学行，性刚直，朋友有过，常面责之。李百药常称："刘四虽复骂人，人终不恨。"是岁，有诏征之，辞以母老，不至。

以李乾祐为侍御史鄃令裴仁轨私役门夫[9]，上怒，欲斩之。殿中侍御史李乾祐谏曰："法者，陛下所与天下共也。今仁轨坐轻罪而抵极刑，臣恐人无所措手足矣。"上悦，从之。以乾祐为侍御史。上尝语及关中、山东人，意有同异，殿中侍御史张行成曰："天子以四海为家，今有东西之异，示人以隘。"

1　射的：用箭射箭靶。
2　英毅：英明果断。
3　假以辞色：好言好语、和颜悦色地对待。
4　选集：集中选拔。
5　注拟：唐时选举官员，凡应试获选者先由尚书省登录，经考询后，再按其才能拟定官职，称为"注拟"。
6　赤牒：唐代临时授官的一种文书。
7　省选：吏部的选材收官。吏部属尚书省，故称。
8　铨叙：审查官员的资历，确定级别、职位。
9　私役门夫：要求看门人为自己干私活。

上善其言，厚赐之。

鸿胪卿[1]**郑元琇还自突厥**初，突厥既强，敕勒诸部分散，有薛延陀、回纥、都播、骨利干、多滥葛、同罗、仆固、拔野古、思结、浑、斛薛、奚结、阿跌、契苾、白霫十五部皆居碛北[2]。颉利政乱，薛延陀、回纥等叛之，颉利不能制。会大雪，羊马多死，民大饥。鸿胪卿郑元琇使还，言于上曰："戎狄兴衰，专以羊马为候[3]。今突厥民饥畜瘦，将亡之兆也。"群臣多劝上乘间击之，上曰："背盟不信，利灾不仁，乘危不武。纵其种落尽叛，六畜无余，朕终不击，必待有罪，然后讨之。"

戊子**二年**（公元628年）

春，正月，长孙无忌罢时有密表称无忌权宠[4]过盛者，上以表示之，曰："朕于卿洞然[5]无疑，故以示卿。若各怀所闻而不言，则君臣之意有不通。"无忌自惧满盈，固求逊位，皇后又力为之请，上乃许之。

置六司侍郎、左右司郎中。

三月朔，日食。

诏自今大辟，并令两省四品[6]**及尚书议之**大理进每月囚帐，上命自今大辟，皆令中书、门下四品以上及尚书议之，庶无冤滥[7]。既而引囚[8]，至岐州刺史郑善果，上曰："善果官品不卑，岂可使与诸囚为伍？自今三品以上犯罪，听于朝堂俟进止。"

胡氏曰：三品以上，贵近之臣也，太宗不使与诸囚同引，得待臣以耻之道矣。然诸囚蒙引，而贵近之臣反不见引，设有诬陷冤抑，欲面诉而无由，其所

1 鸿胪卿：古官名，由大鸿胪改名，掌朝会时赞导礼仪。
2 碛北：古地区名，指今蒙古高原大沙漠以北地区。
3 候：征兆。
4 权宠：权力和宠幸。
5 洞然：清楚明了貌。
6 两省四品：中书、门下两省四品以上的官员。
7 冤滥：断狱冤枉失实。
8 引囚：带囚犯从大殿走过，让皇帝过目。

失又多矣。不欲使与囚同引者，别引可也。

关内旱、饥，赦天下关内旱、饥，民多卖子，诏出御府金帛，赎以还之。上尝谓侍臣曰："古语有之：'赦者，小人之幸，君子之不幸。''一岁再赦，善人喑哑[1]。'夫养稂莠[2]者害嘉谷，赦有罪者贼良民，故朕即位以来，不欲数赦，恐小人恃之，轻犯宪章故也。"至是，以连年水旱赦天下，且曰："使年丰谷稔，天下乂安，移灾朕身，是所愿也。"所在有雨，民大悦。

康熙御批：赦者，小人之幸，君子之不幸，昔人论之详矣。诸葛亮治蜀，亦深以赦为非。朕幼时观之，似乎太刻[3]。及临御以来，稔悉[4]人情，赦诚不可数也。惟当薄税敛[5]，敦教化，使百姓足衣食，以兴礼义，惜廉耻，而重犯法，庶几刑措之风，为致治之本原尔。

夏，四月，诏收瘗隋末暴骸[6]。

突厥突利可汗请入朝初，突厥颉利可汗以薛延陀、回纥等叛，遣突利讨之，败还。拘而挞之，突利由是怨，表请入朝。上谓侍臣曰："向者突厥方强，凭陵中夏，用是骄恣，以失其民，今困穷如是，朕闻之，且喜且惧。何则？突厥衰则边境安，故喜；然朕或失道，亦将如此。卿曹不惜苦谏以辅不逮[7]。"

遣右卫大将军柴绍等讨梁师都，其下杀之以降。以其地为夏州。

六月，祖孝孙奏《唐雅乐》初，上皇命孝孙定雅乐。孝孙以为梁、陈之音多[8]吴、楚，周、齐之音多胡、夷，于是考古声，作《唐雅乐》，凡八十四调、三十一曲、十二和，至是奏之。上曰："礼乐者，圣人缘物以设教[9]，治之隆替，岂由于此？"杜淹曰："齐之将亡，作《伴侣曲》；陈之将亡，

1　喑哑：沉默不语。
2　稂莠：稂和莠，都是形状像禾苗而妨害禾苗生长的杂草。
3　刻：刻薄。
4　稔悉：熟悉。
5　税敛：税收。
6　暴骸：暴露的尸骸。
7　不逮：不足之处，过错。
8　多：掺杂了很多。
9　缘物以设教：根据实际情况的不同而实施教化。

作《玉树后庭花》，其声哀思，闻者悲泣，岂可谓治不在乐乎？”上曰：“悲喜在心，非由乐也。将亡之政，民必愁苦，故闻乐而悲耳。今二曲俱存，为公奏之，公岂悲乎？”魏徵曰：“乐在人和，不在声音也。”

司马公曰：礼者，圣人之所履[1]也；乐者，圣人之所乐也。圣人履中正而乐和平，又思与四海共之，百世传之，于是乎作礼乐焉。夫礼乐有本有文[2]。中和者，本也，容声[3]者，末也，二者不可偏废。先王守礼乐之本，未尝须臾去于心；行礼乐之文，未尝须臾远于身。兴于闺门，著于朝廷，被于乡遂比邻[4]，达于诸侯，流于四海，自祭祀军旅，至于饮食起居，未尝不在礼乐之中。如此数十百年，然后治化周浃，凤皇来仪[5]也。苟无其本，徒有其末，一日行之，而百日舍之，则虽《韶》《夏》《濩》《武》之音，亦不能有以化一夫矣。况齐、陈淫昏[6]之主，亡国之音，暂奏于庭，乌能变一世之哀乐乎？而太宗遽云治之隆替不由于乐，何其发言之易，而果于非圣人也，惜哉！

畿内蝗上入苑中，见蝗，掇[7]数枚，祝之曰：“民以谷为命，而汝食之，宁食吾之肺肠。”欲吞之，左右谏曰：“恶物或成疾。”上曰：“朕为民受灾，何疾之避？”遂吞之。是岁，蝗不为灾。

裴虔通除名，流驩州诏以：“辰州[8]刺史裴虔通，炀帝故人，身为逆乱，虽更赦令，不可牧民，除名，流驩州。”虔通常言：“身除隋室，以启大唐[9]。”及得罪，怨愤而死。又诏宇文化及之党牛方裕等亦除名、徙边。

秋，九月，令致仕官位在本品之上。

---

1 履：实践。
2 有本有文：本，内在的本质。文，外在的表现形式。
3 容声：仪节声音。
4 被于乡遂比邻：广泛传播于乡野近邻。乡遂，本指王畿内外，周朝王畿郊内置六乡，郊外置六遂，后亦泛指都城之外的地区。
5 治化周浃，凤皇来仪：教化普遍深入，凤凰来舞，非常吉祥。周浃，普遍深入。凤皇来仪，凤凰来舞，仪表非凡，古代是吉祥的征兆。
6 淫昏：极度昏庸，淫乱昏愦。
7 掇：拾取，摘取。
8 辰州：古州名，以境内辰溪得名，辖今湖南省沅陵县以南的沅江流域。
9 身除隋室，以启大唐：亲自除掉隋朝皇室，开启大唐江山。

诏非大瑞不得表闻上曰："比见群臣屡上祥瑞，夫家给人足而无瑞，不害为尧舜；百姓愁怨而多瑞，不害为桀纣。后魏之世，吏焚连理木[1]，煮白雉[2]而食之，岂足为至治乎？"乃诏："自今大瑞听表闻，余申所司而已。"尝有白鹊巢于寝殿槐上，合欢[3]如腰鼓，左右称贺，上曰："我尝笑隋炀帝好祥瑞，瑞在得贤，此何足贺？"命毁其巢。

康熙御批：汉俗甚好，祥瑞率多[4]傅会[5]其事，自欺以欺人。如区区鹊巢之异，亦欲表贺。唐太宗拒廷臣之请，识见迥出寻常。至谓瑞在得贤，则卓然名论矣。

出宫女三千余人天少雨，中书舍人李百药言："往年虽出宫人，无用者尚多，阴气郁积，亦足致旱。"上命简出之，前后三千余人。

冬，十月，杜淹卒。

杀瀛州刺史卢祖尚上以卢祖尚廉平公直，欲遣镇抚交趾。祖尚既谢而复悔之，以疾辞。上遣杜如晦等谕旨，祖尚固辞。上大怒曰："我使人不行，何以为政？"命斩于朝堂。寻悔之。他日，与侍臣论齐文宣帝[6]之为人，魏徵对曰："文宣狂暴，然人与之争，事理屈，则从之。有青州长史魏恺使梁还，除光州长史，不肯行，文宣怒而责之，恺曰：'臣先任大州，有劳无过，更得小州，所以不行。'文宣赦之。此其所长也。"上曰："然。向者卢祖尚虽失人臣之义，朕杀之亦为太暴，由此言之，不如文宣矣。"命复其官荫[7]。徵容貌不逾中人，而有胆略，善回人主意，每犯颜苦谏，或上怒甚，亦为之霁威[8]。上尝得

1　连理木：枝条连生在一起的两棵树，古时以为是祥瑞。
2　白雉：白色羽毛的野鸡，古时以为是瑞鸟。
3　合欢：交配。
4　率多：大多。
5　傅会：附会。
6　齐文宣帝：即北朝后齐第一个皇帝高洋。
7　官荫：官吏有功于国或因公死亡，得荫其子孙入官，谓之官荫。种类有恩荫、难荫、特荫等。
8　霁威：收敛威怒。

佳鹞，自臂[1]之。望见徵来，匿怀中。徵奏事故久，鹞竟死怀中。尝谒告上冢[2]，还，言于上曰："人言陛下欲幸南山，严装已毕，而竟不行，何也？"上笑曰："初实有此心，畏卿嗔，故中辍[3]耳。"

十二月，以王珪为侍中故事，军国大事，则中书舍人各执所见，杂署其名，谓之"五花判事"。中书侍郎、中书令省审[4]之，给事中、黄门侍郎驳正[5]之。至是，上谓珪曰："国家本置中书、门下以相检察[6]，正以人心所见，互有不同。苟论难往来，务求至当，舍己从人，亦复何伤？比来或护己短，遂成怨隙；或避私怨，知非不正，顺一人之颜情[7]，为兆民之深患。此乃亡国之政，炀帝之世是也。当时群臣如此，必皆自谓有智，祸不及身。及天下大乱，家国两亡，其幸免者，亦为时论所贬，终古不磨[8]。卿曹各当徇公忘私，勿雷同也。"后又谓侍臣曰："中书、门下，机要之司，诏敕有不使者，皆应论执。比来唯睹顺从，不闻违异，若但行文书，则谁不可为，何必择才也？"房玄龄等皆顿首谢。

范氏曰：不明之君，自以无过，恶人之言，是以政乱而上不闻。太宗敕责而使之言，虽欲不治，不可得也。

上又尝谓珪曰："开皇中旱，隋文帝不许赈给，而令百姓就食山东。比至[9]末年，天下储积可供五十年，炀帝恃之，卒亡天下。但使仓庾之积足以备凶年，其余何用哉？"上尝问珪曰："近世治不及古，何也？"对曰："汉世尚经术，宰相多用儒士，故风俗淳厚；近世重文轻儒，参以法律，此治化之所以

1 自臂：放在自己胳膊上。
2 谒告上冢：谒告，请假。上冢，上坟，扫墓。
3 中辍：中途停止进行。
4 省审：仔细审阅。
5 驳正：纠正错误。
6 检察：检举核查。
7 颜情：情面。
8 终古不磨：终古，永远。不磨，不可磨灭。
9 比至：及至，到。

益衰也。”上然之。上闲居与珪语，有美人侍侧，指示珪曰：“此庐江王瑗之姬也，瑗杀其夫而纳之。”珪避席曰：“陛下以庐江纳之为是邪，非邪？”上曰：“杀人而娶其妻，卿何问是非？”对曰：“昔齐桓公知郭公之所以亡，由善善而不能用，然弃其所言之人，管仲以为无异于郭公。今此美人尚在左右，臣以为圣心是之也。”上悦，即出之。上使祖孝孙教宫人乐，不称旨，责之。珪与温彦博谏曰：“孝孙雅士，今乃使之教宫人，又从而谴之，臣窃以为不可。”上怒曰：“卿等当竭忠直以事我，乃为孝孙游说邪？”彦博拜谢，珪不拜，曰：“陛下责臣以忠直，今臣所言，岂私曲[1]邪？”上默然而罢。明日，谓房玄龄曰：“自古帝王纳谏诚难，朕昨责二公，至今悔之。公等勿为此不尽言也。”

诏举堪县令者上曰：“为朕养民者，唯在都督、刺史。朕尝疏[2]其名于屏风，坐卧观之，得其在官善恶之迹，皆注于名下，以备黜陟。县令尤为亲民，不可不择。”乃命五品以上各举堪为县令者，以名闻。

诏自今奴告主者斩之上曰：“比有奴告主反者。夫谋反不能独为，何患不发，何必使奴告之邪？自今奴告主勿受，仍斩之。”

遣使立薛延陀夷男为真珠可汗突厥北边多叛颉利，归薛延陀，共推其俟斤夷男为可汗，夷男不敢当。上方图颉利，乃遣使间道册拜夷男为真珠毗伽可汗，赐以鼓纛[3]。夷男建牙于大漠之郁督军山[4]下，回纥、拔野古、阿跌、同罗、仆骨、霫诸部皆属焉。

己丑**三年**（公元629年）

春，正月，耕籍[5]东郊。

1　私曲：偏私，不公正。
2　疏：雕刻。
3　鼓纛：战鼓与大旗，古时皇帝册封少数民族首领的信物。
4　郁督军山：古山名，亦作于都斤山、乌德犍山，即今蒙古国西南之杭爱山。
5　耕籍：每逢春耕前，由天子、诸侯执耒耜在籍田上三推或一拨，也称为“籍礼”，以示对农业的重视。

裴寂卒司空裴寂坐与妖人交通，免官。上数之曰："计公勋庸[1]，安得至此？武德[2]之际，货赂公行，纪纲紊乱，皆公之由[3]也。"寻复有罪，流静州[4]，卒。

二月，以房玄龄、杜如晦为仆射，魏徵守秘书监，参预朝政上谓玄龄、如晦曰："公为仆射，当广求贤人，随才授任。比闻听讼，日不暇给，安能助朕求贤乎？"因敕："尚书细务属左右丞，唯大事当奏者，乃关仆射。"

范氏曰：太宗责宰相以求贤，而不使亲细务，可谓能任相以其职矣。苟不务此，而治簿书、期会，百吏之事，岂所谓相乎？

上又尝谓玄龄等曰："为政莫若至公[5]。昔诸葛亮窜[6]廖立、李严于南夷[7]，亮卒，而二人哭泣有死者，非至公能如是乎？又高颎相隋，公平识治体，隋之兴亡，系颎存没。朕慕前世之明君，卿等不可不法前世之贤相也。"玄龄明达吏事，辅以文学，夙夜尽心，唯恐一物失所。用法宽平，闻人有善，若己有之，不以求备取人，不以己长格物[8]。与如晦引拔士类，常如不及。上每与玄龄谋事，必曰："非如晦不能决。"及如晦至，卒用玄龄之策。盖玄龄善谋，如晦能断也。二人同心徇国，故唐世称贤相，推房、杜焉。玄龄监修国史，上语之曰："《汉书》载《子虚》《上林赋》，浮华无用。其上书论事，词理切直者，朕从与不从，皆载之。"

胡氏曰：太宗于此，其心广矣，不敢自以为是，而没[9]人之善，使后世有

1 勋庸：功勋。
2 武德：唐高祖李渊的年号，存续时间为公元 618 至 626 年。
3 由：原因，缘故。
4 静州：古州名，辖今四川省旺苍县及南江县西南地。
5 至公：最公正，极公正。
6 窜：放逐。
7 南夷：旧指南方的少数民族，又借指南方边远地区。
8 格物：正人，纠正人的行为。
9 没：隐藏。

考焉。虽然，切直之言，犹瞑眩之药[1]，将以已[2]疾也。知其可服，舍而不服，而姑存其方，岂若自克，勉而从之，以收益身之用乎？

或告魏徵私其亲戚，上使御史大夫温彦博按之，无状。上以徵不避嫌疑，让之曰："自今宜存形迹。"徵曰："君臣同体，宜相与尽诚。若但存形迹，则国之兴丧未可知也。臣不敢奉诏。"上曰："吾已悔之。"徵再拜曰："臣幸得奉事[3]，愿使臣为良臣，勿使臣为忠臣。"上曰："忠、良有异乎？"对曰："稷、契、皋陶，君臣协心，俱享尊荣，所谓良臣。龙逢、比干，面折廷争，身诛国亡，所谓忠臣。"上悦。上问魏徵曰："人主何为而明，何为而暗？"对曰："兼听则明，偏听则暗。昔尧清问[4]下民，舜明目达聪[5]，故共、鲧、驩、苗不能蔽也。秦二世偏信赵高，以成望夷之祸[6]；梁武帝偏信朱异，以取台城之辱[7]；隋炀帝偏信虞世基，以致彭城阁之变[8]。是故人君兼听广纳，则贵臣不得壅蔽，而下情得以上通也。"上曰："善！"言事者多请上亲览表奏，以防壅蔽。上以问魏徵，对曰："斯人不知大体，必使陛下一一亲之，岂惟朝堂，州县之事亦当亲之矣？"

范氏曰：人主任贤则万事治，不忧其壅蔽也。君臣日相与处，而盻盻[9]然防其欺，是左右前后皆无可信者，谁与为治乎？

上谓魏徵曰："齐后主、周天元皆重敛百姓，厚自奉养，力竭而亡，譬如

1　瞑眩之药：语出《书·说命上》："若药弗瞑眩，厥疾弗瘳。"后以指服后反应强烈的药。
2　已：治愈。
3　奉事：侍奉，侍候。
4　清问：清审详问。
5　明目达聪：眼睛明亮，耳朵灵敏。
6　望夷之祸：秦朝灭亡前夕，丞相赵高害怕秦二世追究责任，与女婿阎乐等合谋杀害秦二世于望夷宫。
7　台城之辱：梁武帝时，侯景以诛杀朝中弄权的朱异为借口，发动叛乱，最后围困都城，梁武帝萧衍在台城因饿、病而死。
8　彭城阁之变：指隋炀帝死于扬州的彭城阁。
9　盻盻：勤苦不休息貌。

馋人自啖其肉，肉尽而毙，何其愚也！然二主孰为最劣？”对曰：“齐后主懦弱，政出多门；周天元骄暴，威福在己。虽同为亡国，齐主尤劣也。”上谓侍臣曰：“人言天子至尊，无所畏惮。朕则不然，上畏皇天之鉴临[1]，下惮群臣之瞻仰，兢兢业业，犹恐不合天意，未副人望。”魏徵曰：“此诚致治之要，愿陛下慎终如始，则善矣。”房玄龄、王珪掌内外官考，侍御史权万纪奏其不平，上命推之。魏徵谏曰：“二人素以忠直被委任，所考既多，其间能无一、二不当？然察其情，终非阿私。且万纪比在考堂，曾无驳正[2]，及身不得考，乃始陈论[3]，此非竭诚徇国也。今推之，未足裨益朝廷，徒失委任大臣之意。臣所爱者治体，非敢私二臣也。”上乃释不问。

夏，四月，上皇徙居大安宫。

六月，以马周为监察御史茌平人马周客游长安，舍于中郎将常何之家。会以旱求言，何武人，不学，周代之陈便宜[4]二十余条。上怪问之，何对曰：“此臣家客马周为臣具草耳。”上即召见，与语，甚悦，除监察御史。以何为知人[5]，赐绢三百匹。

秋，八月朔，日食。

冬，十一月，以荀悦《汉纪》赐凉州都督李大亮上遣使至凉州，都督李大亮有佳鹰，使者讽使献之，大亮密表曰：“陛下久绝畋游[6]，而使者求鹰。若陛下之意，深乖昔旨；如其自擅[7]，乃是使非其人。”上悦，手诏褒美，赐以荀悦《汉纪》。

以李靖为定襄道行军总管，统诸军讨突厥初，薛延陀真珠可汗遣其弟入贡，突厥颉利可汗大惧，始遣使称臣，请尚公主。代州都督张公谨上言突厥

1 鉴临：审察，监视。
2 驳正：纠正错误。
3 陈论：陈事论述。
4 便宜：有利国家、合乎时宜之事。
5 知人：能鉴察人的品行、才能。
6 畋游：畋猎游乐。
7 自擅：自作主张，独自行动。

可取之状，曰："颉利纵欲逞暴，诛忠良，昵奸佞，一也。诸部皆叛，二也。突利、诸设皆得罪，无所容，三也。塞北霜旱，糇粮乏绝，四也。疏其族类，亲委诸胡，大军一临，必生内变，五也。华人入北，所在啸聚[1]，大军出塞，自然响应，六也。"上以颉利既请和亲，复援梁师都，命李靖为行军总管讨之，以公谨为副。突厥俟斤九人及拔野古、仆骨、同罗、奚酋长并率众来降。于是复以李世勣、柴绍、薛万彻为诸道总管，众合十余万，皆受靖节度，分道出击突厥。

十二月，突厥突利可汗入朝上曰："往者太上皇以百姓之故称臣于突厥，朕常痛心焉。今单于稽颡，庶几可雪前耻矣。昔人谓御戎无上策，朕今治安[2]中国，而四夷自服，岂非上策乎？"

杜如晦罢以疾逊位故也。

闰月，蛮酋谢元深等来朝时远方诸国来朝贡者甚众，服装诡异，中书侍郎颜师古请作《王会图》以示后，从之。是岁，户部奏，中国人自塞外归及四夷前后降附者，男女一百二十余万口。

濮州刺史庞相寿有罪，免相寿坐赃免，上以其秦府旧人，复其官。魏徵曰："秦府左右甚多，若人人皆恃恩私，则为善者惧矣。"上悦，谓相寿曰："我昔为一府主，今为天下主，不得独私故人。"赐帛遣之，相寿流涕而去。

庚寅**四年**（公元630年）

春，二月，李靖袭破突厥于阴山，颉利可汗遁走李靖率骁骑三千自马邑进，夜袭定襄，破之。颉利不意靖猝至，大惊，乃徙牙[3]于碛口。靖复遣谍离其心腹，颉利所亲康苏密以隋萧后及杨政道来降。李世勣出云中，战于白道，亦大破之。颉利既败，窜于铁山[4]，众尚十余万，遣执失思力入见，谢罪求

1　啸聚：互相招呼着聚集起来。
2　治安：治理使之安定。
3　徙牙：迁移牙帐。牙帐，主帅营帐。
4　铁山：古山名，又称铁建山，位于今内蒙古河套北阴山北麓。

朝。上遣鸿胪卿唐俭等慰抚之，又诏李靖将兵迎之。颉利外为卑辞，内实犹豫，谋走碛北。靖引兵与世勣会白道，谋曰："颉利虽败，其众犹盛，若走渡碛北，则难图矣。今诏使至彼，虏必自宽，若选万骑袭之，不战可擒矣。"张公谨曰："诏书许降，使者在彼，奈何击之？"靖曰："此韩信所以破齐也。唐俭辈何足惜！"遂勒兵夜发，世勣继之。颉利见俭来，大喜。靖前锋去牙帐七里，颉利始知之，乘千里马先走，其众遂溃。唐俭脱身得归。靖杀义成公主，斩首万余级，俘男女十余万。世勣军碛口，酋长皆率众降，世勣虏五万余口而还。斥地自阴山北至大漠，露布以闻。

以温彦博为中书令，戴胄参预朝政，萧瑀参议朝政。

三月，四夷君长诣阙，请帝为天可汗，许之四夷君长诣阙，请帝为天可汗，上曰："我为大唐天子，又下行可汗事乎？"群臣及四夷皆称万岁。是后以玺书赐西北君长，皆称天可汗。

范氏曰：太宗以万乘之主，而兼为夷狄之君，不耻其名，而受其佞，事不师古[1]，不足为后世法也。

蔡公杜如晦卒如晦疾笃，上遣太子问疾，又自临视之。及卒，上语及必流涕，谓房玄龄曰："公与如晦同佐朕，今独见公，不见如晦矣。"

夏，四月，行军副总管张宝相擒突厥颉利可汗以献颉利败走，往依沙钵罗设苏尼失部落。任城王道宗引兵逼之，使苏尼失执颉利。行军副总管张宝相取之以献，苏尼失举众来降，漠南遂空。上御楼受俘，馆之太仆。上皇闻之，叹曰："汉高祖困白登不能报，今我子能灭突厥，吾付托得人，复何忧哉！"突厥既亡，其部落或北附薛延陀，或西奔西域，其降唐者尚十万口。诏群臣议区处之宜，朝士多言："北狄自古为中国患，今幸破亡，宜悉徙之河南兖、豫之间，分其种落，散居州县，教之耕织，可以化为农民。"颜师古请"置之河北，分立酋长，领其部落"，李百药以为"突厥虽云一国，然种类区

1 事不师古：形容做事不吸取前人经验。

分，各有酋帅。宜因其离散，各署君长，使不相臣属，则国分势敌，不能抗衡中国矣。仍于定襄置都护府，为其节度，此安边之长策也”，温彦博请“准汉武故事，置于塞下，顺其土俗，以实空虚之地，使为中国捍蔽”，魏徵以为“戎狄人面兽心，弱则请服，强则叛乱，若留之中国，数年之后，蕃滋[1]倍多，必为腹心之疾。西晋之祸，前事之明鉴也。宜纵之，使还故土便”。彦博曰：“王者之于万物，天覆地载，靡有所遗。今突厥以穷来归，奈何弃之？若救其死亡，授以生业，数年之后，悉为吾民。选其酋长，使入宿卫，畏威怀德，何后患之有？”上卒用彦博策，处突厥降众，东自幽州，西至灵州。分突利故地为四州，又分颉利之地为六州，左置定襄、右置云中二都督府，以统其众。以突利为顺州[2]都督。初，颉利族人思摩无宠于颉利，颉利之亡，亲近者皆离散，独思摩不去，竟与俱擒。上以颉利为右卫大将军，苏尼失、思摩皆封郡王，其余拜官有差，五品以上百余人，因而入居长安者近万家。

范氏曰：先王之制，戎狄荒服，夷不乱华，所以辨族类、别内外也。太宗苟欲冠带[3]四夷，以夸示[4]天下，而不知乱华亦甚矣。是以唐室世有戎狄之乱，岂非太宗之所启乎？

胡氏曰：颜师古、李百药之谋，虽无大失，未若魏徵之尽善也，而太宗不从，顾用温彦博之策，何也？彦博之策，太宗所欲为者也，其先意承旨，不得为忠矣。天无不覆，地无不载，而中国、夷狄之不可同处，亦非人为，乃天地之气，有淳正、偏驳[5]之殊也。有教无类[6]，岂糅杂华、夷之谓乎？

诏讼不决者听于东宫上启[7]诏：“讼者经尚书省判不服，听于东宫上启，委太子裁决。不服，然后闻奏。”

1　蕃滋：繁殖增益。
2　顺州：古州名，辖今辽宁省西隅和内蒙古东南部地区。
3　冠带：让他们穿上合适的礼服，意指让他们学习礼仪。
4　夸示：向人吹嘘。
5　偏驳：不纯正。
6　有教无类：对任何人都给以教育，不分高低贵贱。类，类别。
7　上启：上奏，禀告。

范氏曰：太子之职，在于视膳问安。古之教者，必以礼乐，而置师保以辅翼之。苟学问明而德性成，何患不能听讼乎？且太子才年十二，而使之听讼，若其不能，宫臣必教之以欺其君父，非所以养德也。

加李靖光禄大夫御史大夫萧瑀劾奏李靖御军无法，请付法司推[1]之，诏勿劾。及靖入见，顿首谢，上让之曰："隋史万岁破达头可汗，有功不赏，以罪见诛。朕则不然，录公之功，赦公之罪。"乃加靖左光禄大夫，赐绢千匹。既而谓曰："前者人或谗公，今朕已寤，公勿以为怀。"复赐绢二千匹。

林邑遣使入贡林邑献火珠[2]。有司以其表辞不顺，请讨之。上曰："好战者亡，如炀帝、颉利，皆所亲见也。小国胜之不武，况未可必乎？"

胡氏曰：太宗不以夷狄一言之慢，遽兴兵革，几于能忍。然林邑表辞敢为不顺者，以献火珠尝试朝廷也，还其献，则善矣。今不闻还其献，则是太宗贪其宝而甘[3]其慢也。

六月，修洛阳宫给事中张玄素上书曰："洛阳未有巡幸之期，而预修宫室，非今日之急务也。且陛下初平洛阳，凡隋氏宫室之宏侈[4]者，皆令毁之。曾未十年，复加营缮，何前日恶之而今日效之也？且以今日财力，何如隋世？陛下役疮痍之人，袭亡隋之弊，恐又甚于炀帝矣。"上谓玄素曰："然则何如桀、纣？"对曰："若此役不息，亦同归于乱耳！"上叹曰："吾思之不熟，乃至于是。"顾谓房玄龄曰："玄素所言有理，可即罢之。后以事至洛阳，虽露居[5]，亦无伤也。"

秋，七月朔，日食。

敕百司："诏敕未便者，皆执奏[6]。"上问房玄龄、萧瑀曰："隋文帝如何主也？"对曰："文帝勤于为治，临朝或至日昃，五品以上引坐论事，卫士

---

1 推：审问，推究。
2 火珠：即火齐珠，宝石的一种。
3 甘：甘愿，乐意。
4 宏侈：宽大奢华，宏伟富丽。
5 露居：住在山野之中。
6 执奏：持章表上奏君主。

传餐而食，虽性非仁厚，亦励精之主也。”上曰：“公得其一，未知其二。文帝不明而喜察，不明则照有不通，喜察则多疑于物，事皆自决，不任群臣，一日万机，岂能一一中理？群臣既知主意，则唯取决受成[1]，虽有愆违，莫敢谏诤[2]，此所以二世而亡也。朕则不然，择天下贤才置之百官，使思天下之事，关由[3]宰相，审熟便安[4]，然后奏闻。有功则赏，有罪则刑，谁敢不竭心力以修职业，何忧天下之不治乎？”因敕百司：“自今诏敕有未便者，皆应执奏，毋得阿从，不尽己意。”

范氏曰：君以知人为明，臣以任职为良。君知人，则贤者得行其所学；臣任职，则不贤者不得苟容于朝，此庶事所以康[5]也。若夫君行臣职，则丛脞[6]矣。臣不任君之事，则惰矣，此万事所以堕也。君人者，如天运于上，而四时寒暑各司其序，则不劳而万物生矣。不明之君，不能知人，故务察而多疑，欲以一人之身代百官之所为，故贤者不得行其志，而持禄[7]之士得以保其位，此天下所以不治也。是以隋文劳而无功，太宗逸而有成，彼不得其道，而此得其道故也。

以李纲为太子少师，萧瑀为太子少傅李纲有足疾，上赐以步舆[8]，使之乘至阁下。每至东宫，太子亲拜之。先是，上命萧瑀与宰相参议朝政，瑀气刚而辞辩，房玄龄等皆不能抗。玄龄等尝有微过，瑀劾奏之，上皆不问，瑀由此怏怏。既为少傅，遂罢御史大夫，不复预闻朝政。

李大亮为西北道安抚大使西突厥种落散在伊吾[9]，诏以李大亮为安抚大使，贮粮碛口以赈之。大亮言：“欲怀远者必先安近。中国如本根，四夷如枝

1　取决受成：取决，由某人、某方面或某种情况决定。受成，接受已定的谋略。
2　谏诤：直言指出他人的过错，并规劝其改正。
3　关由：通过，经由。
4　审熟便安：审熟，深思熟虑。便安，便利安适。
5　康：安乐，安定。
6　丛脞：细碎，烦琐。
7　持禄：保持禄位。
8　步舆：古代一种人抬的代步工具。
9　伊吾：古地名，位于今新疆维吾尔自治区哈密市一带。

叶，疲中国以奉四夷，犹拔本根以益枝叶也。今招致西突厥，但有劳费，未见其益。况河西州县萧条，不堪供亿，不如罢之。其或自立君长，求内属者，羁縻受之，使居塞外，为中国藩蔽，此乃施虚惠而收实利也。”上从之。

诏定常服[1]差等三品以上服紫，四品、五品服绯[2]，六品、七品服绿，八品服青。妇人从其夫色。

胡氏曰：朝服当以正色，绯近于朱，犹之可也。恶紫夺朱[3]，而加于绯上，可乎？青者，色之正也，绿为间色[4]，而加于青上，可乎？必欲归诸正，必则[5]古昔、师先王可也。

以李靖为右仆射靖性沉厚[6]，每与时宰[7]参议，恂恂似不能言。

九月，伊吾来降，置西伊州[8]。

以张俭检校代州都督思结部落饥贫，张俭招集之，其不来者，仍居碛北。亲属私相往还，俭亦不禁。及俭代去，思结将叛，诏俭往察之。俭单骑说谕[9]，徙之代州。即以俭检校代州都督。俭因劝使营田，岁大稔。俭又恐其蓄积多，有异志，奏请和籴以充边储。部落喜，营田转力，而边备实焉。

冬，十一月，以侯君集参议朝政。

除鞭背刑上读《明堂针灸书》云：“人五藏之系，咸附于背。”故有是命。

胡氏曰：太宗诚有意于养民者也，故耳目所接，其心必在于民。禁笞囚背，亦可谓善推其所为者矣。

高昌王麴文泰入朝文泰入朝，西域诸国皆因文泰请朝，上令文泰使人迎之。魏徵谏曰：“昔光武不听西域送侍子，置都护，以为不以蛮夷劳中国。前

1 常服：日常穿的服装。
2 绯：深红色。
3 恶紫夺朱：杂色的紫乱了正红色。紫，古人认为紫是杂色。夺，乱。朱，大红色，古人认为红是正色。
4 间色：两种原色配合成的颜色，如红和黄配合成的橙色，黄和青配合成的绿色。
5 则：效法。
6 沉厚：深沉稳重。
7 时宰：当朝宰相。
8 西伊州：古州名，辖今新疆维吾尔自治区哈密市一带。
9 说谕：劝说晓喻。

者文泰之来，缘道供亿甚苦，若诸国皆来，将不胜其弊。姑听其商贾往来，与边民交市，则可矣。傥以宾客遇之，非中国之利也。”时所使人已行，上遽止之。

大有年上之初即位也，尝与群臣语及教化，上曰：“今承大乱之后，恐斯民未易化也。”魏徵对曰：“不然。久安之民骄佚，骄佚则难教；经乱之民愁苦，愁苦则易化。譬犹饥者易为食，渴者易为饮也。”上深然之。封德彝曰：“三代以还[1]，人渐浇讹[2]，故秦任法律，汉杂霸道，盖欲化而不能，岂能之而不欲邪？魏徵书生，未识时务，信其虚论，必败国家。”徵曰：“五帝、三王不易民而化，汤、武皆承大乱之后，身致太平。若谓古人淳朴，渐致浇讹，则至于今日，当悉化为鬼魅矣，人主安得而治之？”上卒从徵言。元年，关中饥，米斗直绢一匹；二年，天下蝗；三年，大水。上勤而抚之，民虽东西就食，未尝嗟怨。是岁，天下大稔，流散者咸归乡里，米斗不过三、四钱，终岁断死刑才二十九人。东至于海，南及五岭，皆外户不闭，行旅不赍粮，取给于道路焉。帝谓长孙无忌曰：“贞观[3]之初，议者皆云：‘人主当独运威权，不可委之臣下。’又云：‘宜震耀[4]威武，征讨四夷。’唯魏徵劝朕：‘偃武修文[5]，中国既安，四夷自服。’朕用其言。今颉利成擒，其酋长并带刀宿卫，皆袭衣冠，徵之力也，但恨不使封德彝见之耳。”徵再拜谢曰：“此皆陛下威德，臣何力之有焉！”帝曰：“朕能任公，公能称朕所任，则其功岂独在朕乎？”

范氏曰：魏徵仁义之言，欲顺天下之理而治之；封德彝刑罚之言，欲咈[6]天下之性而治之。夫民莫不恶危而欲安，恶劳而欲息，故治天下在顺之而已。咈之而能治者，未之闻也。太宗从魏徵而不从德彝，行之四年，遂致太平，仁义之效，如此其速也！及其成功，复归美于下，此前世帝王之所不及也。

1　以还：以后，以来。
2　浇讹：浮薄诈伪。
3　贞观：唐太宗李世民的年号，存续时间为公元 627 至 649 年。
4　震耀：震动显耀。
5　偃武修文：停止战备，振兴文教。
6　咈：违背。

胡氏曰：一治一乱，天地之大数也。乱极人少，则气厚而人淳；治极人伙[1]，则气漓[2]而人浇[3]。盖或三、二百岁，或五、六百岁，淳、漓一变，而天地之气，虚盈消息，后世诚不及古远矣。若夫人之所以为人，出于本心不可泯灭者，则古犹今尔。是故可以怀之以仁，理之以义，先之以敬让[4]，示之以好恶也。魏徵有见于饥渴者易为饮食，而无见于人心之未忘者，故其效止于斗米数钱，外户不闭，则无以进矣。固不能使人人有士君子之器也。

上谓侍臣曰："朕有二喜一惧：比年丰稔，斗粟三钱，一喜也；北虏久服，边鄙无虞，二喜也。治安则骄侈易生，骄侈则危亡立至，此一惧也。"房玄龄奏："阅府库甲兵，远胜隋世。"上曰："甲兵武备，诚不可缺。然炀帝甲兵岂不足邪？卒亡天下。若公等尽力，使百姓乂安，此乃朕之甲兵也。"

康熙御批：唐太宗用魏徵之言，偃武修文，化洽海宇[5]，诚得古帝王善治之道。至其二喜一惧，兢兢以骄奢自戒，尤履盛而谦、安不忘危之至计也。

辛卯**五年**（公元631年）

春，正月，诏僧、道致拜父母。

皇太子冠有司言皇太子冠，用二月吉，请追兵备仪仗。上曰："东作方兴，宜改用十月。"少傅萧瑀奏："据阴阳书，不若二月。"上曰："吉凶在人。若动依阴阳，不顾礼义，吉可得乎？循正而行，自与吉会。农时急务，不可失也。"

诏诸州划削京观，加土为坟。

以金帛赐突厥，赎男女八万口隋末，中国人多没于突厥。突厥降，上

1　伙：群聚，结伴。
2　漓：浅薄，浇薄。
3　浇：浮薄，浅薄。
4　敬让：恭敬谦让。
5　化洽海宇：化洽，使教化普沾。海宇，海内、宇内，谓国境以内之地。

遣使以金帛赎之，凡得男女八万口。

夏，六月，新昌公李纲卒谥曰“贞”。初，周齐王宪女孀居[1]无子，纲赡恤[2]甚厚。纲卒，其女以父礼丧之。

秋，八月，遣使诣高丽，葬隋战士。

杀大理丞张蕴古河内人李好德有心疾，为妖言，大理丞张蕴古按之，奏：“好德实被疾，不当坐。”治书侍御史权万纪劾奏：“蕴古，相州人，而好德兄厚德为其刺史，故蕴古阿意纵之。”上怒，斩之，既而悔之，因诏：“自今有死罪，虽令即决，仍三复奏乃行刑。”万纪与侍御史李仁发俱以告讦有宠，大臣数被谴怒[3]。魏徵谏曰：“此等小人，不识大体，以讦为直，以谗为忠。陛下非不知其无堪，但取其无所避忌，欲以警策[4]群臣耳。而彼挟恩依势，逞其奸谋，凡所弹射，皆非有罪。陛下纵未能举善以厉俗[5]，奈何昵奸以自损乎？”上默然。既而万纪等皆得罪。

九月，修洛阳宫上欲修洛阳宫，民部尚书戴胄表，谏以“乱离甫尔，百姓雕弊，营造不已，劳费难堪”。上甚嘉之。既而竟命将作大匠窦琎修之。琎凿池筑山，雕饰华靡。上怒，遽命毁之，免琎官。

帝猎于后苑上逐兔于后苑，将军执失思力谏曰：“天命陛下为华、夷父母，奈何自轻？”上又将逐鹿，思力脱巾解带，跪而固谏，上为之止。

冬，十月，诏议封建初，上问公卿以享国久长之策，萧瑀对曰：“三代封建而长久，秦孤立而速亡。”上以为然，令群臣议之。魏徵以为：“京畿税少，多资畿外，若尽以封建，经费顿缺。又燕、秦、赵、代俱带外夷[6]，若有警

---

1 孀居：守寡。
2 赡恤：救济，抚恤。
3 谴怒：谴责。
4 警策：原指以鞭策马，引申为督教而使之儆戒振奋。
5 厉俗：激励世俗。
6 外夷：外族。也指外国或外国人。

急，追兵[1]内地，难以奔赴。”李百药以为：“勋戚[2]子孙皆有民社[3]，易世之后，将骄淫自恣，攻战相残，害民尤深，不若守、令之迭居[4]也。”颜师古以为：“不若分王宗子，勿令过大，间以州县，杂错而居，互相维持，足扶京室[5]。为置官僚，皆省司[6]选用，法令之外，不得擅作威刑，朝贡礼仪，具为条式[7]。一定此制，万代无虞。”于是诏：“宗室勋贤[8]，宜令作镇[9]藩部，贻厥子孙，所司明为条例，定等级以闻。”

十一月，林邑、新罗[10]入贡林邑献五色鹦鹉，新罗献美女，各付使者归之。

十二月，开党项之地为十六州党项内属者前后三十万口。

制自今决死刑者皆复奏。决日，撤乐减膳上谓侍臣曰：“朕以死刑至重，故令三复，盖欲思之详熟也。而有司须臾之间，三复已讫。又断狱者，唯据律文，虽情在可矜，而不敢违法，其间岂能尽无冤乎？古者刑人，君为之撤乐减膳。朕庭无常设之乐，然常为之不啖酒肉，但未有著令[11]耳。”于是制：“决死囚者，二日中五复奏，下诸州者三复奏。行刑之日，尚食[12]勿进酒肉，内教坊[13]及太常不举乐，皆令门下覆视[14]。有据法当死而情可矜者，录状以闻。”由是全活甚众。上尝与侍臣论狱，魏徵曰：“炀帝时常有盗发，捕得榜讯[15]，服罪者

1 追兵：征召、调集军队。
2 勋戚：有功勋的皇亲国戚。
3 民社：人民和社稷。
4 迭居：不断地更替担任。
5 京室：王室。
6 省司：中枢各省的官署。
7 具为条式：制定具体程序。条式，制定程式。
8 勋贤：有功勋、有才能的人。
9 作镇：镇守一方。
10 新罗：朝鲜半岛历史上的国家名，首都位于今韩国庆州市，与北面的高句丽、西面的百济对峙。
11 著令：书面写定的规章制度。
12 尚食：古官名，掌供帝王膳食。
13 内教坊：古官署名，唐代设置于皇宫中，掌女乐。
14 覆视：查核，察看。
15 榜讯：拷打审讯。榜，通“拷”。

二千余人，悉令斩之。大理丞张元济寻其状，唯五人尝为盗，余皆平民，竟不敢执奏，尽杀之。”上曰：“此岂惟炀帝无道？其臣亦不尽忠。君臣如此，何得不亡？公等宜戒之。”上又尝谓执政曰：“朕常恐因喜怒妄行赏罚，故欲公等极谏。公等亦宜受人谏，不可以己之所欲，恶人违之。苟自不能受谏，安能谏人？”

康国[1]求内附康国求内附。上曰：“前代帝王，好招来绝域[2]，以求服远之名，无益于用，而糜弊[3]百姓。今康国内附，傥有急难，于义不得不救，师行万里，岂不疲劳？劳百姓以取虚名，朕不为也。”遂不受。上谓侍臣曰：“治国如治病，病虽愈，尤宜将护，傥遽自放纵，病复作，则不可救矣。今中国幸安，四夷俱服，诚自古所希，然朕日慎一日，唯惧不终，故欲数闻卿辈谏争也。”魏徵曰：“内外治安，臣不以为喜，惟喜陛下居安思危耳。”

范氏曰：太宗知招来绝域之弊而不为，然以兵克者则郡县置之，其疲劳百姓也亦多矣，岂先行其言而后从之者与？然其不受康国，则足以为后世法。使其行事每如此，其盛德可少贬哉？

高州总管冯盎入朝盎有地方二千里，为治勤明，所部爱之。

壬辰**六年**（公元632年）

春，正月朔，日食。

群臣请封禅，不许初，群臣表请，上曰：“卿辈皆以封禅为帝王盛事，朕意不然。若天下乂安，家给人足[4]，虽不封禅，庸何伤乎？昔秦始皇封禅，而汉文帝不封禅，后世岂以文帝不及始皇邪？且事天扫地而祭何必登泰山之巅，封数尺之土，然后可以展其诚敬乎？”群臣请不已，上亦欲从之，魏徵独以为不可。上曰：“公不欲朕封禅者，以功未高邪？德未厚邪？中国未安，四夷未

1　康国：即康居国，古代西域国名，拥有今新疆北境以及中亚部分地区。
2　招来绝域：招来，招致引来。绝域，极遥远的地方，此处代指极遥远地方的国家。
3　糜弊：损耗凋敝。
4　家给人足：家家衣食充裕，人人生活富足。

服邪？年谷未丰，符瑞未至邪？”对曰：“今虽有此六者，然户口未复，仓廪尚虚，车驾东巡，供顿劳费[1]。又伊、洛以东，灌莽极目[2]，而远夷君长，皆当扈从[3]。此乃引戎狄入腹中，而示之以虚弱也。况赏赉不赀[4]，未厌远人之望；给复连年，不偿百姓之劳。崇虚名而受实害，陛下将焉用之？”会河南、北数州大水，事遂寝。明年，群臣复以为请，上谕以旧有气疾[5]，恐登高增剧。乃止。

范氏曰：古者天子巡守[6]，至于方岳，必告祭柴望[7]，所以尊天而怀柔百神也。后世学礼者失其传，而诸儒之谄谀者为说以希[8]世主，谓之封禅，实自秦始，古无有也。人主不法三代而法秦，亦已谬矣。太宗方明，朝多贤臣，而佞者犹倡其议，独魏徵以为时未可，而亦不以其事为非也。后议其礼，徵亦预焉。高宗、明皇遂踵行[9]之。终唐之世，惟柳宗元以封禅为非。呜呼！礼之失也久矣，世俗之惑可胜救哉！

胡氏曰：自圣学[10]不传，学者以天人为二致[11]，不能监观休咎之符[12]，往往推以天道难知，置于冥漠[13]而不省也。以太宗之明，房、杜、王、魏并侍左右，正旦日食，天变为大，不闻胥[14]训告教诲，以消阴沴[15]，复阳德，而群臣献谀[16]，请登泰山，太宗口虽不允，实欲从之，至称功高德厚，偃然[17]自足。徵虽以空虚劳费为言，若非河南、北数州大水，亦未必为止也。夫大水者，阴气沴也；日食

1　供顿劳费：供顿，供给行旅宴饮所需之物。劳费，耗费人力、精力或财力。
2　灌莽极目：灌莽，丛生的草木。极目，满目，充满视野。
3　扈从：随从皇帝出巡。
4　不赀：无从计量，表示多或贵重。
5　气疾：呼吸系统疾病。
6　巡守：亦作“巡狩”，谓天子出行，视察邦国州郡。
7　柴望：二祭名，柴谓烧柴祭天，望谓祭国中山川。
8　希：迎合。
9　踵行：仿照实行。
10　圣学：孔子之学。
11　二致：不一致，两样。
12　休咎之符：吉凶的征兆。休咎，吉凶，善恶。符，征兆。
13　冥漠：玄妙莫测。
14　胥：看，观察。
15　阴沴：天地四时阴气不和而产生的灾害。沴，天地四时之气不和而生的灾害。
16　献谀：奉承阿谀。
17　偃然：骄傲自得貌。

者，阳气微也。较之二者，日者君像，尤当儆惧[1]，而不知戒焉，岂非以天人为二致，不学不知道之过耶？及群臣再请，正当披穷[2]经训，辨其是非以示子孙，乃以气疾为解，误矣。

三月，如九成宫上幸九成宫避暑，监察御史马周上疏曰："大安宫在城西，制度卑小，而车驾独为避暑之行，是太上皇留暑中，而陛下居凉处也。温清[3]之礼，臣窃有所未安焉。且太上皇春秋已高，陛下宜朝夕视膳。今九成宫去京师三百余里，太上皇或时思念陛下，陛下何以赴之？然今行计已成，不可复止，愿速示返期，以解众惑，仍亟增修大安，以称中外之望。"又言："比来乐工、圉人[4]超授官爵，鸣玉曳履[5]，与士君子比肩，臣窃耻之！"

杨氏曰：马周之论此行，善矣。然不止其行而速其返，是所谓月攘一鸡[6]者，岂所以尧、舜其君哉？

胡氏曰：自古继世之君得养其母者多矣，鲜有及父之生而事之者也。得养其母，未足以尽人子之心；事父致孝，然后为慊。周宜以此深启帝心，使力慕大舜事亲之道，则太宗必闻言感动，而九成之车不柅[7]自止矣。

以长乐公主嫁长孙冲长乐公主将出降[8]，敕有司资送倍于永嘉长公主。魏徵谏曰："昔汉明帝欲封皇子，曰：'我子岂得与先帝子比？'皆令半楚、淮阳。今奈何资送公主，反倍于长主[9]乎？"上入告皇后，后叹曰："妾数闻陛下称重[10]魏徵，不知其故，今观其引礼义以抑人主之私情，乃知真社稷之臣也。"因请遣中使厚赐徵，且语之曰："闻公正直，乃今见之。愿公常秉此心，勿转

1　儆惧：警惕和畏惧。
2　披穷：翻阅穷尽。披，翻阅，翻开。
3　温清：冬天使被子温暖，夏日让室内清凉，形容对父母尽心侍奉。
4　圉人：古官名，掌养马、放牧等事，亦以泛称养马的人。
5　鸣玉曳履：佩玉饰，穿丝履，借指获高官厚禄。
6　月攘一鸡：比喻容忍错误，只肯逐步改正。典出《孟子·滕文公下》。攘，窃取。
7　柅：挡住车轮不使其转动的木块，也借指阻止。
8　出降：帝王之女出嫁。因帝王位处至尊，故称"降"。
9　长主：长公主的简称。长公主，皇帝的姊妹或皇女之尊崇者的封号，后仅为皇帝姊妹的封号。
10　称重：称许看重。

移也。”上尝罢朝，怒曰：“会须杀此田舍翁[1]！”后问为谁，上曰：“魏徵每廷辱我！”后退，具朝服，曰：“妾闻主明臣直。今魏徵直，由陛下之明故也。妾敢不贺？”上乃悦。

置三师[2]官。

夏，四月，邹公张公谨卒公谨卒，上出次发哀。有司奏辰日[3]忌哭，上曰：“君臣犹父子也，情发于衷，安避辰日？”遂哭之。

秋，闰七月，宴近臣于丹霄殿上宴近臣于丹霄殿，长孙无忌曰：“王珪、魏徵，昔日仇雠，不谓今日得同此宴。”上曰：“徵、珪尽心所事，故我用之。然徵每谏，我不从，我与之言辄不应，何也？”魏徵对曰：“臣以事为不可，故谏。若陛下不从而臣应之，则事遂施行，故不敢应。”上曰：“应而复谏，何伤？”对曰：“昔舜戒群臣：‘尔无面从，退有后言。’臣心知其非而口应陛下，乃面从也，岂稷、契事舜之意邪？”上大笑曰：“人言魏徵举止疏慢，我视之更觉妩媚[4]，正为此耳！”徵起，拜谢曰：“陛下开臣使言，故臣得尽其愚；若陛下拒而不受，臣何敢数犯颜色[5]乎？”上谓王珪曰：“玄龄以下，卿宜悉加品藻[6]，且自谓与数子何如？”曰：“孜孜奉国，知无不为，臣不如玄龄。才兼文武，出将入相，臣不如李靖。敷奏详明，出纳惟允[7]，臣不如彦博。处繁治剧，众务毕举，臣不如戴胄。耻君不及尧、舜，以谏争为己任，臣不如魏徵。至于激浊扬清，嫉恶好善，臣于数子，亦有微长。”上深以为然，众亦服其确论。上指殿屋谓侍臣曰：“治天下如建此屋，营构既成，勿数改移。苟易一椽，正一瓦，践履[8]动摇，必有所损。若慕奇功，变法度，不恒其德，劳

---

1 田舍翁：年老的庄稼汉。
2 三师：北魏以后以太师、太傅、太保为三师。
3 辰日：用天干地支纪日法表示的地支为“辰”的日子，每隔十二天出现一次，例如戊辰日、庚辰日、壬辰日、甲辰日、丙辰日等。
4 妩媚：姿容美好，可爱。
5 颜色：尊严。
6 品藻：品评，评论。
7 出纳惟允：出纳，传达帝王命令，反映下面意见。允，公平，适当。
8 践履：踩踏。

扰实多。”上曰：“人主惟有一心，而攻之者甚众，或以勇力，或以辩口，或以谄谀，或以奸诈，或以嗜欲，辐凑攻之，各求自售，以取宠禄。人主少懈而受其一，则危亡随之，此其所以难也。”

范氏曰：人主不可以有偏好，偏好者，奸邪之所趋，而谗贼之所入也。《书》曰：“惟精惟一，允执厥中[1]。”夫如是则众莫得而攻之矣。

上尝临朝，谓侍臣曰：“朕为人主，常兼将相之事。”给事中张行成退而上书，以为：“禹不矜伐，而天下莫与之争。陛下拨乱反正，群臣诚不足望清光[2]，然不必临朝言之。以万乘之尊，乃与群臣校功争能，臣窃为陛下不取。”上甚善之。

九月，如庆善宫庆善宫，上生时故宅也。因宴赋诗，被之管弦，命曰《功成庆善乐》，使童子八佾[3]为《九功之舞》，大宴会，与《破陈舞》偕奏于庭。同州刺史尉迟敬德与坐者争长[4]，殴任城王道宗目几眇。上不怿而罢，谓敬德曰：“朕欲与卿等共保富贵，然卿居官数犯法，乃知韩、彭菹醢，非高祖之罪也。”敬德由是始惧而自戢[5]。

冬，以陈叔达为礼部尚书帝谓叔达曰：“卿武德中有谠言，故相报。”对曰：“臣见隋室父子相残以亡，当日之言，非为陛下，乃社稷之计耳。”

胡氏曰：陈叔达天下之公论，于秦王非私交也。以叔达端良，自宜在亲近之地，苟欲迁序[6]，何患无名？而太宗乃举武德中谠言，是以危疑[7]向背诱臣下为后日计，岂君道哉？

1　惟精惟一，允执厥中：精纯专一，言行符合不偏不倚的中正之道。
2　清光：清美的风彩，多喻帝王的容颜。
3　八佾：古代只有天子才有资格使用的舞蹈规格，为八行八列，故称其“八佾”。
4　争长：争行礼先后。
5　戢：收敛，停止。
6　迁序：同“迁叙”，官吏根据考核劳绩而进行晋职或奖励。
7　危疑：怀疑，不信任。

癸巳**七年**（公元633年）

春，正月，宴玄武门，奏《七德》《九功舞》更名《破陈乐》曰《七德舞》。太常卿萧瑀以为："形容[1]未尽，请并写武周、仁杲、建德、世充擒获之状。"上曰："彼皆一时英雄，朝臣或尝北面事之，睹其故主屈辱之状，能不伤乎？"瑀谢不及。魏徵欲上偃武修文，每侍宴，见《七德舞》，辄俯首不视。见《九功舞》，则谛观[2]之。

王珪罢，以魏徵为侍中上与侍臣论安危之本，温彦博曰："愿陛下常如贞观初则善矣。"帝曰："朕此来怠于为政乎？"魏徵曰："贞观之初，陛下节俭，求谏不倦。比来营缮微多，谏者颇有忤旨，此其所以异耳。"帝欣然纳之。上问魏徵曰："群臣上书可采，及召对多失次[3]，何也？"对曰："臣观百司奏事，常数日思之，及至上前，三分不能道一。况谏者怫[4]意触忌，非陛下借之辞色，岂敢尽其情哉？"上由是接群臣辞色愈温，尝曰："炀帝多猜忌，对群臣多不语。朕则不然，君臣相亲如一体耳。"上谓侍臣曰："朕比来决事，或不能皆如律令，公辈以为事小，不复执奏。夫事无不由小以致大，此乃危亡之端也。昔龙逄忠谏而死，朕每痛之。炀帝骄暴[5]而亡，公辈所亲见也。公辈常宜为朕思炀帝之亡，朕常为公辈念龙逄之死，何患君臣不相保乎？"上谓魏徵曰："为官择人，不可造次。用一君子，则君子皆至；用一小人，则小人竞进。"对曰："然。天下未定，则专取其才，不考其行，丧乱既平，则非才行兼备不可用也。"

范氏曰：太宗之言，王者之言也。魏徵所谓才、行者，不亦异乎？夫才有君子之才，有小人之才。古之所谓才者，君子之才也，兼德行而言之也。后世之所谓才者，小人之才也，辩给以御人，诡诈以用兵，僻邪[6]险诐，趋利就事

1 形容：盛德的表现，体现。
2 谛观：审视，仔细看。
3 失次：次序错乱，失常。
4 怫：通"悖"，违反，逆乱。
5 骄暴：骄横暴戾。
6 僻邪：邪恶，亦指奸邪不正的人。

而已尔。王者创业垂统，敷求[1]哲人，以遗后嗣，故能长世，岂其以天下未定，而专用小人之才乎？夫有才无行之小人，无时而可用，退之犹惧其或进也，岂可先用而后废，乃取才行兼备之人乎？徵之学，驳而不纯，故所以辅导其君者，卒不至于三王之治也。

造浑天仪直太史李淳风以灵台候仪[2]制度疏略，但有赤道[3]，更请造浑天黄道仪。至是，奏之。

秋，九月，山东、河南四十余州水，遣使赈之。

赦死囚三百九十人先是，上亲录系囚[4]，见应死者，悯之，纵使归家，期以来秋来就死。仍敕天下死囚皆纵遣，使至期来诣京师。至是，皆如期自诣朝堂，上皆赦之。

胡氏曰：罪既至死，无可赦者，此三百九十人者，其间宁无杀人偿死者乎？而赦之，何被杀者之不幸，而蒙赦者之幸也？况既得一年之期，必尝相约以如期而集，则可免死。太宗悦其信服，而忘其刑赦之颇也。然不敢违逸[5]而皆至，情则可矜矣。要之，始者纵之过也。

冬，十一月，以长孙无忌为司空无忌固辞，上曰："吾为官择人，惟才是与[6]。苟不才，虽亲不用；如有才，虽仇不弃。今日之举，非私亲也。"

十二月，帝奉太上皇置酒未央宫上从上皇宴故汉未央宫。上皇命颉利可汗起舞，冯智戴咏诗，既而笑曰："胡、越一家，古未有也。"帝捧觞上寿，曰："此皆陛下教诲，非臣智力所及。昔汉高祖亦从太上皇宴此宫，妄自矜大，臣不取也。"上皇大悦。

1　敷求：广求，遍求。敷，通"溥"。
2　灵台候仪：灵台，古时帝王观察天文星象、妖祥灾异的建筑。候仪，古代观测天象的一种仪器。
3　赤道：古代主浑天说者认为，天体是个浑圆形的球体，赤道即指天球表面距离南北两极相等的圆周线。现代天文学称为天球赤道。
4　系囚：拘押在狱中的囚犯。
5　违逸：不守信用逃跑。
6　惟才是与：只要是有才能的人就荐举。

赐太子庶子于志宁、孔颖达等金帛帝谓志宁曰："朕年十八犹在民间，民之疾苦情伪，无不知之。及区处世务，犹有差失。况太子生长深宫，百姓艰难，耳目所未涉，能无骄逸[1]乎？卿等不可不极谏！"太子好嬉戏，颇亏礼法，志宁与颖达数直谏，上闻而嘉之，各赐金一斤、帛五百匹。

削工部尚书段纶阶[2]纶奏征巧匠，上令试之。纶使造傀儡[3]，上曰："求巧工以供国事，今先造戏具[4]，岂百工相戒无作淫巧之意耶？"乃削纶阶。

甲午**八年**（公元634年）

春，正月，以李靖等为黜陟大使，分行天下上欲分遣大臣循行黜陟，未得其人。李靖荐魏徵，上曰："徵箴规朕失，不可一日离左右。"乃命靖等十三人分行天下，"察长吏贤不肖，问民间疾苦，礼高年，赈穷乏，褒善良，起滞淹[5]，俾使者所至，如朕亲睹"。

夏，五月朔，日食。

秋，七月，山东、河南大水。

冬，十月，营大明宫营大明宫，以为上皇清暑[6]之所。未成，而上皇寝疾，不果居。

以李靖为特进靖以疾逊位。上曰："朕嘉公意，欲以公为一代楷模，故不相违。"乃拜特进，俟疾小瘳，间三、二日，至门下、中书平章[7]政事。

吐蕃[8]**遣使入贡**吐蕃在吐谷浑西南，未尝通中国。其王称"赞普"，俗不言姓，王族皆曰"论"，宦族[9]皆曰"尚"。近世浸强，胜兵数十万。赞普弃

1　骄逸：骄纵放肆。
2　阶：用来区分高低的等级。
3　傀儡：用土、木制成的偶人。
4　戏具：赌具和游戏用具的统称。
5　滞淹：人沉抑于下而不得升进，亦指滞淹之人。
6　清暑：消除暑热，避暑。
7　平章：评处，商酌。
8　吐蕃：古代藏族在青藏高原建立的政权名。
9　宦族：官宦之家。

宗弄赞有勇略，四邻畏之。诏遣使者往慰抚之。

吐谷浑寇凉州，以李靖为大总管，率诸军讨之吐谷浑可汗伏允老耄，其臣天柱王用事，数入塞侵盗。诏大举讨之。上欲以李靖为将，为其老，重劳[1]之。靖闻之，请行，上大悦，以靖为西海道行军大总管，节度诸军讨之。

聘郑氏为充华[2]，既而罢之帝聘郑仁基女为充华，册使将发，魏徵闻其尝许嫁士人陆爽，遽上表谏，帝大惊，自责，命停册使。房玄龄等奏："许嫁无显状[3]。"爽亦表言初无此议。帝谓徵曰："群臣或容希合[4]，爽亦自陈，何也？"对曰："彼以陛下为外虽舍之，或阴加罪谴[5]，故尔。"帝笑曰："朕之言不能使人必信如此邪？"

以皇甫德参为监察御史中牟丞[6]皇甫德参上言："修洛阳宫，劳人；收地租，厚敛。俗好高髻[7]，盖宫中所化[8]。"上怒，谓房玄龄等曰："德参欲国家不役一人，不收斗租，宫人皆无发，乃可[9]其意邪？"欲罪之。魏徵曰："言不激切，不能动人主之心，陛下择焉可也。"上曰："朕罪此人，则谁复敢言者！"乃赐绢二十匹。他日，徵奏言："陛下近日不好直言，虽勉强含容，非曩时之豁如。"上乃更加优赐[10]，拜监察御史。中书舍人高季辅上言："外官卑品，犹未得禄[11]，饥寒切身，难保清白[12]。宜量加优给[13]，然后可责以不贪。比见帝子拜诸叔，叔皆答拜，紊乱昭穆，宜训之以礼。"上善之。

西突厥咄陆可汗卒弟沙钵罗咥利失可汗立。

1　重劳：增加劳累。
2　充华：古女官名，妃嫔称号，为九嫔之末。
3　显状：公开确定的婚约。
4　容希合：容，或许，大概。希合，迎合，投合。
5　罪谴：犯罪而受谴，罪责。
6　中牟丞：中牟县丞。中牟，古县名，治所位于今河南省郑州市中牟县东。
7　高髻：高绾的发髻。
8　化：教化。
9　可：相称，适合。
10　优赐：厚赐。
11　外官卑品，犹未得禄：京外官员品阶低微的，仍未得到俸禄。
12　清白：品行纯洁，没有污点。
13　优给：从优给予，从优资助。

乙未**九年**（公元 635 年）

春，正月，分民赀[1]为九等。

夏，五月，太上皇崩。

李靖伐吐谷浑，破之李靖击吐谷浑，伏允悉烧野草，轻兵走入碛。诸将以为马无草，未可深入。侯君集曰："虏一败之后，鼠逃鸟散，取之易于拾芥，此而不乘[2]，后必悔之。"李靖从之。中分其军为两道：靖与薛万均、李大亮由北道，君集与道宗由南道。靖等败吐谷浑于牛心堆[3]，又败诸赤水[4]源。君集、道宗引兵行无人之境二千余里，盛夏降霜，人龁[5]冰，马啖雪，追及伏允于乌海[6]，与战，大破之。靖督诸军经积石山河源[7]，穷其西境，袭破伏允牙帐，斩首数千级，获杂畜二十余万。伏允子顺斩天柱王来降。伏允脱身走，众散稍尽，为左右所杀。国人立顺为可汗，诏以为西平郡王。顺未能服其众，命李大亮将精兵数千为其声援。既而顺竟为国人所杀。上复使侯君集将兵立其子诺曷钵为可汗。总管高甑生后军期，李靖按之。甑生诬靖谋反，按验无状，甑生坐减死徙边。或言："甑生，秦府功臣，宜宽其罪。"上曰："国家功臣多矣，若甑生获免，则人人犯法，安可复禁乎？"靖自是阖门杜绝宾客，虽亲戚不之见。

秋，七月，诏礼官议庙制谏议大夫朱子奢请立三昭三穆，而虚太祖之位。于是增修太庙，祔[8]弘农府君[9]及高祖并旧神主四为六室。房玄龄等议以凉武昭王[10]为始祖，于志宁以为武昭王非王业所因，不可为始祖，上从之。

---

1 民赀：百姓资产。
2 乘：利用。
3 牛心堆：古地名，一名牛心山，位于今青海省西宁市湟中县东南，南川河西。
4 赤水：古水名，即今青海省海南藏族自治州共和县恰卜恰河。
5 龁：用牙齿咬东西。
6 乌海：古水名，一名七乌海，即今青海省果洛藏族自治州玛多县东北冬给措纳湖，一说即今玛多县东北与兴海县交界处之苦海。
7 积石山河源：积石山，古山名，一名大积石山，即今青海东南部阿尼玛卿山。河源，黄河的源头。黄河河源位于今青海省约古宗列曲，在积石山之西。
8 祔：古代帝王在宗庙内将后死者神位附于先祖旁祭祀。
9 弘农府君：即唐太宗六世祖李重耳。
10 凉武昭王：即李暠，十六国时期西凉政权建立者，唐太宗九世祖。

冬，十月，葬献陵[1]初，诏："山陵依汉长陵故事。"秘书监虞世南上疏，以为："圣人薄葬其亲，非不孝也，深思远虑，以厚葬适足为亲之累，故不为耳。陛下圣德度越唐、虞，而厚葬其亲，乃以秦、汉为法，臣窃为陛下不取。愿依《白虎通》为三仞[2]之坟，节损制度，刻石陵旁，藏书宗庙，用为子孙之法。"疏奏，不报。世南又奏："汉天子即位，即营山陵，远者五十余年。今以数月之间，为数十年之功，于人力有所不逮。"上乃诏有司议之。房玄龄等以为："汉长陵高九丈，原陵高六丈，今九丈则太崇，三仞则太卑，请依原陵之制。"从之。又诏太原立高祖庙。秘书监颜师古以为："寝庙应在京师，汉世郡国立庙，非礼。"乃止。

十一月，以萧瑀为特进，参预政事上曰："武德季年，高祖有废立之心而未定，我不为兄弟所容，实有功高不赏之惧。斯人也，不可以利诱，不可以死胁，真社稷臣也。"因赐瑀诗曰："疾风知劲草，板荡识诚臣[3]。"

范氏曰：太宗以萧瑀无贰心于己而嘉之，可谓能知臣矣。人君以此取人，岂不得忠正之士乎？

丙申**十年**（公元636年）

春，正月，突厥阿史那社尔来降社尔，处罗可汗之子也，年十一，以智略闻。处罗以为拓设，建牙于碛北。颉利既亡，西突厥亦乱，社尔诈往降之，袭取其地几半，有众十余万。乃曰："破我国者，薛延陀也，我当为先可汗报仇，击灭之。"诸部皆谏，社尔不从。击之，大败，遂率众来降。以为左骁卫大将军，处其部落于灵州之北。留社尔于长安，尚公主，典屯兵。

二月，以荆王元景等为诸州都督诸王之藩，上与之别，曰："兄弟之情，岂不欲常共处邪？但以天下之重，不得不尔。诸子尚可复有，兄弟不可复

1　献陵：唐高祖李渊的陵墓，位于今陕西省咸阳市三原县东北。
2　仞：古代长度单位，一仞周制相当于八尺，汉制七尺。
3　诚臣：忠臣。

得。”因流涕呜咽不能止。

胡氏曰：临湖之变[1]，太宗不能以义命[2]少忍。然理义[3]出于人心，虽下愚蠢蠢[4]，犹不可亡灭，而况英杰之资乎？事往时迁，终必自悔，然已不可如何矣。此太宗所以悲也。人伦之际，易以失恩[5]，可不慎乎？

魏王泰为相州都督，不之官。上以泰好文学，特命于其府别置文学馆，听自引召学士。泰有宠于上，或言诸大臣多轻之，上怒，召诸大臣让之，曰："隋文帝时，大臣皆为诸王所顿踬[6]，我若纵之，岂不能折辱公辈耶？"房玄龄等皆谢，魏徵正色曰："若纪纲大坏，固所不论。圣明在上，魏王必无顿辱[7]群臣之理。隋文帝骄其诸子，卒皆夷灭，又足法乎？"上悦曰："朕以私爱忘公义，及闻公言，方知理屈。人主发言，何得容易[8]乎？"王珪尝奏："三品以上道遇亲王降乘[9]，非礼。"上曰："卿辈轻我子耶？"魏徵曰："诸王位次三公。今三品皆九卿、八座，为王降乘，诚非所宜。"上曰："人命难期。万一太子不幸，安知诸王不为公辈之主乎？"对曰："自周以来，皆子孙相继，不立兄弟，所以绝庶孽之窥窬，塞祸乱之原本，此为国者所深戒也。"上乃从珪奏。

三月，吐谷浑请颁历，遣子入侍。

夏，六月，以温彦博为右仆射，杨师道为侍中，魏徵为特进徵屡以目疾辞位，上不得已，以为特进，知门下省事，参议得失。

1 临湖之变：即宣武门之变，事变开始于临湖殿。
2 义命：正道，天命。
3 理义：公理与正义。
4 下愚蠢蠢：下愚，极愚蠢的人。蠢蠢，动荡不安。
5 失恩：不顾恩义。
6 顿踬：折辱。
7 顿辱：揪头顿地使受辱。
8 何得容易：何得，怎能，怎会。容易，轻慢放肆。
9 降乘：下车或下马。

皇后长孙氏崩后性仁孝俭素，好读书，常与上从容商略[1]古事，因而献替，裨益[2]弘多。抚视庶孽，逾于所生。妃嫔以下，无不爱戴。训诸子，常以谦俭[3]为先，太子乳母以东宫器用少，请奏益之，后不许，曰："太子患德不立，名不扬，何患无器用邪？"后得疾，太子请奏赦罪人，度人入道。后曰："死生有命，非智力所移。赦者，国之大事，不可数下。道、释，异端之教，蠹国病民，皆上素所不为，奈何以吾一妇人，使上为所不为乎？"及疾笃，与上诀。时房玄龄以谴归第，后曰："玄龄事陛下久，小心慎密，苟无大故，不可弃也。妾之本宗，因缘葭莩[4]，以致禄位，既非德举，易致颠危[5]，欲保全之，慎勿处之权要。妾生无益于人，愿勿以丘垄[6]劳费天下，但因山为坟，器用瓦、木可也。更愿陛下亲君子，远小人，纳忠谏，屏谗慝，省作役[7]，止游畋，则妾死不恨矣。"后尝集自古妇人得失事为《女则》三十卷，又尝著论讥汉明德马后不能抑退亲戚之权，而徒戒其车如流水马如龙，是开其祸败之源而禁其末流也。至是，官司奏之，上览之悲恸，以示近臣曰："皇后此书，足以垂范百世。朕非不知天命而为无益之悲，但入宫不复闻规谏之言，失一良佐[8]，故不能忘怀耳！"乃召玄龄，使复其位。

秋，禁上书告讦者上问群臣曰："朕开直言之路，以利国也。而比来上封事者，多讦[9]人细事。自今复有为是者，朕当以谗人罪之。"

范氏曰：太宗欲闻直言而恶告讦，可谓明且远矣。此为君、为长之道也。

冬，十一月，葬文德皇后时将军段志玄、宇文士及分统士众[10]。帝夜使宫官至二人所。士及纳之，志玄不纳，曰："军门不可夜开。"使者曰："此有手

1　商略：商量，讨论。
2　裨益：补益，益处。
3　谦俭：谦逊俭约。
4　葭莩：芦苇茎中的薄膜，比喻关系疏远的亲戚。
5　颠危：覆灭。
6　丘垄：垄亩，田园。
7　作役：建筑工程。
8　良佐：贤能的辅佐。
9　讦：斥责别人的过失，揭发别人的阴私。
10　士众：众士兵，部队的普通战斗成员。

敕。”志玄曰：“夜中不辨真伪。”竟留使者至明。帝闻而叹曰：“真将军也！”帝为文刻石，称：“皇后节俭，遗言薄葬，不藏金玉，当使子孙奉以为法。”帝念后不已，于苑中作层观[1]以望昭陵[2]。尝引魏徵同登，使视之，徵熟视之曰：“臣昏眊[3]，不能见。”上指示之，徵曰：“臣以为陛下望献陵，若昭陵，则臣固见之矣。”上泣，为毁观。

十二月，朱俱波、甘棠遣使入贡朱俱波在葱岭之北，去瓜州三千八百里。甘棠在大海南。上曰：“中国既安，四夷自服。然朕不能无惧者。秦始皇威振胡、越，二世而亡，惟诸公匡其不逮耳。”

黜治书侍御史权万纪万纪上言：“宣、饶银大发采之[4]，岁可得数百万缗[5]。”上曰：“朕贵为天子，所乏者非财也，但恨无嘉言可以利民耳。与其得数百万缗，何如得一贤才？卿未尝进一贤才，而专言银利。昔尧、舜抵璧[6]于山，投珠于谷，汉之桓、灵乃聚钱为私藏，卿欲以桓、灵俟我邪？”是日，黜万纪，使还家。

更命统军、别将为折冲、果毅都尉凡十道，置府六百三十四，而关内二百六十一，皆隶诸卫及东宫六率。凡上府兵千二百人，中府千人，下府八百人。三百人为团，团有校尉；五十人为队，队有正；十人为火，火有长。每人兵甲粮装各有数，输之库，征行给之。二十为兵，六十而免。能骑射者为越骑，其余为步兵。每岁季冬，折冲都尉率以教战，当给马者，官予直[7]；当宿卫者番上[8]，兵部以远近给番，远疏，近数，皆一月而更。

1 层观：高耸的楼观。
2 昭陵：唐太宗李世民与文德皇后长孙氏的合葬陵墓，位于今陕西省咸阳市礼泉县东北。
3 昏眊：眼睛昏花，老迈。
4 宣、饶银大发采之：宣州、饶州大量开采白银。宣州，古州名，辖今安徽省长江以南，黄山、九华山以北地区及江苏省溧水、溧阳等县地。
5 缗：成串的铜钱，每串一千文。
6 抵璧：掷璧，谓不以财宝为重。
7 直：价值，代价。
8 番上：轮流值勤。番，更替，轮值。

丁酉**十一年**（公元637年）

春，正月，以吴王恪等为诸州都督诸王将之官，上赐书戒敕[1]，且曰："吾欲遗汝珍玩，恐益骄奢，不如得此一言耳。"

作飞山宫魏徵上疏曰："炀帝恃其富强，不虞后患，穷奢极欲，使百姓困穷，以至身死人手，社稷为墟。陛下拨乱返正，宜思隋之所以失，我之所以得，撤其峻宇[2]，安于卑宫。若因基而增广，袭旧而加饰，此则以乱易乱，殃咎[3]必至，难得易失，可不念哉！"

定律令房玄龄等先受诏定律令，以为："旧法，兄弟异居，荫不相及，而谋反连坐皆死。祖孙有荫，而止应配流[4]。据礼论情，深为未惬[5]。今定律，祖孙与兄弟缘坐者，俱配役[6]。"从之。凡定律五百条，立刑名二十等，比隋律减大辟九十二条，减流入徒[7]者七十一条，凡削烦去蠹、变重为轻者，不可胜纪。又定令一千五百九十余条。旧制，释奠于太学，以周公为先圣，孔子配享，玄龄等以孔子为先圣，颜回配享。又删武德以来敕格[8]，定留七百条，至是行之。又定枷、杻、钳、锁、杖、笞[9]，皆有长短广狭之制。自张蕴古之死，法官以出罪[10]为戒。时有失入[11]者，又不加罪。上尝问大理卿刘德威曰："近日刑网稍密，何也？"对曰："此在主上，不在群臣。律文，失入减三等，失出[12]减五等。今乃失入无辜，失出获罪，是以吏各自免[13]，竞就深文。陛下傥一断以律，则此风

1　戒敕：告诫。
2　峻宇：高大的屋宇。下文"卑宫"指宫室简陋。
3　殃咎：灾祸。
4　祖孙有荫，而止应配流：祖孙有荫庇，连坐只发配流放。配流，把罪人发配、流放到远地。
5　未惬：不满意。
6　配役：发配罪人从事苦役。
7　减流入徒：从流放减免为做劳役。
8　敕格：朝廷颁布的律法。
9　枷、杻、钳、锁、杖、笞：枷，套在脖子上的刑具，用木板制成。杻，手铐。钳，用铁圈束颈、手、足。锁，项锁。杖，用棍棒打。笞，用鞭子打。
10　出罪：免罪。
11　失入：轻罪重判或不当判刑而判刑。
12　失出：重罪轻判或应判刑而未判刑。
13　自免：自求避灾免患。

立变矣。”上悦，从之。由是断狱平允。上又尝曰：“法令不可数变，数变则烦。官长不能尽记，吏得为奸。自今变法，宜详慎之。”

二月，豫为山陵终制上以汉世豫作山陵，免子孙苍猝劳费，又志在俭葬，恐子孙从俗奢靡，自为终制，因山为陵，容棺而已。

范氏曰：厚葬之祸，古今所明知，然后之人主为之以贾祸，迹相接而莫或[1]戒也。太宗虽自为终制，而昭陵之葬，亦不为俭。及唐之末，不免暴露[2]，岂非高宗[3]之过乎？

幸洛阳宫上至显仁宫，官吏以缺储偫被谴。魏徵谏曰：“陛下以储偫谴官吏，臣恐承风相扇，异日民不聊生，殆非行幸[4]之本意也。昔炀帝讽郡县献食，视其丰俭以为赏罚，故海内叛之。此陛下所亲见，奈何欲效之乎？”上惊曰：“非公不闻此言。”因谓长孙无忌等曰：“朕昔过此，买饭而食，僦舍[5]而宿。今供顿如此，岂得犹嫌不足乎？”至洛阳宫西苑，泛积翠池，顾谓侍臣曰：“炀帝作此宫苑，结怨于民，今悉为我有，正由宇文述、虞世基之徒内为谄谀，外蔽聪明故也，可不戒哉！”

范氏曰：富而不忘贫，则能保其富矣；贵而不忘贱，则能保其贵矣。夫以万乘之贵，四海之富，而犹以为不足，何哉？忘其始之贱、贫，而欲大无穷也。是以周公作书以戒成王，恐其不知稼穑之艰难而骄逸也。汉文有言曰：“朕能任衣冠，念不至此。是以恭俭爱民，惟恐烦之。”呜呼！其可谓有德者矣。若太宗闻谏而能自省，此其所由兴也。

三月朔，日食。

诏行《新礼》房玄龄、魏徵所定，凡百三十八篇。

以王珪为魏王泰师上谓泰曰：“汝事珪当如事我。”泰见珪，辄先拜，珪

---

1 莫或：没有。
2 暴露：露在外面，无所遮蔽。
3 高宗：即唐高宗李治。
4 行幸：皇帝出行。
5 僦舍：租屋。

亦以师道[1]自居。

胡氏曰：为人师者，岂徒礼貌云乎哉？必有道以授人，而导以人伦为至。泰是时于兄弟间渐生异虑[2]，而王珪训告之方，教诲之道，未之闻也。卒以窥伺，废斥[3]而死，珪与有责矣。

以南平公主嫁王敬直敬直，珪之子也。先是，公主下嫁，皆不以妇礼事舅姑[4]，珪曰："主上钦明[5]，动循礼法。吾受公主谒见，岂为身荣？所以成国家之美耳。"乃与其妻就席坐，令公主执笄行盥馈之礼[6]。是后公主始行妇礼。

诏议封禅礼秘书监颜师古等议其礼，房玄龄裁定之。

夏，五月，虞公温彦博卒。

六月，以荆王元景、长孙无忌等为诸州刺史，子孙世袭。

秋，七月，谷、洛[7]溢。诏百官极言过失大雨，谷、洛溢入洛阳宫，坏官寺、民居，溺死者六千余人。诏："水所毁宫，少加修缮，才令可居。废明德宫、玄圃院，以其材给遭水者。令百官上封事，极言朕过。"其后上谓侍臣曰："上封事者皆言朕游猎太频。今天下无事，武备不可忘，但与左右猎于后苑，无一事烦民，夫亦何伤？"魏徵曰："先王惟恐不闻其过，苟其言无取，亦无所损。"乃皆劳而遣之。侍御史马周上疏，以为："三代及汉，历年多者八百，少者不减四百，良以恩结人心，人不能忘故也。自是以降，多者六十年，少者才二十余年，皆无恩于人，本根不固故也。今之户口，不及隋之什一，而给役[8]者，兄去弟还，道路相继。营缮不休，器服华侈。陛下少居民间，知民疾苦，尚复如此，况皇太子生长深宫，不更[9]外事，万岁之后，固圣虑所

1　师道：为师之道。
2　异虑：三心二意。
3　废斥：废黜屏斥。
4　舅姑：公婆。
5　钦明：敬肃明察。
6　执笄行盥馈之礼：公主拿着簪子，行媳妇侍公婆的盥馈之礼。笄，古代盘头发或别住帽子用的簪子。盥馈，侍奉尊者盥洗及进膳食。
7　谷、洛：谷水、洛水。
8　给役：供应使役。
9　更：经过，经历。

当忧也。臣观自古百姓愁怨，国未有不亡者，人主当修之于可修之时，不可悔之于既失之后。贞观之初，天下饥歉[1]，斗米直匹绢，而百姓不怨者，知陛下忧念[2]不忘故也。今比年丰穰，匹绢得粟十余斛，而百姓怨咨[3]者，知陛下不复念之，多营不急之务故也。自古以来，国之兴亡，不以蓄积多少，在于百姓苦乐。且以近事验之，隋贮洛口仓，而李密因之；东都积布帛，而世充资之；西京[4]府库，亦为国家之用，至今未尽。夫蓄积固不可无，要当人有余力，然后收之，不可强敛以资寇敌也。夫俭以息人，贞观之初，陛下所亲行也，岂今日而难之乎？欲为长久之计，但如贞观之初，则天下幸甚！又陛下宠遇诸王过厚，亦不可不深思也。魏武帝爱陈思王，及文帝即位，遂遭囚禁。然则武帝爱之，适所以苦之也。又百姓所以治安，唯在刺史、县令。今重内官而轻州县，刺史多用武臣，或京官不称职始补外任。边远之处，用人更轻。所以百姓未安，殆由于此。"疏奏，上称善久之，谓侍臣曰："刺史，朕当自选。县令，宜诏京官五品以上各举一人。"魏徵上疏曰："人主善始者多，克终者寡，岂取之易而守之难乎？盖以殷忧[5]则竭诚以尽下，安逸则骄恣而轻物。尽下则胡、越同心，轻物则六亲[6]离德，虽震之以威怒，亦皆貌从而心不服故也。人主诚能见可欲[7]则思知足，将兴缮[8]则思知止，处高危则思谦降[9]，临满盈则思挹损[10]，遇逸乐则思撙节，在宴安则思后患，防壅蔽则思延纳，疾谗邪则思正己，行爵赏则思因喜而僭，施刑罚则思因怒而滥，兼是十思，而选贤任能，则可以无为而治矣。"又曰："陛下欲善之志，不及于昔时；闻过必改，少亏于曩日。谴罚

---

1 饥歉：缺粮，庄稼收成差。
2 忧念：忧虑。
3 怨咨：怨恨嗟叹。
4 西京：即长安。
5 殷忧：深深的忧虑。
6 六亲：六种亲属，指哪些亲属说法不一，较早的一种说法是指父、母、兄、弟、妻、子，也泛指亲属。
7 可欲：足以引起欲念的事物。
8 兴缮：兴修。
9 谦降：不自高自大。
10 挹损：谦逊。

积多，威怒微厉。乃知贵不期骄，富不期侈，非虚言也。在昔隋之未乱也，自谓必无乱；其未亡也，自谓必无亡。故赋役无穷，征伐不息，以至祸将及身而尚未之寤也。夫鉴形莫如止水[1]，鉴败莫如亡国。伏愿取鉴于隋，去奢从约，亲忠远佞，以今之无事，行昔之恭俭，则尽善尽美矣。夫取之实难，守之甚易，陛下能得其所难，岂不能保其所易乎？”又曰：“今立政致治，必委之君子；事有得失，或访之小人。其待君子也敬而疏，遇小人也轻而狎。狎则言无不尽，疏则情不上通。夫中智[2]之人，岂无小慧？然才非经国，虑不及远，虽竭力尽诚，犹未免有败，况内怀奸宄，其祸岂不深乎？夫虽君子不能无小过，苟不害于正道，斯可略矣。陛下诚能慎选君子，以礼信用之，何忧不治？不然，危亡之期，未可保也。”上赐手诏褒美曰：“得公之谏，朕知过矣。当置之几案，以比弦韦[3]。”

康熙御批：人莫不慎于创业，怠于守成，故善始者未必善终，惟朝乾夕惕[4]，不敢少自暇逸[5]，乃可臻于上理。魏徵所陈，可谓深识治要[6]。

冬，十月，猎洛阳苑上猎洛阳苑，有群豕突出[7]，前及马镫，民部尚书唐俭投马[8]搏之，上拔剑斩豕，顾笑曰：“天策长史不见上将击贼邪？何惧之甚？”对曰：“陛下以神武定四方，岂复逞雄心于一兽？”上悦，为之罢猎。

安州都督、吴王恪免安州都督、吴王恪数出畋猎，颇损居人。侍御史柳范弹奏[9]，恪坐免官。上以长史权万纪不能匡正，欲罪之。范曰：“房玄龄犹不能止陛下畋猎，岂得独罪万纪哉？”上大怒，拂衣而入。久之，独引范谓曰：

1　鉴形莫如止水：观察自己身形的工具没有比得上静止的水的。
2　中智：中等才智。
3　弦韦：借指用以警勉自己的事物。典出《韩非子·观行》：“西门豹之性急，故佩韦以自缓；董安于之心缓，故佩弦以自急。”
4　朝乾夕惕：一天到晚都很勤奋很谨慎。乾，自强不息。惕，小心谨慎。
5　暇逸：悠闲逸乐。
6　治要：施政的要领。
7　群豕突出：群豕，一群猪。突出，冲出。
8　投马：弃马。
9　弹奏：向帝王检举官吏的罪状或过失。

“何面折我？”对曰：“陛下仁明，臣不敢不尽愚直[1]。”上悦。后褚遂良以为：“诸皇子典州者，多幼稚，未知从政，不若留京师，教以经术，俟其长而遣之。”上以为然。

以武氏为才人故荆州都督武士彟女，年十四，上闻其美，召入后宫。

戊戌**十二年（公元638年）**

春，正月，颁《氏族志》先是，山东人士崔、卢、李、郑诸族自矜地望，凡为婚姻，必多责财币[2]。或舍[3]其乡里而妄称名族，或兄弟齐列[4]而更以妻族相陵。上恶之，命吏部尚书高士廉等遍责天下谱谍[5]，质史籍以考其真伪，褒进忠贤，贬退奸逆，分为九等。士廉等以黄门侍郎崔民干为第一，上曰：“汉高祖与萧、曹、樊、灌皆起布衣，至今推仰[6]，以为英贤，岂在世禄[7]乎？高氏偏据山东，梁、陈僻在江南，虽有人物，盖何足言？况其子孙衰替[8]，而犹卬然[9]以门地自负，贩鬻松槚[10]，无复廉耻，不知世人何为贵之？今三品以上，皆以德行、勋劳、文学贵显，彼衰世旧门，何足慕哉？今欲厘正讹谬，舍名取实，而卿曹犹以民干为第一，是轻我官爵而徇流俗之情也。”乃更命刊定，专以今朝品秩为高下，于是以皇族为首，外戚次之，民干为第三。凡二百九十三姓，千六百五十一家，颁于天下。

二月，帝发洛阳，观砥柱，祠禹庙[11]，遂至蒲州蒲州刺史赵元楷饰楼观，盛储偫，上怒曰：“此乃亡隋之弊俗也。”

1 愚直：诚恳鲠直之言。
2 财币：钱财。
3 舍：住宿。
4 齐列：同样，同等。
5 谱谍：家谱。
6 推仰：推重敬仰。
7 世禄：贵族世代享有爵禄。
8 衰替：衰败。
9 卬然：仰头无所畏惧之貌。
10 贩鬻松槚：贩鬻，贩卖。松槚，松、槚二树，常被栽植墓前，亦作墓地的代称。
11 禹庙：祭祀大禹的庙宇，位于今陕西省渭南市辖韩城市东北周原村。

赠隋尧君素蒲州刺史诏曰："君素虽桀犬吠尧[1]，有乖倒戈[2]之志，而疾风劲草，实表岁寒[3]之心。可赠蒲州刺史。"

闰二月朔，日食。

帝还宫。

宴五品以上于东宫上曰："贞观之前，从朕经营天下，玄龄之功也。贞观以来，绳愆纠缪[4]，魏徵之功也。"皆赐之佩刀。上谓徵曰："朕政事何如往年？"对曰："威德所加，比往年则远矣。人心悦服，则不逮也。"上曰："何也？"对曰："陛下往以未治为忧，故日新；今以既治为安，故不逮。"上曰："今日所为，亦何以异于往年邪？"对曰："陛下初年，恐人不谏，常导之使言，中间[5]悦而从之。今则勉强从之，而犹有难色也。"上曰："其事可得闻欤？"对曰："陛下昔欲杀元律师，孙伏伽以为法不当死，陛下赐以兰陵公主园，直百万。或云：'太厚。'陛下云：'朕即位以来，未有谏者，故赏之。'此导之使言也。司户柳雄妄诉隋资[6]，陛下欲诛之，纳戴胄之谏而止，是悦而从之也。近皇甫德参上书谏修洛阳宫，陛下恚之，虽以臣言而罢，勉从之也。"上曰："非公不能及此。人苦不自知耳！"

夏，五月，永兴公虞世南卒世南外和柔而内忠直，上尝称世南有五绝：一德行，二忠直，三博学，四文辞，五书翰[7]。世南尝献《圣德论》，上赐诏曰："卿论太高，朕何敢当？然卿适睹其始，未睹其终。若朕能慎终如始，则此论可传，不然，恐徒使后世笑卿也。"

胡氏曰：孔子作《春秋》，常事不书，惟败常反理，乃书于策，以训后世，使正其心术，复常循理，交适于治而已矣。圣学不明，为上者，有一善则

1　桀犬吠尧：桀的狗对尧狂叫。后用以比喻奴才只知道听从主子的命令，不分善恶乱咬人，也比喻各为其主。
2　倒戈：放下武器，借指投降敌方。
3　岁寒：喻忠贞不屈的节操。
4　绳愆纠缪：改正过失，纠正错误。绳，纠正。愆，过失。谬，错误。
5　中间：心里面。
6　妄诉隋资：假冒隋朝所授官资。
7　书翰：文字，书信。

矜夸自足。为臣者，于君之失德阙政，则默不敢言，而务为归美之习，咏歌赞诵，惟恐在后。于是天变动于上而不知，地变动于下而不闻，民心违怨[1]，厥口诅祝[2]而不悟，求不危亡，不可得矣。世南清尚文雅，唐名士也，亦为《圣德论》，比太宗于尧、舜，其未深知孔子之教耶？

秋，七月，以高士廉为右仆射。

吐蕃寇松州[3]初，上遣使者冯德遐抚慰吐蕃，吐蕃遣使随德遐入朝，奉表求婚，上未之许。使者还，言："初，唐待我甚厚，会吐谷浑王入朝，相离间，唐礼遂衰，亦不许婚。"弄赞遂发兵击吐谷浑，进破党项、白兰[4]诸羌，率众二十余万屯松州西境，遣使贡金帛，迎公主。寻进攻松州。诏吏部尚书侯君集击败之，弄赞惧，引兵退。遣使谢罪，因复请婚，上许之。

以薛延陀真珠可汗二子为小可汗上以薛延陀强盛，恐后难制，拜其二子皆为小可汗，各赐鼓纛，外示优崇，实分其势。

冬，十一月，置屯营飞骑初置左、右屯营飞骑于玄武门，以诸将军领之。又简飞骑才力骁健、善骑射者，号"百骑"，以从游幸。

十二月，以马周为中书舍人周有机辩，岑文本常称："马君论事，援引事类，扬榷古今[5]，举要删烦，会文[6]切理，一字不可增减，听之靡靡[7]，令人忘倦。"

以霍王元轨为徐州刺史元轨好读书，恭谨自守，举措不妄。与处士刘玄平为布衣交。人问玄平王所长，玄平曰："无长。"问者怪之，玄平曰："人有所短，乃见所长。至于霍王，无所短，何以称其长哉？"

西突厥乙毗咄陆可汗立初，西突厥分其国为十部，每部酋长各赐一箭，

---

1 违怨：怨恨。
2 厥口诅祝：众口诅咒。厥，他们的，它们的。诅祝，祈求鬼神加祸于人。
3 松州：古州名，辖今四川省阿坝藏族自治州大部分地区及青海省久治、玛曲一带。
4 白兰：古代少数民族羌族的一支，分布于今青海省南部及四川省西部地区。
5 扬榷古今：扼要论述古代和今天的事情。扬榷，略举大要，扼要论述。
6 会文：行文。
7 靡靡：娓娓动听貌。

谓之十箭。又分左、右厢，左厢号五咄陆，置五大啜。右厢号五弩失毕，置五大俟斤，通谓之十姓。至是，咥利失[1]失众心，为其臣所逐，走焉耆，寻复得其故地。西部遂立欲谷设为乙毗可汗，中分其地。

己亥**十三年**（公元 639 年）

春，正月，加房玄龄太子少师房玄龄为太子少师。太子欲拜之，玄龄不敢谒见[2]而归，时人美其有让。玄龄以度支系天下利害，尝有缺，求其人未得，乃自领之。上尝问侍臣："创业与守成孰难？"玄龄曰："草昧[3]之初，与群雄并起，角力而后臣之，创业难矣。"魏徵曰："自古帝王莫不得之于艰难，失之于安逸，守成难矣。"上曰："玄龄与吾共取天下，出百死得一生，故知创业之难。徵与吾共安天下，常恐骄奢生于富贵，祸乱生于所忽，故知守成之难。然创业之难，既已往矣，守成之难，方当与诸公慎之。"玄龄等拜曰："陛下之言及此，四海之福也。"

范氏曰：自古创业而失之者少，守成而失之者多，盖祸乱未尝不生于安逸也。

永宁公王珪卒珪性宽裕[4]，自奉养甚薄。三品以上当立家庙，珪祭于寝，为法司[5]所劾，上不问，命有司为之立庙以愧之。

二月，以尉迟敬德为鄜州[6]都督上尝谓敬德曰："人或言卿反，何也？"对曰："臣从陛下征伐四方，身经百战，今之存者，皆锋镝之余也。天下已定，乃更疑臣反乎？"因解衣投地，出其瘢痍[7]，上流涕而抚之。上又尝谓敬德曰："朕欲以女妻卿，何如？"敬德谢曰："臣妻虽陋，相与共贫贱久矣。臣虽不

1　咥利失：唐代西突厥可汗名，亦作沙钵罗咥利失可汗、咥利失可汗、咥利始可汗，阿史那氏。
2　谒见：通名刺进见。后泛指觐见地位或辈分高的人。
3　草昧：创始，草创。
4　宽裕：宽大，宽容。
5　法司：古官署名，掌司法、刑狱等。
6　鄜州：古州名，辖今陕西省甘泉县以南，宜君县及黄陵县以北洛河中游地区。
7　瘢痍：疤痕，伤痕。

学，闻古人富不易妻，此非臣所愿也。”乃止。

诏内职有缺，选良家有才行者充尚书奏：“近世掖庭之选，或微贱之族，礼训蔑闻，或刑戮之家，忧怨所积。请自今后宫及东宫内职有缺，皆选良家有才行者，以礼聘纳[1]。其没官口[2]、贱人不得补用。”上从之。

诏停袭封[3]刺史上既诏宗室、功臣袭刺史，于志宁以为古今事殊，恐非久安之道，上疏争之。马周亦言：“尧、舜之父，犹有朱、均之子。傥有孩童嗣职，万一骄愚[4]，兆庶被殃，国家受败。则与其毒害于见存[5]之百姓，宁使割恩于已亡之一臣矣。是则向所谓爱之者，乃所以伤之也。臣谓宜赋以茅土，畴其户邑，必有材行，随器授官，使其人得奉大恩，而子孙终其福禄。”会长孙无忌等皆不愿之国，且言：“臣披荆棘事陛下，今海内宁一[6]，奈何弃之外州乎？”上曰：“割地以封功臣，古今通义，朕欲令公子孙世为有土之君，而公薄之，朕岂强公以茅土耶？”乃诏停之。

范氏曰：柳宗元有言曰：“封建非圣人意也，势也。盖自上古以来有之，圣人不得而废也。周室既衰，并为十二，列为六七，而封建之礼已亡。秦灭六国以为郡县，三代之制不可复矣。必欲法上古而封之，弱则不足以藩屏，强则必至于僭乱[7]，此后世封国之弊也。况诸侯之后嗣，或贤，或不肖，而必使之继世，是以一人而害一国也。然则如之何？记曰：‘礼，时为大，顺次之。’三代封国，后世郡县，时也。因时制宜，以便其民，顺也。古之法不可用于今，犹今之法不可用于古也。后世如有王者，亲亲而尊贤，务德而爱民，慎择守、令，以治郡县，亦足以致太平而兴礼乐矣。何必如古封建，乃为盛哉？”

---

1 聘纳：以礼娶亲。婚有六礼：纳采、问名、纳吉、纳征、请期、亲迎。聘指问名，纳指纳征。
2 没官口：没入官府充当奴隶的罪犯家口或俘虏。
3 袭封：子孙承袭先代的封爵。
4 骄愚：骄纵愚笨。
5 见存：现存。
6 宁一：安定统一。
7 僭乱：犯上作乱。

胡氏曰：太宗尝读《周官书》“辨方正位，体国经野[1]，设官分职，以为民极[2]”之言，慨然叹曰：“不井田，不封建，不足以法三代之治。”诏群臣议封建，其本于此乎？夫封建与天下共其利，天道之公也；郡县以天下奉一人，人欲之私也。魏徵盖未尝详考古制，卤莽甚矣。而近世范、苏二公亦谓封建不可行，始皇、李斯、柳宗元之论，圣人不能易也。乌乎，岂其然乎？宗元之言曰：“封建非圣人意也，势也。”诚使上古诸侯已为民害，圣人不得已而存之，则唐、虞之际，洪水怀襄[3]，民无所定；武王、周公诛纣伐奄，灭国五十，皆天下之大变也。此数圣人不能因时之变，更立制度，以为郡县，乃画壤裂土，修明侯甸[4]之法，何哉？宗元又曰：“德在人者，死必奉其嗣，故封建非圣人意也，势也。”夫为其德之不可忘，是以悯其绝，此仁之至，义之尽，而出于人心之固然者，固非圣人之私意，而归之势，可乎？宗元又曰：“诸侯国乱，天子不得变其君。”夫孟子所言贬爵、削地、六师移之之法，皆先王之制也，乌在其不敢变乎？汉不能制侯王未萌之恶，及大逆不道，然后勒兵而夷之，此非三代故事，自汉之失，袁盎固言之矣，岂可举此以例禹、汤、文、武所为哉？方三代盛时，诸侯或自其国入为三公，王室有难，诸侯或释位[5]以间[6]王政。至其衰也，五霸虽强大，犹且攘夷狄以尊戴天下之共主。凡若此类，宗元皆略而不称，乃摘取衰微祸乱之一二，欲举封建而废之，是犹见刖者而欲废天下之屦也。宗元又曰：“汤资三千诸侯以黜夏，武资八百诸侯以翦商，故不敢变易也。”是圣人于未举兵之前，要结众力，及成功之后，姑息苟安。此十六国、五代庸主之所行，而谓汤、武为之乎？宗元又曰：“封建非公之大者，公天下自秦始。”夫谓三代圣王无公心，以封建自私，是伯夷而为盗跖之事也。

1　体国经野：把都城划分为若干区域，由贵族分别管理，让奴隶平民耕作。亦泛指治理国家。体，划分。国，都城。经，丈量。野，田野。
2　民极：民众的准则。
3　怀襄：即“怀山襄陵”，洪水汹涌奔腾溢上山陵。
4　侯甸：侯服与甸服，古代王畿外围千里以内的区域。
5　释位：离去本职。
6　间：参与。

谓秦无私意，以郡县公天下，是飞廉而有比干之忠也。一何不类之甚与？宗元又曰：“诸侯继世而立，又有世大夫食禄采地[1]，以尽其封域。虽圣贤生于其时，无以立于天下。”天子圣明，公卿必得其人，诸侯不敢越乱法度，世固多贤也，而又有乡举里选之法，有明明侧陋[2]之扬，何患乎材之不用也？若上无明君，下无贤臣，如周之衰，如秦之季[3]，如汉、魏、隋、唐之时，在位者无非小人，而兴邦之良佐悉沉于民伍不见庸[4]也，虽守、宰遍宇内，将何救于此？故凡宗元《封建论》，皆无稽而不可信也。夫为君如尧、舜、汤、禹，亦足矣。帝王之治，至于唐、虞、三代，亦无以加矣。井天下之田，使民各有以养其生，经天下之国，使贤才皆得以施其用。人主自治，不过千里，大小相维，轻重相制，外无强暴侵陵、微弱不立之患，内无广土众民、奢泰恣肆之失，是以义处利[5]，均天地之施，故曰：“封建之法，天道之公也。”若秦则妒民之兼并，而自为兼并；管天下之利以自奉，故曰：“郡县之制，人欲之私也。”苏子[6]讲之不详，乃以封建为争之端，不知圣人所以息争也。果以为争者，何三代封建之长，而秦、汉以来不封建之短也？苏子又曰：“汉、唐以来，卿大夫不世袭，则无篡弑之祸。”夫袭封之大者，莫过于帝王矣，刘劭、杨广皆袭封者也。设欲救此，其必如唐、虞官天下而后可，则王莽、董卓、曹操、刘裕之徒又将何以止之？而三代之君一姓，多者至三十余君，其诸侯篡弑，亦不闻出于文、武、成、康[7]之时，安得以封建为争之端而乱之始欤？或曰：“然则封建今可行乎？”曰：“何独封建也！二帝、三王之法，孰不可行者？在人而已矣。然欲行封建，先自井田始。”范子[8]亦惑于宗元，谓：“今之法不可用于古，犹古之

1 采地：古代诸侯分封给卿大夫的田地（包括耕种土地的奴隶），也叫采邑。
2 明明侧陋：明明，明察贤明之士。侧陋，处在僻陋之处的贤人或卑贱的贤者。
3 季：一个朝代的末期。
4 庸：任用。
5 以义处利：借助道义平衡利益。
6 苏子：即苏轼。
7 文、武、成、康：即周朝前四位君主，周文王姬昌、周武王姬发、周成王姬诵、周康王姬钊。
8 范子：即北宋著名史学家范祖禹，曾协助司马光编修《资治通鉴》。

法不可用于今。”夫后世之法私意妄为，固不可行于古。而为天下者，不以二帝、三王善政良法为则，则又何贵于稽古而建事[1]哉？

夏，四月，如九成宫。

突厥结社率作乱，伏诛初，突利可汗之弟结社率入朝，为中郎将，久不进秩[2]。阴结故部落四十余人作乱，夜袭御营，折冲[3]孙武开等帅众奋击，久之，乃退，驰入御厩[4]，盗马北走，追获，斩之。

五月，旱，诏五品以上言事魏徵上疏，言：“陛下志业，比贞观之初，渐不克终者凡十条。”其一以为：“顷年[5]轻用民力，乃云：‘百姓无事则骄佚，劳役则易使。’自古未有因百姓逸而败，劳而安者。此恐非兴邦之言也。”上深奖叹[6]，报云：“已列诸屏障[7]，朝夕瞻仰。”仍录付史官。

范氏曰：有国者不忧百姓之贫，而疑其财之有余，取之不已；不恤百姓之劳，而疑其力之有余，使之不已。此二者，亡之道也。人主曷不反诸己？己欲富而恶贫，欲逸而恶劳，则富而逸者，民之所欲也。与其所欲，去其所恶，而不王者，未之有也。

秋，七月，立李思摩为突厥可汗自结社率之反，言事者多云突厥留河南不便，上乃赐怀化郡王阿史那思摩姓李氏，立以为乙弥泥孰俟利苾可汗，赐之鼓纛，使率其种落选旧部。突厥咸惮薛延陀，不肯出塞。上赐薛延陀玺书，言：“前破突厥，止为颉利一人为百姓害，实不贪其土地，今使还其故国尔。薛延陀受册在前，突厥受册在后，当以先后为大小。各守土疆，毋或逾分，其有故相抄掠，我则发兵往问其罪。”薛延陀奉诏。于是遣思摩率所部建牙于河北，遣赵郡王孝恭等赍册书，筑坛于河上而立之。上谓侍臣曰：“中国，根

1　建事：建立事业或功业。
2　进秩：升官，增加俸禄。
3　折冲：古官名，即折冲都尉，折冲都尉府长官，领所属府兵备宿卫。
4　御厩：养御马的马厩。
5　顷年：近年。
6　奖叹：称颂，赞叹。
7　屏障：屏风。

干也；四夷，枝叶也。割根干以奉枝叶，木安得滋荣[1]？朕不用魏徵言，几致狼狈。”

八月朔，日食。

冬，十一月，以杨师道为中书令，刘洎为黄门侍郎、参知政事[2]。

十二月，以侯君集为交河大总管，将兵击高昌[3]初，高昌王麴文泰多遏绝[4]西域朝贡，及拘留中国人；诏令入朝，又不至；与西突厥共击破焉耆，焉耆诉之。上遣使问状，文泰曰：“鹰飞于天，雉伏于蒿[5]，猫游于堂，鼠噍[6]于穴，各得其所，岂不能自生邪？”上怒，欲发兵击之，薛延陀可汗遣使请为乡导。上犹冀文泰悔过，复下玺书，示以祸福，征之入朝。文泰竟称疾不至。至是，乃遣君集及薛万均将兵击之。

太史令傅奕卒傅奕精究[7]术数之书，而终不之信，遇病，不呼医饵药。有僧自西域来，能呪[8]人使立死，复呪即苏[9]。上试之，验，以告奕，奕曰：“此邪术也。臣闻邪不干正，请使呪臣，必不能行。”上命僧呪奕，奕初无所觉，须臾，僧忽僵仆[10]，遂不复苏。又有婆罗门僧言得佛齿，所击辄碎，长安士女辐凑如市。奕谓其子曰：“吾闻有金刚石者，性至坚，物莫能伤，唯羚羊角能破之，汝往试焉。”其子如言叩之，应手而碎，观者乃止。奕年八十五卒。临终，戒其子无得学佛书。又集魏、晋以来驳佛教者为《高识传》十卷，行于世。

西突厥咥利失可汗卒子乙毗沙钵罗叶护可汗立，号南庭。咄陆为北庭。

1　滋荣：生长繁茂。
2　参知政事：古官名，原是临时差遣的名目，后演变成一个常设官职，相当于副宰相。
3　高昌：古西域国名，位于今新疆吐鲁番市高昌区东南，是古时西域交通枢纽。
4　遏绝：阻止禁绝。
5　雉伏于蒿：野鸡卧于蒿草之中。
6　噍：嚼，吃东西。
7　精究：精心研究。
8　呪：通“咒”。
9　苏：从昏迷中醒过来。
10　僵仆：身体僵硬而倒下。

庚子**十四年**（公元640年）

春，正月，幸魏王泰第赦雍州、长安系囚，免延康里[1]今年租赋，赐泰府僚属有差。

二月，诣国子监上幸国子监，观释奠，命祭酒孔颖达讲《孝经》，赐诸生帛有差。是时，上大征天下名儒为学官，数幸国子监，使之讲论，学生能明一经以上皆得补官。增筑学舍千二百间，增学生满三千二百六十员，自屯营飞骑，亦给博士，使授以经，有能通经者，听得贡举。于是四方学者云集京师，乃至高丽、百济、新罗、高昌、吐蕃诸酋长亦遣子弟请入国学，升讲筵[2]者至八千余人。上以师说多门，章句繁杂，命颖达与诸儒定五经疏，谓之《正义》，令学者习之。

范氏曰：古之教者，家有塾，党有庠，遂[3]有序，国有学。士修之于家，而后升于乡；升于乡，而后升于国；升于国，而后达于天子。其教之有素[4]，养之有渐，升之有序，故其贤才不可胜用。后世乡里之学废，人君能教者，不过聚天下之士，而乌合于京师，眩曜[5]于一时而已，非有教养之实也。唐之儒学，惟贞观、开元[6]为盛，其所成就者，亦可睹矣。孟子曰："学所以明人伦也。"故有国者以为先。然为学而不复三代之制，亦未知其可也。

三月，流鬼国[7]入贡流鬼去京师万五千里，滨于北海[8]。

夏，五月，侯君集灭高昌，以其地为西州高昌王文泰闻唐兵起，谓其国人曰："唐去我七千里，而沙碛[9]居二千里，地无水草，寒风如刀，热风

1　延康里：古地名，亦作延康坊，魏王李泰在长安的府邸所在。
2　讲筵：讲经、讲学的处所。
3　遂：西周的基层组织，五家为邻，五邻为里，四里为赞，五赞为鄙，五鄙为县，五县为遂。
4　有素：由来已久。
5　眩曜：光彩夺目。
6　开元：唐玄宗李隆基的年号，存续时间为公元713至741年。
7　流鬼国：东北亚地区的古国名，主要居民为堪察加人，大致位置位于今俄罗斯堪察加半岛一带。
8　北海：古地名，即今俄罗斯巴尔喀什湖。
9　沙碛：沙漠。

如烧，安能致大军乎？”及闻唐兵临碛口，忧惧发疾，卒。子智盛立。刻日将葬，诸将请袭之，侯君集曰：“天子以高昌无礼，故使吾讨之。今袭人于墟墓之间，非问罪之师也。”于是鼓行而进，诘朝攻之，及午而克，智盛出降。君集分兵略地，下其二十二城，户八千四十六。上欲以高昌为州县，魏徵谏曰：“文泰有罪，故王诛[1]加之。今罪人已死，其子又服，宜抚其百姓，存其社稷，复立其子，则威德被于遐荒[2]，四夷皆悦服矣。若以为州县，当复遣兵镇守，劳费不赀，死亡相继，而陛下终不得高昌撮[3]粟尺帛，以佐中国，所谓散有用以事无用也。”上不从，以其地为西州，置安西都护府。去年，计天下州府凡三百五十八，县千五百一十一。至是，又平高昌。唐地东极于海，西至焉耆，南尽林邑，北抵大漠，皆为州县，凡东西九千五百一十里，南北一万九百一十八里。

以刘仁轨为栎阳丞初，陈仓折冲都尉鲁宁坐事系狱，自恃高班[4]，慢骂陈仓尉刘仁轨，仁轨杖杀之。州司以闻。上怒，追至长安，将面诘[5]而斩之。仁轨曰：“鲁宁对臣百姓辱臣如此，臣实忿而杀之。”辞色自若。魏徵侍侧，曰：“隋末，百姓强而陵官吏，多如鲁宁之比[6]，隋以是亡。”上乃擢仁轨为栎阳丞。上将幸同州校猎，仁轨上言：“大稔未获，使农民供猎事，治道葺桥，动费一、二万功[7]。愿少停旬日[8]，则公私俱济矣。”上赐玺书嘉纳，迁新安令。

冬，十一月，诏李淳风考定[9]《戊寅历》时《戊寅历》以癸亥[10]为十一月朔，李淳风表称：“古历分日起于子半，今岁甲子朔旦冬至[11]，而傅仁均减余

1 王诛：天子的讨伐。
2 遐荒：边远荒僻之地。
3 撮：食指与拇指间能撮起的量，形容少。
4 高班：高位，显爵。
5 面诘：亲自讯问、查究。
6 比：等同。
7 功：通“工”。
8 旬日：十天，亦指较短的时日。
9 考定：考核审定。
10 癸亥：干支记日法表示的日期。
11 古历分日起于子半，今岁甲子朔旦冬至：古代历法划分日期确定在子时之半，今年甲子朔日早晨冬至。

稍多，子初为朔，遂差三刻，用乖天正[1]，请更加考定。”从之。

更定服制[2]礼官奏请加高祖父母服齐衰五月，嫡子妇服期，嫂、叔、弟妻、夫兄、舅皆服小功。从之。

范氏曰：人莫不有本，自高祖以上，推而至于无穷。苟或知之，何可忘其所从来也？然既远矣，则服有时而绝。而先王之意，非以服尽而亲绝也。后世不达于礼者，或益之，或损之，皆出于私意，不足法也。嫂、叔之无服，古之人岂独于此无恩乎？传曰：“其夫属乎父道者，妻皆母道也。”嫂不可以为母，则无属；而又不可以属乎妻道也，故远之，以明人伦也。凡丧服从先王之礼，则正矣。

以太常卿韦挺为封禅使百官复请封禅，诏许之也。

贬司门员外郎[3]**韦元方为华阴令**司门员外郎韦元方给给使过所稽缓[4]，给使奏之。上怒，出元方为令，魏徵谏曰：“宦者轻为言语，易生患害，独行远使，深非事宜，渐不可长。”上纳其言。

十二月，下侯君集等狱，既而释之君集之破高昌也，私其珍宝。将士竞为盗窃，君集不能禁，为有司所劾。诏下君集等狱，岑文本上疏曰：“命将出师，主于克敌。苟能克敌，虽贪可赏；若其败绩，虽廉可诛。是以黄石公曰：‘使智，使勇，使贪，使愚。故智者乐立其功，勇者好行其志，贪者急趋其利，愚者不计其死。’今君集等虽自挂网罗[5]，愿录其微劳而宥之，则虽屈法而德弥显矣。”上乃释之。又有告薛万均私高昌妇女者，付大理对辨[6]。魏徵谏曰：“臣闻，君使臣以礼，臣事君以忠。今遣大将军与亡国妇女对辨，实则所得者轻，虚则所失者重。”上遽释之。高昌之平也，诸将皆即受赏，行军总管阿史那社

1　天正：周历建子，以农历十一月即冬至所在之月为岁首，古人以为得天之正，故称。
2　服制：服丧的制度。
3　司门员外郎：古官名，为尚书省刑部司门司次官，掌本司之籍帐，侍郎缺则掌司事。
4　给给使过所稽缓：没有及时给外出官奴发放过关凭证。给使，官奴，供役使之人。
5　自挂网罗：自投法网。
6　付大理对辨：交给大理寺当面对质。对辨，当面对质。

尔以无敕旨，独不受，及别敕[1]既下，乃受之，所取唯老弱故弊[2]而已。

以张玄素为银青光禄大夫[3]上闻玄素在东宫数谏争，擢银青光禄大夫，行左庶子[4]。玄素尝为刑部令史，上尝对朝臣问之，玄素深以为耻[5]。谏议大夫褚遂良上疏，以为："君能礼其臣，乃能尽其力。玄素虽出寒微，陛下重其才，擢至三品，翼赞[6]皇储，岂可复对群臣穷其门户乎？"孙伏伽亦尝为令史，及贵，或于广坐自陈往事，一无所隐。

诏诸州有犯十恶[7]罪者，勿劾刺史戴州刺史贾崇以所部有犯十恶者，御史劾之。上曰："昔唐、虞大圣，贵为天子，不能化其子。况崇为刺史，独能使其民比屋为善乎？若坐是贬黜[8]，则州县互相掩蔽，纵舍罪人矣。自今勿劾，但令明加纠察，如法施罪。"

---

1 别敕：另外的诏书。
2 故弊：破旧之物。
3 银青光禄大夫：古官名，魏晋时期，由于官位的滥授造成官爵贬值，光禄大夫开始分化：加金章紫绶者，称金紫光禄大夫；加银章青绶者，称银青光禄大夫。后从。唐时为从三品散官。
4 左庶子：古官名，太子侍从官，南北朝时称中庶子，唐以后于太子官署中设左、右春坊，以左、右庶子分隶之。
5 上尝对朝臣问之，玄素深以为耻：太宗曾当着朝臣的面穷究张玄素在隋朝时官居何职，因其所居官位卑微，所以以此为耻。
6 翼赞：辅佐。
7 十恶：中国古代十种为常赦所不原的重大犯罪，一反逆，二谋大逆，三叛，四降，五恶逆，六不道，七不敬，八不孝，九不义，十内乱。
8 贬黜：降职或免去官爵。

卷四十

起辛丑唐太宗贞观十五年，尽辛酉[1]唐高宗龙朔元年**凡二十一年**。

辛丑**十五年**（公元641年）

春，正月，以文成公主嫁吐蕃吐蕃复遣其相禄东赞来请婚。上嘉其善应对，欲以琅邪公主外孙段氏妻之，辞曰："臣国中有妇，父母所聘，不可弃也。且赞普未得谒公主，陪臣何敢先娶？"上益贤之，然欲抚以恩厚，竟不从其志。命江夏王道宗持节送文成公主于吐蕃。赞普大喜，慕中国衣服、仪卫之美，为公主别筑城郭、宫室而处之。其国人皆以赭[2]涂面，公主恶之，赞普禁之。亦渐革其猜暴之性，遣子弟入国学，受《诗》《书》。

胡氏曰：禄东赞虽夷狄，然知敬父母之命，守伉俪之情，则当听其义，成其美，乃中国礼义之教矣。欲抚以厚恩者，独无它道乎？

如洛阳宫。

夏，四月，诏以来年二月有事[3]于泰山。

命太常博士[4]吕才刊定阴阳杂书上以近世阴阳杂书讹伪[5]尤多，命太常博士吕才刊定，上之。才皆为之叙[6]，质以经史。其序《宅经》曰："近世巫觋妄分五姓，如张、王为商，武、庾为羽，似取谐韵。至于以柳为宫，以赵为角，又复不类。或同出一姓，分属宫、商；或复姓数字[7]，莫辨徵、羽。此则事不稽古，义理乖僻[8]者也。"叙《禄命》曰："《禄命》之书，多言或中，人乃信之。

1　辛酉：即公元661年。
2　赭：赤红如红土的颜料，古人用以饰面。
3　有事：指有封禅之事。
4　太常博士：古官名，太常寺属官，掌教弟子，分经任职，国有疑事，则备咨询。
5　讹伪：讹错，错误。
6　叙：通"序"。
7　数字：若干字。
8　乖僻：反常，怪僻。

然长平坑卒，未闻共犯三刑；南阳贵士，何必俱当六合[1]？今亦有同年同禄而贵贱悬殊，共命共胎而夭寿更异。此皆禄命[2]不验之著明者也。”其叙《葬》曰：“古者卜葬[3]，盖以朝市[4]迁变，泉石交侵，不可前知，故谋之龟筮[5]。近代或选年月，或相墓田，以为穷达、寿夭，皆因卜葬所致。按礼，天子、诸侯、大夫葬，皆有月数，是古人不择年月也。《春秋》：‘九月丁巳，葬定公，雨，不克葬，戊午，日下昃[6]，乃克葬。’是不择日也。郑葬简公，司墓[7]之室当路，毁之，则朝而窆[8]；不毁，则日中而窆。子产不毁，是不择时也。古之葬者，皆于国都之北，兆域有常处，是不择地也。今以妖巫妄言，遂于擗踊之际，择地选时以希富贵。或云辰日不可哭泣，遂莞尔[9]而对吊客；或云同属[10]忌于临圹[11]，遂吉服[12]不送其亲。伤教败礼，莫斯为甚！”识者以为确论。

五月，有星孛于太微，诏罢封禅从褚遂良之请也。

起复于志宁为太子詹事詹事于志宁遭母丧，起复旧职。太子治宫室，妨农功，好郑、卫之乐，宠昵宦官，役使司驭，不许分番[13]，私引突厥入宫。志宁上书切谏，太子大怒，遣刺客张师政、纥干承基杀之。二人入其第，见志宁寝处[14]苫块，竟不忍杀。

---

1 长平坑卒，未闻共犯三刑；南阳贵士，何必俱当六合：秦国在长平坑杀赵国士兵四十五万人，没听说都犯了三刑；汉光武帝时南阳人多富贵，又哪里都是因为生肖相合。三刑，古代星相家将十二支与五行四方相配，据其生克之理以推凶吉。子、卯为一刑，寅、巳、申为二刑，丑、戌、未为三刑，凡逢三刑之地则凶。六合，十二地支之间的一种关系，鼠与牛为合，虎与猪为合，兔与狗为合，龙与鸡为合，蛇与猴为合，马与羊为合，为十二生肖六合。

2 禄命：禄食命运。古代宿命论者谓人生的盛衰、祸福、寿夭、贵贱等均由天定。

3 卜葬：古代埋葬死者，先占卜以择吉祥之葬日与葬地，称为“卜葬”。

4 朝市：朝廷和市集。

5 龟筮：占卦。古时占卜用龟，筮用蓍，视其象与数以定吉凶。

6 下昃：日暮时。

7 司墓：古官名，春秋时郑国置，掌公墓。

8 窆：埋葬。

9 莞尔：微笑貌。

10 同属：同一属相者。

11 临圹：到墓地去。圹，墓穴。

12 吉服：古祭祀时所着之服。祭祀为吉礼，故称。

13 役使司驭，不许分番：役使驾车马的人，不许他们轮流值班。分番，轮流值班。

14 寝处：坐卧，止息。

胡氏曰：太子之于詹事，学为父子焉，学为君臣焉。太宗使志宁辅导太子，而夺其丧，岂其未之思欤？然志宁不能力辞，乃以无事之时，从金革之例，冒哀[1]居官，则何以训太子矣？宜太子之不纳其谏也。然太子之欲杀志宁，则是刺客之不如矣，其不能终，宜哉！

西突厥咄陆可汗杀沙钵罗可汗。

遣职方郎中[2]陈大德使高丽大德初入其境，欲知山川风俗，所至城邑，以绫绮遗其守者，遂得游历。见中国人，隋末从军没于高丽者，因问亲戚存没[3]，大德曰："皆无恙。"咸涕泣相告。数日后，隋人望之而哭者，遍于郊野。大德归，言于上，上曰："高丽本四郡地耳，吾发卒数万，取之不难。但山东州县雕瘵[4]未复，吾不欲劳之耳！"

范氏曰：大德出使绝域，当布宣德泽[5]，以怀远人，使声教所及，无思不服，而以赂遗诡诈，为谍于外国，失使之职，岂不辱乎？

冬，十一月，以李世勣为兵部尚书并州长史李世勣在州十六年，令行禁止，民夷怀服[6]。上曰："隋炀帝劳百姓，筑长城以备突厥，卒无所益。朕唯置李世勣于晋阳，而边尘不惊[7]，其为长城，岂不壮哉！"因有是命。

薛延陀攻突厥，遣李世勣等将兵讨破之薛延陀真珠可汗闻上将东封[8]，曰："天子封泰山，边境必虚，我以此时取思摩，如拉朽耳！"乃命其子大度设发诸部兵合二十万，击突厥。思摩不能御，率部落入长城，保朔州，遣使告急。诏遣世勣等分道击之。诸将辞行，上戒之曰："薛延陀负其强盛，逾漠而南，行数千里，马已疲瘦，见利不能速进，不利不能速退。吾已敕思摩烧

1　冒哀：不顾居丧的哀痛。
2　职方郎中：古官名，掌天下地图及城隍、镇戍、堡寨、烽候，及沿边少数民族内附等事。
3　存没：生死。
4　雕瘵：凋残病困。
5　布宣德泽：布宣，传布宣扬。德泽，恩惠。
6　怀服：内心顺服。
7　边尘不惊：比喻边境安定无战事。
8　东封：巡幸东方，封禅泰山。

剃[1]秋草，彼粮糗[2]日尽，野无所获。卿等俟其将退，与思摩一时奋击，破之必矣。”十二月，世勣败薛延陀于诺真水[3]，斩首三千余级，捕虏五万余人。大度设脱身走，值大雪，人畜冻死者什八九。世勣还军定襄。

壬寅**十六年**（公元642年）

春，正月，魏王泰上《括地志》泰好学，司马苏勖说泰以古之贤王皆招士著书，故泰奏请修《括地志》。于是大开馆舍，门庭如市，至是上之。泰月给[4]逾于太子，褚遂良上疏曰：“圣人制礼，庶子虽爱，不得逾嫡，所以塞嫌疑之渐，除祸乱之源也。若当亲者疏，当尊者卑，则佞巧[5]之奸，乘机而动矣。今魏王新出阁[6]，宜示以礼。”上从之。上又令泰徙居武德殿，魏徵曰：“此殿海陵[7]昔尝居之，陛下爱魏王，常欲使之安全，宜每抑其骄奢，不可处之嫌疑之地。”上遂遣泰归第。

徙死罪者实西州[8]。

括浮民附籍[9]。

以岑文本专知机密。

夏，六月，诏太子用库物，有司勿为限制诏太子用库物，有司勿为限制。于是太子发取[10]无度，左庶子张玄素上太子书曰：“恩旨未逾六旬，用物已过七万，骄奢之极，孰云过此？苦药利病，苦言利行，伏惟居安思危，日慎一日。”太子恶之，令户奴[11]阴伺击之，几毙。

---

1 烧剃：原始耕作法，芟除田中杂草，草干枯后，焚烧以为肥料。
2 粮糗：粮食。
3 诺真水：古水名，即今内蒙古自治区达尔罕茂明安联合旗境内艾不盖河。
4 月给：月俸，月饷。
5 佞巧：谄佞巧诈。
6 出阁：皇子出就封国。
7 海陵：即海陵剌王李元吉。
8 西州：古州名，辖今新疆吐鲁番市及鄯善县地。
9 括浮民附籍：汇集无户籍的游民，附入本地户籍。括，汇集，征集。
10 发取：取得物力或人力以供需用。
11 户奴：家奴。

胡氏曰：《周官·内府·膳夫·酒正》有“王及后、世子不会[1]”之文，以愚度之，非武王、周公之法也。夫日用之切身者，莫大乎膳服[2]。而易以溺人者，莫若酒。今以尊贵之故，惟意所取，不限多少，则珠襦[3]玉食，长夜之饮，由此起矣，岂圣人节以制度，自家刑国[4]之道哉？或者以为冢宰之职，量入为出，得以九式[5]佐王均节[6]财用，是以虽曰“不会”，而会在其中，特不使有司以法沮止[7]，若自下而制上者耳。是或一说也。太宗之诏，盖不考于此而失之。诸贤在朝，亦不闻以为不可，何哉？

秋，七月，以长孙无忌为司徒，房玄龄为司空。

九月，以魏徵为太子太师初，魏徵有疾，上手诏问之，且言：“不见数日，朕过多矣。若有闻见，可封状[8]进来。”徵上言：“比者弟子陵师，奴婢忽主，下多轻上，渐不可长。”又言：“陛下临朝，常以至公为言，退而行之，未免私僻[9]。或畏人知，横加威怒，欲盖弥彰，竟有何益？”徵宅无堂，上命辍[10]小殿之材以构之，五日而成，仍赐以素屏[11]、褥、几、杖等，以遂其所尚。徵上表谢，上手诏曰：“处卿至此，盖为黎元与国家，何事过谢？”会上问侍臣以国家急务，褚遂良曰：“太子、诸王宜有定分，此为最急。”时太子承乾失德，魏王泰有宠，群臣日有疑议，故遂良对及之。上乃曰：“方今群臣，忠直无逾魏徵，我遣傅[12]太子，用绝天下之疑。”乃以徵为太子太师。徵以疾辞，上曰：

1　不会：王室膳食敞开使用，不用盘算。会，每月零星盘算为“计”，一年总盘算为“会”。
2　膳服：饮食和服用，亦泛指衣食所需。
3　珠襦：贯珠为饰的短衣，古代帝、后所服。
4　自家刑国：从自家开始，更成为整个国家的典范。
5　九式：一曰祭祀之式，二曰宾客之式，三曰丧荒之式，四曰羞服之式，五曰工事之式，六曰币帛之式，七曰刍秣之式，八曰匪颁之式，九曰好用之式。
6　均节：调节。
7　沮止：阻止，遏止。
8　封状：封上状子。
9　私僻：偏私。
10　辍：拿出，取出。
11　素屏：白色的屏风。
12　傅：教导。

“知公疾病，可卧护[1]之。”徵乃受诏。

范氏曰：太子、魏王方争，群臣有党，太宗使徵为太子师，以重太子也。不闻告其君以嫡庶之别，训太子以祸败之戒。处父子、兄弟危疑之际，依违而已，岂其疾之耄[2]乎？卒之身没而见疑，谗人得以间之，惜哉！

上尝谓侍臣曰：“朕虽平定天下，其守之甚难。”徵对曰：“臣闻，战胜易，守胜难。陛下之及此言，宗庙、社稷之福也。”上尝问徵：“比来朝臣殊[3]不论事，何也？”对曰：“陛下虚心采纳，必有言者。凡臣徇国者寡，爱身者多，彼畏罪，故不言耳。”房玄龄、高士廉遇少府少监[4]窦德素于路，问：“北门近何营缮？”德素奏之。上怒，让玄龄等曰：“君但知南牙[5]政事，北门小营缮，何预君事？”玄龄等拜谢。魏徵进曰：“玄龄等为陛下股肱耳目，于中外事岂有不应知者？使所营是，则当助成之；非，则当请罢之。不知何罪而责，亦何罪而谢也？”上甚愧之。上尝问侍臣曰：“或君乱而臣治，或君治而臣乱，孰愈？”魏徵对曰：“君治，则善恶明，赏罚当，臣安得而乱之？苟为不治，纵暴愎谏，虽有良臣，将安所施？”上曰：“齐文宣得杨遵彦，非君乱而臣治乎？”对曰：“彼才能救亡耳，乌足为治哉？”

西突厥寇伊州，安西都护郭孝恪击败之西突厥咄陆可汗既并沙钵罗之众，自恃强大，遣兵寇伊州，郭孝恪击败之。初，高昌既平，岁发兵千余人戍守其地，褚遂良上疏曰：“陛下取高昌，调人屯戍，破产办装[6]，死亡者众。设使张掖、酒泉有烽燧之警，陛下岂得高昌一夫、斗粟之用？终当发陇右诸州兵、食以赴之耳。然则河西者，中国之心腹；高昌者，它人之手足，奈何糜弊

1 卧护：在卧病中监军。
2 耄：年老昏乱。
3 殊：很，甚。
4 少府少监：古官名，少府寺主官副职，总百工技巧之政，领中尚、左尚、右尚、织染、掌治五署及诸冶监、诸铸钱监、互市监。
5 南牙：指宰相。上文“北门”指羽林诸将。
6 破产办装：用尽财产置办军需。

本根以事无用之土乎？愿择高昌子弟，使君其国，永为藩辅，内安外宁，不亦善乎？”上弗听。及是，上悔之，曰：“魏徵、褚遂良劝我复立高昌，吾不用其言，今方自咎[1]耳。”

范氏曰：有国者，丧师之祸小而或以霸，得地之祸大而或以亡。是故先王患德之不足，而不患地之不广；患民之不安，而不患兵之不强。封域之外，声教所不及者，不以烦中国也。太宗不从忠谏，卒自咎悔[2]，况不若太宗之强盛而可为乎？

西突厥咄陆可汗为其下所逐，遣使立射匮可汗西突厥咄陆可汗击破米国[3]，不分虏获[4]与其下，又斩其将泥孰啜。泥孰啜部将胡禄屋袭击之，咄陆走保白水胡城[5]。所部诣阙请废之，更立可汗。上遣使立莫贺咄之子为乙毗射匮可汗。率诸部击咄陆，咄陆败之。使人招其故部落，皆曰：“使我千人战死，一人独存，亦不汝从[6]！”咄陆自知不为众所附，乃奔吐火罗[7]。

冬，十月，郢公宇文士及卒上尝止树下，爱之，士及从而誉之不已，上正色曰：“魏徵尝劝我远佞人，我不知佞人为谁，意疑[8]是汝，今果不谬！”士及叩头谢。至是，卒，谥曰“纵”。

范氏曰：大禹曰：“何畏乎巧言令色孔壬[9]。”孔子曰：“佞人殆[10]。”夫佞人者，止于谀说顺从而已，而近之必至于殆，何也？彼佞人者，不知义之所在，而惟利之从故也。利在君父，则从君父；利在权臣，则附权臣；利在敌国，则交敌国；利在戎狄，则亲戎狄。忠臣则不然，从义而不从君，从道而不从父，

1　自咎：自己责备自己。
2　咎悔：悔过，追悔自责。
3　米国：古西域国名，居住于今天的乌兹别克斯坦撒马尔罕西南。
4　虏获：俘虏的敌人，缴获的牲畜、财物等。
5　白水胡城：古地名，一作白水城，位于今哈萨克斯坦南部奇姆肯特东南，唐时为安西都护府属地。
6　亦不汝从：也不追随你。
7　吐火罗：古民族名，居住于今天阿富汗北部阿姆河上游，唐朝以前称其为大夏。
8　意疑：怀疑。
9　孔壬：尧时大奸佞，曾任共工之官。
10　殆：危险。

使君不陷于非义，父不入于非道，故虽有所不从，将以处君父于安也。君有不义，不从也，而况于权臣乎？父有不义，不从也，而况于它人乎？古人佞者，其始未必有悖逆之心，及其患失，则无所不至，故终至于弑君而亡国。是故尧、舜畏之，而孔子以为殆，人君可不远之乎？

许以新兴公主嫁薛延陀上谓侍臣曰：“薛延陀倔强漠北，今御之有二策，苟非发兵殄灭之，则与之婚姻以抚之耳。”房玄龄对曰：“兵凶战危，臣以为和亲便。”先是，契苾何力归省[1]其母于凉州，会契苾部落皆欲归薛延陀，何力不可，部落执之以降。何力拔佩刀东向大呼曰：“岂有大唐烈士而受屈虏廷[2]？”因割左耳以自誓。上闻契苾叛，曰：“何力心如铁石，必不叛我！”会有使者自薛延陀来，具言其状，上即命兵部侍郎崔敦礼持节使薛延陀，许以新兴公主妻之，以求何力，何力由是得还。

十一月，高丽泉盖苏文弑其王建武高丽东部大人泉盖苏文凶暴多不法，其王及大臣议诛之。盖苏文知之，勒兵尽杀诸大臣，因驰入宫，手弑其王，立王弟子藏为王，自为莫离支，其官如中国吏、兵尚书也。盖苏文状貌雄伟，意气豪逸[3]，身佩五刀，左右莫敢仰视。亳州刺史裴思庄奏请伐高丽，上曰：“高丽职贡不绝，为贼臣所弑，朕甚哀之。但山东雕弊，吾未忍言用兵耳。”

广州都督党仁弘有罪，徙钦州高祖之入关也，党仁弘将兵有功，其后历官，所至有声迹。至是，为广州都督，坐赃当死，上欲宥之，召五品以上谓曰：“法者，人君所受于天，不可以私。今朕私党仁弘而欲赦之，是自乱其法，上负于天，欲席藁[4]于南郊三日，日一进蔬食以谢罪。”群臣以为自贬太过，顿首固请，上乃降手诏曰：“朕有三罪：知人不明，一也；以私乱法，二也；善善未赏，恶恶未诛，三也。”于是黜仁弘为庶人，徙钦州。

十二月，帝猎于骊山上猎于骊山，登山，见围有断处，顾谓左右曰：

1 归省：回家探望父母。
2 虏廷：古时对少数民族所建政权的贬称。
3 豪逸：奔放洒脱。
4 席藁：坐卧藁席之上，是古人请罪的一种方式。藁，指用禾秆编成的席子。

“吾见其不整而不刑[1]，则堕[2]军法；刑之，则是吾登高临下以求人之过也。”乃托以道险，引辔入谷以避之。

诏议反逆缘坐律[3]刑部以“反逆缘坐律，兄弟没官为轻，请改从死”，敕八座议之，议者皆以为：“秦、汉之法，反者族夷[4]，宜如刑部之请。”给事中崔仁师驳曰：“古者父子兄弟罪不相及，奈何以亡秦酷法变隆周中典[5]？”上从之。

癸卯**十七年**（公元643年）

春，正月，郑公魏徵卒魏徵寝疾，上与太子同至其第，指衡山公主，欲以妻其子叔玉。徵薨，命百官赴丧，给羽葆鼓吹，陪葬昭陵。其妻裴氏曰：“徵平生俭素，今葬以羽仪，非其志也。”悉辞不受，以布车载柩而葬。上登苑西楼，望哭尽哀。自制碑文，并为书石[6]。谓侍臣曰：“人以铜为镜，可以正衣冠；以古为镜，可以见兴替；以人为镜，可以知得失。魏徵没，朕亡一镜矣！”

以张亮为洛州都督侯君集自以有功而下吏，怨望有异志。会亮出为洛州，君集谓曰：“我平一国来，逢嗔[7]如屋大，郁郁殊不聊生，公能反乎？与公反！”亮密以闻。上曰：“卿与君集皆功臣，语时旁无他人，若下吏，君集必不服。卿且勿言。”待君集如故。

图功臣于凌烟阁[8]上命图画功臣长孙无忌、赵郡王孝恭、杜如晦、魏徵、房玄龄、高士廉、尉迟敬德、李靖、萧瑀、段志玄、刘弘基、屈突通、殷开

1　刑：惩罚。
2　堕：败坏，损毁。
3　反逆缘坐律：古刑律名。反逆，亦指造反，谋毁皇帝家庙、山陵及宫阙等。缘坐，亦称从坐、随坐，即一人犯罪而株连其亲属。
4　族夷：灭族。
5　隆周中典：隆周，强盛的周朝。中典，宽严适中、可以常行的法典。
6　书石：书写墓碑。
7　嗔：责怪，埋怨。
8　凌烟阁：唐长安城太极宫楼阁，在太极宫东北隅，位于今陕西省西安市北部。

山、柴绍、长孙顺德、张亮、侯君集、张公谨、程知节、虞世南、刘政会、唐俭、李世勣、秦叔宝等于凌烟阁。

齐州都督、齐王祐反，伏诛祐性轻躁，昵近群小，好畋猎，长史权万纪骤谏，不听。恐并获罪，乃条[1]祐过失，迫令表首[2]，上以敕书戒之。祐大怒曰："长史卖我以为功，必杀之！"万纪拘持[3]祐益急，不听出城门，悉解纵鹰犬，劾其左右数十人。上遣使按之，诏祐入朝。祐杀万纪，驱民入城，缮甲兵楼堞。诏发兵讨之。赐手敕曰："吾常戒汝勿近小人，正为此耳。"兵未至，齐府兵曹杜行敏等执祐送京师，赐死。上检祐家文疏[4]，得记室孙处约谏书，嗟赏[5]之，累迁中书舍人。

夏，四月，太子承乾谋反，废为庶人。立晋王治为皇太子，贬魏王泰为东莱郡王太子承乾少有躄疾[6]，喜声色畋猎，所为奢靡，畏上知之，对宫臣常论忠孝，或至涕泣，退归宫中，则与群小相亵狎[7]。宫臣有欲谏者，太子揣知其意，辄迎拜自责。募亡奴[8]盗民间马牛，亲临烹煮，与所幸厮役共食之。又好效突厥语及服饰、饮食，谓左右曰："一朝有天下，当率数万骑猎于金城西，然后解发，委身思摩，若当一设[9]，不居人后矣。"汉王元昌所为多不法，上数谴责之，由是怨望。太子与之亲善，朝夕同游戏，大呼交战，击刺流血，以为娱乐。尝曰："我为天子，极情纵欲，有谏者，辄杀之，不过杀数百人，众自定矣。"私幸太常乐童[10]，与同卧起。上怒，杀之。太子于宫中构室立像，朝夕奠祭[11]，称疾不朝谒者数月。魏王泰多能，有宠，潜有夺嫡之志，折节

1 条：上表一条条列举。
2 迫令表首：逼迫他上表自首。
3 拘持：挟制。
4 文疏：文件疏奏。
5 嗟赏：赞赏。
6 躄疾：瘸脚病。
7 亵狎：亲近宠幸。
8 亡奴：逃亡的官奴。
9 设：古突厥官名，领兵将领。
10 太常乐童：太常寺奏乐的童子。
11 奠祭：祭奠死者。

下士，以求声誉。上命韦挺、杜楚客摄泰府事，二人俱为泰要结朋党。太子畏其逼，阴养刺客纥干承基等，谋杀之。吏部尚书侯君集怨望，以太子暗劣[1]，欲乘衅图之，因劝之反，太子大然之。厚赂中郎将李安俨，使为中诇[2]。洋州刺史赵节、驸马都尉杜荷皆预其谋，割臂为誓。荷谓之曰："天文[3]有变，当速发，但称暴疾危笃，主上必亲临视，因兹可以得志。"会齐王祐反，事连承基，系狱当死，上变告太子谋反。敕大理、中书、门下参鞫[4]之，反形已具。上面责承乾，承乾曰："臣为太子，复何所求？但为泰所图，时与朝臣谋自安之术，不逞之人遂教臣为不轨耳。今若泰为太子，所谓落其度[5]内也。"上乃谓侍臣曰："将何以处承乾？"群臣莫敢对，通事舍人来济进曰："陛下不失为慈父，太子得尽天年，则善矣。"上从之。诏废承乾为庶人，幽之。元昌赐自尽，君集、安俨、节、荷等皆伏诛。庶子张玄素等以不谏诤，免为庶人。独于志宁以数谏见褒[6]。君集被收，上谓侍臣曰："君集有功，欲乞其生，可乎？"群臣不可。上乃泣谓之曰："与公长诀[7]矣。"遂斩之，而原其妻子。上尝使李靖教君集兵法，君集言于上曰："靖将反矣！"上问其故，对曰："靖独教臣以其粗，而匿其精，以是知之。"上以问靖，对曰："此乃君集欲反耳。今诸夏已定，臣之所教，足以制四夷，而君集固求尽臣之术，非反而何？"江夏王道宗尝从容言于上曰："君集自负微功，耻在房、李[8]之下，以臣观之，必将为乱。"上不之信。至是，上乃谢道宗曰："果如卿言。"承乾既获罪，魏王泰日入侍奉，上面许立为太子，岑文本、刘洎亦劝之。长孙无忌固请立晋王治。上谓侍臣曰："昨青雀[9]投我怀云：'臣今日始得为陛下子。臣有一子，臣死之日，当为陛下

1　暗劣：愚昧低劣。
2　中诇：从中侦察。
3　天文：日、月、星辰等天体在宇宙间分布、运行等现象。
4　参鞫：一起审问。鞫，通"鞫"，审讯或审查。
5　度：计划。
6　见褒：被嘉奖。
7　长诀：永别。
8　房、李：即房玄龄、李靖。
9　青雀：即魏王李泰，小名青雀。

杀之，传位晋王。'朕甚怜之。"谏议大夫褚遂良曰："陛下失言。此国家大事，存亡所系，愿熟思之。且陛下万岁后，魏王据天下之重，肯杀其爱子以授晋王哉？陛下前者以嫡庶之分不明，致此纷纭。今必立魏王，愿先措置晋王，始得安全耳。"上流涕曰："吾不能也。"因起入宫。魏王泰恐上立晋王，谓之曰："汝与元昌善，得无忧乎？"治忧形于色。上怪，屡问其故，治以状告。上怃然，始悔立泰之言矣。上独留长孙无忌、房玄龄、李世勣、褚遂良，谓曰："我三子一弟，所为如是，我心诚无聊赖[1]！"因自投于林，抽佩刀欲自刺，遂良夺刀以授晋王。无忌等请上所欲，上曰："我欲立晋王。"无忌曰："谨奉诏。"上乃使治拜无忌曰："汝舅许汝矣。"即御太极殿，召群臣谓曰："承乾悖逆，泰亦凶险，诸子谁可立者？"众皆欢呼曰："晋王仁孝，当为嗣。"上悦。诏立晋王治为皇太子，时年十六。上谓侍臣曰："我若立泰，则是太子之位可经营而得。自今太子失道[2]、藩王窥伺者，皆两弃之，传诸子孙，永为后法。且泰立，则承乾与治皆不全；治立，则承乾与泰皆无恙矣。"乃降泰爵东莱郡王，幽之北苑，府僚亲狎者皆迁岭表。寻徙泰为顺阳王。

司马公曰：唐太宗不以天下大器私其所爱，以杜乱祸之原，可谓能远谋矣。

以太子太保萧瑀、詹事李世勣同中书门下三品[3]诏以长孙无忌为太子太师，房玄龄为太傅，萧瑀为太保，李世勣为詹事，瑀、世勣并同中书门下三品。同三品自此始。又以李大亮、于志宁、马周、苏勖、高季辅、张行成、褚遂良皆为僚属。世勣尝得暴疾，方云"须灰可疗"，上自剪须为之和药。又尝从容谓曰："朕求群臣可托幼孤者，无以逾公，公往[4]不负李密，岂负朕哉？"世勣流涕辞谢，啮指出血。定太子见三师仪：迎于殿门外，先拜，三师答拜。

---

1 聊赖：生活上的凭借，或精神上的寄托。

2 失道：违背道义，无道。

3 同中书门下三品：古官名，意谓与侍中、中书令相同，亦简称"同三品"。唐太宗以中书省、门下省、尚书省综理政务，共议国政，中书令、侍中、尚书仆射三省长官并为宰相。其他官员参予政务的，加"同中书门下三品"名义。

4 往：昔时，过去。

每门让于三师。三师坐，太子乃坐。其与书，前后称名、“惶恐”。黄门侍郎刘洎言：“太子宜勤学问，亲师友。今入侍宫闱，动逾旬朔[1]，师、保以下，接对甚希。”上乃命洎与岑文本、褚遂良、马周更诣东宫，与太子游。上自立太子，遇物则诲之，见其饭，则曰：“汝知稼穑之艰难，则常有斯饭矣。”见其乘马，则曰：“汝知其劳而不竭其力，则常得乘之矣。”见其乘舟，则曰：“水所以载舟，亦所以覆舟。民犹水也，君犹舟也。”见其息于木下，则曰：“木从绳则正，后[2]从谏则圣。”上疑太子柔弱，密谓长孙无忌曰：“雉奴[3]懦，恐不能守社稷。吴王恪英果类我，我欲立之，何如？”无忌力争以为不可，上曰：“公以恪非己之甥耶？”无忌曰：“太子仁厚，真守文良主。储副至重，岂可数易？”上乃止。谓恪曰：“父子虽至亲，及其有罪，则法不可私。汉立昭帝，燕王不服，霍光折简[4]诛之。此不可以不戒！”上谓群臣曰：“吾如治年[5]时，颇不能循常度。治自幼宽厚，谚曰：‘生狼，犹恐如羊。’冀其稍壮，自不同耳。”无忌对曰：“陛下神武，乃拨乱之才。太子仁恕，实守文之德也。”

胡氏曰：太宗深知太子懦弱，谓无忌党其甥，是也；无忌言储副不可数易，亦是也。然太宗胡不于废承乾时，孰察[6]诸子而慎选之？乃听无忌而舍吴王，至是则不可易矣。故曰：“君子慎始。”始之不图，终悔何及？

又曰：凡为人谋，犹不可不忠，况为君父谋乎？为君父谋，虽薄物细故，犹不可不得其当，况建太子乎？无忌以懿戚[7]居辅相，所宜援立英果，以靖国家，乃私于其甥，拥护晋王。其意以为晋王既立，则可以长保富贵也。为国则轻，为身则重，其不忠莫甚焉！然曾不几何，困于诬罔，竟被诛绝，不能自明。于是向之所以自营者，适所以自伐。亦可以为大臣谋国、置嗣[8]不忠者之

1　旬朔：十天或一个月，亦泛指不长的时日。
2　后：古代称君主。
3　雉奴：即太子李治，雉奴为其小名。
4　折简：书札，信笺。
5　治年：和太子李治一样的年龄。
6　孰察：仔细考察、研究。
7　懿戚：皇亲国戚。
8　置嗣：安排继承人。

戒矣。

六月朔，日食。

遣太常丞邓素使高丽素还，请于怀远戍增兵以逼高丽，上曰："'远人不服，则修文德以来之。'未闻一、二百戍兵能威绝域者也。"

范氏曰：太宗之言岂不美哉？然非能行之，直以辩折[1]其臣下而已。其始不欲增戍，而卒亲征之，不为其小而为其大，岂大者足以胜德[2]乎？《书》曰："非知之艰，行之惟艰。"太宗之谓矣。

高士廉罢，仍同三品。

诏太子知[3]左、右屯营兵马事。

胡氏曰：太子奉冢嗣之粢盛，朝夕视君膳者也。君行则守，有守则从，从曰抚军，守曰监国，古之制也。东宫有兵，驯致祸乱。承乾谋逆，其事未远，又使太子知兵马事，太宗其未之思欤？

薛延陀来纳币[4]，诏绝其婚薛延陀真珠可汗使其侄突利设来纳币，献羊马。契苾何力上言："薛延陀不可与婚。"上曰："吾许之矣，可食言乎？"何力对曰："愿且迁延。敕夷男[5]使亲迎，彼必不敢来，则绝之有名矣。"上从之，乃诏幸灵州，召真珠可汗会礼。真珠欲行，其臣曰："不可，往必不返。"真珠曰："天子圣明，远近朝服[6]。今亲幸灵州，以爱主妻我。我得见天子，死不恨矣。薛延陀何患无君！"又多以羊马为聘，经砂碛[7]，耗死过半。乃责以聘礼不备，绝之。褚遂良上疏曰："往者夷、夏咸言陛下欲安百姓，不爱一女，莫不怀德。今一朝忽有改悔之心，得少失多，臣窃为国家惜之。嫌隙既生，必构边患。彼国蓄见欺之怒，此民怀负约之惭，恐非所以服远人、训戎士也。夫龙

1 辩折：辩驳，驳斥。
2 胜德：符合美德的要求。
3 知：主管。
4 纳币：古代婚礼六礼之一，亦称文定，俗称过定。纳吉之后，择日具书，送聘礼至女家，女家受物复书，婚姻乃定。
5 夷男：即薛延陀真珠毗伽可汗，夷男为其名字。
6 朝服：朝拜顺服。
7 砂碛：沙漠。

沙[1]以北，部落无算，中国诛之，终不能尽，当怀之以德，使为恶者在夷不在华，失信者在彼不在此耳。”上不听。薛延陀先无府库，至是厚敛诸部，以充聘财。诸部怨叛，薛延陀由是遂衰。

司马公曰：唐太宗审知[2]薛延陀不可妻，则初勿许其婚可也。既许之矣，乃复恃强弃信而绝之，虽灭薛延陀，犹可羞也。王者发言出令，可不慎哉！

遣使册高丽王藏为辽东郡王上曰：“盖苏文弑其君而专国政，诚不可忍。以今日兵力，取之不难，但不欲劳百姓，吾欲且使契丹、靺鞨扰之何如？”长孙无忌曰：“盖苏文自知罪大，畏讨，必严设守备，陛下姑为之隐忍。彼得以自安，必更骄惰，讨之未晚也。”上曰：“善。”于是遣使持节，册命高藏为辽东郡王。

秋，七月，贬杜正伦为交州都督初，太子承乾失德，上密谓庶子杜正伦曰：“吾儿果不可教，当来告我。”正伦屡谏不听，乃以上语告之。承乾表闻，上责正伦，正伦对曰：“臣以此恐之，冀其迁善耳。”及承乾败，正伦左迁交州。

踣[3]魏徵碑初，魏徵尝荐杜正伦、侯君集有宰相材。至是，正伦以罪黜，君集谋反诛，上始疑徵阿党。又有言徵自录前后谏辞以示起居郎[4]褚遂良者，上愈不悦，乃罢叔玉尚主，而踣所撰碑。

房玄龄等上高祖、今上《实录》上尝谓褚遂良曰：“卿知起居注[5]，所书可得观乎？”对曰：“史官书人君言动，备记善恶，庶几人君不敢为非，未闻自取而观之也。”上曰：“朕有不善，卿亦记之邪？”对曰：“臣职当载笔[6]，不敢不记。”黄门侍郎刘洎曰：“借使遂良不记，天下亦皆记之矣。”

1　龙沙：泛指塞外沙漠。
2　审知：清楚地知道，确知。
3　踣：推倒。
4　起居郎：古官名，属门下省，掌记录皇帝日常行动与国家大事。
5　起居注：皇帝的言行录，两汉时由宫内修撰，魏晋以后设官专修。
6　载笔：携带文具以记录王事。

范氏曰：人君言行，被[1]于天下，其得失何可私也？欲其可传于后世，莫若自修而已，何畏乎史官之记邪？刘洎之言，足以儆君心而全臣职矣。

杨氏曰：刘洎之言善矣。然特可以动夫好名之君耳，理则有所未尽也。夫言行，君子之枢机，善则千里之外应之，不善则千里之外违之，虽使莫或记之，而民之从违如此，则亦何可掩乎？

上又谓监修国史[2]房玄龄曰："朕之心异于前世帝王，所以欲观国史，盖欲知前日之恶，为后来之戒耳。公可撰次以闻。"谏议大夫朱子奢上言："陛下独览《起居》，于事无失。若以此法传示子孙，或有饰非护短，史官不免刑诛，则莫不顺旨全身[3]，千载[4]何所信乎？"上不从。玄龄乃与给事中许敬宗等删为高祖、今上《实录》，书成，上之。上见书六月四日事[5]，语多微隐[6]，谓玄龄曰："昔周公诛管、蔡以安周，季友鸩叔牙以存鲁，朕之所为亦类是耳，史官何讳焉？"即命直书其事。

范氏曰：古者官守其职，史书善恶，君、相不与焉，此奸臣贼子所以惧也。后世人君得以观史，而宰相监修，欲其直笔，不亦难乎？人君任臣以职，而宰相不与史事，则善恶庶乎可信也。

九月，新罗乞兵伐高丽，遣使谕之新罗遣使言百济与高丽连兵，谋绝新罗入朝之路，乞兵救援。上遣使赍玺书谕之，盖苏文不奉诏。使还，上曰："盖苏文弑君，不可以不讨！"谏议大夫褚遂良曰："今中原清晏[7]，四夷詟服，陛下之威望大矣。乃欲渡海远征小夷，万一蹉跌，伤威损望，更兴忿兵，则安危难测也。"李世勣曰："间者薛延陀入寇，陛下欲发兵穷追，用魏徵之言，

1　被：施加。
2　监修国史：古官名，唐移史馆于禁中，以宰相监修国史，著作郎罢史职。监修国史遂为官称。
3　全身：保全生命或名节。
4　千载：指千年的历史。
5　六月四日事：指玄武门之变。
6　微隐：精深而隐秘。
7　清晏：清平安宁。

遂失机会。不然，薛延陀无遗类矣。”上曰：“然。此诚徵之误，朕寻悔之，而不欲言，恐塞嘉言[1]之路耳。”遂欲自征高丽，遂良复谏曰：“天下譬犹[2]一身：两京，心腹也；州县，四肢也；四夷，身外之物也。高丽罪大，诚当致讨，但命一二猛将，将四五万众，取之如反掌耳。今太子新立幼稚，诸王，陛下所知，一旦弃金汤[3]之全，逾辽海之险，以天下之君，轻行远举，皆臣之所甚忧也。”群臣亦多谏者，上皆不听。

范氏曰：高丽臣属于唐，而其主为贼臣所弑，为大国者不可不讨，然何至于自征之乎？太宗若从遂良之言，虽伐而不克，未大失也。

徙故太子承乾于黔州，顺阳王泰于均州[4]。

冬，十一月，诏黜封德彝赠谥初，上与隐太子、巢剌王[5]有隙，封德彝阴持两端。上皇欲废隐太子，德彝固谏而止。至是，侍御史唐临追劾其事，请黜官夺爵。尚书唐俭等请降赠改谥，诏从之。改谥曰“谬”。

甲辰**十八年**（公元644年）

春三月，以薛万彻为右卫大将军上尝谓侍臣曰：“于今名将，惟世勣、道宗、万彻三人而已。世勣、道宗不能大胜，亦不大败，万彻非大胜，即大败。”

秋，七月，以刘洎为侍中，岑文本、马周为中书令文本既拜，还家，有忧色。母问其故，文本曰：“非勋非旧，滥荷宠荣[6]，位高责重，所以忧惧。”语贺客曰：“今受吊，不受贺也。”上尝谓侍臣曰：“朕欲自闻其失，诸公其直言无隐。”刘洎曰：“顷有上书不称旨者，陛下皆面加穷诘，恐非所以广言路。”

1　嘉言：善言，美言。
2　譬犹：譬如。
3　金汤：金城汤池的略语，比喻防守坚固的城池。
4　均州：古州名，辖今湖北省十堰、郧县、郧西、丹江口等市县西北部及陕西省白河县等地。
5　隐太子、巢剌王：即李建成、李元吉。
6　宠荣：尊荣。

马周曰："陛下比来赏罚，微以喜怒有所高下。"上皆纳之。上文学辩敏[1]，群臣言事者，引古今以折之，多不能对。刘洎上书谏曰："以至愚而对至圣，以极卑而对至尊，虚襟[2]以纳其说，犹恐未敢对扬[3]；况动神机，纵天辩[4]，饰辞以折其理，引古以排其议，欲令凡庶[5]何阶应答？且多记损心，多语损气，愿为社稷自爱。"上飞白[6]答之曰："非虑无以临下，非言无以述虑。比有谈论，遂致烦多，轻物骄人，恐由兹道。形神志气，非此为劳。今闻谠言，虚怀[7]以改。"

九月，以褚遂良为黄门侍郎，参预朝政上尝问褚遂良曰："舜造漆器[8]，谏者十余人，此何足谏？"对曰："奢侈者，危亡之本。漆器不已，将以金玉为之。忠臣爱君，必防其渐。若祸乱已成，无所复谏矣。"上曰："然。朕见前世帝王拒谏者，多云'业已为之'，终不为改。如此，欲无危亡，得乎？"

范氏曰：所贵乎贤者，为其能止乱于未然，闲邪[9]于未形也。若其已然，则众人之所能知也，何赖于贤乎？危亡之言，惟明主能信，而暗主忽焉。是以自古无事之时，常患谏之难入也。故圣主能从谏于未然，贤主能改过于已然。谏而不听者，斯为下矣。太宗求谏，其有意于防未然者乎？

上诏长孙无忌等曰："人苦不自知其过，卿可为朕明言之。"无忌对曰："陛下武功文德，臣等将顺之不暇，又何过之可言？"上曰："朕问公以己过，公等乃曲相谀悦[10]，朕欲面举公等得失以相戒而改之，何如？"皆拜谢。上曰："长孙无忌善避嫌疑，敏于决断，而总兵攻战，非其所长。高士廉临难不改节，

1 辩敏：能言善辩，才思敏捷。
2 虚襟：虚怀，虚心。
3 对扬：面君奏对。
4 动神机，纵天辩：灵动神思，发挥天辩巧慧。
5 凡庶：平民，平常人。
6 飞白：一种特殊的书法。相传东汉灵帝时修饰鸿都门，匠人用刷白粉的帚写字，蔡邕见后，归作"飞白书"。这种书法笔画中丝丝露白，像枯笔所写。
7 虚怀：谦逊虚心。
8 漆器：中国传统工艺品，用生漆漆在木胎上加工制成的器物或家具，品种、花色多样。
9 闲邪：防止邪恶。
10 谀悦：谄媚讨好。

当官无朋党，所乏者骨鲠规谏耳。唐俭言辞辩捷，善和解人，事朕三十年，遂无言及于献替。杨师道性行纯和[1]，而情实怯懦，缓急不可得力。岑文本性质[2]敦厚，持论恒据经远[3]，自当不负于物。刘洎性最坚贞，有利益[4]，然意尚然诺，私于朋友。马周见事敏速[5]，直道而言，朕比任使，多能称意。褚遂良学问稍长，性亦坚正[6]，每写忠诚，亲附于朕，譬如飞鸟依人，人自怜之。"

范氏曰：君臣以道相与，以义相正，有朋友之义，非徒以分相使而已。太宗欲闻过，而无忌纳谄以悦之，其罪大矣。然太宗论群臣之得失，亦岂皆中于理哉？遂良直道犯颜，尽忠无隐，王、魏之比也，而譬之飞鸟，轻侮其臣，不恭孰甚焉？

康熙御批：传有之云，公尔忘私。私于朋友者，必有忝[7]于朝廷。在昔已然，今人愈甚矣。

郭孝恪击焉耆，执其王突骑支焉耆贰于西突厥，朝贡多阙。郭孝恪率步、骑三千击之，执其王突骑支。上谓太子曰："焉耆王不求贤辅，不用忠谋，自取灭亡，系颈[8]万里。人以此思惧，则惧可知矣。"

高丽遣使入贡，却之盖苏文贡白金[9]，褚遂良曰："此郜鼎[10]之类，不可受也。"上从之，谓其使者曰："盖苏文弑逆，汝曹不能复仇，更为游说以欺大国，罪孰大焉？"悉以属[11]大理。

冬，十月朔，日食。

1　纯和：纯正平和。
2　性质：禀性，气质。
3　经远：作长远谋划。
4　利益：佛教语，利生益世的功德。
5　敏速：敏捷迅速。
6　坚正：坚定正直。
7　忝：愧对。
8　系颈：用绳子拴着脖子，表示投降伏罪。
9　白金：古代指银子。
10　郜鼎：春秋时郜国造的宗庙祭器，以为国宝，后被宋国取去，宋又将此鼎贿赂鲁桓公，桓公献于太庙。
11　属：通"嘱"，托付，委托。

帝如洛阳，命房玄龄留守。十一月，以张亮、李世勣为行军大总管。诏亲征高丽十一月，上至洛阳。前宜州刺史郑元璹已致仕，上以其尝从隋炀帝伐高丽，召问之。对曰："辽东道远，粮运艰阻。东夷[1]善守城，攻之不可猝下。"上曰："今日非隋之比，公但听之。"上闻洺州刺史程名振善用兵，召问方略。嘉其才敏，劳勉之。名振失不拜谢，上试责怒，以观其所为，名振谢曰："疏野[2]之臣未尝亲奉圣问，适方心思所对，故忘拜耳。"举止自若，应对愈明辩。上乃叹曰："奇士也。"即日拜右骁卫将军。以张亮为平壤大总管，率兵四万，舰五百，自莱州[3]泛海趋平壤[4]。又以李世勣为辽东大总管，率步骑六万及兰、河[5]降胡趋辽东。手诏谕天下，以："高丽盖苏文弑主虐民，今问其罪，所过营顿[6]，无为劳费。""昔隋炀帝残暴，高丽王仁爱，故不能成功。今以大击小，以顺讨逆，以治乘乱，以逸敌劳，以悦当怨，何忧不克？布告元元，勿为疑惧！"

十二月，武阳公李大亮卒大亮恭俭忠谨[7]，每宿直，必坐寐达旦[8]。房玄龄每称其有王陵、周勃之节。初，大亮为李密所获，贼帅张弼见而释之。及大亮贵，求弼。弼为将作丞[9]，自匿不言。大亮遇诸途而识之，持弼而泣，以家赀遗弼，不受。言于上，乞悉以其官爵授之，上为之擢弼为中郎将。时人皆贤大亮不负恩，而多弼之不伐[10]也。至是，副[11]玄龄守京师，卒，遗表请罢高丽之师。家余米五斛，布三十匹。亲戚早孤，为大亮所养，丧之如父者十有五人。谥曰"懿"。

1　东夷：古时指我国东方日本、朝鲜等国家，此处特指高丽。
2　疏野：粗略草率。
3　莱州：古州名，辖今山东省莱州、即墨、莱阳、平度、莱西、海阳等市地。
4　平壤：即今朝鲜平壤市。
5　兰：兰州，古州名，辖今甘肃省兰州、榆中、临洮、康乐、皋兰、永登等市县地。
6　营顿：行军中的营寨。
7　忠谨：忠诚敬慎。
8　坐寐达旦：坐着休息，直到早晨。
9　将作丞：古官名，将作监长官称大匠，副长官称丞，掌治宫室等。
10　多弼之不伐：推崇张弼不自夸的行为。多，赞许，推崇。
11　副：担任副手。

故太子承乾卒。

突厥徙居河南，可汗李思摩入朝突厥俟利苾可汗北渡河，薛延陀恶之，数相攻。俟利苾有众十万，不能抚御其众，悉南渡河，请处于胜、夏之间，上许之。群臣皆曰："陛下方远征辽左[1]，而置突厥于河南，距京师不远，岂得不为后虑？愿留镇洛阳，遣诸将东征。"上曰："夷狄亦人耳，其情与中夏不殊。以德洽[2]之，则可使如一家。且彼不北走薛延陀，而南归我，其情可见矣。"俟利苾既失众，轻骑入朝，上以为右武卫将军。

胡氏曰：子贡问博施济众[3]，子曰："尧、舜其犹病[4]诸。"四海至广矣。施必极于博，济必周于众，圣人心所欲也，而势有弗及尔。是故先王畿，次中夏，外四夷，虽一视同仁，然必笃近而举远[5]也。于是画为五服，要、荒在外，为之限禁[6]，其来有时，以杜乱华之阶，遏谋夏之祸。自尧、舜、三代皆不敢废。夫圣人之心与天同，诚必不为猜忌也。而太宗所见特异乎此，岂以二帝三王有所未尽耶？夫厚遇夷狄，则于中国将薄矣；推诚兽心[7]，则于可信将疑矣。是以有征辽造舟之扰，绝婚、仆碑之失，盖必然之理也。

乙巳**十九年**（公元 645 年）

春，正月，帝发洛阳上谓侍臣曰："朕自发洛阳，唯啖肉饭，虽春蔬亦不之进，惧其烦扰故也。"见病卒，召至榻前存慰，付州县疗之。士卒咸悦。

封比干墓诏谥殷太师比干曰"忠烈"，命所司封其墓，春秋祠以少牢，给五户洒扫。上至邺，自为文祭魏太祖，曰："临危制变，料敌设奇，一将之智有余，万乘之才不足。"

1　辽左：辽东的别称。
2　洽：和睦，融洽。
3　博施济众：给予更多人恩惠和接济。博，广泛。济，救济。
4　病：苦恼。
5　笃近而举远：对关系近的厚道，对关系远的举荐。笃，忠实，厚道。举，举荐，选拔。
6　限禁：限制禁止。
7　兽心：野兽之心，也形容人居心极坏。

胡氏曰：知人则易，自知则难。太宗之评魏武者，正所以自状[1]耳。或问汉高祖、光武、昭烈、魏武、唐文皇人品如何？曰：高祖尚[2]矣，光武、昭烈犹鲁、卫之政也。魏武、太宗并驱中原，未知鹿死谁手，其所长短，盖略相当。光武、昭烈才德俱优，魏武、太宗才优于德，然规模建立，皆在汉高范围之内耳。

三月，至定州，诏皇太子监国诏太子监国，留居定州，命太傅高士廉、詹事张行成、庶子高季辅及侍中刘洎、中书令马周同掌机务以辅之。将行，太子悲泣数日。上曰："为国之要，在于进贤退不肖，赏善罚恶，至公无私，汝当努力行此，悲泣何为？"

发定州长孙无忌、岑文本、杨师道从。上亲佩弓矢，手结雨衣于鞍后。

夏，四月，诸军至玄菟、新城李世勣军发柳城，多张形势[3]，若出怀远镇者，而潜师北趋甬道，出高丽不意。自通定济辽水，至玄菟。高丽大骇，城邑皆闭。辽东副总管、江夏王道宗将兵数千至新城，折冲都尉曹三良引十余骑直压城门，城中惊扰，无敢出者。营州都督张俭将胡兵为前锋，进渡辽水，趋建安城[4]，破高丽兵，斩首数千级。

岑文本卒，以许敬宗检校中书侍郎上悉以军中资粮、器械、簿书委岑文本，文本夙夜勤力，精神耗竭，遇暴疾，薨。上召许敬宗代之。

李世勣拔盖牟城[5]李世勣拔盖牟城，获其戍卒七百人，皆请从军自效。上曰："汝为我战，高丽必族汝家。得一人之力而灭一家，吾不忍也。"皆廪赐[6]而遣之，以其城为盖州。

五月，张亮拔卑沙城张亮率舟师渡海，袭卑沙城。其城四面悬绝，惟西门可上。程名振引兵夜至，副总管王大度先登。五月，拔之，获男女八千口。

---

1 自状：自我陈述。
2 尚：超出，高出。
3 形势：声势，气势。
4 建安城：古地名，位于今辽宁省盖州市东北青石关。
5 盖牟城：古地名，位于今辽宁省抚顺市劳动公园内古城。
6 廪赐：俸禄和赏赐。

帝渡辽，拔辽东城[1]李世勣进至辽东城下，高丽步、骑四万救之，江夏王道宗将四千骑逆击之。军中皆以为众寡悬绝，不若深沟高垒，以俟车驾之至。道宗曰："吾属为前军，当清道以待乘舆，乃更以贼遗君父乎？"既合战，唐兵不利。道宗登高而望，见高丽阵乱，与骁骑数十冲之，世勣引兵助之，高丽大败。车驾至辽泽[2]，泥淖[3]二百余里，布土作桥以渡。既渡，撤之，以坚士卒之心。上至辽东城下，见士卒负土填堑，即分其尤重者，自于马上持之，从官争负土致城下。时世勣攻城已十二日矣，上引精兵会之，围其城数百里，纵火登城，高丽力战，不能敌，遂克之。所杀万余人，得胜兵万余人，男女四万，以其城为辽州。

进军白岩城[4]**。六月，降之**进军白岩城，李思摩中流矢，上亲吮血。将士闻之，莫不感动。契苾何力击高丽救兵，挺身陷阵，槊中其腰，尚辇奉御[5]薛万备单骑往救，拔何力于万众之中而还。何力气益愤，束疮[6]而战，遂破高丽兵。白岩城请降，既而中悔。上怒其反复，攻之，令军中曰："得城，当悉以人、物赏战士。"六月，复请降，上将受之，李世勣请曰："士卒所以争冒矢石、不顾其死者，贪虏获耳。今城垂拔，奈何更受其降，孤[7]战士之心？"上下马谢曰："将军言是也。然纵兵杀人而虏其妻孥，朕所不忍。将军麾下有功者，朕以库物赏之，庶[8]因将军赎此一城。"世勣乃退。上受其降，以为岩州。何力疮重，上自为傅药，求得刺何力者，使自杀之，何力曰："彼为其主冒白刃，忠勇之士，不可杀也。"遂舍之。

1　辽东城：古地名，即今辽宁省辽阳市老城。
2　辽泽：指今辽宁省辽河下游河网低洼地区。
3　泥淖：泥泞的洼地。
4　白岩城：古地名，位于今辽宁省辽阳市东北。
5　尚辇奉御：古官名，殿中省尚辇局主官，掌舆辇、伞扇。
6　束疮：包裹住伤口。
7　孤：负，背弃。
8　庶：或许，也许。

进攻安市城[1]**，大破其救兵于城下**车驾至安市城，攻之。高丽北部耨萨[2]延寿、惠真率兵十五万救安市。上曰："今为延寿策有三：引兵直前，连城为垒，据险食粟，掠吾牛马，攻之不可猝下，欲归则泥潦[3]为阻，坐困吾军，上策也。拔城中之众，与之宵遁，中策也。不度智能[4]，来与吾战，下策也。卿曹观之，彼必出下策，成擒在吾目中矣。"高丽有对卢[5]，年老习事[6]，谓延寿曰："秦王内芟群雄，外服戎狄，独立为帝，此命世之才，今举海内之众而来，不可敌也。为吾计者，莫若顿兵不战，旷日持久，分遣奇兵，断其运道，粮食既尽，求战不得，欲归无路，乃可胜也。"延寿不从，引军直进。上犹恐其不至，命阿史那社尔将千骑以诱之，兵始交而伪走。高丽相谓曰："易与耳！"竞进乘之，至安市城东南八里，依山而陈，长四十里。上与无忌等从数百骑，乘高观望形势。江夏王道宗曰："高丽倾国以拒王师，平壤之守必弱，愿假臣精兵五千，覆其本根，则数十万众可不战而降矣。"上不应。命李世勣将步骑万五千陈于西岭，长孙无忌将精兵万一千自山北出狭谷以冲其后，上自将步骑四千为奇兵，挟鼓角，偃旗帜，登北山。敕诸军闻鼓角，齐出奋击。延寿等见世勣布阵，勒兵欲战。上望见无忌军尘起，命作鼓角，举旗帜，诸军鼓噪并进。延寿等大惧，欲分兵御之，而阵已乱。薛仁贵大呼陷阵，所向无敌，大军乘之，高丽兵大溃。延寿、惠真率众请降。举国大骇，后黄城、银城皆自拔遁去，数百里无复人烟。上乃更名所幸山曰驻跸山，刻石纪功焉。驿书报太子及高士廉等曰："朕为将如此，何如？"

范氏曰：太宗少也奋于布衣，志气英果，百战百胜，以取天下。治安既

1 安市城：古地名，即今辽宁省鞍山市辖海城市东南营城子。
2 耨萨：即高丽的部落酋长。
3 泥潦：泥沼。
4 智能：智谋与才能。
5 对卢：古官名，高句丽国置，位在"相加"之下，"沛者"之上。
6 习事：熟谙事理。

久，不能深居高拱，犹思所以逞志，扼腕踊跃，喜于用兵，如冯妇搏虎[1]，不能自止，非有理义以养其志，中和[2]以养其气也。至于一战而克，自以为功，矜其智能，夸示臣下，其器小矣。抑对卢之谋，正太宗所谓上策者，使延寿从之，则唐师岂不殆哉？

秋，七月，张亮至建安城，破高丽兵张亮军过建安城下，壁垒未固，高丽兵奄至。亮素怯，踞[3]胡床，直视不言。将士见之，更以为勇，相与击高丽兵，破之。

九月，薛延陀真珠可汗死，子多弥可汗拔灼立初，真珠可汗请分国，立其二子皆为可汗，诏从之。至是，拔灼杀其兄曳莽而自立，是为多弥可汗。

帝攻安市城，不下，诏班师上之克白岩也，谓李世勣曰："安市城险而兵精，建安兵弱而粮少，若出其不意攻之，必克。建安下，则安市在吾腹中，此兵法所谓'城有所不攻'者也。"对曰："建安在南，安市在北，吾军粮皆在辽东，今逾安市而攻建安，若贼断吾运道，将若之何？"上从之。世勣遂攻安市，不下。上怒，世勣请克城之日，男子皆坑之，安市人闻之，益坚守，攻久不下。高延寿、高惠真共请曰："乌骨[4]城主老耄，不能坚守，移兵[5]临之，朝至夕克。其余小城，必望风奔溃。然后收其资粮，鼓行而进，平壤必不守矣。"群臣亦请召张亮拔乌骨，渡鸭绿水，直取平壤。上将从之，长孙无忌以为："天子亲征，异于诸将，不可乘危徼幸。若向乌骨，则建安、新城之虏必蹑吾后，不如先取安市、建安，然后进。"乃止。江夏王道宗督众筑土山以逼其城，城中亦增城以拒之。士卒交战，日六七合，冲车炮石，坏其楼堞，城中随立木栅以塞其缺。昼夜不息，凡六旬，用功五十万，山颓压城，城崩。会守

1　冯妇搏虎：典出《孟子·尽心下》。晋国人冯妇原来善于搏虎，后修行儒道，成为读书人的师表。一次有人追逐老虎，遇到老虎靠着山角反抗，冯妇又捋袖下车，再次与虎相战。
2　中和：中正平和。
3　踞：蹲，坐。
4　乌骨：古地名，即今辽宁省丹东市辖凤城市东南凤凰山山城。
5　移兵：调兵。

将傅伏爱私离所部，高丽自缺城出战，遂夺土山，堑而守之。上怒，斩伏爱以徇，命诸将攻之，三日不能克。上以辽左早寒，草枯水冻，士马难久留，且粮食将尽，敕班师。先拔辽、盖二州户口渡辽，乃耀兵于安市城下而旋。城主登城拜辞，上嘉其固守，赐缣百匹，以励事君。还师，渡辽，暴风雪，士卒沾湿，多死者。

冬，十月，遣使祀魏徵，复立所仆碑凡征高丽，拔十城，徙辽、盖、岩三州户口入中国者七万人。新城、建安、驻跸三大战，斩首四万余级，战士死者几三千人，战马死者什七八。上以不能成功，深悔之，叹曰："魏徵若在，不使我有是行也。"命驰驿祀徵以少牢，复立所制碑，召其妻子诣行在，劳赐之。

范氏曰：太宗玩武[1]不已，困于小夷，无异于炀帝。盖不能慎终如始，日新其德，而欲功过五帝，地广三王，是以失之。然见危而思直臣，知过而能自悔，此其所以为贤也。

帝还至营州，祭战亡士卒上至营州，诏战亡士卒骸骨并集柳城，命有司具太牢，上自作文以祭之，临哭尽哀。

赎诸军所虏高丽民万四千口上闻太子奉迎将至，乃从飞骑三千人驰入临渝关，道逢太子。上之发定州也，指所御褐袍[2]谓太子曰："俟见汝，乃易此袍耳。"在辽左，虽盛暑流汗，弗之易。至是，太子进新衣，乃易之。诸军所虏高丽民万四千口安集幽州，将以赏军，上愍其父子夫妇离散，命有司平其直[3]，悉以钱布[4]赎为民，欢呼之声三日不息。

十一月，易州司马陈元琇以罪免元琇使民于地室[5]蓄火种蔬而进之。上恶其谄，免元琇官。

十二月，薛延陀寇夏州。

1 玩武："玩兵黩武"的简称，轻率无度地使用武力。
2 褐袍：粗布袍子。
3 平其直：核定他们的价值。
4 钱布：钱币。布，古代一种铲形的货币。
5 地室：地下室。

杀侍中刘洎初，上将东行，谓侍中刘洎曰："我今远征，尔辅太子，安危所寄，宜深识我意。"对曰："愿陛下无忧，大臣有罪者，臣谨即行诛。"上以其妄发，怪之。及上还，不豫，洎色悲惧，谓同列曰："疾势如此，圣躬可忧！"或谮于上曰："洎言国家事不足忧，但当辅幼主，行伊、霍故事，大臣有异志者，诛之自定矣。"上以为然，诏赐自尽。

孙氏[1]曰：刘洎之死，据旧史所书，由遂良之谮也。然伐辽之行，洎有诛大臣之对矣；及太宗不豫，则洎初无是语也，遂良不应以此谮之。盖遂良后谏废立被谴，奸人从而谮之，故洎子诉冤，李义府助之，遂良谮洎之言当出于此。又，《贞观实录》，敬播[2]所修，号为详正[3]。后许敬宗颇以爱憎改易旧文，则遂良谮洎之事安可信乎？

胡氏曰：遂良，王、魏之亚，岂肯谮人者？而洎又直臣，遂良以何事言之耶？孙甫辨之当矣。然太宗杀洎甚遽，大臣亦不闻有谏譬[4]者，何也？太宗盛意伐辽，挫屈而归，惭怒之气无所发泄，正尔卧疾，而谮者触其讳恶[5]，是故雷震霆击，不复思惟[6]也。故人主必以礼义养其心志，使气合太和[7]，则喜无过差，怒无暴悖[8]矣。

以马周摄吏部尚书周以四时选[9]为劳，请复十一月选，至三月毕，从之。

丙午二十年（公元646年）

春，正月，夏州兵击薛延陀，大破之。

1　孙氏：即北宋史学家孙甫，著有《唐史记》七十五卷,《唐史论断》三卷。
2　敬播：唐朝史学家，参与修撰《隋书》《汉书》《晋书》《高祖实录》《太宗实录》《西域图》等。
3　详正：平正。
4　谏譬：进谏说服。譬，晓谕，说服。
5　讳恶：嫌弃厌恶。
6　思惟：亦作"思维"，思量。
7　太和：天地间冲和之气。
8　暴悖：昏愦悖谬。
9　四时选：春、夏、秋、冬四时选官。

遣大理卿孙伏伽等巡察四方遣大理卿孙伏伽等二十二人以六条[1]巡察四方，伏伽等多所贬黜，其人诣阙称冤者，前后相属。上令褚遂良类状以闻[2]，上亲临决，以能进擢[3]者二十人，以罪死者七人，流以下除免[4]者数百千人。

帝还京师上谓李靖曰："吾以天下之众困于小夷，何也？"靖曰："此道宗所解。"上顾问[5]道宗，具陈在驻跸[6]时乘虚取平壤之言，上怅然曰："当时匆匆，吾不忆也。"

胡氏曰：太宗对敌，有嘉谋而不取，何也？道宗陈计，正值太宗经度[7]延寿之时，故不见答。既克延寿，又方驿报[8]太子，自伐[9]为将之功，道宗故不敢复言也。太宗于是志满而气骄，所以亲将大众而屈于小丑也与。

三月，**诏皇太子听政**上疾未全平[10]，欲专保养，诏太子间日听政于东宫。既罢，则入侍药膳，不离左右。褚遂良请遣太子旬日一还东宫，与师傅讲论，从之。

杀刑部尚书张亮人告亮有反谋，上命按之，亮不服。命百官议其狱，皆言亮反，当诛，独将作少匠李道裕言："亮反形未具，不当死。"上不听，斩之。后岁余，刑部侍郎缺，上曰："朕得其人矣。往者李道裕议张亮狱，朕虽不从，至今悔之。"遂以为刑部侍郎。

闰月朔，日食。

夏，五月，**高丽遣使谢罪，却之**高丽王藏及莫离支[11]盖金遣使谢罪，并献二美女。金，即苏文也。上以师还之后，金益骄恣，表辞诡诞，待使者倨慢，

1 六条：汉制，刺史颁行六条诏书，以考察官吏。
2 类状以闻：按类写明情况上呈。
3 进擢：提拔。
4 除免：取消，撤销。
5 顾问：回头问。
6 驻跸：帝王出行时沿途停留暂住。
7 经度：筹划，经营规划。
8 驿报：通过驿马传信。
9 自伐：夸耀自己。
10 平：平复，康复。
11 莫离支：高丽官名，职能已超出宰相，专制权臣为篡夺王位而自设的临时性特殊官职。

屡违诏攻新罗，诏勿受其朝贡，复议讨之。

六月，西突厥遣使入贡西突厥乙毗射匮可汗遣使入贡，且请婚。上许之，使割龟兹、于阗、疏勒、朱俱波、葱岭五国以为聘礼。

秋，八月，帝如灵州，遣李世勣击薛延陀，降之。敕勒诸部遣使请吏[1]薛延陀多弥可汗猜褊[2]好杀，废弃父时贵臣，专用己所亲昵，国人不附。回纥诸部击之，大败。上诏江夏王道宗等将兵击之，国中惊扰，多弥出走，回纥[3]杀之，尽据其地。余众西走，犹七万余口，共立真珠兄子咄摩支，遣使奉表，请居郁督军山之北。诏遣使安集之。敕勒九姓酋长闻其来，皆惧。朝议亦恐其为碛北之患，乃遣李世勣图之。上自诣灵州招抚。太子当从行，少詹事张行成以为："不若使之监国，接对百寮，明习庶政。"上然之。李世勣至郁督军山，咄摩支降。道宗兵既渡碛，薛延陀拒战，道宗击破之。遣使招谕敕勒诸部，其酋长皆喜，请入朝。驾至浮阳[4]，回纥等十一姓各遣使归命，乞置官司。上大喜，遣使纳之。诏曰："朕聊[5]命偏师，遂擒颉利；始弘庙略[6]，已灭延陀。铁勒百余万户，请为州郡；混元[7]以降，殊未前闻[8]。宜备礼告庙，仍颁示普天[9]。"上为诗曰："雪耻酬百王，除凶报千古。"勒石[10]于灵州。

冬，十月，贬萧瑀为商州[11]刺史瑀性狷介[12]，与同僚多不合，尝言："房玄龄等朋党不忠，但未反耳。"上不听。瑀内不自得，因自请出家，既而悔之。上以瑀反复不平，诏曰："朕于佛教，非意所遵。梁武、简文[13]，穷心释氏，覆

1　请吏：请求为臣，谓愿意臣服。
2　猜褊：猜忌，心胸小。
3　回纥：古民族名，游牧于今蒙古中部鄂尔浑河流域。
4　浮阳：古县名，治所位于今河北省沧州市沧县东南。
5　聊：略微。
6　庙略：朝廷的谋略。
7　混元：开天辟地之时，形容极古远的时代。
8　殊未前闻：以前从来没听说过此等丰功伟绩。
9　普天：遍天下，亦指遍天下的人。
10　勒石：刻字于石，亦指立碑。
11　商州：古州名，辖今陕西省秦岭以南、洵河以东及湖北省郧西县上津镇地。
12　狷介：性情正直，不肯同流合污。
13　简文：即梁简文帝萧纲。

亡不暇，社稷为墟，报施[1]之征，何其谬也？瑀践覆车之余轨，袭亡国之遗风，自请出家，寻复违异，岂具瞻[2]之量乎？可商州刺史。”

康熙御批：汉、唐以来，士人信从佛教者，往往有之，皆识见中无所主耳。若萧瑀自请出家，则又愚之至矣。

十二月，帝生日，罢宴乐上谓长孙无忌等曰：“今日吾生日，世俗皆为乐，在朕翻成伤感。今君临天下，富有四海，而承欢膝下永不可得。此子路所以有负米[3]之恨也。《诗》云：‘哀哀父母，生我劬劳。’奈何以劬劳之日，更为欢乐乎？”因泣数行下，左右皆悲。

幸房玄龄第房玄龄尝以微谴[4]归第，褚遂良谏曰：“玄龄翼赞圣功，冒死决策，选贤立政，勤力为多。自非罪在不赦，不可遐弃[5]。若以其衰老，亦当退之以礼。”上然之。因幸芙蓉园，玄龄敕子弟汛扫[6]门庭，曰：“乘舆且[7]至！”有顷，上幸其第，因载玄龄还宫。

丁未二十一年（公元647年）

春，正月，申公高士廉卒士廉卒，上将往哭之，房玄龄、长孙无忌谏曰：“陛下饵金石[8]，于方不得临丧，奈何不为宗庙自重？”不听。无忌中道伏卧，流涕固谏，上乃还，入东苑，南望而哭，涕下如雨。及柩出，登楼望哭。

以敕勒诸部为州县回纥诸部皆来朝请吏。诏以为六府、七州，各以其酋长为都督、刺史，各赐金缯[9]遣之。诸酋长奏：“请于回纥以南、突厥以北开一道，谓之参天可汗道，置六十八驿。”上许之。于是北荒悉平，然回纥吐迷度

1　报施：报应。
2　具瞻：为众人所仰望。语出《诗·小雅·节南山》：“赫赫师尹，民具尔瞻。”
3　负米：外出求取俸禄、钱财等以孝养父母。“负米之恨”指欲侍奉双亲而不得。
4　微谴：轻微的罪过。
5　遐弃：远相离弃。语出《诗·周南·汝坟》：“既见君子，不我遐弃。”
6　汛扫：洒扫。
7　且：将要。
8　饵金石：饵，服用。金石，丹药。
9　金缯：黄金和丝织品，也泛指金银财物。

已私自称可汗，官号皆如突厥故事。

范氏曰：中国之有夷狄，如昼之有夜，阳之有阴，君子之有小人也。中国失政，则四夷交侵。先王所以御之者，亦可得而略闻矣。舜曰："而难任人，蛮夷率服。"又曰："无怠无荒，四夷来王[1]。"盖柔远能迩[2]，治内安外，而殊俗之民向风慕义，不以利诱，不以威胁，而自至矣。故不劳民，不费财。至于后世之君，或仇疾[3]而欲殄灭之，或爱悦[4]而欲招来之，是二者皆非也。何则？彼虽夷狄，亦人类也，王者于天地间无所不养，况人类而欲残之乎？残之固不可，况不能胜而自残其民乎？仁人之所不为也，为之者，秦始皇是也。山川之所限，风气之所移，得其地不可居，得其民不可使，列为州县，是崇虚名而受实弊也。且得之既以为功，则失之必以为耻。不在于己，则在子孙。故有征伐之劳，馈饷之烦，民不堪命[5]，而继之以亡，隋炀帝是也。且中国地非不广也，民非不众也，曷若修德行政以惠养之，使男有余粟，女有余布，兵革不试，以致太平，不亦帝王之盛美乎？夫有求于外，如彼其难也；无求于外，如此其易也。然而人君常舍所易而行所难，何哉？忽近而喜远，厌故而谋新，虽或未至于亡，而常与之同事[6]，其累德[7]岂细哉？太宗好大无穷，兼蓄夷夏，非所以遗后嗣、安中国之道。此当以为戒，而不可慕也。

诏以来年仲春[8]有事于泰山。

以牛进达、李世勣为行军大总管，伐高丽上将复伐高丽，朝议以为："高丽依山为城，攻之不可猝拔。前大驾亲征，国人不得耕种，太半[9]乏食。今

1　来王：古代诸侯定期朝觐天子。
2　柔远能迩：对远方之人实行怀柔政策，优待抚恤近处的百姓。指安抚笼络远近之人，而使归附。
3　仇疾：仇恨。
4　爱悦：爱慕，喜欢。
5　民不堪命：民众负担沉重，痛苦得活不下去。堪，忍受。命，命令。
6　同事：行事相同。
7　累德：对德行有损。
8　仲春：春季的第二个月，即农历二月。
9　太半：超过半数以上。

若遣偏师，更迭扰其疆场，使彼疲于奔命，释耒[1]入堡，数年之间，千里萧条，则人心自离，鸭绿以北，可不战而取矣。”上从之，遣牛进达、李世勣水陆并进以讨之。

范氏曰：太宗以盖苏文弑君，故举问罪之师，诛其贼，吊其人，置君而去之，则德、刑举矣。伐而不克，益发忿兵，欲扰之使不得耕稼，则是为寇，非御寇也。

夏，四月，作翠微宫初，上得风疾[2]，苦京师盛暑，命修终南山太和废宫为翠微宫。

以李素立为燕然都护以李素立为燕然都护，统瀚海[3]等六府，皋兰[4]等七州。素立抚以恩信，夷落[5]怀之，共率马牛为献。素立惟受其酒一杯，余悉还之。上问侍臣曰：“自古帝王虽平中夏，不能服戎狄。朕才不逮古人，而成功过之，何也？”群臣称颂功德，上曰：“不然。朕所以能及此者，止由五事耳：自古帝王多疾胜己者，朕见人之善，若己有之，人之行能，不能兼备，朕常弃其所短，取其所长；人主往往进贤则欲置诸怀，退不肖则欲推诸壑，朕见贤者则敬之，不肖者则怜之；人主多恶正直，阴诛显戮，无代无之，朕践祚以来，正直之士比肩于朝，未尝黜责[6]一人；自古皆贵中华，贱夷狄，朕独爱之如一，故其部落皆依朕如父母。此五者，朕所以成今日之功也。”

五月，帝如翠微宫冀州进士张昌龄献《翠微宫颂》，上爱其文，命于通事舍人里供奉[7]。初，昌龄与王公治皆有文名，考功员外郎[8]王师旦知贡举，黜之。上问其故，师旦曰：“二人文体轻薄，终非令器[9]。若置之高第，恐后进效

1 释耒：放下农具，谓停止耕作。
2 风疾：风痹、半身不遂等症。
3 瀚海：古地区名，指今蒙古高原大沙漠以北及迤西准噶尔盆地一带广大地区的泛称。
4 皋兰：古州名，位于今蒙古国境内。
5 夷落：古称少数民族聚居之地，亦借指少数民族。
6 黜责：贬斥，责罚。
7 供奉：供养，供给。
8 考功员外郎：古官名，尚书省吏部考功司副长官，位郎中下，分掌外官考课之事，后兼掌贡举。
9 令器：优秀的人才。

之，伤陛下雅道。”上善其言。

胡氏曰：太宗于皇甫德参则欲加以罪，于张昌龄则欲赏以官，于以见在位日久，德不加修，志已怠矣。古之圣王慎终如始，日新又新之德，太宗盖有愧焉。盖圣学不传，虽纳谏自勉，而不治其本，故无圣王成德之效也。

李世勣破南苏城[1]世勣军既渡辽，历南苏数城，高丽多背城拒战。世勣破其兵，焚罗郭而还。

以李纬为洛州刺史初，上以纬为户部尚书。时房玄龄留守京师，有自京师来者，上问：“玄龄何言？”对曰：“玄龄但云李纬美髭鬓[2]。”上遽改除洛州刺史。

秋，七月，作玉华宫[3]。

牛进达拔石城[4]。

八月，诏停封禅以薛延陀新降、土功屡兴、河北水灾故也。

骨利干[5]**遣使入贡**骨利干于铁勒诸部为最远，昼长夜短，日没后天色正曛[6]，煮羊脾适熟，日已复出矣。

立子明为曹王曹王明母杨氏，巢剌王之妃也，有宠于上。文德皇后之崩也，欲立为皇后，魏徵谏曰：“陛下方比德唐、虞，奈何以辰嬴[7]自累？”乃止。寻以明继元吉后。

范氏曰：太宗杀弟而纳其妃，其渎人伦甚矣。又以明继元吉后，是彰其母之为弟妇也。

发江南工人造大船欲复征高丽也。

1　南苏城：古地名，位于今辽宁省铁岭市铁岭县东南催阵堡山城。
2　髭鬓：胡须和鬓发。
3　玉华宫：唐行宫名，位于今陕西省铜川市西北玉华村凤凰谷。
4　石城：古地名，即今辽宁省大连市辖庄河市西北五十里城儿山古城。
5　骨利干：古铁勒部落名，分布于今俄罗斯贝加尔湖以北地区。
6　曛：赤黄色，黄昏时的天色。
7　辰嬴：即晋怀公在秦国时娶的秦穆公女儿，后来晋文公重耳到秦国，秦穆公又把她嫁给晋文公。

冬，十一月，突厥车鼻可汗遣使入贡车鼻，本突厥同族，颉利之败，诸部欲立之，时薛延陀方强，车鼻不敢当，率众归之。薛延陀以车鼻贵种，有勇略，恐其为后患，欲杀之。车鼻逃去，建牙金山之北，自称可汗，突厥余众稍归之。及薛延陀败，车鼻势益张，遣子入见，又请入朝。遣使征之，车鼻不至。

徙顺阳王泰为濮王。

十二月，遣阿史那社尔等击龟兹龟兹王诃黎布失毕浸失臣礼，侵渔邻国。上怒，诏阿史那社尔、契苾何力、郭孝恪等将兵击之。

戊申**二十二年**（公元648年）

春，正月，作《帝范》以赐太子上作《帝范》十二篇以赐太子，曰君体、建亲、求贤、审官、纳谏、去谗、戒盈、崇俭、赏罚、务农、阅武、崇文，且曰："修身治国，备在其中。一旦不讳，更无所言矣。然汝当更求古之哲王为师，如吾，不足法也。夫取法于上，仅得其中；取法于中，不免为下。吾即位以来，不善多矣。顾弘济苍生，肇造[1]区夏，功大益多，故人不怨，业不堕。然比之尽美尽善，固多愧矣。汝无我之功勤，而承我之富贵，竭力为善，则国家仅安，骄惰奢纵，则一身不保。且成迟败速者，国也；失易得难者，位也。可不惜哉？可不慎哉！"初，群臣或请集上文章，上曰："朕之辞令[2]，有益于民者，史皆书之，足为不朽，若其无益，集之何用？梁武帝父子、陈后主、隋炀帝皆有文章，何救于亡？人主患无德政，文章何为！"遂不许。

中书令马周卒上亲为调药，使太子临问。

以崔仁师为中书侍郎，参知机务。

遣薛万彻伐高丽。

以长孙无忌检校中书令。

1　肇造：始建。
2　辞令：泛指言辞，文辞。

结骨俟利发[1]**入朝**结骨人皆长大，赤发绿睛，自古未通中国。至是，其俟利发失钵屈阿栈来朝，请除一官。诏以为坚昆都督。是时四夷君长争入献见，每元正[2]朝贺，常数百千人。上曰："汉武帝穷兵三十余年，所获无几，岂如今日绥之以德，使穷发[3]之地尽为编户乎？"

帝如玉华宫上营玉华宫，务为俭约，惟寝殿覆瓦，余皆茅茨，然所费已巨亿计。充容[4]徐惠上疏曰："今东征高丽，西讨龟兹，营缮相继，服玩华靡。夫以有尽之农功，填无穷之巨浪，图未获之他众，丧已成之我军。地广非常安[5]之术，人劳乃易乱之源也。""珍玩技巧，乃丧国之斧斤[6]；珠玉锦绣，实迷心之酖毒[7]。""作法[8]于俭，犹恐其奢；作法于奢，何以制后？"上善其言，甚礼重之。

崔仁师坐罪除名，流连州[9]坐有伏阙诉冤者，仁师不奏也。

三月，故隋后萧氏卒诏复其位号，谥曰"愍"，使三品[10]护葬江都。

夏，四月，遣武候将军梁建方击松外蛮[11]**，降之。**

西突厥叶护贺鲁来降咄陆既奔吐火罗，部落亡散，其叶护阿史那贺鲁率其余众数千帐内属。诏以为瑶池都督。

五月，遣右卫[12]**长史王玄策使天竺，因袭击之，执其王以归**初，中天竺兵最强，四天竺皆臣之。王玄策奉使至其国，会其王卒，其臣阿罗那顺自

1　结骨俟利发：结骨，古部族名，原居于今俄罗斯唐努乌梁海叶尼塞河上游一带，古称坚昆。俟利发，柔然、铁勒、突厥、回纥等族的官名，唐初诸外国酋长多称颉利发或俟利发，掌一方军政大权。
2　元正：正月元日，元旦。语出《书·舜典》："月正元日，舜格于文祖。"
3　穷发：极北不毛之地，也借指极北不毛之地的国家。
4　充容：古妃嫔名，皇帝之妾，九嫔第八，正二品。
5　常安：长久安定，经常安宁。
6　斧斤：泛指各种斧子。
7　酖毒：毒酒。
8　作法：创制法律、典章等。
9　连州：古州名，辖今广东省连州市、阳山县及连山壮族瑶族自治县、连南瑶族自治县地。
10　三品：三品以上官员。
11　松外蛮：古族名，居于今四川盐源以南、云南西洱河以北嶲州边境及相邻地区。
12　右卫：古官名，即右卫大将军、右卫府大将军，右卫之长，掌宫禁宿卫。

立，发胡兵攻玄策。玄策脱身宵遁，抵吐蕃西境，征邻国兵，吐蕃、泥婆国[1]皆遣兵赴之。玄策率之，进至中天竺，连战三日，大破之，城邑、聚落降者五百八十余所，俘阿罗那顺以归。

宋公萧瑀卒瑀卒，太常议谥曰“德”，尚书议谥曰“肃”。上曰：“谥者，行之迹，当得其实，可谥‘贞褊’。”子锐嗣。初，锐尚上女襄城公主，上欲为之营第[2]，公主固辞，曰：“妇事舅姑，当朝夕侍侧，若居别第，所缺多矣。”上命即瑀第营之。

杀华州刺史李君羡太白屡昼见，太史占云：“女主昌。”民间又传秘记[3]，云：“唐三世之后，女主武王代有天下。”上恶之。以武卫将军李君羡小名五娘，而官称、封邑皆有“武”字，出为华州刺史。御史复奏君羡谋不轨，上遂诛之。上尝密问太史令李淳风：“秘记所云，信有之乎？”对曰：“臣仰稽[4]天象，俯察历数，其人已在宫中，自今不过三十年，当王天下，杀唐子孙殆尽，其兆既成矣。”上曰：“疑似者尽杀之，何如？”对曰：“天之所命，人不能违也。王者不死，徒多杀无辜。且自今以往三十年，其人已老，庶几颇有慈心，为祸或浅。今借使得而杀之，天或生壮者肆其怨毒，恐陛下子孙无遗类矣。”上乃止。

康熙御批：谶纬之说，本不足据。如唐太宗以疑诛李君羡，既失为政之体，而又无益于事，可为信谶者之戒。

司空、梁公房玄龄卒玄龄留守京师，疾笃，上征赴玉华宫，肩舆入殿，相对流涕，因留宫下，候问不绝。玄龄谓诸子曰：“吾受主上厚恩，今天下无事，惟东征未已，群臣莫敢谏，吾知而不言，死有余责。”乃上表曰：“老子曰：‘知足不辱，知止不殆。’陛下威名、功德亦可足矣，拓地开疆亦可止矣，

1 泥婆国：即今尼泊尔。
2 营第：建造府第。
3 秘记：占验术数、预言未来的书籍。
4 稽：核查。

且陛下每决一重囚，必令三覆五奏，膳素[1]止乐者，重人命也。今驱无罪之士卒，委之锋刃之下，使之肝脑涂地，独不足愍乎？向使高丽违失臣节，诛之可也；侵扰百姓，灭之可也；它日能为中国患，除之可也。今无此三条而坐烦中国，内为前代雪耻，外为新罗报仇，岂非所存者小，所损者大乎？愿陛下许高丽自新，焚陵波[2]之船，罢应募之众，自然华夷庆赖[3]，远肃迩安。臣旦夕入地，傥蒙录此哀鸣，死且不朽！”上自临视，握手与诀，悲不自胜。卒，谥曰文昭。

柳芳[4]曰：玄龄佐太宗定天下，及终相位，凡三十二年，天下号为贤相。然无迹可寻，德亦至矣。故太宗定祸乱而房、杜不言功，王、魏善谏诤而房、杜让其贤，英、卫[5]善将兵而房、杜行其道，理致太平，善归人主，为唐宗臣[6]，固宜哉！

秋，八月朔，日食。

九月，以褚遂良为中书令。

冬，十月，帝还宫。

雅、眉、邛州[7]獠反初，上以高丽困弊，议以明年发三十万众，一举灭之。或以剑南[8]隋末无寇，属者辽东之役又不预征发，百姓富庶，宜使造舟。上从之，遣使发民造船，役及山獠。于是三州獠反，发陇右、陕中兵二万余人以击之。蜀人苦造船之役，州县督迫严急，民至卖田宅、鬻子女不能供，谷价踊贵，剑外骚然[9]。

1　膳素：进素食。
2　陵波：起伏飘浮于波涛之上。
3　庆赖：语本《书·吕刑》：“一人有庆，兆民赖之。”后以“庆赖”谓庆幸得到依靠。
4　柳芳：唐代史学家，著有《唐历》四十卷。
5　英、卫：即英国公李世勣、卫国公李靖。
6　宗臣：世所敬仰的名臣。
7　雅、眉、邛州：雅州、眉州、邛州。雅州，古州名，辖今四川省雅安、名山、荥经、天全、卢山、宝兴等市县地。眉州，古州名，辖今四川省眉山、彭山、丹棱、洪雅、青神等县地。邛州，古州名，辖今四川省邛崃、大邑、蒲江等市县地。
8　剑南：剑阁以南地区。
9　剑外骚然：剑外，亦即剑阁以南地区。骚然，骚动的样子。

范氏曰：佳兵[1]者不祥之器，不得已而用之。太宗伐高丽，其得已而不已者乎？及其不服，则又不能反己[2]，至欲倾天下之力以逞其志，何其迷而不复也？夫天下如一身，四方犹手足。师役[3]，手足之病也。以高丽之役不及于蜀，而必欲疲之，是一肢病，而使别肢皆被其痛，岂爱身之道乎？

十一月，奚[4]、契丹内属。

回纥吐迷度为其下所杀，诏立其子婆闰。

十二月，阿史那社尔击龟兹，执其王布失毕阿史那社尔引兵自焉耆之西趋龟兹北境，分兵为五道，出其不意。焉耆王奔龟兹，社尔遣兵击斩之，进屯碛口。龟兹王布失毕及相那利战败，走保都城。社尔进军逼之，拔其城，使郭孝恪守之。布失毕走保拨换城[5]，社尔追擒之。那利收合余烬，潜引西突厥之众，袭杀孝恪。骁卫将军曹继叔等击那利，获之。社尔破其大城五，遣使谕降七百余城，立王弟叶护为王。西域震骇，社尔勒石纪功而还。

己酉**二十三年**（公元649年）

春，正月，遣骁卫郎将击突厥车鼻可汗。

三月，帝有疾，诏太子听政。

夏，四月，如翠微宫。

五月，以李世勣为叠州[6]都督上谓太子曰："李世勣才智有余，然汝与之无恩。我今黜之，若其即行，俟我死，汝用为仆射，亲任之，若徘徊顾望，当杀之耳。"乃左迁世勣为叠州都督。世勣受诏，不至家而去。

范氏曰：太宗以世勣为何如人哉？以为愚也，则不可托幼孤而寄天下矣；

1　佳兵：坚甲利兵，或指好的用兵。
2　反己：反回头来要求自己。
3　师役：军队从事大规模劳作。
4　奚：古族名，即库莫奚族，源出东胡，为鲜卑宇文部之后，与契丹同族异部，分布在今内蒙古西拉木伦河以南，辽宁省朝阳市北的老哈河流域。
5　拨换城：古地名，又称大拨换城、威戎城，即今新疆阿克苏地区温宿县东扎木台乡喀什艾日克村古城。
6　叠州：古州名，辖今甘肃省甘南藏族自治州迭部县及其附近一带。

以为贤也，当任而勿疑。乃忧后嗣之不能怀服[1]，先黜之而后用，是以犬马蓄之也。夫欲夺其心，而折之以威；欲得其力，而怀之以恩。此汉祖驭黥彭[2]狙诈之术，五霸所不为也。苟以是心待其臣，则利禄之士可使也。若夫禄之以天下而不顾，系马千驷而不视者，岂得而用之哉？

孙氏曰：君待臣以道，臣以道报之；君待臣以利，臣以利报之，此必然之理也。太宗以勣辅太子，而为此诡计。勣之机心[3]，岂不晓其利诱乎？废立之际，不肯尽忠，虽勣无大臣之节，亦太宗以利启其心也。

卫公李靖卒。

帝崩。长孙无忌、褚遂良受遗诏辅太子。还宫发丧，罢辽东兵上苦利增剧[4]，太子昼夜不离侧，或累日不食，发有变白者。上召长孙无忌、褚遂良入卧内，谓之曰："太子仁孝，善辅导之！"谓太子曰："无忌、遂良在，汝勿忧天下！"又谓遂良曰："无忌尽忠于我，我有天下，多其力也。我死，勿令谗人间之。"仍令遂良草遗诏。有顷，上崩。秘不发丧。无忌等请太子先还，飞骑、劲兵及旧将皆从。大行御马舆继至。发丧，宣遗诏，罢辽东之役及诸土木之功。四夷入仕及朝贡者数百人，闻丧皆恸哭，剪发、剺面、割耳，流血洒地。

以于志宁、张行成为侍中，高季辅为中书令。

六月，太子即位高宗初即位，召朝集使谓曰："朕初即位，事有不便于百姓者悉宜陈，不尽者更封奏[5]。"自是日引刺史十人入阁，问以百姓疾苦，及其政治。尝问大理卿唐临系囚之数，对曰："见囚[6]五十余人，唯二人应死。"上悦。上尝录系囚，前卿所处者多号呼称冤，临所处者独无言。上怪问其故，囚曰："唐卿所处，本自无冤。"上叹息良久，曰："治狱者不当如是邪？"有

1　怀服：怀柔使之顺服。
2　黥彭：即黥布、彭越。二人同为汉开国功臣，后均遭杀戮，故并称之。
3　机心：诡诈狡猾的用心。
4　苦利增剧：病情加重。
5　封奏：古时臣下封牍上奏帝王。
6　见囚：现有的囚犯。

洛阳人李弘泰诬告长孙无忌谋反，上立命杀之。无忌、遂良同心辅政，上亦尊礼二人，恭己以听之，故永徽[1]之政，百姓阜安[2]，有贞观之遗风。

改官名犯先帝讳者先是，太宗二名，令天下不连言[3]者勿避。至是，始避之。

以长孙无忌为太尉，李勣为开府仪同三司，并同三品。

秋，八月，地震晋州尤甚，压杀五千余人。

葬昭陵阿史那社尔、契苾何力请徇葬[4]，上遣人谕以先旨不许。蛮夷君长为先帝所擒服者颉利等十四人，皆琢石为像，列于北司马门[5]内。

范氏曰：太宗以武拨乱，以仁胜残，其材略[6]优于汉高而规模不及也，恭俭不若孝文[7]而功烈过之矣。迹其性本强悍，勇不顾亲，而能畏义好贤，屈己从谏，刻厉矫揉[8]，力于为善，此所以致贞观之治也。夫贤君不世出，自周武、成、康，历八百余年，而后有汉；汉八百余年，而后有太宗，其所成就者如此，岂不难得哉？人君择其善者而从之，足以得师；其不善者而戒之，足以为资[9]矣。

胡氏曰：太宗见隋炀拒谏而亡，力反其道，勉强纳谏，自汉以后，一人而已，可谓贤矣。然前失虽更，后失继作。其初谠言交至，则治安之效著；其后忠益[10]向少，则危乱之渐多。其比太甲之处仁迁义，成王之惩前毖后，岂直倍蓰[11]哉？当时以谏争为己任，而为太宗所畏敬者，莫若魏徵矣。然其生也，尝欲杀之；其死也，竟纳谗间[12]。太甲、成王岂有是耶？夫伊尹、周公心传尧、舜

1 永徽：唐高宗李治的第一个年号，存续时间为公元 650 至 655 年。
2 阜安：富足安宁。
3 连言：相连而言，连着说。
4 徇葬：古代用人或物陪葬。徇，通“殉”。
5 北司马门：昭陵之门。
6 材略：才能与谋略。
7 孝文：即北魏孝文帝拓跋宏。
8 刻厉矫揉：刻厉，刻苦自励。矫揉，矫正，整饬。矫，使曲的变直。揉，使直的变曲。
9 资：能力，作用。
10 忠益：尽忠报效的益处。
11 倍蓰：数倍。倍，一倍。蓰，五倍。
12 谗间：用谗言离间人。

之道而无差者也，郑文贞公[1]口言尧、舜之道而或中者也。然伊、周能使太甲、成王为商、周之贤王，而犹不能使之为汤、武也，则魏徵格[2]君与太宗所就止于如是，无足怪矣。

九月，以李勣为左仆射。

冬，十二月，诏濮王泰开府，置僚属。

庚戌**高宗皇帝永徽元年**（公元650年）

春，正月，立妃王氏为皇后。

诏衡山公主俟丧毕成婚太宗女衡山公主应适长孙氏，有司以为服既公除，欲以今秋成婚。于志宁言："汉文立制，本为百姓。公主服本斩衰，纵使服随例除，岂可情随例改？请俟三年丧毕成婚。"上从之。

范氏曰：君丧三年，自古以来未之改也。汉文率情[3]变礼，虽欲自损以便人，而不知使人入于夷狄也。自是以后，民不知戴[4]君之义，而嗣君遂亦不为三年之服。唐之人主鲜能谨于礼者，故有公除而议婚，亮阴而举乐。忘父子之亲，固不可矣。然如汉文之制，志宁之议，是亦有父子而无君臣也。内无父子，外无君臣，而欲教化行，礼俗成，难矣。为国家者，必务革汉文之薄制，遵三代之隆礼，教天下以方丧三年，则众著于君臣之义矣。

秋，九月，高侃击突厥车鼻可汗，擒之侃至阿息山。车鼻发诸部兵，皆不应，遂以数百骑走，侃追获之。送京师，献于庙社[5]及昭陵而赦之。置狼山都督于郁督军山，统其余众。于是突厥诸部尽为内臣，置单于、瀚海二都护府，十都督、二十二州分统之。自是北边无寇三十余年。

冬，十月，李勣解仆射，仍同三品。

1　郑文贞公：即魏徵。
2　格：纠正，匡正。
3　率情：任意。
4　戴：尊奉，敬奉。
5　庙社：宗庙和社稷。

以褚遂良为同州刺史监察御史韦思谦劾奏遂良抑买[1]人地，左迁同州刺史。

辛亥**二年**（公元651年）

春，正月，以黄门侍郎宇文节、中书侍郎柳奭同三品。

秋，七月，西突厥贺鲁杀射匮可汗，自立为沙钵罗可汗。诏武候大将军梁建方等讨之瑶池都督阿史那贺鲁招集离散，庐帐[2]渐盛，闻太宗崩，以其众叛，击破射匮可汗，并其众，自号沙钵罗可汗。西击射匮，灭之，胜兵数十万。与乙毗咄陆连兵，处月、处密[3]及西域诸国多附之。至是，进寇庭州[4]，攻陷金岭城。诏梁建方、契苾何力发兵三万及回纥五万骑以讨之。

八月，以于志宁、张行成为仆射、同三品，高季辅为侍中。

冬，十一月，诏："献鹰隼、犬马者罪之。"

壬子**三年**（公元652年）

春，正月，吐谷浑、新罗、高丽、百济并遣使入贡。

梁建方等大破处月朱邪于牢山[5]先是，处月朱邪孤注杀招慰使，与突厥贺鲁相结。建方破之于牢山，生擒孤注，斩首九千级。军还，御史劾奏建方逗留，高德逸敕令市马而自取骏者[6]，上以其有功，释不问。大理卿李道裕奏请以其马实中厩，上曰："道裕法官，进马非其本职，妄希我意，岂朕行事不为臣下所信邪？朕方自咎，故不复黜道裕耳。"

---

1 抑买：强行购买。
2 庐帐：帐篷。
3 处月、处密：处月，西突厥别部，初与诸部杂处于伊丽河流域，后西突厥衰乱，处月徙居今新疆巴里坤湖东。处密，又作处蜜，西突厥诸部之一，唐时游牧于今新疆乌鲁木齐西北，与处月部为邻。
4 庭州：古州名，辖今新疆乌鲁木齐、玛纳斯、奇台、木垒哈萨克自治县等市县。
5 牢山：古山名，位于今新疆昌吉回族自治州吉木萨尔县北，一说位于今托克逊县西北。
6 敕令市马而自取骏者：下令买马，却把好的留给自己。

以褚遂良为吏部尚书、同三品。

二月，帝御安福门楼，观百戏上谓侍臣曰："朕旧闻胡人善为击鞠[1]，尝一观之。昨初升楼，即有群胡击鞠，意谓朕笃好[2]之也。帝王所为，岂宜容易[3]？朕已焚此鞠，冀杜胡人窥望之情，亦因以自诫。"

范氏曰：高宗即位之初，问民疾苦，尊礼辅相，察道裕希旨而自责，睹胡人进戏而自戒，率是道也，岂不足为贤君哉？不数年而悖谬昏惑[4]，卒成武氏之篡，何哉？初亲贤，后用佞也，可不戒哉？

三月，以宇文节为侍中，柳奭为中书令，韩瑗为黄门侍郎、同三品。

秋，七月，立陈王忠为皇太子王皇后无子，其舅柳奭为后谋，以忠母微贱，劝后请立为太子。上从之。

九月，以中书侍郎来济同三品。

冬，十一月，濮王泰卒。

癸丑**四年**（公元 653 年）

春，二月，散骑常侍房遗爱及高阳公主谋反，伏诛。遂杀荆王元景、吴王恪，流宇文节于岭表初，房遗爱尚太宗女高阳公主，公主骄恣甚，与浮屠[5]辩机等数人私通，事觉，怨望，遂使掖庭令[6]陈玄运伺官省禨祥。遗爱亦与驸马都尉薛万彻、柴令武谋奉荆王元景为主以举事。至是，公主谋黜遗爱兄遗直封爵，使人诬告遗直罪。上令长孙无忌鞫之，更获遗爱及主反状。吴王恪有文武才，素为物情所向，太宗欲立之，无忌固争而止，遂与无忌相恶。无忌欲因事诛之。遗爱因言与恪同谋，冀得免死。于是遗爱、万彻、令武皆斩，

1　击鞠：古代一种在马上打球的运动。
2　笃好：十分爱好。
3　容易：随意，轻率。
4　悖谬昏惑：悖谬，荒谬，不合道理。昏惑，昏聩困惑。
5　浮屠：佛教语，梵语 Buddha 的音译，指和尚。
6　掖庭令：古官名，掌宫人簿帐及蚕桑女工等事，由宦官担任，属少府管辖。

元景、恪、高阳、巴陵公主并赐自尽。恪且死，骂曰："长孙无忌窃弄[1]威权，构害[2]良善，宗社有灵，当族灭不久！"宇文节、江夏王道宗、执失思力并坐与遗爱交通，流岭表。道宗素与无忌及褚遂良不协，故皆得罪。罢玄龄配飨[3]。

胡氏曰：唐起晋阳，裴、刘之谋；太宗承统[4]，房、杜之策也。是其富贵安荣，当与有唐[5]相为始终，而祸败之及，或在其身，或在其子孙，何也？裴寂以贫贱为叹，文静在缧绁之中，赞唐公父子起事，非有拯乱匡时之略，亦欲自免，因图富贵而已。房、杜之贤，固非裴、刘所敢班[6]，然太白经天之际，密进筹划，使太宗手剪兄弟，并杀其子十人，此不但陈平之阴祸[7]而已。其宗嗣[8]不延，宜哉！故四族既陨，而唐之子孙亦几歼于武氏。善恶之积，各以类应。反尔之戒，酷亦甚矣。然后知圣人行一不义、杀一不辜而得天下则不为者，岂徒然[9]哉？

又曰：无忌因遗爱之狱滥及吴王，遂良所宜救止也。既不能然，复以素不相协而斥道宗，夫其不能保终[10]而来谗口，有以也夫！

又曰：父子兄弟，罪不相及，今以遗爱黜玄龄，而无忌、遂良奉承不谏，其以为嫌乎？抑以为是乎？二者必居一焉，皆失也。

以李勣为司空。

秋，九月，北平公张行成卒，以褚遂良为右仆射。

冬，十一月，以崔敦礼为侍中。

十二月，高季辅卒。

---

1 窃弄：盗用。
2 构害：设计陷害。
3 配飨：同"配享"，功臣祔祀于帝王宗庙。
4 承统：继承帝位。
5 有唐：大唐。有，虚词，无义。
6 班：朝班，指朝廷上臣下所站的队列。
7 阴祸：冥冥之中将要受到的惩罚。《史记·陈丞相世家》："始陈平曰：'我多阴谋，是道家之所禁。吾世即废，亦已矣，终不能复起，以吾多阴祸也。'"
8 宗嗣：宗族继承人，子孙后代。
9 徒然：偶然，谓无因。
10 保终：保全至终，安然无患。

西突厥咄陆可汗死乙毗咄陆卒，其子颉苾达度设号真珠叶护，与沙钵罗有隙，击破之。寻复为沙钵罗所并。

甲寅**五年**（公元654年）

春，三月，以太宗才人武氏为昭仪初，萧淑妃有宠，王后疾之。上之为太子也，入侍太宗，见才人武氏而悦之。太宗崩，武氏出为尼。忌日，上诣寺行香[1]，见之，泣。后闻之，阴令长发[2]，纳之后宫，欲以间[3]淑妃之宠。武氏巧慧，多权数，初入宫，屈体事后，后数称其美。未几，大幸，拜为昭仪，后及淑妃宠皆衰，更相与谮之，上皆不纳。昭仪欲追赠其父而无名，故托以褒赏功臣，遍赠屈突通等，而武士彟预焉。

夏，闰四月，帝在万年宫[4]，夜大水上在万年宫。夜，大雨，山水冲玄武门，卫士皆走。郎将薛仁贵曰："天子有急，敢畏死乎？"登门桄[5]大呼以警宫内。上遽出乘高，俄而水入寝殿，漂溺[6]三千余人。

六月，恒州大水漂溺五千余家。

胡氏曰：谓治、乱非天数耶？则周、秦卜世，汉家阳九[7]，隋萧平仲、唐李淳风之言，不诬也。谓皆天数耶？则高宗正厥事，周公代兄死，宣王侧身修行，旱不为灾之应，不诬也。古先圣王所以不恃天命，必尽人事，如医者疗疾，虽有死征，而必冀其生也。唐太宗有功在人，无一世即亡之理，故天于高宗，再三谴告，庶其觉悟，惜乎高宗之不察也。即位之岁，地震晋阳；武氏入宫，水溺寝殿。虽父之诏子，谆谆焉命之，不若是切矣。高宗既视之漠然，大

1　行香：古代礼拜神佛的一种仪式。初，每燃香熏手，或以香末散行，唐以后则斋主持香炉巡行道场，或仪导以出街。
2　长发：留起长发。
3　间：离间。
4　万年宫：唐行宫名，由九成宫改称，位于今陕西省宝鸡市麟游县西。
5　门桄：门前横木。
6　漂溺：淹没溺死。
7　阳九：古代术数家的学说。以四千六百一十七岁为一元，初入元一百零六岁，内有旱灾九年，谓之"阳九"。其余尚有阴九、阴七、阳七、阴五、阳五、阴三、阳三等。阳为旱灾，阴为水灾。

臣亦无以恐惧修省告其君者，岂天固欲中微[1]唐室耶？何人谋之忽，不如天意之昭也？

柳奭罢奭以王后宠衰，求罢，许之。

冬，十一月，筑长安外郭雍州参军薛景宣上言：“汉惠帝城长安，寻晏驾。今复城之，必有大咎[2]。”于志宁等以景宣言涉不顺[3]，请诛之，上曰：“景宣虽狂妄，若得罪，恐绝言路。”遂赦之。上尝谓宰相曰：“闻所在官司行事，互观颜面，多不尽公。”长孙无忌对曰：“此岂能无？然亦不至肆情曲法。至于小小收取人情，恐陛下亦不能免。”上嘉纳之。

胡氏曰：常情易私而难公，况帝王位尊，威福自我，虽格以公道，犹肆于情欲也，况为开其私邪[4]之路乎？高宗以官司不尽公问无忌，无忌宜劝其君正身以率臣下，其私徇曲法者，刑责加焉，则朝廷正矣。无忌乃导以收取人情，其为蠹政[5]，岂有既[6]耶？

上尝出畋，遇雨，问谏议大夫谷那律曰：“油衣[7]若为[8]则不漏？”对曰：“以瓦为之，必不漏。”上悦，为之罢猎。引驾卢文操盗左藏[9]物，上命诛之。谏议大夫萧钧谏曰：“文操情实难原，然法不至死。”上乃免之，顾侍臣曰：“此真谏议也！”上尝谓五品以上曰：“顷在先帝左右，见五品以上论事，或仗下面陈[10]，或退上封事，终日不绝。岂今日独无事耶，何公等皆不言也？”

范氏曰：以高宗之暗，而求言如此，由祖宗为之法也。《诗》曰：“诒厥

1 中微：中道衰微。
2 大咎：非常的灾祸。
3 不顺：不称心。
4 私邪：偏私邪曲。
5 蠹政：败坏朝政。
6 既：完了。
7 油衣：用桐油涂制而成的雨衣。
8 若为：怎样。
9 左藏：古代国库之一，以其在左方，故称左藏。唐代左藏掌钱帛、杂彩、天下赋调。
10 仗下面陈：朝堂之上当面陈述。仗，仪仗队。

孙谋[1]。”太宗之谓矣。

大稔洛州粟米[2]斗两钱半，粳米斗十一钱。隋开皇中户八百七十万，今三百八十万。

以长孙无忌子三人为朝散大夫王皇后、萧淑妃与武昭仪更相谮诉。后不能曲事[3]上左右，昭仪伺后所不敬者，必倾心与相结，由是后及淑妃动静，昭仪必知之，皆以闻于上。后宠虽衰，然上未有意废也。会昭仪生女，后怜而弄[4]之。后出，昭仪潜扼杀[5]之。上至，昭仪佯欢笑，发被[6]观之，女已死矣，即惊啼。问左右，左右皆曰："皇后适来此。"上大怒曰："后杀吾女！"昭仪因泣数其罪。后无以自明，上由是有废立之志。又恐大臣不从，乃与昭仪幸长孙无忌第，酣饮极欢，拜无忌宠姬子三人皆为朝散大夫，仍载金宝、缯锦[7]十车以赐无忌。上因从容言皇后无子以讽无忌，无忌对以他语，上及昭仪皆不悦而罢。礼部尚书许敬宗亦数劝无忌，无忌厉色折[8]之。

范氏曰：大臣欲以义正君，而先没于利，则不足以为重矣。高宗欲利诱无忌，使之从己。无忌苟能辞官反赐，使知大臣之不可诱以利，亦足以格其非心[9]矣。不知出此，卒致武后之怨，来[10]奸臣之谋。高宗无足[11]讥焉，惜乎无忌之不学也。

乙卯**六年**（公元655年）

春，二月，遣营州都督程名振等击高丽高丽与百济、靺鞨连兵侵新

1 诒厥孙谋：为子孙的将来善做安排。
2 粟米：玉米。下文“杭米”即粳米，粳稻碾出的米。
3 曲事：曲意奉事。
4 弄：逗引着玩。
5 潜扼杀：潜，暗中。扼杀，掐住脖子弄死。
6 发被：打开被子。
7 缯锦：有彩色花纹的丝绸。
8 折：挫伤，挫折。
9 非心：邪心。
10 来：招来，招致。
11 无足：不值得。

罗，取三十三城。新罗王遣使求援，遣程名振、苏定方发兵击高丽。既渡辽水，高丽逆战，名振等奋击，大破之。

夏，五月，遣屯卫大将军程知节讨沙钵罗。

以韩瑗为侍中，来济为中书令唐因隋制，后宫有贵妃、淑妃、德妃、贤妃，皆视一品。上欲特置宸妃，以昭仪为之，韩瑗、来济谏，以为故事无之，乃止。

秋，七月，贬柳奭为荣州[1]刺史初，武昭仪诬王后与其母为厌胜，禁不得入宫。因并贬奭。

以李义府为中书侍郎中书舍人李义府为长孙无忌所恶，左迁壁州[2]司马。义府问计于中书舍人王德俭，德俭曰："上欲立武昭仪，恐宰臣异议。君能建策立之，则转祸为福矣。"义府然之，叩阁表请。上悦，留之，超拜[3]中书侍郎。于是卫尉卿许敬宗、御史大夫崔义玄、中丞袁公瑜皆潜布腹心于昭仪矣。

八月，始置员外[4]同正官。

以裴行俭为西州长史长安令裴行俭闻将立武昭仪，以国家之祸必由此始，与长孙无忌、褚遂良私议其事。袁公瑜闻之，以告昭仪母杨氏，行俭坐左迁。

九月，贬褚遂良为潭州[5]都督上召长孙无忌、李勣、于志宁、褚遂良入内殿。遂良曰："今日之召，多为中宫。上意既决，逆之必死。太尉元舅[6]，司空功臣，不可使上有杀元舅、功臣之名。遂良起自草茅，无汗马之劳，致位至此，且受顾托，不以死争之，何以下见先帝？"勣称疾。无忌等入，上曰："武昭仪有子，欲立为后，何如？"遂良对曰："皇后名家子[7]，先帝为陛下娶

1　荣州：古州名，辖今四川省自贡、荣县、威远等市县地。
2　壁州：古州名，辖今四川省通江县和万源市部分地区。
3　超拜：越级升授官职。
4　员外：正员以外的郎官。
5　潭州：古州名，辖今湖南省长沙、株洲、湘潭、益阳、浏阳、湘乡、醴陵等市县地。
6　元舅：长舅。
7　名家子：名门子弟。

之。临崩，执陛下手谓臣曰：‘朕佳儿佳妇，今以付卿。’非有大故，不可废也。”上不悦而罢。明日，又言之，遂良曰：“陛下必欲易皇后，请择令族[1]，何必武氏？武氏经事先帝，众所共知，万代之后谓陛下为如何？臣今忤陛下意，罪当死。”因置笏于殿阶，叩头流血，曰：“还陛下笏，乞放归田里。”上大怒，命引出。昭仪在帘中大言曰：“何不扑杀此獠[2]？”无忌曰：“遂良受先朝顾命，有罪不可加刑。”于志宁不敢言。韩瑗因泣涕极谏，上不纳。瑗又上疏曰：“妲己倾殷，褒姒灭周[3]，每览前古，常兴叹息，不谓今日，尘渎[4]圣代。陛下不用臣言，臣恐宗庙不血食矣。”来济上表曰：“王者立后，上法乾坤，必择礼教名家，幽闲令淑[5]，副四海之望，称神祇之心。汉成以婢为后，卒使社稷倾沦[6]。惟陛下察之！”上皆不纳。它日，李勣入见，上问之曰：“朕欲立武昭仪为后，遂良固执以为不可，事当且已乎？”对曰：“此陛下家事，何必更问外人！”上意遂决。

范氏曰：高宗欲废立而取决于李勣之一言。勣若以为不可，则武氏必不立矣。勣非惟[7]不谏，又劝成之。亲贤[8]遭祸，唐室中绝，皆勣之由，其祸博[9]矣。太宗以勣为忠，托以幼孤，而其大节如此。《书》曰：“知人则哲，惟帝其难之[10]。”信矣！

许敬宗宣言于朝曰：“田舍翁多收十斛麦，尚欲易妇，况天子立一后，何豫诸人事而妄生异议？”昭仪令左右以闻。贬遂良为潭州都督。其后韩瑗上

1　令族：名门世族。
2　獠：骂人的话，丑类。
3　妲己倾殷，褒姒灭周：商纣王宠幸妲己，致使殷商覆灭；周幽王偏爱褒姒，遂使西周灭亡。
4　尘渎：玷污。
5　幽闲令淑：幽闲，柔顺闲静，多用以形容女子。令淑，德行善美。
6　倾沦：沦陷。
7　非惟：不但，不仅。
8　亲贤：亲戚与贤臣。
9　博：大。
10　知人则哲，惟帝其难之：能识别人的智愚好坏才算明智，这一点连帝尧也难以做到。哲，明智。

疏为褚遂良讼冤曰："遂良体国忘家，损身徇物[1]，风霜其操，铁石其心，社稷之旧臣，陛下之贤佐，无罪斥去，内外咸嗟。愿鉴无辜，稍宽非罪。"上不听。瑗复言曰："昔微子去而殷国以亡，张华存而纲纪不乱。陛下无故弃逐旧臣，恐非国家之福。"上不纳。

胡氏曰：褚遂良忠矣，然昧于消息盈虚之理，姤壮勿取[2]之义，毫厘不伐，至用斧柯[3]而无所及。兹人谋有未尽，不可归之天数也。若当武氏长发之时，率协群公上书皇后，沮止其事，深谏高宗，割制邪欲，勿干先帝之私，悉意竭忠，不遗余力，其势必可遏也。当其时而不治，及事既成，虽叩首出血，无益矣。

冬，十月，废皇后王氏为庶人，立昭仪武氏为皇后诏曰："武氏门著勋庸，地华缨黻[4]，往以才行选入后庭。朕昔在储贰，常得侍从，嫔嫱[5]之间，未曾迕目[6]，圣情鉴悉[7]，每垂赏叹，遂以赐朕，事同政君[8]，可立为皇后。"后上表曰："陛下前以妾为宸妃，韩瑗、来济面折庭争，乞加褒赏。"上以表示之，瑗等大惧，屡请去，不许。百官朝后于肃仪门。故后王氏、淑妃萧氏并囚于别院，上尝念之，间行至其所，呼之，王后泣对曰："至尊若念畴昔，使得再见日月，幸甚。"上曰："朕即有处置。"武后闻之，大怒，遣人断去手足，投酒瓮[9]中，曰："令二妪骨醉。"数日而死，又斩之。后数见王、萧为祟，如死时状，故多在洛阳，不敢归长安。

胡氏曰：孔子曰："其身正，不令而行；其身不正，虽令不从。"太宗作《帝范》以训太子，其事备矣，然皆空言也。高宗之所取法者，太宗之所行尔。

1　徇物：追求身外之物。
2　姤壮勿取：《易经》姤卦卦辞，女子太过强大，这样的女了不能娶。
3　斧柯：斧柄。
4　门著勋庸，地华缨黻：满门功勋卓著，官位显赫。勋庸，功勋。缨黻，冠带与印绶，亦借指官位。
5　嫔嫱：宫中女官，天子、诸侯姬妾。
6　迕目：反目，不和睦。迕，触犯，违背。
7　鉴悉：全部了解清楚。
8　政君：即王政君，汉元帝刘奭皇后，汉成帝刘骜生母。
9　酒瓮：酒坛子。

武氏之立，其以纳巢剌王妃为法乎？故唐世无正家之法，由太宗首恶也。

以中书侍郎李义府参知政事义府容貌温恭，与人语，必嬉怡[1]微笑，而狡险忌刻[2]，故时人谓义府笑中有刀。又以其柔而害物，谓之李猫。

丙辰**显庆元年**（公元656年）

春，正月，以太子忠为梁王，立代王弘为皇太子弘，武后所生也，生四年矣。初，许敬宗奏曰："在东宫者所出本微，今知国家已有正嫡，必不自安，恐非宗庙之福。"于是遂废忠而立弘。忠既废，官属无敢见者。右庶子李安仁独候见，泣涕拜辞而去。

二月，赠后父武士彟司徒，赐爵周国公。

夏，免山东丁役[3]上谓侍臣曰："朕思养人之道，未得其要。"来济对曰："君之养人，在省征役。今山东役丁，岁别数万，役之则人大劳，取庸则人大费。愿量公家所须外，余悉免之。"上从之。

六月，诏以高祖配昊天于圜丘，太宗配五帝于明堂。

崔敦礼卒。

秋，七月，贬王义方为莱州司户李义府恃宠用事。洛州妇人淳于氏美色，系大理狱，义府属大理丞毕正义枉法出之，将纳为妾。事觉，义府逼正义自缢[4]以灭口，上知而不问。侍御史王义方欲奏弹之，先白其母曰："义方为御史，视奸臣不纠则不忠，纠之则身危而忧及于亲，为不孝，奈何？"母曰："昔王陵之母杀身以成子之名，汝能尽忠以事君，吾死不恨！"义方乃奏曰："义府擅杀六品寺丞[5]，就云自杀，亦由畏义府威，杀身以灭口。如此，则生杀之威，不由上出，渐不可长。"对仗[6]叱义府令下，义府顾望不退。义方三叱，

1　嬉怡：和悦，喜悦。
2　狡险忌刻：狡险，狡诈阴险。忌刻，对人忌妒刻薄。
3　丁役：成年男子的劳役。
4　自缢：上吊自杀。
5　寺丞：官署中的佐吏。
6　对仗：当廷奏事。古时皇帝坐朝听政，必设仪仗，百官当廷言事，无所隐秘，故称。

义府始趋出，义方乃读弹文[1]。上以义方毁辱大臣，贬之。

九月，括州[2]暴风，海溢。

冬，十二月，程知节讨沙钵罗不克，免官程知节引军至鹰娑川[3]，遇西突厥，前军总管苏定方率五百骑驰击，败之。副总管王文度害其功，矫称别得旨，以知节恃勇轻敌，委文度节制，遂收军，不许深入。定方言于知节曰："上以公为大将，必不更遣军副专其号令，请囚文度，飞表[4]以闻。"知节不从。至恒笃城[5]，有群胡归附，文度欲杀之而取其资，定方曰："如此，乃自为贼耳，何名伐叛？"文度竟杀之，分其财，独定方不受。师旋[6]，文度坐矫诏，减死除名，知节亦坐逗遛免官。

丁巳**二年**（公元657年）

春，正月，遣苏定方等复击沙钵罗。

三月，以褚遂良为桂州都督，李义府兼中书令。

夏，五月，帝始隔日视事上自即位，每日视事。宰相奏天下无虞[7]，请隔日视事，许之。

遣天竺方士归国天竺方士娑婆寐自言有长生之术，太宗颇信之，发使诣婆罗门[8]诸国采药。药竟不就，乃放还。上即位，复诣长安。上复遣归，谓宰相曰："自古安有神仙？秦始皇、汉武帝求之，卒无所成，果有不死之人，今皆安在？"李勣对曰："此人再来，容发衰白，已改于前，何能长生？"竟不及行而死。

1 弹文：古文体名，弹劾官员过错的奏疏。
2 括州：古州名，辖今浙江省天台山——仙都山一线以南的灵江、瓯江、飞云江流域。
3 鹰娑川：古水名，即今新疆裕勒都斯河。
4 飞表：飞速递送奏章。
5 恒笃城：古地名，位于今哈萨克斯坦东南部。
6 旋：返回，归来。
7 无虞：没有忧患，太平无事。
8 婆罗门：源于"波拉乎曼"，原意是"祈祷"或"增大的东西"。祈祷的语言具有咒力，咒力增大可以使善人得福，恶人受罚，因此执行祈祷的祭官被称为"婆罗门"。

秋，八月，贬韩瑗、来济、褚遂良皆为远州[1]刺史许敬宗、李义府诬奏韩瑗、来济与褚遂良潜谋不轨，以桂州用武之地授遂良，欲为外援。遂皆坐贬，瑗振州，济台州，遂良爱州，柳奭象州[2]。刘洎之子讼其父冤，言为遂良所谮而死，李义府助之。给事中乐彦玮曰："刘洎自比伊、霍，不为无罪。今雪洎罪，则先帝为用刑不当矣。"上然其言，事遂寝。

胡氏曰：父有失德，子不可扬，而导之隐讳[3]可也。国家政、刑，治乱所系，苟不当理而拂人心，安得避嫌而不改？改之，所以掩之也。避嫌而不改，则其失常在，天下非之，万世议之，是岂所以为孝乎？刘洎之子欲雪父冤，以褚今罪逐。故假以为名，庶其必行。彦玮之言，虽为先帝盖用刑之失，亦恐遂良由此重获罪耳。其意则是，其言则非，不可不察也。

诏废六天[4]之祀，合方丘、神州为一祭。

以许敬宗为侍中，杜正伦为中书令。

冬，十月，苏定方击沙钵罗，获之。分立兴昔亡、继往绝二可汗苏定方至曳咥河[5]西，沙钵罗率兵十万拒战。定方击败之，斩获数万。会大雪，平地二尺，军中咸请俟晴而行，定方曰："虏恃雪深，谓我不能进，必且休息，亟追之，可及也。"乃兼行，至其牙帐，纵兵击之，斩获又数万。沙钵罗脱走，趋石国[6]。定方于是息兵，诸部各归所居，通道路，置邮驿[7]，掩骸骨，问疾苦，画疆场，复生业，凡为沙钵罗所掠者，悉括还[8]之，十姓[9]安堵如故。乃命萧嗣业将兵追沙钵罗，获之。分西突厥地置昆陵、濛池二都护府，以弥射为

1 远州：边远的州。
2 象州：古州名，辖今广西象州、武宣等县地。
3 隐讳：有所忌讳而隐瞒不说。
4 六天：汉代纬书附会五帝传说和《史记·天官书》"太微宫内有五星曰五帝座"之文，谓天帝有六，即天皇大帝与五方之帝，是谓"六天"。
5 曳咥河：古水名，亦称多逻斯川、里移德建河，发源于今新疆北部，流入哈萨克斯坦及俄罗斯境之额尔齐斯河。一说指今玛纳斯河。
6 石国：西域古国，昭武九国之一，位于今中亚地区乌兹别克斯坦首都塔什干市一带。
7 邮驿：传送文书的机构，五里设一邮，三十里设一驿，均有专人负责。
8 括还：搜求归还。括，搜求。
9 十姓：唐时西突厥分其国为十部，每部命一人统辖，赐箭一支，号为十箭，亦称十设、十姓部落。

兴昔亡可汗，押[1]五咄陆部落；步真为继往绝可汗，押五弩失毕部落。

以洛阳宫[2]为东都。

诏禁僧、尼受父母及尊者拜。

以刘祥道为黄门侍郎，知选事祥道以：“取士伤滥，每年入流之数一千四百有余，内外文武官万三千四百六十五员，约准三十年，则万三千余人略尽矣。若年别入流者五百人，足充所须之数。望有厘革。”而大臣惮于改作，事遂寝。

戊午**三年**（公元658年）

春，正月，诏行新礼先是，议者谓贞观礼节文未备，故命长孙无忌等修之。时许敬宗、李义府用事，所损益多希旨，学者非之。博士萧楚材等以为凶事非臣子所宜言，敬宗、义府深然之，焚国恤[3]篇，凶礼遂缺。

夏，五月，徙安西都护府于龟兹[4]初，龟兹王布失毕妻与其相那利私通，由是君臣猜阻，互来告难[5]。上两召之，囚那利，遣左领军郎将雷文成送布失毕归国。龟兹大将羯猎颠发众拒之。诏屯卫大将军杨胄发兵讨之，擒羯猎颠，诛之。乃徙安西都护府于龟兹，高昌但为西州都督府。

冬十一月，贬杜正伦为横州[6]刺史，李义府为普州[7]刺史李义府有宠于上，诸子孩抱者并列清贯[8]。而义府贪冒无厌，卖官鬻狱，其门如市。中书令杜正伦每以先进[9]自处，由是有隙，讼于上前。上两责之。

以许敬宗为中书令，辛茂将为侍中。

1　押：执掌。
2　洛阳宫：唐东都宫城，位于今河南省洛阳市隋唐故城中，又称紫微城。
3　国恤：帝、后之丧。
4　龟兹：古西域国名，辖今新疆轮台、库车、沙雅、拜城、阿克苏 、新和等地。
5　告难：攻讦，责难。
6　横州：古州名，辖今广西横县地。
7　普州：古州名，辖今四川省安岳、遂宁、乐至三县及重庆市潼南县部分地区。
8　清贯：清贵的官职，侍从文翰之官。
9　先进：前辈。

鄂公尉迟敬德卒敬德晚年闲居，学延年术，不交通宾客，凡十六年。卒，谥“忠武”。

爱州刺史褚遂良卒。

己未**四年**（公元659年）

夏，四月，以于志宁同三品，许圉师参知政事。

削太尉、赵公长孙无忌官封[1]**，黔州安置**武后以长孙无忌受重赐而不助己，深怨之。以于志宁中立不言，亦不悦。令许敬宗伺其隙而陷之。会人告太子洗马韦季方罪，敕敬宗与辛茂将鞫之。季方自刺，不死，敬宗因诬奏季方欲与无忌谋反。上惊曰：“舅为小人所间，小生疑阻则有之，何至于反？”敬宗曰：“反状已具，愿陛下勿疑。”上泣曰：“我家不幸。往年高阳公主与房遗爱谋反，今元舅复然，将若之何？”对曰：“遗爱乳臭儿[2]，与一女子谋反，势何所成？无忌与先帝谋取天下，天下服其智；为宰相三十年，百姓畏其威。若一旦窃发，内外响应，陛下遣谁当之乎？”上曰：“朕决不忍加刑于无忌！”敬宗对曰：“汉文帝，汉之贤主也，其舅薄昭止坐杀人，帝使公卿哭而杀之，后世不以为非。今无忌谋移社稷，其罪与昭不可同年而语[3]。陛下少更迁延，臣恐变生肘腋，悔无及矣。”上以为然，竟不引问[4]，诏削无忌官封，黔州安置。敬宗又奏：“无忌谋逆，由褚遂良、柳奭、韩瑗构扇而成，于志宁亦其党也。”于是诏追削遂良官爵，除奭、瑗名，免志宁官。凉州刺史赵持满多力善射，其舅长孙铨，无忌之族弟[5]也。铨坐无忌，流嶲州。敬宗恐持满作难，诬以同反，召至下狱，讯掠备至，终无异辞，曰：“身可杀也，辞不可更！”吏乃代为狱

1　官封：皇帝赠予的官爵。
2　乳臭儿：对年轻人的蔑称，谓年幼无知。
3　不可同年而语：同“不可同日而语”。同年而语，相提并论，把不同的人或事放在一起谈论。
4　引问：咨询，招来问话。
5　族弟：同高祖兄弟的弟辈，亦泛指同族同辈中年轻的。

辞结奏[1]，诛之。尸于城西，亲戚莫敢视。友人王方翼收而葬之。上闻之，不罪也。铨至流所，县令希旨杖杀之。

六月，改《氏族志》为《姓氏录》初，太宗修《氏族志》，升降去取，时称允当。至是，许敬宗等以其书不叙武氏本望[2]，奏请改之，以后族为第一等，其余悉以仕唐官品高下为准。于是士卒以军功致位五品者，豫士流[3]，时人谓之“勋格”。初，太宗疾山东士人自矜门地，既修《氏族志》，例降一等，王妃、主婿皆取勋臣家。而魏徵、房玄龄、李勣家皆盛与为婚，常左右之，由是旧望不减。李义府为其子求婚不获，恨之，故以先帝之旨，劝上矫其弊。诏山东六族不得自为婚姻，然终不能禁。其衰宗落谱，往往反自称禁昏家[4]，益增厚价。

以许圉师为侍中。

辛茂将卒。

诏许敬宗议封禅仪敬宗请“以高祖、太宗俱配上帝，太穆、文德二后并配地祇”，从之。

秋，七月，杀长孙无忌、柳奭、韩瑗七月，诏御史追柳奭、韩瑗枷锁[5]诣京师。敬宗又遣袁公瑜诣黔州，再鞫长孙无忌，逼令自缢。诏斩瑗、奭。瑗已死，发验而还。籍没三家，近亲皆流岭南为奴婢。

贬高履行为永州[6]刺史，于志宁为荣州刺史长孙氏、柳氏缘无忌、奭坐贬者十三人，于氏贬者九人。自是政归中宫矣。

冬，十月，思结[7]反。遣苏定方讨，降之。

---

1 代为狱辞结奏：代为狱辞，代为写供词。结奏，结案上奏。
2 本望：世家望族的籍贯。
3 豫士流：豫，加入。士流，出身士族的人。
4 禁昏家：唐代衰落的世家旧族，自为婚姻，潜相聘娶，不与外家通婚，以此自贵，称为“禁昏家”。
5 枷锁：枷和锁，旧时拘系犯人的两种刑具。
6 永州：古州名，辖今湖南省永州、东安、祁阳和广西全州、灌阳等市县地。
7 思结：古代敕勒诸部之一，分布于今蒙古国西南拜达里格河上游以东、杭爱山东麓一带。

庚申**五年**（公元660年）

春二月，帝如并州皇后宴亲戚、故旧、邻里于朝堂，妇人于内殿，颁赐有差。诏："并州妇人年八十以上，皆版授郡君[1]。"

夏，四月，还，作合璧宫[2]。

六月朔，日食。

秋，七月，废梁王忠为庶人梁王忠年浸长，颇不自安。或衣妇人服以备刺客，又数自占吉凶。或告其事，废为庶人，徙黔州。

卢承庆免。

遣苏定方等伐百济，降之初，百济恃高丽之援，数侵新罗，新罗王上表求救。诏苏定方等率水陆十万以伐之。定方引军自成山济海，直趋其都。百济倾国来战，大破之。百济王义慈降。百济故有五部，分统三十七郡、二百城、七十六万户，诏以其地置熊津等五都督府。郎将刘仁愿镇百济府城[3]。定方前后灭三国，皆生擒其主。

冬，十月，初令皇后决百司奏事上初苦风眩[4]，不能视百司奏事，或使皇后决之。后性明敏，涉猎文史，处事皆称旨。由是始委以政事，权与人主侔矣。

辛酉**龙朔元年**（公元661年）

夏，四月，遣兵部尚书任雅相等征高丽任雅相等及诸胡兵凡三十五军，水陆并进。上欲自将大军继之，皇后表谏，乃诏班师。苏定方破高丽于浿江[5]，屡战皆捷，遂围平壤城。高丽盖苏文遣其子男生以精兵数万守鸭绿水。契苾何力至，值冰大合，引众乘冰，鼓噪而进，高丽大溃，斩首三万级，余众悉

1　版授郡君：版授，不经朝命而用白版授予官职或封号。郡君，古代妇女的封号。
2　合璧宫：唐代洛阳城神都苑内的建筑，地处神都苑最西边。"合璧"一词比喻日月同升。
3　府城：府一级的行政机构所在的城市。
4　风眩：眩晕的一种，又称风头眩。
5　浿江：古水名，又名浿水、王城江，即今朝鲜大同江。

降。会有诏班师，乃还。

六月，以西域诸国为州府凡府八、州七十六。

徙潞王贤为沛王沛王贤闻王勃善属文，召为修撰[1]。时诸王斗鸡，勃戏为《檄英王斗鸡》文。上见之，怒曰："此乃交构之渐。"斥勃出沛府。

铁勒犯边，诏武卫将军郑仁泰等将兵讨之回纥、同罗、仆固[2]犯边，诏以郑仁泰为铁勒道行军大总管，讨之。

1　修撰：古官名，掌修国史。

2　同罗、仆固：同罗，铁勒诸部之一，分布于今蒙古国色楞格省东北。仆固，又作仆骨，漠北九姓铁勒强部，分布于今蒙古国土拉河以北地区。

卷四十一

起壬戌唐高宗龙朔二年，尽丙申[1]唐中宗嗣圣十三年**凡三十五年**。

壬戌**二年**（公元 662 年）

春，正月，改百官名以门下省为东台，中书省为西台，尚书省为中台。侍中为左相，中书令为右相，仆射为匡政，左、右丞为肃仪，尚书为太常伯，侍郎为少常伯。其余并以义训[2]更其名，而职任如故。

任雅相卒于军，苏定方引军还雅相为将，未尝奏亲戚、故吏从军，皆移所司补授，谓人曰："官无大小，皆国家公器，岂可便私？"由是军中赏罚皆平，人服其公。至是，卒。会沃沮[3]道总管庞孝泰败死，苏定方围平壤久不下，引军还。

三月，郑仁泰等败铁勒于天山铁勒九姓[4]闻郑仁泰至，合众十余万以拒之，选骁健者数十人挑战，薛仁贵发三矢，杀三人，余皆下马请降。仁贵悉坑之，度碛北，击其余众，获叶护兄弟三人而还。军中歌之曰："将军三箭定天山，壮士长歌入汉关[5]。"思结、多滥葛[6]等部落先保天山，闻之皆降。仁泰等纵兵击之，掠其家。虏相率远遁，仁泰将轻骑赴之，逾大碛，至仙萼河[7]，不见虏，粮尽而还。值大雪，士卒饥冻，人自相食，比入塞，余兵才八百人。司宪大夫[8]杨德裔劾奏："仁泰诛杀已降，使虏逃散，不计资粮，弃甲资寇。"诏皆释之。以契苾何力为铁勒道安抚使，安辑余众。何力简精骑五百，驰入九姓中，谓曰："国家知汝皆胁从，赦汝之罪，罪在酋长，得之则已。"其部落大

1 丙申：即公元 696 年。
2 义训：对字义、词义的解释。
3 沃沮：古县名，又作夫租县，治所位于今朝鲜咸镜南道咸兴。
4 铁勒九姓：唐代铁勒族分出回纥、仆固、浑拔野古、同罗、思结、契苾、阿布思和骨崙屋骨，加上铁勒共九个部落，史称九姓铁勒，简称九姓。
5 汉关：泛指边关。
6 多滥葛：敕勒诸部中的一个部族，又作多滥、多滥葛、多腊葛，分布于今蒙古国土拉河一带。
7 仙萼河：古水名，即今蒙古国西北之色楞格河。
8 司宪大夫：古官名，由御史中丞改称。

喜，共执其叶护等以授何力，何力斩之，九姓遂定。

夏，五月，以许圉师为左相。

秋，七月，熊津都督刘仁愿等大破百济于熊津[1]初，苏定方既平百济，留郎将刘仁愿镇守。以王文度为熊津都督，抚其余众。文度卒，百济故将福信聚众据周留城[2]，迎故王子丰，立之，引兵围仁愿。时刘仁轨坐罪，白衣从军，诏以为带方州[3]刺史，将文度之众，发新罗兵以救仁愿。仁轨请唐历及庙讳[4]而行，曰："吾欲扫平东夷，颁大唐正朔于海表。"仁轨御军严整，转斗而前，所向皆下。新罗粮尽，引还。福信招集徒众，其势益张。仁轨众少，与仁愿合军，休息士卒。会平壤军还，敕仁愿等西归，仁轨以为如此则百济余烬，不日更兴，高丽逋寇，何时可灭？乃守便宜[5]，乘百济无备，率众破之，拔其数城。奏请益兵，诏发淄[6]、青、莱、海之兵七千人赴之。福信专权，与百济王丰浸相猜忌。丰杀福信，遣使诣高丽、倭国乞师以拒唐兵。

八月，以许敬宗同三品。

冬，十月，以上官仪同三品。

许圉师免。

罽海[7]总管苏海政矫诏杀兴昔亡可汗罽海道总管苏海政受诏讨龟兹，敕兴昔亡、继往绝二可汗发兵与俱。继往绝素与兴昔亡有怨，密请海政矫敕收斩之。其部落亡走，海政追讨，平之。继往绝寻死，十姓无主，附于吐蕃。

西突厥寇庭州，刺史来济死之西突厥寇庭州，刺史来济将兵拒之，谓其众曰："吾久当死，幸蒙存全，以至今日，当以身报国。"遂不释甲胄，赴

1 熊津：古地名，位于今韩国忠清南道公州市境内。
2 周留城：古地名，位于今韩国忠清南道舒川郡境内。
3 带方州：古州名，辖境为百济故地，相当于今天朝鲜黄海南北道、京畿道及江原道等地。
4 庙讳：皇帝父、祖的名讳。
5 便宜：有利国家、合乎时宜之事。
6 淄：淄州，古州名，辖今山东省邹平、高青、淄博及桓台、博兴部分地。
7 罽海：古西域国名，又名漕矩吒、诃达罗支等，汉时名罽宾，位于今印度西北部、阿富汗东南部一带。

敌而死。

胡氏曰：褚遂良至爱州上表，自陈定策之功，受遗之寄，曰："蝼蚁余命，乞陛下哀怜。"君子悲之，而亦嫌其气衰而志挫也。来济赴敌而死，可谓善处死矣。人孰不死，处之为难。使无忌而知此，则能廷争武氏矣；遂良而知此，则能待尽[1]无言矣。

癸亥**三年**（公元663年）

春，正月，以李义府为右相。夏四月，除名，流巂州义府兼知选事，恃势卖官，怨讟盈路。上从容戒之，义府勃然变色，曰："谁告陛下？"缓步而去。上不悦。义府又与术者微服出城，候望气色[2]。或告义府阴有异图，鞫之，有实。诏除名，流巂州。朝野称庆。

蓬莱宫成初，隋文帝迁长安城，立宫于西北隅。至是，营蓬莱宫于其东北，制度宏壮[3]于旧，门曰丹凤，殿曰含元，移仗[4]居之，命故宫曰西内，新宫曰东内，亦曰大明宫云。

五月，诏郑仁泰等分屯凉、鄯以备吐蕃吐蕃、吐谷浑互相攻，各上表论曲直，求援，上不许。吐蕃击吐谷浑，大破之。吐谷浑可汗曷钵与弘化公主率数千帐弃国走凉州。上以郑仁泰等分屯凉、鄯备吐蕃。又以苏定方节度诸军，援吐谷浑。吐蕃表吐谷浑之罪，且请和。诏责让之。

秋，九月，熊津总管孙仁师攻百济，拔之初，刘仁愿、刘仁轨既克真岘城[5]，诏孙仁师将兵，浮海助之，军势大振。诸将以加林城[6]水陆之冲，欲先攻之，仁轨曰："周留城，虏之巢穴，若克周留，诸城自下。"于是水陆并

1　待尽：待死。
2　气色：云气的颜色变化。
3　宏壮：宏大雄伟。
4　移仗：天子出行。
5　真岘城：古地名，位于今韩国镇岑县境内。
6　加林城：古地名，位于今韩国忠清南道扶余郡境内。

进，遇倭兵于白江口[1]，四战皆捷。百济王丰奔高丽，子忠胜等率众降。百济尽平，唯任存城[2]不下。百济人黑齿常之、沙吒相如各率众降，仁轨使各将其众取任存城。仁师曰："此属兽心，何可信也？"仁轨曰："吾观二人皆忠勇有谋，敦信[3]重义，是其感激立效之时，不用疑也。"遂给粮仗，分兵随之，拔任存城。诏留仁轨镇百济，召仁师、仁愿还。仁轨瘗骸骨，籍户口，理村聚[4]，署官长，通桥道，补堤塘，课耕桑，赈贫老，立唐社稷，颁正朔及庙讳，百济大悦。然后修屯田，储糗粮，训士卒，以图高丽。仁愿至京师，上问之曰："卿所奏事皆合机宜，卿本武人，何能如是？"仁愿曰："皆仁轨所为也。"上悦，加仁轨六阶[5]，遣使劳勉之。西台侍郎[6]上官仪曰："仁轨遭黜削而能尽忠，仁愿秉节制[7]而能推贤，皆可谓君子矣。"

甲子**麟德元年**（公元664年）

春，正月，以殷王旭轮为单于大都护初，李靖破突厥，迁三百帐于云中城[8]，阿史德氏为其长。至是，部落渐众，请立可汗以统之。上曰："今之可汗，古之单于也。"故更为单于都护府，而使皇子殷王遥领[9]之。

郇公孝协坐赃赐死孝协为魏州刺史，坐赃赐死。有司奏孝协父叔良死王事，不可绝其嗣，上曰："画一之法，不以亲疏异制。苟害百姓，虽太子亦不赦也。"孝协竟自尽于第。

胡氏曰：高宗昏懦肆恣[10]，弃太宗之法如扫尘烁冻[11]，然而于孝协之赃，确守

1 白江口：古地名，即今韩国锦江入海口。
2 任存城：古地名，位于今韩国忠清南道礼山郡境内。
3 敦信：尊重信义。
4 村聚：村庄。聚，指聚居地。
5 阶：区分高低的等级。
6 西台侍郎：古官名，即中书侍郎。
7 节制：节度法制。
8 云中城：古地名，战国时赵武灵王所筑，位于今内蒙古自治区呼和浩特市托克托县东北。
9 遥领：只担任职名，不亲往任职。
10 昏懦肆恣：昏懦，昏庸懦弱。肆恣，放纵而不受约束。
11 烁冻：消融冰冻。烁，通"铄"，消融。

画一如此，何哉？且必以治庶人者治皇族，而其言及于太子。他日东宫连见废、杀，则画一、不赦之教也。

秋，七月，诏以三年正月封禅。

八月，以刘祥道、窦德玄为左、右相。

冬，十月，遣兵代戍熊津熊津都督刘仁轨上言：“戍兵疲羸者多，衣服贫弊，唯思西归，无心展效[1]。臣问以‘往时百姓应募，或请自办衣粮，何为今日士卒如此’，咸言：‘今日官府与曩时不同。曩时没[2]王事者敕使吊祭，追赠官爵，回授[3]子弟，凡渡辽者，皆赐勋一转[4]。自显庆[5]五年以来，渡海者官不记录，死者无人谁何[6]。州县发兵，壮而富者，行钱[7]得免，弱而贫者，被发即行。海东[8]苦战之时，许以勋赏；及达西岸，唯闻推禁[9]，夺赐破勋，州县追呼，无以自存[10]。是以被发之日，已有逃亡自残者；其有勋级[11]，亦不免挽引[12]之劳，无异白丁。又初发时，惟令备一年资装[13]。今已二年，未有还期。’自非有所更张，厚加慰劳，明赏重罚，以起士心，恐师众疲劳，立效无日。”上深纳其言，遣刘仁愿将兵渡海以代旧镇之兵，敕仁轨俱还。仁轨曰：“旧兵当令收获，办具遣还[14]。军将且留镇抚，未可归也。”仁愿曰：“吾前还海西，大遭谗谤[15]，云吾谋据海东，几不免祸。今日唯知准敕[16]，岂敢擅有所为耶？”仁轨曰：“苟利于国，

---

1 展效：出力报效。
2 没：通“殁”，死。
3 回授：转授官职。
4 一转：转换勋阶一次。
5 显庆：唐高宗李治的第二个年号，存续时间为公元 656 至 661 年。
6 谁何：盘诘查问。
7 行钱：旧时高利贷的一种。
8 海东：古地区名，辽海以东地区，指朝鲜半岛百济等地。海，辽海，辽河以东沿海地区。
9 推禁：审查监禁。
10 州县追呼，无以自存：州县官吏上门催逼租赋，无法生活下去。
11 勋级：功勋的等级。
12 挽引：牵引。
13 资装：旅费，行李。
14 当令收获，办具遣还：应该让他们继续完成秋收，准备好粮食和物资，然后分批遣返。
15 谗谤：谗毁诽谤。
16 准敕：遵照皇帝的命令。

岂恤其私？”乃上表陈便宜，自请留镇，从之。以扶余隆为熊津都尉，使招辑[1]其余众。

十二月，杀同三品上官仪，刘祥道罢，梁王忠赐死初，武后屈身忍辱，奉顺上意，故上排群议而立之。及得志，专作威福，上动为所制，不胜其忿。会宦者王伏胜发其使道士郭行真入禁中为厌祷事，上密召上官仪议之。仪因言："后专恣，请废之。"上即命草诏。左右奔告于后，后遽诣上自诉。上羞缩[2]不忍，乃曰："我初无此心，皆上官仪教我。"仪先与伏胜俱事故太子忠，后于是使许敬宗诬奏仪、伏胜与忠谋大逆。仪下狱，及伏胜皆死，妻子籍没。赐忠死于流所。右相刘祥道坐与仪善，罢。朝士流、贬者甚众。自是上每视事，则后垂帘于后，政无大小，皆预闻之。天下大权，悉归中宫，天子拱手而已，中外谓之"二圣"。

以乐彦玮、孙处约同三品。

乙丑**二年**（公元665年）

春，三月，以姜恪同三品。

夏，四月，以陆敦信为右相，乐彦玮、孙处约罢。

五月，行《麟德历》李淳风以《戊寅历》推步浸疏，乃增损刘焯《皇极历》，更撰《麟德历》，行之。

冬，十月，车驾发东都。十二月，至泰山皇后表称："封禅，祭皇地祇，太后昭配[3]，而令公卿行事。礼有未安，请率内外命妇奠献[4]。"诏："禅社首[5]，以皇后为亚献，越国太妃燕氏为终献。"废藁秸、陶匏，用茵褥、罍爵[6]，

1 招辑：召集。
2 羞缩：羞涩畏缩。
3 昭配：宗庙中神主的排列次序。
4 奠献：献祭品以祀死者。
5 禅社首：禅，古代帝王祭地礼。社首，社首山，古山名，位于今山东省泰安市西南。
6 废藁秸、陶匏，用茵褥、罍爵：藁秸，祭祀时用的草席。陶匏，陶制的尊、簋、俎豆和壶等器皿。茵褥，床垫子。罍爵，古代一种酒器，多用青铜或陶制成，口小，腹深，有圈足和盖儿。

文舞[1]用《功成庆善》之乐，武舞用《神功破阵》之乐。上发东都，华戎[2]卫从，数百里不绝。时比岁丰稔，米斗至五钱，麦、豆不列于市。上至濮阳，左相窦德玄骑从[3]。上问："濮阳谓之帝丘，何也？"德玄不能对，许敬宗自后跃马而前曰："昔颛顼居此，故谓之帝丘。"上称善。敬宗退，谓人曰："大臣不可以无学。"德玄曰："人各有能有不能，吾不强对以所不知，此吾所能也。"李勣曰："敬宗多闻，信[4]美矣。德玄之言亦善也。"张公艺九世同居，北齐、隋、唐皆旌表[5]其门。上幸其宅，问所以能共居之故，公艺书"忍"字百余以进。上善之，赐以缣帛。

胡氏曰：新城三老，启汉高以君臣之大义；壶关三老，悟孝武以父子之至情；湖三老，犹能辨王尊被劾之非辜[6]，正朝廷刑罚之失当，皆因事有补，不苟然[7]也。高宗非不能忍之患，乃过于忍之失，公艺又以忍劝之，其朴茂[8]有余，而智术短矣。为公艺者，宜曰："臣家所以同居之久，由家长专治，权在男子，妇人不预外事也。"如此，万一其有警焉耳[9]矣。

丙寅**乾封元年**（公元 666 年）

春，正月，封泰山，禅社首正月朔，祀昊天上帝于泰山南。明日，登泰山，封玉牒，藏之石䃮[10]。又明日，降禅[11]于社首，祭皇地祇。上初献毕，执事

1　文舞：古代宫廷雅乐舞蹈之一，与武舞相对而言，用于宫廷典礼与郊庙祭祀。文舞歌颂帝王以文德治天下，故称。武舞跳舞时手执斧盾，内容为歌颂统治者武功，故称。
2　华戎：汉族与少数民族。
3　骑从：骑马跟从。
4　信：果真，的确。
5　旌表：表彰。后多指官府为忠孝节义的人立牌坊赐匾额，以示表彰。
6　非辜：无辜，无罪。
7　苟然：随随便便。
8　朴茂：朴实厚道，诚实。
9　焉耳：同"焉尔"，而已，于是。
10　石䃮：即石篋，皇室藏玉牒的石函。
11　降禅：下泰山举行祭地礼。

者皆趋下。宦者执帷[1]，皇后升坛亚献，帷、帟[2]皆以锦绣为之。赦天下，改元。文武官赐爵、加阶有差。先是，阶无泛加，皆以劳考[3]叙进，至五品、三品，仍奏取进止。至是始有泛阶[4]，比及末年，服绯者[5]满朝矣。

车驾还，过曲阜，祠孔子赠太师，祭以少牢。

至亳州，尊老君为太上玄元皇帝至亳州，谒老君庙，上尊号。

李义府卒时大赦，惟长流[6]人不听还。李义府忧愤，发病而卒。自义府之贬，朝士日忧其复入，至是众心乃安。

夏，四月，车驾还京师。

陆敦信罢。

五月，铸乾封泉宝钱钱一当十，俟期年，尽废旧钱。

六月，遣金吾卫将军庞同善将兵伐高丽高丽泉盖苏文卒，长子男生代为莫离支，出巡诸城，使其弟男建、男产知留后事。或谓二弟曰："男生恶二弟，欲除之。"又有告男生者曰："二弟欲拒兄不纳。"男生遣人侦伺[7]，二弟收掩[8]，得之，乃以王命召男生。男生惧，不敢归。男建自为莫离支，发兵讨之。男生走保别城，使其子献诚诣阙求救。诏契苾何力、庞同善将兵救之，以献诚为乡导。

秋，七月，以刘仁轨为右相初，仁轨为给事中，按毕正义事，李义府怨之，出为青州刺史。会讨百济，仁轨当浮海运粮，遭风失船，命监察御史袁异式往鞫之。义府谓曰："君能办事，勿忧无官。"异式至，谓仁轨曰："君宜早自为计。"仁轨曰："仁轨当官失职，国有常刑，公以法毙之，无所逃命。

1 帷：围起来作遮挡用的布幕。
2 帟：小帐幕，亦指帐幕中座位上的帐子。
3 劳考：对官吏劳绩的考核。
4 泛阶：古代官制，文武百官按期考绩，定其品级。但有时由于制度废弛或朝廷恩庆，职官普遍晋升官级，称泛阶。
5 服绯者：穿红色衣服的高级官员。唐制，三品以上官服紫色，五品以上绯色。
6 长流：远途流放，长期流放。
7 侦伺：窥探。
8 收掩：收捕。

若使遽自引决以快仇人，窃所未甘！”乃具狱[1]以闻。上命除名，以白衣从军自效。及为大司宪[2]，异式惧，不自安，仁轨沥觞[3]告之曰：“仁轨若念畴昔之事，有如此觞！”既知政事，荐为司元大夫[4]。监察御史杜易简谓人曰：“斯所谓矫枉过正[5]矣！”

窦德玄卒。

皇后杀其从兄武惟良初，武士彟娶相里氏，生男元庆、元爽。又娶杨氏，生三女，长适贺兰越石，次皇后，次适郭孝慎。士彟卒，元庆、元爽及士彟兄子惟良、怀运皆不礼于杨氏，杨氏深衔之。越石早卒。后既立，杨氏号荣国夫人，越石妻号韩国夫人，惟良等皆列朝廷。荣国夫人谓曰：“颇忆畴昔之事乎？”对曰：“惟良等幸以功臣子弟早登宦籍[6]，揣分量才，不求贵达[7]，岂意以皇后之故，曲荷[8]朝恩，夙夜忧惧，不为荣也。”荣国不悦。皇后乃上疏，请出惟良等为远州刺史，外示谦抑，实恶之也。元庆以忧卒，元爽坐事流振州而死。韩国及其女皆得幸于上，其女赐号魏国夫人，后恶之。会惟良、怀运至京师献食。密置毒醢[9]中，使魏国食之，暴卒，因归罪于惟良、怀运，诛之，改其姓为蝮氏。

九月，庞同善大破高丽兵。

刘祥道卒子齐贤嗣。齐贤为人方正，上甚重之，为晋州司马。将军史兴宗从猎苑中，因言晋州产佳鹞，请使齐贤捕之。上曰：“刘齐贤岂捕鹞者耶？”

胡氏曰：人主虽有嗜欲昏蔽[10]，其本心之明，亦不可亡也。特所蔽者重，不

1　具狱：据以定罪的全部案卷。
2　大司宪：古官名，由原来御史大夫改称，主要职责是监督其他官员。
3　沥觞：将酒杯里的酒倒光。觞，古代盛酒器。
4　司元大夫：唐代官名，由原来户部郎中改称，掌户籍、土田、赋役、蠲复、婚姻之政。
5　矫枉过正：把弯曲的东西扭直，结果过了头，又歪向另一方。比喻纠正错误超过了应有的限度。
6　宦籍：记录官员名位的簿册文书。
7　贵达：显贵。
8　曲荷：承受。
9　醢：肉酱。
10　昏蔽：蒙蔽。

能推广其明耳。高宗若以待刘齐贤之心，博求贤德，列之朝廷，则膏肓之疾，必有能已之者。然既知齐贤方正，而置之州司马，虽不使捕鹞，亦不能采其谋猷[1]，善善[2]不用，郭公之道尔。

冬，十二月，以李勣为辽东大总管，伐高丽勣欲与其婿京兆杜怀恭偕行，怀恭亡匿，谓人曰："公欲以我立法耳。"勣闻之，流涕曰："杜郎疏放[3]，此或有之。"乃止。

丁卯**二年**（公元667年）

春，正月，帝耕籍田有司进耒耜[4]，加以雕饰，上曰："耒耜，农夫所执，岂宜如此之丽？"命易之。既而耕之，九推[5]乃止。

胡氏曰：为国务农，必本末备举，然后实德及百姓。高宗政出房帷[6]，驯致大乱，而躬籍千亩，勤于九推，夫岂劝农之本乎？

罢乾封泉宝钱自行乾封钱，谷帛踊贵，商贾不行，罢之。

夏，六月，以杨弘武、戴至德、李安期、张文瓘、赵仁本并同三品时造蓬莱、上阳、合璧等宫，频征伐四夷，厩马万匹，仓库渐虚。张文瓘谏曰："隋鉴不远，愿勿使百姓生怨。"上纳其言，减厩马数千匹。上屡责侍臣不进贤，李安期对曰："比来公卿有所荐引，为谗者已指为朋党，滞淹者未获伸，而在位者先获罪，是以各务杜口耳。陛下果推至诚以待之，其谁不愿举所知耶？"上深以为然。

秋，八月朔，日食。

李安期罢。

1　谋猷：计谋，谋略。
2　善善：赞扬好人好事。典出刘向《新论》"郭氏之墟"篇。
3　疏放：放纵，不受拘束。
4　耒耜：古代耕地翻土的农具。耒是耒耜的柄，耜是耒耜下端起土的部分。
5　九推：天子于每年正月亲临籍田，扶耒耜往还三度，以示劝农，称三推。三公五推，卿、诸侯九推。
6　房帷：宫闱，宫中。

九月，李勣拔高丽十七城李勣拔新城，遂引兵进击一十六城，皆下之。副大总管庞同善、高侃尚在新城，泉男建遣兵袭其营，武卫将军薛仁贵击破之。勣行军管记元万顷作檄高丽文曰：“不知守鸭绿之险。”男建报曰：“谨闻命矣。”即移兵据之，唐兵不得渡。上闻之，流万顷于岭南。副大总管郝处俊在高丽城下，未及成列，高丽奄至，军中大骇，处俊据胡床，方食干糒[1]，潜简精锐，击败之。将士服其胆略。

戊辰**总章元年**（公元 668 年）

夏，四月，彗星见于五车[2]彗星见，上避正殿，减膳撤乐。许敬宗等奏请复常，曰：“彗星见东北，高丽将灭之兆也。”上曰：“朕之不德，谪见于天，岂可归咎小夷？且高丽之百姓，亦朕之百姓也。”不许。彗寻灭。

范氏曰：高宗庸昏[3]，而犹能出人君之言，其诚足以动天矣。然则古者失道之君，未必其身亲为不善也，奸佞之臣纳之于恶者盖多矣，亦可以为戒哉！

杨弘武卒。

秋，九月，李勣拔平壤，高丽王藏降，高丽悉平薛仁贵破高丽于金山[4]，乘胜将攻扶余城，诸将以其兵少，止之。仁贵曰：“兵不必多，顾用之何如耳。”遂为前锋以进，与高丽战，大破之，杀、获万余人，遂拔扶余城。扶余川[5]中四十余城，皆望风请服。侍御史贾言忠奉使自辽东还，上问以军事，言忠对曰：“隋炀帝东征而不克者，人心离怨也。先帝东征而不克者，高丽未有衅也。今高藏微弱，男生兄弟相攻，饥馑连年，妖异屡降，其亡可翘足待也。”上又问：“诸将孰贤？”对曰：“薛仁贵勇冠三军，庞同善持军严整，高侃忠果有谋，契苾何力沉毅能断，然夙夜小心，忘身忧国，皆莫及李

1　干糒：干粮。
2　五车：星名，亦称五潢，属毕宿，共有五星。
3　庸昏：昏庸。
4　金山：古山名，即今辽宁省大连市旅顺口东黄金山。
5　扶余川：古地区名，即今松花江上游地区。

勣也。”勣等进攻大行城[1]，拔之。诸军皆会，进至鸭绿栅，破之。围平壤月余，高丽王藏遣泉男产诣勣降。男建犹闭门拒守，以军事委僧信诚，信诚开门，勣纵兵登城。男建自刺不死，遂擒之。高丽悉平。

冬，十月，以卢迦逸多为怀化大将军乌荼国[2]婆罗门卢迦逸多自言能合不死药，上将饵之。东台侍郎[3]郝处俊谏曰：“修短有命，非药可延。贞观之末，先帝服那罗迩娑婆寐[4]药，大渐之际，名医不知所为。议者将加显戮，恐取笑戎狄而止。前鉴不远，愿陛下深察。”上乃止。

十二月，置安东都护府李勣将至，上命先以高藏等献于昭陵，具军容[5]，奏凯歌，入京师，献于太庙。上受俘于含元殿。分高丽五部、百七十六城、六十九万余户为九都督府、四十二州、百县，置安东都护府于平壤以统之。擢其酋帅有功者为都督、刺史、县令，与华人参理[6]。以薛仁贵检校安东都护，总兵二万人以镇抚之。上祀南郊，告平高丽，以李勣为亚献[7]。时有敕，征辽军士逃亡，限内不首[8]者身斩，妻子籍没。太子上表曰：“军士或遇疾病，不及队伍，或因樵采，为贼所掠，或渡海漂没，或深入贼庭，为所伤杀，军中不暇勘当[9]，皆以为逃。若即配没，情实可哀。”乃诏免之。

以姜恪、阎立本为左、右相。

京师、山东、江、淮旱、饥。

1 大行城：古地名，即今辽宁省丹东市西南娘娘庙山城。
2 乌荼国：古国名，位于今印度奥里萨邦北部一带。
3 东台侍郎：古官名，由黄门侍郎改称，给事于宫门之内，侍从皇帝，顾问应对，出则陪乘。
4 那罗迩娑婆寐：七世纪印度摩揭陀国方士名。
5 具军容：整肃部队仪容。
6 参理：共同治理。
7 亚献：古代祭祀时献酒三次，第二次献酒称“亚献”。
8 首：自首。
9 勘当：审问核察。

己巳二年（公元669年）

春，二月，以李敬玄同三品先是，同三品不入衔[1]，至是始入衔。

以卢承庆为司刑太常伯[2]承庆尝考内外官，有一官督运，遭风失米。承庆考之，曰："监运损粮，考中下。"其人容色自若，无言而退。承庆重其雅量，改注曰："非力所及，考中中。"既无喜容，亦无愧词。又改曰："宠辱不惊，考中上。"时渭南[3]尉刘延祐弱冠，政事为畿县[4]最，李勣谓曰："足下春秋甫尔，遽擅[5]大名，宜稍自贬抑，无为独出人右也。"

以郝处俊同三品。

诏定明堂制度定明堂制度：其基八觚[6]，其宇上圆，覆以清阳玉叶[7]。其门墙阶级、窗棂楣柱、柳楶枅栱[8]，皆法天地、阴阳、律历之数。以众议未决，又会饥馑，竟不果立。

夏，四月，徙高丽户于江、淮、山南、京西诸州高丽之民多离叛者，敕徙三万八千二百户于江、淮之南，及山南、京西诸州空旷之地，留其贫弱者，使守安东[9]。

六月朔，日食。

秋，八月，诏幸凉州，不果行诏以十月幸凉州。时陇右虚耗，议者多以为未宜游幸。上闻之，召五品以上谓曰："自古帝王莫不巡守，故朕欲巡视远俗。若其不可，何不面陈，而退有后言耶？"宰相以下，皆莫敢言。详刑大

1　入衔：朝廷高级官员入宰相官衔。因宰相之职权重位尊，不欲轻以授人，故常以他官居宰相职，而假他名入衔。

2　司刑太常伯：古官名，由刑部尚书改称。

3　渭南：古县名，治所位于今陕西省渭南市北。

4　畿县：京城附近的县。

5　擅：占有，据有。

6　觚：棱角。

7　清阳玉叶：清阳，天一样的颜色。《素问·阴阳应象大论》："清阳为天，浊阴为地。"玉叶，琉璃瓦。

8　门墙阶级、窗棂楣柱、柳楶枅栱：连接大门处的院墙、台阶、窗棂、横梁柱子、柱上的方木、梁柱间的斗拱等。

9　安东：古地区名，安东都护府所属地区，辖今辽宁省辽河以东、吉林省松花江和头道江西南，以及朝鲜北部和西部地区。

夫[1]来公敏曰："巡守虽帝王常事，然今高丽余寇尚多，西边兵亦未息，陇右户口雕弊。銮舆所至，供亿百端。外间实有窃议[2]，但明制[3]已行，故群臣不敢陈论耳。"上善其言，为之罢行。

范氏曰：高宗溺于所爱，不顾礼义，虽元舅、顾命之臣以先帝遗言争之，确乎其不可入也。凉州之不行，得非武后之意乎？何其从谏之易也？且不从其大而从其细，虽曰能听谏而谨于细行，亦不免陷于大恶也。

九月，大风，海溢漂[4]六千余家。

冬，十一月，李勣卒上尝谓侍臣曰："朕虚心求谏，而竟无谏者，何也？"司空、英公李勣对曰："陛下所为尽善，群臣无得而谏。"

范氏曰：甚矣，李勣之佞也。陷君于恶，又谄以悦之，其罪大矣。勣本群盗无识，可为将，而不可为相，以辅少主，居伊、周之地，非其任矣。

勣寝疾，谓弟弼曰："我见房、杜平生勤苦，仅立门户，遭不肖子荡覆[5]无余。吾此诸子，今以付汝，谨察视[6]之，其有志气不伦，交游非类者，皆先挝[7]杀，然后以闻。"

范氏曰：房、杜事君以忠，其子孙不肖，覆宗绝祀，出于不幸，非其积不善也。李勣一言丧邦，罪不容诛，得死牖下[8]，幸矣。乃以房、杜为戒，可谓不能省己者矣。父子不责善，骨肉之亲无绝也，而使杀之，何异于夷貊[9]，岂所以为训乎？

---

1 详刑大夫：古官名，唐时由大理正改称，掌议狱、正科条，凡丞断罪不当，则以法正之。
2 窃议：私下议论。
3 明制：明确的诏令。
4 漂：被水流、风或气流冲走，冲毁。
5 荡覆：毁坏，颠覆。
6 察视：考察。
7 挝：马鞭。
8 牖下：窗下，亦借指寿终正寝。
9 夷貊：古代对东方和北方各民族之称，亦泛指各少数民族。

勣为将，有谋善断，从善如流，战胜则归功于下，所得金帛，悉散之将士，故人思致死，所向克捷。临事选将，必訾相[1]其状貌丰厚者遣之。或问其故，勣曰："薄命之人，不足与成功名。"闺门雍睦[2]而严。其姊尝病，勣亲为作粥，风回[3]，爇其须鬓。姊曰："仆妾幸多，何自苦如是？"勣曰："非然也。顾[4]姊老，勣亦老，虽欲久为姊煮粥，其可得乎？"常谓人："我年十二三时，为亡赖[5]贼，逢人则杀。十四五，为难当[6]贼，有所不惬[7]则杀之。十七八，为佳贼，临阵乃杀人。二十为大将，用兵以救人死。"卒，谥"贞武"。孙敬业嗣。

定铨注法时承平既久，选人益多，司列少常伯[8]裴行俭始与员外郎张仁祎设长名姓历榜[9]，引铨注之法。又定州县升降、官资[10]高下。其后遂为永制[11]，无能革之者。大略唐之选法，取人以身、言、书、判[12]，计资量劳而拟官。始集而试，观其书、判；已试而铨[13]，察其身、言；已铨而注[14]，询其便利；已注而唱，集众告之。然后类以为甲[15]，先简仆射[16]，乃上门下，给事中读，侍郎省，侍中审之，不当者驳下。既审，然后上闻，主者受旨奉行，各给以符[17]，谓之告身。兵部武选亦然，课试之法，以骑射及翘关、负米[18]。人有格限[19]未至，而能试文三篇，谓之宏词，试判三条，谓之拔萃，入等者得不限而授。其黔中、岭南、闽中州

1 訾相：衡量省视。
2 雍睦：和睦。
3 回：回旋。
4 顾：观看，瞧。
5 亡赖：不务正业。
6 难当：使气，生气。
7 不惬：不乐意，不称心。
8 司列少常伯：古官名，唐时由吏部侍郎改称，掌选举和祠祀事。
9 长名姓历榜：候选人姓名、资历的长榜。
10 官资：官吏的资历职位。
11 永制：永久的法度。
12 书、判：书法的好坏、判词文理的优劣。
13 铨：衡量，鉴别。
14 注：登记，记载。
15 类以为甲：本人同意的列为甲类。
16 简仆射：交给仆射查验。
17 给以符：发给凭证。
18 翘关、负米：翘关，武试的科目名，类似于举重。翘，举。关，门扇。负米，负重行走。
19 格限：规定的资格。

县官，不由吏部，委都督选择土人[1]补授。凡居官以年为考，六品以下，四考为满[2]。有刘晓者上疏论之曰："今选曹以检勘[3]为公道，书、判为得人，殊不知[4]考其德行才能。况书、判借人者众矣。又礼部取士，专用文章为甲乙，故天下之士皆舍德行而趋文艺，有朝登甲科，而夕陷刑辟者。虽日诵万言，何关理体？文成七步，未足化人。取士以德行为先，文艺为末，则多士雷奔[5]，四方风动矣。"

庚午**咸亨元年**（公元670年）

春，正月，刘仁轨致仕。

三月，许敬宗致仕。

敕突厥酋长子弟给事东宫西台舍人[6]徐齐聃上疏曰："皇太子当引文学端良之士置左右，岂可使戎狄丑类入侍轩闼[7]？"又奏："齐献公，即陛下外祖，虽子孙有犯，岂应上延祖祢？今周忠孝公庙甚修[8]，而齐庙毁废，非所以彰孝理[9]之风也。"上皆从之。齐聃，充容之弟也。

夏、六月朔，日食。

秋，八月，薛仁贵击吐蕃，败绩初，吐蕃陷西域十八州，又与于阗袭龟兹拨换城，陷之。诏罢龟兹、于阗、焉耆、疏勒四镇，以薛仁贵为大总管，阿史那道真、郭待封副之，以讨吐蕃。至大非川[10]，将趋乌海，仁贵曰："乌海

1 土人：本地人。
2 四考为满：经四次考核任职就期满了。
3 检勘：检验考核。
4 殊不知：竟不知道。
5 雷奔：如雷之奔行，形容速度快。
6 西台舍人：古官名，唐时由中书舍人改称。
7 轩闼：宫门，也借指宫廷。
8 甚修：装修得很好。
9 孝理：孝道。
10 大非川：古地名，即今青海省海南藏族自治州共和县西南切吉平原，一说为今青海湖西布哈河。

险远，辎重自随，难以趋利。宜留辎重，置栅[1]于大非岭[2]上，吾属率轻锐倍道兼行，掩其未备，破之必矣。”仁贵率所部前行，击吐蕃至河口，大破之，进屯乌海。待封先与仁贵并列，不肯受其节度，将辎重徐进，遇吐蕃，大败，弃辎重走。仁贵退屯大非川，吐蕃就击之，唐兵大败，死伤略尽。与钦陵约和而还。仁贵、待封皆免死，除名。钦陵，禄东赞之子也，与弟赞婆、悉多、于勃论皆有才略。钦陵代父秉政，三弟将兵居外，邻国畏之。

关中旱、饥。

九月，鲁国夫人杨氏卒后之母也。敕文武官及内外命妇并诣宅吊哭。谥曰“忠烈”。

闰月，皇后以旱，请避位，不许。

加赠武士彟为太原王，夫人为妃。

赵仁本罢。

冬，十月，诏官名复旧。

辛未**二年**（公元 671 年）

冬，十一月朔，日食。

壬申**三年**（公元 672 年）

春，二月，徙吐谷浑于灵州吐谷浑畏吐蕃，徙灵州，其故地皆入于吐蕃。

姜恪卒。

夏，四月，吐蕃遣使入贡吐蕃遣其大臣仲琮入贡。上问以吐蕃风俗，对曰：“吐蕃地薄气寒，风俗朴鲁[3]。然法令严整，上下一心，议事常自下而起，

1　栅：营寨。
2　大非岭：古山名，即今青海省海南藏族自治州共和县西北青海南山，一说即今兴海县西南鄂拉山口。
3　朴鲁：朴实鲁钝，亦用为谦词。

因人所利而行之，斯所以能持久也。”

秋，八月，许敬宗卒太常博士袁思古以：“敬宗尝奏流其子于岭南，又以女嫁蛮酋，多纳其货，按谥法，名与实爽曰缪，请以谥之。”敬宗孙彦伯讼请改谥。博士王福畤曰：“何曾[1]既忠且孝，徒以日食万钱，得谥为‘缪’。敬宗忠孝不逮于曾，而饮食男女之累过之，谥之曰‘缪’，无负许氏矣。”诏五品以上更议，礼部尚书杨思敬曰：“过而能改曰恭。请谥曰‘恭’。”诏从之。福畤，通之子也。

冬，十一月朔，日食。

以刘仁轨同三品。

以邢文伟为右史[2]，王及善为左千牛卫将军太子弘罕接宫臣，典膳丞[3]邢文伟辄减所供膳，上书谏，太子纳之。上闻之，曰：“直士也。”擢为右史。太子因宴集，命宫臣掷倒[4]，次至左奉裕率[5]王及善，及善曰：“掷倒自有伶官[6]，臣若奉令，恐非所以羽翼[7]殿下也。”太子谢之。上闻之，赐及善缣百匹，寻迁左千牛卫将军。

癸酉**四年**（公元673年）

春，三月，诏刘仁轨修改国史以许敬宗等所记多不实故也。

秋，七月，婺州[8]大水。

冬，十月，阎立本卒。

1 何曾：古人名，西晋开国元勋。
2 右史：古官名，原为史官名，唐以后为中书省起居舍人的别称。
3 典膳丞：古官名，全称太子典膳丞，典膳局次官，负责太子的膳食事务。
4 掷倒：古代散乐杂技的一种。
5 左奉裕率：古官名，掌领东宫备身以上禁内侍卫，供奉兵仗。
6 伶官：乐官。
7 羽翼：辅佐，维护。
8 婺州：古州名，辖今浙江省金华江、衢江流域各市县地。

十二月，弓月、疏勒[1]来降。

甲戌**上元元年**（公元674年）

春，正月，以刘仁轨为鸡林[2]道大总管，讨新罗时新罗王法敏既纳高丽叛众，又据百济故地。诏削官爵，立其弟仁问在京师者为王，使归国。

三月朔，日食。

以武承嗣为周国公元爽之子也。

秋，八月，帝称天皇，后称天后。

九月，追复长孙无忌官爵以无忌曾孙翼袭爵赵公，听陪葬昭陵。

大酺[3]大酺，上御翔鸾阁观之。分音乐为东西朋，使雍王贤主东朋，周王显主西朋，角胜[4]为乐。郝处俊谏曰："二王春秋尚少，志趣未定，当推梨让枣，相亲如一。今分二朋，递相夸竞[5]，非所以崇礼义、劝敦睦也。"上瞿然[6]曰："卿远识，非众人所及也。"遽止之。

天后表便宜十二条，诏行之后以"国家圣绪[7]出玄元皇帝，请令王公以下皆习《老子》，令明经举人[8]策试"，又请"自今父在，为母服齐衰三年"，又"京官八品以上量加俸禄"，及他便宜，合十二条。诏书褒美，皆行之。

胡氏曰：五服，圣人所制，其轻重隆杀，皆有义理，岂可以私增损？武氏之为此请也，盖太宗加高祖父母诸服有以启之也。古父在，为母齐衰期[9]，岂圣

1　弓月、疏勒：弓月，古部落名，属西突厥五咄陆部，居今吉尔吉斯斯坦托克马克市东。疏勒，古西域国名，位于今新疆喀什市东南，位居西域南、北两道的交会点，古来即为东西交通的主要进出口。

2　鸡林：即新罗，古国名，位于今朝鲜境。东汉时，新罗之始林有鸡怪，更名鸡林，因以鸡林为国号。

3　大酺：大宴饮。

4　角胜：较量胜负。

5　夸竞：夸耀竞争。

6　瞿然：惊骇貌。

7　圣绪：帝王的统绪。

8　明经举人：明经科考取的举人。唐代的科举大体分为明经科和进士科两个科目，明经科主要测试对于儒家经典的掌握程度。

9　期：一年。

人固薄于母哉？天无二日，土无二王，家无二主，尊无二上，定于一也。今跻[1]地尊天，持阴敌阳，其欲陵灭夫宗[2]、独御四海之意，岂特履霜而已哉？不特高宗懵然[3]，而其失，至今未改也。必欲得正，其必以古为则乎？

乙亥**二年**（公元675年）

春，二月，刘仁轨大破新罗仁轨大破新罗之众于七重城[4]，引兵还。诏以总管李谨行屯新罗之买肖城[5]以经略之。新罗遣使谢罪，上赦之。复法敏官爵，仁问改封临海郡公。

三月，天后祀先蚕[6]天后祀先蚕于邙山之阳[7]，百官及朝集使皆陪位。时上苦风眩，议使天后摄政，郝处俊谏曰："天子理外，后理内，天之道也。昔魏文帝著令[8]，虽有幼主，不许皇后临朝，所以杜祸乱之萌。陛下奈何以高祖、太宗之天下，不传之子孙，而委之天后乎？"中书侍郎李义琰曰："处俊之言至忠，陛下宜听之。"上乃止。天后多引文学之士元万顷、刘祎之等，使之撰《列女传》《臣轨》《百僚新戒》《乐书》，几千余卷。时密令参决表奏，以分宰相之权，时人谓之北门学士。

以韦弘机为司农卿弘机尝受诏葺[9]苑，宦者犯法，弘机杖之，然后奏闻。上以为能，赐绢数十匹，曰："更有犯者，卿即杖之，不必奏也。"

夏，四月，以赵瓌为括州刺史左千牛卫将军赵瓌尚高祖女常乐公主，女为周王显妃。公主颇为上所厚，天后恶之，废妃，幽杀之，贬瓌刺括州，令公主随之官，绝朝谒。

1 跻：登，升。
2 陵灭夫宗：欺凌灭绝丈夫的宗族。
3 懵然：不明貌。
4 七重城：古地名，位于今韩国京畿道坡州市境内。
5 买肖城：古地名，位于今韩国京畿道杨州市境内。
6 先蚕：古代传说中教民育蚕之神。周制，王后享先蚕，以后历代均由皇后主祭先蚕。
7 阳：山之南，水之北。
8 著令：下令，责成。
9 葺：修理，整治。

太子弘薨，谥孝敬皇帝。立雍王贤为太子太子弘仁孝谦谨[1]，上甚爱之，中外属心。天后方逞其志，太子奏请，数迕旨。义阳、宣成二公主，萧淑妃之女也，幽于掖庭，年逾三十。太子见之惊恻[2]，奏请出降，上许之。天后怒，即日以公主配当上翊卫[3]。太子寻卒，时人以为天后酖之也。诏追谥为孝敬皇帝。

范氏曰：皇帝者，有天下之号，非所以为赠也。父没而后子立，今父在而追尊其子，岂礼也哉？盖武后谋篡国，酖太子，而加之尊名以掩其迹。李泌之言信矣。

胡氏曰：太子弘幼有美质[4]，其过失，惟命宫臣掷倒一节而已。尝受《春秋》，至商臣事，废书而叹曰："经籍，圣人垂训，而书此何耶？"郭瑜对曰："《春秋》义存褒贬，故商臣千载而恶名不灭。"弘曰："非惟口不可道，故亦耳不忍闻。愿受他经。"瑜请读《礼》，从之。弘方幼学[5]，而志心[6]如此，岂非贤乎？其死也，非有他过，特以奏请咈旨。乌乎，为人臣子而不知《春秋》之义也，必陷诛死之罪，弘之谓矣。太子之职，问安侍膳，此外非所预也。君父懦昏[7]，母后专忍[8]，尤当遵养时晦，以绝疑忌之萌。而轻用其智，不自韬默[9]，此《春秋》所禁也。使郭瑜知此，教弘以为太子之道，岂至于一言违忤而见酖哉？经训[10]不明，皆腐儒，暗于大理，而居人父子之间，其祸如此。则人君爱其子而为之择师友者，可不慎哉？

康熙御批：弘之奏请义阳、宣城二公主出降，洵仁厚之至意。第时方母后逞志，宜曲为感悟，徐俟转移。径上闻于君父，致触母后之怒，亦有自取之

1　谦谨：谦和谨慎。
2　惊恻：吃惊又同情。
3　当上翊卫：正在值班的翊卫。当上，值班。翊卫，古侍卫官名。
4　美质：良好的品质。
5　幼学：初入学的学童。
6　志心：心气。
7　懦昏：懦弱昏庸。
8　专忍：专制残忍。
9　韬默：隐匿沉默。
10　经训：经籍义理的解说。

咎云。

秋，七月，杞王上金澧州[1]**安置**天后恶上金，有司希旨奏其罪，故有是命。

八月，以戴至德、刘仁轨为左、右仆射，张文瓘为侍中，郝处俊为中书令，李敬玄同三品刘仁轨、戴至德更日受牒诉[2]，仁轨常以美言许之，至德必据理难诘[3]。未尝与夺[4]，实有冤结[5]者，密为奏辨[6]。由是时誉皆归仁轨。或问其故，至德曰："威福者，人主之柄，人臣安得盗取之？"上闻，深重之。有老妪欲诣仁轨陈牒，误诸至德，至德览之未终，妪曰："本谓是解事仆射，乃不解事仆射邪！归我牒！"至德笑而授之。时人称其长者。文瓘时兼大理卿，囚闻改官，皆恸哭。文瓘性严正[7]，诸司奏议，多所纠驳[8]，上甚委之。

丙子**仪凤元年**（公元676年）

春，三月，以来恒、薛元超同三品。

闰月，吐蕃寇鄯州。

以高智周同三品。

秋，八月，始遣使诣桂、广、文[9]**、黔等府注拟**敕："桂、广等都督府，比来注拟，简择未精，自今每四年遣五品以上官充使，仍令御史同往注拟。"时人谓之"南选"。

九月，以狄仁杰为侍御史将军权善才、中郎将范怀义误斫昭陵柏，当除名，上特命杀之。大理丞狄仁杰奏罪不当死，上曰："我不杀，则为不孝。"

---

1 澧州：古州名，以澧水得名，辖今湖南省澧水流域（溇水上游除外）。
2 牒诉：讼辞，诉状。牒，讼辞，状子。
3 难诘：诘问辩难，质询。
4 与夺：决定，裁决。
5 冤结：冤屈。
6 奏辨：上奏申辩。
7 严正：严格公正。
8 纠驳：纠举驳正。
9 文：文州，古州名，辖今甘肃省陇南市文县一带。

仁杰固执不已。上怒，令出，仁杰曰："犯颜直谏[1]，自古以为难，臣以为遇桀、纣则难，遇尧、舜则易。夫法不至死，而陛下特杀之，是法不信于人也，人何所措其手足？且张释之有言：'设有盗长陵一抔土，陛下何以处之？'今以一柏杀二将军，后代谓陛下为何如矣？臣不敢奉诏旨，恐陷陛下于不道，且羞见释之于地下也。"上怒解，遂贷之。仍擢仁杰为侍御史。初，仁杰为并州法曹，同僚郑崇质当使绝域，崇质母老且病，仁杰曰："彼母如此，岂可复使之有万里之忧？"诣长史蔺仁基请代之行。仁基素与司马李孝廉不叶[2]，因相谓曰："吾辈岂可不自愧乎？"遂相与辑睦。

胡氏曰：高宗于乃考[3]《帝范》十不遵一，妻父之妃，而杀顾命大臣。其与陵柏孰重？于其重者，安行而不忌，而切切于薄物细故以为孝，岂不犹盗跖之以分均、出后为仁义哉？

冬，十月，祫享[4]太庙用太学博士史璨议，禘后三年而祫，祫后二年而禘。

郇王素节袁州[5]安置素节，萧淑妃之子也，警敏[6]好学，天后恶之，以为申州[7]刺史。素节以久不得入觐[8]，著《忠孝论》。后见之，诬以赃贿[9]，降封鄱阳王，袁州安置。

以李敬玄为中书令。

1　犯颜直谏：冒犯尊长或皇上的威严极力相劝。犯颜，冒犯君主或尊长的威严。直谏，直言规谏。
2　不叶：不合，不一致。
3　乃考：称人家去世的父亲。
4　祫享：即祫祭，古代天子、诸侯所举行的集合远近祖先神主于太祖庙的大合祭。
5　袁州：古州名，因袁山而得名，辖今江西省萍乡、宜春、分宜、新余等市县地。
6　警敏：机警敏捷。
7　申州：古州名，辖今河南省信阳、罗山和湖北省广水等市县。
8　入觐：地方官员入朝进见帝王。
9　赃贿：贪赃纳贿。

丁丑**二年**（公元677年）

春，正月，耕籍田。

二月，以高藏为朝鲜王，扶余隆为带方王以高藏为朝鲜王，遣归辽东，安辑高丽余众。高丽先在诸州者，遣与俱归。扶余隆为带方王，亦遣归，安辑百济余众。仍移安东都护府于新城以统之。藏至辽东，谋叛，召还，徙邛州而死。高丽旧城没于新罗，余众散入靺鞨。隆亦不敢还故地。高氏、扶余氏遂亡。

郝处俊、高智周罢。

夏，四月，河南、北旱遣御史中丞崔谧等分道赈给。侍御史刘思立上疏曰："麦秀[1]蚕老，农事方殷[2]，聚集参迎，妨、废不少。既缘赈给，须立簿书。本欲安存[3]，更成烦扰。伏望且委州县赈给。"疏奏，谧等遂不行。

以张大安同三品。

诏废显庆新礼诏以显庆新礼多不师古，其五礼并依《周礼》行事。自是礼官益无凭守，每大礼，临时撰定。

秋，八月，徙周王显为英王更名"哲"。

命刘仁轨镇洮河[4]军。

戊寅**三年**（公元678年）

春，正月，百官、四夷朝天后于光顺门。

以李敬玄为洮河道大总管刘仁轨有奏请，多为李敬玄所抑，由是怨之。知敬玄非将帅才，荐之使守西边。敬玄固辞，上曰："仁轨须朕，朕亦自往，卿安得辞？"乃以敬玄代仁轨，大发兵讨吐蕃。

夏，五月，帝幸九成宫山中雨寒，从兵有冻死者。

---

1 秀：植物抽穗开花。
2 方殷：正当盛时。
3 安存：安抚存恤。
4 洮河：古水名，藏语意为龙水、神水，黄河上游支流，位于今甘肃省西南部。

胡氏曰：高宗可谓舒迟解缓之君，在咎征宜得常燠[1]。今乃盛夏而寒，此武氏好杀，气之先至者也。惟见微者知之，而人君不悟也。

秋，九月，还京师。

诏复奏《破阵乐》上初即位，不忍观《破阵乐》，命撤之。至是，太常奏"久寝惧废"，乃复奏之。

侍中张文瓘卒上将讨新罗，文瓘卧疾在家，自舆入，谏曰："今吐蕃为寇，方发兵西讨。新罗未尝犯边，若又东征，臣恐公私不堪其弊。"上乃止。

李敬玄与吐蕃战，败绩李敬玄将兵十八万，与吐蕃将论钦陵战于青海之上。副总管刘审礼深入，败没。敬玄按兵不救，狼狈还走，虏追击之。员外将军[2]黑齿常之夜率死士袭击虏营，虏乃遁去。敬玄收余众，还鄯州。上嘉常之之功，擢拜左武卫将军。敬玄之西征也，监察御史娄师德应《猛士诏》[3]从军，及败，敕师德收集散亡，军乃复振。因命使于吐蕃，吐蕃将论赞婆迎之。师德宣导上意，谕以祸福，赞婆甚悦，为之数年不犯边。上以吐蕃为忧，悉召侍臣谋之，或欲和亲，或欲严备，俟公私富实而讨之，或欲亟发兵击之，议竟不决。太学生[4]魏元忠上封事曰："理国之要，在文与武。今言文者则以辞华为首而不及经纶，言武者则以骑射为先而不知方略，故陆机著《辨亡论》，无救河桥之败，养由基射穿七札[5]，不济鄢陵之师，此已然[6]之明效也。古语有之：'兵无强弱，将有巧拙。'故选将当以智略为本，勇力为末。今朝廷用人，类[7]取将门子弟及死事[8]之家，彼皆庸人，岂足当阃外之任？古之名将，皆出贫贱而立殊功，未闻其家代为将也。夫赏罚者，军国之切务。近日征伐，虚有赏格[9]而

1　常燠：长期闷热。
2　员外将军：古官名，即正员限额以外添授的将军。
3　《猛士诏》：即《举猛士诏》。为了征讨吐蕃，唐高宗在河北发布，用于募兵。
4　太学生：在太学里就读的学生。
5　札：古代用来写字的小木片。
6　已然：既成事实。
7　类：大抵，大都。
8　死事：死于国事者。
9　赏格：悬赏所定的报酬条件。

无事实。盖由小才之吏，不知大体，徒惜勋庸，恐虚仓库。不知士不用命，所损几何？自苏定方征辽东，李勣破平壤，赏绝不行。大非川之败，薛仁贵、郭待封等不即重诛[1]，臣恐吐蕃之平，非旦夕可冀也。又出师之要，全资马力[2]。请开畜马之禁，使百姓皆得畜马。若官军大举，增价市之，则皆为官有矣。”上善其言，召见，令值中书省，仗内供奉[3]。

来恒卒。

己卯**调露元年**（公元679年）

春，正月，帝如东都。司农卿韦弘机免弘机作上阳等官，制度壮丽，侍御史狄仁杰劾奏弘机导上为奢泰，免其官。左司郎中[4]王本立恃恩用事，朝廷畏之，仁杰奏其奸，上特原之。仁杰曰：“陛下何惜罪人，以亏王法？必欲曲赦本立，请弃臣于无人之境，为忠贞之诫！”本立竟得罪。由是朝廷肃然。

二月，吐蕃赞普[5]死赞普卒，子器弩悉弄立，年八岁。上命裴行俭乘间图之，行俭曰：“钦陵为政，大臣辑睦，未可图也。”乃止。

夏，四月，以郝处俊为侍中。

命太子贤监国太子处事明审[6]，时人称之。

六月，遣吏部侍郎裴行俭立波斯王。行俭袭执阿史那都支以归初，西突厥阿史那都支及其别帅李遮匐与吐蕃连和，侵逼安西。朝议欲发兵讨之，吏部侍郎裴行俭曰：“今波斯王卒，其子质京师，宜遣使送归。道过二虏，以便宜取之，可不血刃而擒也。”上从之。乃命行俭册立波斯王。行俭奏肃州[7]刺史王方翼为副。过西州，扬言须稍凉西上，都支觇知之，遂不设备。行俭召四

1　重诛：处以极刑。
2　马力：马的力量。
3　仗内供奉：仗内，仪仗之内，指内廷。供奉，侍奉，伺候。
4　左司郎中：古官名，为尚书左丞副贰，协掌尚书省事务，监管吏、户、礼部诸司政务，举稽违、署符目、知直宿，位在诸司郎中上。
5　赞普：吐蕃君长的称号。
6　明审：开朗而审慎。
7　肃州：古州名，辖今甘肃省疏勒河以东，高台县以西地区。

镇酋长谓曰："昔在此州，纵猎甚乐。今欲寻旧赏[1]，谁能从者？"诸胡子弟争请行，近得万人。行俭阳为畋猎，校勒部伍[2]。数日，遂倍道西进，去都支部落十余里，遣使问其安否，召与相见。都支计无所出，率子弟迎谒，遂擒之。简其精骑，进掩遮匐，遮匐亦降。于是囚都支、遮匐以归，遣波斯王自还其国。留王方翼于安西，使筑碎叶城。

冬，十月，单于府突厥反，遂寇定州单于大都护府突厥阿史德温傅、奉职二部俱反，立阿史那泥熟匐为可汗，二十四州酋长皆叛应之，众数十万。遣长史萧嗣业等将兵讨之。嗣业等先战屡捷，因不设备。会大雪，突厥夜袭其营，嗣业狼狈拔营走，众遂大乱，为虏所败。突厥寇定州，刺史、霍王元轨命开门偃旗，虏疑有伏，惧而宵遁。州人李嘉运与虏通谋，事泄，上令元轨穷其党与，元轨曰："强寇在境，人心不安，若多所逮系[3]，是驱之使叛也。"乃独杀嘉运，余无所问。上大喜。自是朝廷有大事，上多密敕问之。遣将军曹怀舜屯井陉，崔献屯龙门，以备突厥。

庚辰**永隆元年**（公元680年）

春，三月，以裴行俭为定襄道大总管，讨突厥，平之初，上谓裴行俭曰："卿文武兼资，今授卿二职。"乃除礼部尚书、右卫大将军，为定襄道行军大总管，将兵三十余万，以讨突厥。至是，大破突厥于黑山[4]，擒奉职，泥熟匐为其下所杀，以首来降。初，行俭至朔州，谓其下曰："抚士贵诚，制敌尚诈。"乃为粮车三百乘，每车伏壮士五人，各持陌刀[5]劲弩，以羸兵为之援，且伏精兵于险要以待之。虏果至，羸兵弃车散走。虏驱车就水草，解鞍牧马，欲取粮，壮士自车中跃出击之，虏惊走，复为伏兵所邀，杀获[6]殆尽。自是粮

1　旧赏：往日的欢乐。
2　校勒部伍：整编队伍。
3　逮系：逮捕，拘囚。
4　黑山：古山名，位于今内蒙古包头市西北。
5　陌刀：长刀。
6　杀获：斩杀捕获。

运行者，虏莫敢近。军至单于府北，抵暮，下营，掘堑已周[1]，行俭遽命移就高岗。诸将皆言："士卒已安，不可动。"行俭不从，趣使移。是夜，风雨暴至，前所营地，水深丈余。诸将惊服，问其故，行俭笑曰："自今但从我命，不必问其所由知也。"

夏，四月，以裴炎、崔知温、王德真同三品。

秋，七月，吐蕃寇河源吐蕃寇河源，将军黑齿常之击却之。常之以河源冲要，欲加兵戍之，而转输险远，乃广置烽戍[2]七十余所，开屯田五千余顷，岁收五百余万石，由是战守有备焉。先是，剑南募兵于茂州[3]，筑安戎城[4]，以断吐蕃之路。吐蕃攻陷其城，以兵据之。由是西洱诸蛮皆降于吐蕃。吐蕃之地，东接凉、松、茂、巂等州，南邻天竺，西陷龟兹、疏勒等四镇，北抵突厥，地方万余里。诸胡之盛，莫与为比。

八月，贬李敬玄为衡州刺史敬玄军既败，屡称疾请还。既至，无疾，诣中书视事。上怒，贬之。

废太子贤为庶人，立英王哲为皇太子太子贤闻宫中窃议，以贤为天后姊韩国夫人所生，内自疑惧。方士明崇俨以厌胜之术为天后所信，官至正谏大夫[5]，尝密称："太子不堪承继，英王貌类太宗。"会崇俨为人所杀，天后遂疑太子所为。太子颇好声色，与户奴狎昵。天后使人告其事，鞫之，于马坊[6]得皂甲[7]数百领，以为反具。上素爱太子，欲宥之，天后不可，遂废为庶人，党与皆伏诛。左庶子张大安坐阿附左迁，余皆释之。左庶子薛元超等皆舞蹈拜恩[8]，右庶子李义琰独引咎涕泣，时论美之。

1　抵暮，下营，掘堑已周：已近傍晚，宿营后，周围的壕沟已经挖好。
2　烽戍：设置烽燧，驻兵防守之处。
3　茂州：古州名，辖今四川省茂县、汶川、北川等县地。
4　安戎城：古地名，位于今四川省阿坝藏族羌族自治州小金县东北。
5　正谏大夫：古官名，由谏议大夫改称，掌侍从顾问、参谋讽议。
6　马坊：马厩。
7　皂甲：黑甲。
8　拜恩：拜谢恩赐。

冬，十一月朔，日食。

辛巳**开耀元年**（公元681年）

春，正月，宴百官及命妇于麟德殿以立太子，宴百官及命妇于宣政殿，引九部伎[1]及散乐自宣政门入。太常博士袁利贞上疏，以为："正寝非命妇宴会之地，路门[2]非倡优进御之所。请命妇会于别殿，九部伎自东西门入，而停散乐。"上乃更命置宴于麟德殿。赐利贞帛百匹。利贞族孙谊为苏州刺史，自以其先宋太尉淑以来，尽忠帝室，琅邪王氏虽奕世台鼎，而为历代佐命，耻与为比，尝曰："所贵于名家[3]者，为其世笃忠贞，才行相继故也。彼鬻婚姻求禄利者，又乌足贵乎？"

三月，郝处俊罢。

以刘仁轨为太子少傅少府监[4]裴匪舒善营利，奏卖苑中马粪，岁得钱二十万缗。上以问刘仁轨，对曰："利则厚矣，恐后代称唐家卖马粪，非嘉名[5]也。"乃止。匪舒又为上造镜殿，上与仁轨观之。仁轨惊趋下殿，上问其故，对曰："天无二日，土无二王，适视四壁，有数天子，不祥孰甚焉！"上遽令剔去。

秋，七月，以太平公主适薛绍绍母，太宗女城阳公主也。绍兄顗以公主宠盛，深忧之，以问族祖[6]、户部郎中克构，克构曰："帝甥尚主，国家故事。苟以恭慎[7]行之，何伤？然谚曰：'娶妇得公主，无事取官府。'亦不得不惧也。"

胡氏曰：士大夫有志节者，多不肯连姻天家，而帝女下嫁，必妙选名士，

1　九部伎：宫廷及各民族乐舞名，是在对隋朝"七部伎"进行重新调整之后制定的，包括清乐、西凉、龟兹、天竺、康国、疏勒、安国、高丽、礼毕。
2　路门：古代宫室最里层的正门。
3　名家：名门。
4　少府监：古官名，掌百工技巧诸务。
5　嘉名：好名声。
6　族祖：族父的父亲，即自己祖父的堂兄弟。
7　恭慎：谦恭谨慎。

若各从所欲，则无可以成婚矣。然舜由匹夫为天子婿，能使二女率循[1]妇道，此则尚主之法式也。然必也公主有父母、师傅之训，如太宗、宣宗不骄其女。而为之婿者，德行行乎闺门，使帝女不敢以贵富轻忽夫家。交得其道，其何美如之？不然，殆难免于薛克构之言乎？

以裴炎为侍中，崔知温、薛元超为中书令。

征处士田游岩为太子洗马游岩隐居泰山，上东封，尝幸其庐。征为洗马，无所规益。右卫副率薛俨以书责之曰："足下负巢、由之俊节[2]，傲唐、虞之圣主，屈万乘之重，申三顾[3]之荣，将以辅导储贰，渐染芝兰[4]耳。皇太子春秋鼎盛，圣道未周，足下乃唯唯而无一谈，悠悠以卒年岁，何以塞圣王调护之寄乎？"游岩不能答。

裴行俭讨突厥阿史那伏念，降之初，裴行俭军还，突厥阿史那伏念自立为可汗，与阿史德温傅连兵为寇。诏复以行俭为定襄道大总管讨之。副总管曹怀舜引兵至长城北横水[5]，遇伏念，伏念乘便风击之，大败。行俭军于代州之陉口，多纵反间，由是伏念、温傅浸相猜贰。伏念留妻子、辎重于金牙山[6]，以轻骑袭曹怀舜。行俭遣裨将程务挺掩金牙取之。伏念还，失其妻子、辎重，士卒多疾疫，乃引兵北走。行俭又使务挺等追蹑之。伏念恃远不设备，军到狼狈，遂执温傅以降。行俭尽平突厥余党，以伏念、温傅归京师，斩于都市。初，行俭许伏念以不死，故降。裴炎疾行俭之功，奏言："伏念为回纥所逼，穷窘[7]而降耳。"遂诛之。行俭叹曰："浑、濬[8]争功，古今所耻。但恐杀降，无复来者。"因称疾不出。

1　率循：遵循，依循。
2　巢、由之俊节：隐士巢父、许由那样高尚的节操。
3　三顾：泛指一再上门拜访或诚意邀请。
4　芝兰：芝和兰是两种香草，合称借以比喻高尚的德行或美好的友情、环境等。
5　横水：古水名，位于今内蒙古鄂尔多斯市杭锦旗西北。
6　金牙山：古山名，位于今新疆伊犁州霍城县西北。
7　穷窘：穷困窘迫。
8　浑、濬：即王浑、王濬。

冬，十月朔，日食。

徙故太子贤于巴州。

壬午**永淳元年**（公元 682 年）

春，二月，立孙重照为皇太孙上欲令开府，置僚属，问吏部郎中王方庆，对曰："未闻太子在东宫，而更立太孙者也。"上曰："自我作古[1]，可乎？"对曰："三王不相袭礼，何为不可？"乃奏置师傅等官。既而上疑其非法，竟不补授。

夏，四月朔，日食。

关中饥，帝如东都上以关中饥馑，米斗三百，将幸东都，留太子监国，使刘仁轨、薛元超辅之。时出幸仓猝，扈从之士有饿死者。上虑道路多草窃[2]，命监察御史魏元忠检校。元忠阅赤县[3]狱，得盗一人，神采、语言异于众，命释桎梏，袭冠带，乘驿[4]以从，与共食宿，托以诘盗[5]。比及东都，士马万数，不亡一钱。

闻喜宪公裴行俭卒行俭有知人之鉴[6]。初，王勃与杨炯、卢照邻、骆宾王皆以文章有盛名，李敬玄尤重之。行俭曰："士之致远者，当先器识，而后才艺。勃等虽有文华[7]，而浮躁浅露，岂享爵禄之器邪？杨子稍沉静，应至令、长，余得令终幸矣。"既而勃堕水，炯终于盈川[8]令，照邻恶疾，赴水死，宾王反，诛。行俭为将帅，所引偏裨，如程务挺、张虔勖、王方翼、刘敬同、李多祚、黑齿常之，后多为名将。破阿史那都支，得马脑盘[9]广二尺余，以示将士，

1　自我作古：由自己创始，不依从前人或旧例。作古，创始。
2　草窃：草寇。
3　赤县：指唐代京都所治的县。大唐所属的县有赤、畿、望、紧、上、中、下七等之差，京都所治为赤县。
4　乘驿：乘坐驿车。
5　诘盗：究办强盗。
6　知人之鉴：知人之明。
7　文华：才华，文才。
8　盈川：古县名，治所位于今浙江省衢州市东，因水得名。
9　马脑盘：玛瑙做的盘子。马脑，宝石名，即玛瑙。

军吏捧以升阶，跌而碎之，惶恐，叩头流血。行俭笑曰：“尔非故为，何至于是！”不复有追惜[1]之色。诏赐都支等资产[2]金器三千，并分给亲故偏裨，数日而尽。

安西都护王方翼破西突厥，平之阿史那车薄围弓月，安西都护王方翼引军救之，破虏众于伊丽水[3]。三姓咽面[4]与车薄合兵拒方翼，方翼与战于热海[5]，分遣裨将袭破之，擒其酋长三百人。西突厥遂平。方翼征入议事，竟以废后近属[6]，不得用而归。

以郭待举、岑长倩、郭正一、魏玄同并与中书门下同承受进止平章事[7]上欲用待举等，谓中书令崔知温曰：“待举等资任尚浅，且令预闻政事，未可与卿等同名。”自是外司四品以下知政事者，始以“平章事”为名。先是玄同为吏部侍郎，上言曰：“人君之体，当委任而责成功，所委者当，则所用者自精矣。周穆王命伯冏为太仆正，曰：‘慎简乃僚。’是使群司各自求其小者，而天子命其大者也。汉氏得人皆自州县补署[8]，五府辟召，然后升于天朝[9]。魏、晋以来，始专委选部。夫以天下之大，士人之众，而委之数人之手，用刀笔以量才，按簿书而察行，借使平如权衡，明如水镜，犹力有所极，照有所穷，况所委非人而有愚暗阿私之弊乎？愿略依周、汉之规，以救晋、魏之失。”疏奏，不纳。

五月，洛水溢，关中旱、蝗东都霖雨，洛水溢，溺民居千余家。关中

---

1 追惜：追思往事而叹惜。
2 资产：资财，产业。
3 伊丽水：古水名，即今新疆伊犁河。
4 三姓咽面：三姓，铁勒部落多为更小的部落组合形成，三姓即表示由三个更小的部落组合而成。咽面，古族名，一作样磨，又译牙格马，唐代九姓铁勒的一支，分布于今哈萨克斯坦巴尔喀什湖以东地区。
5 热海：古水名，亦名大清池、亦思宽、亦息渴儿、图斯库勒、特穆尔图淖尔，即今吉尔吉斯斯坦东部之伊塞克湖。
6 废后近属：已废王皇后的近支亲属。
7 与中书门下同承受进止平章事：古官名，职任类似于宰相。
8 补署：补任官职。
9 天朝：臣下称本朝朝廷。

先水，后旱、蝗，继以疾疫，米斗四百。两京间，死者相枕于路，人相食。

秋，七月，作奉天宫上既封泰山，欲遍封五岳，作奉天宫于嵩山之南。监察御史里行[1]李善感谏曰："陛下封泰山，告太平，致群瑞[2]，与三皇、五帝比隆[3]矣。数年不稔[4]，饿殍相望，四夷交侵，兵车岁驾。陛下宜恭默思道，以禳灾谴[5]，更广营宫室，劳役不休，天下莫不失望。"上不纳。自褚遂良、韩瑗之死，中外以言为讳，几二十年。及善感始谏，天下皆喜，谓之"凤鸣朝阳"。上遣宦者缘江徙异竹[6]，所在纵暴。荆州长史苏良嗣囚之，上疏切谏，以为："致远方异物，烦扰道路，恐非圣人爱人之意。"上手诏慰谕，令弃竹江中。

零陵王明自杀初，曹王明以太子贤党，降封零陵王，黔州安置。至是，都督谢祐希天后意，逼使自杀。上深惜之，黔府官属皆坐免官。祐后寝于平阁，夜失其首。及明子俊为天后所杀，有司籍其家，得祐首，漆为秽器[7]，题云谢祐，乃知明子使刺客取之也。

召薛元超赴东都太子颇事游畋，元超上疏规谏。上闻之，遣使者慰劳，召赴东都。

冬，十月，以刘景先同平章事[8]。

突厥骨笃禄寇并州，薛仁贵大破之突厥余党阿史那骨笃禄、阿史德元珍等招集散亡，据黑沙城[9]反，寇并州。代州都督薛仁贵将兵击之。虏问唐大将为谁，应之曰："薛仁贵。"虏曰："吾闻仁贵流象州，死久矣，何给我也？"

1　监察御史里行：古官名，隶御史台察院，特别选用，非正官，职事略同监察御史，俸禄稍减。
2　群瑞：各种祥瑞。
3　比隆：同等兴盛。
4　稔：庄稼成熟。
5　恭默思道，以禳灾谴：恭敬默默地思索治国之道，以消除上天降下的灾害。恭默，恭敬而沉默寡言。
6　异竹：奇特的竹子。
7　秽器：盛粪便的器具。
8　同平章事：古官名，同中书门下平章事简称。中书、门下二省本为政务中枢，同中书门下平章事即与中书、门下协商处理政务之意，实际行使宰相职权。
9　黑沙城：古地名，唐后突厥可汗南庭，位于今内蒙古呼和浩特市武川县境内。

仁贵免胄[1]示之面，虏相顾失色，下马列拜[2]，稍稍引去。仁贵因奋击，大破之。

以娄师德为河源军经略副使吐蕃寇河源，师德将兵击之于白水涧[3]，八战八捷。上以师德为比部[4]员外郎、左骁卫郎将，充使，曰："卿有文武材，勿辞也。"

癸未**弘道元年**（公元683年）

春，二月，突厥寇定州，围单于都护府。

李义琰致仕义琰改葬父母，使其舅氏迁旧墓。上闻之，怒曰："义琰倚势陵其舅家，不可复知政事。"义琰不自安，以疾求去，许之。

范氏曰：高宗责义琰当矣，然己以谗杀其舅，何以责臣下之薄于母党[5]乎？

崔知温卒。

夏，四月，绥州步落稽作乱，讨平之步落稽白铁余埋铜佛于地中，久之，草生其上，绐乡人曰："吾于此数见佛光。"集众掘地，果得之，因曰："得见圣佛者，百疾皆愈。"远近赴之。数年，归信者众，遂谋作乱，据城平县[6]，称皇帝，置百官。遣右武卫将军程务挺与王方翼讨之，擒铁余，余党悉平。

五月，突厥寇蔚州突厥阿史那骨笃禄等寇蔚州，杀刺史李思俭。丰州都督崔智辩将兵邀之，为虏所擒。朝议欲废丰州，司马唐休璟上言："丰州阻河为固，居贼冲要。自秦、汉以来，列为郡县，土宜耕牧。贞观之末募人实之，西北始安。今废之，则河滨之地复为贼有，灵、夏等州人不安业，非国家之利

1 免胄：脱下头盔。
2 列拜：依次叩拜。
3 白水涧：古地名，位于今青海省西宁市大通回族土族自治县西北。
4 比部：古官署名，原掌稽核簿籍，后变为刑部所属四司之一。
5 母党：母亲家族。
6 城平县：古县名，治所位于今陕西省榆林市清涧县东北。

也。”乃止。

秋，七月，诏以来年有事于嵩山。冬，十一月，诏罢之诏罢封嵩山，上疾甚故也。上苦头重[1]，不能视，召侍医[2]秦鸣鹤诊之，请刺头出血，可愈。天后不欲上疾愈，怒曰：“此可斩也，乃欲于天子头刺血！”上曰：“但刺之，未必不佳。”乃刺二穴，上曰：“吾目似明矣。”后举手加额曰：“天赐也！”自负彩百匹[3]，以赐鸣鹤。

诏太子监国，以裴炎、刘景先、郭正一兼东宫平章事。

十二月，帝崩。太子即位，尊天后为皇太后上疾甚，夜召裴炎入，受遗诏而崩。遗诏：“太子即位，军国大事有不决者，兼取天后进止[4]。”中宗即位，尊天后为皇太后，政事咸取决焉。

以刘仁轨为左仆射，裴炎为中书令，刘景先为侍中故事，宰相于门下省议事，谓之政事堂。及裴炎迁中书令，始迁政事堂于中书省。

郭正一罢。

甲申**中宗皇帝嗣圣元年**（公元684年）

二月，睿宗文明元年。九月，太后光宅元年。

春，正月，立妃韦氏为皇后。

以韦弘敏同三品。

二月，太后废帝为庐陵王，立豫王旦中宗欲以后父韦玄贞为侍中，裴炎固争，中宗怒曰：“我以天下与韦玄贞何不可？而惜侍中邪？”炎惧，白太后，密谋废立。太后集百官于乾元殿，勒兵宣令，废中宗为庐陵王。中宗曰：“我何罪？”太后曰：“汝欲以天下与韦玄贞，何得无罪？”乃幽于别所[5]。立

1　头重：病症名，指头部自觉重坠或如被捆裹的感觉。
2　侍医：为帝王及皇室成员治病的宫廷医师。
3　自负彩百匹：亲自背负彩缎百匹。
4　兼取天后进止：同时请天后一起处置。
5　别所：正宅以外的宅邸。

豫王旦为皇帝，妃刘氏为皇后，永平王成器为太子，废太孙重照为庶人，改元“文明”。旦居别殿[1]，不得有所预，政事皆决于太后。有飞骑十余人饮于坊曲[2]，一人言：“向知别无勋赏，不若奉庐陵。”一人起告之，座未散，皆捕系羽林狱。言者斩，余皆绞[3]，告者除五品官。告密之端，自此兴矣。

胡氏曰：世观中宗之废者，往往归咎武氏，而不知事起裴炎也。炎但知玄贞与政，必与己分权，不若倚后为重，而不为唐室远虑，以启革命屠戮之祸，罪不止于废君而已也。

太后以刘仁轨为西京留守仁轨上疏，辞以衰老，不堪居守，因陈吕后祸败之事，以申规戒[4]。太后玺书慰谕之。

太后始御[5]紫宸殿太后御武成殿，皇帝率王公以下上尊号。自是太后常御紫宸殿，施缪紫帐以视朝[6]。

太后以王德真为侍中，刘祎之同三品。

三月，太后杀故太子贤初，太后命将军丘神勣诣巴州，检校故太子贤宅，以备外虞[7]，风使杀之。至是，神勣逼贤自杀。太后乃归罪神勣，贬之，而追封贤为雍王。寻复以神勣为金吾将军[8]。

夏，四月，太后迁帝于房州[9]，又迁于均州。

闰五月，太后以武承嗣同三品。

秋，七月，温州[10]大水流四千余家。

---

1 别殿：正殿以外的殿堂。
2 坊曲：妓女所居之地，也泛指街巷。
3 绞：死刑的一种，吊死，勒死。
4 规戒：规劝告诫。
5 御：驾临。
6 施缪紫帐以视朝：张挂正面为浅紫色的帷帐临朝听政。缪，古时旌旗的正幅。视朝，临朝听政。
7 外虞：外患。
8 金吾将军：古官名，掌宫中及京城昼夜巡警之事。
9 房州：古州名，辖今湖北省房县、竹山、保康、竹溪等县地。
10 温州：古州名，辖今浙江省温州、永嘉、乐清、瑞安、平阳、文成、泰顺等市县地。

八月，葬乾陵[1]。

太后以冯元常为陇州[2]**刺史**初，尚书左丞冯元常为高宗所委，常密言中宫威权太重，宜稍抑损，高宗不能用。及太后称制，四方争言符瑞，嵩阳[3]献瑞石，元常奏言："状涉谄诈[4]，不可诬罔天下！"太后不悦，出之。

武承嗣罢。

括州大水流二千余家。

九月，太后改元，及服色、官名太后改元"光宅"，旗帜皆从金色，八品服碧[5]。东都为神都，尚书省为文昌台，仆射为左、右相，六曹为天、地、四时六官，门下省为鸾台，中书省为凤阁，侍中为纳言，中书令为内史，御史台分为左、右肃政台。其余悉以义类[6]改之。

太后立武氏七庙武承嗣请追王[7]其祖，立武氏七庙，太后从之。裴炎谏曰："太后母临天下，当示至公，不可私于所亲，独不见吕氏之败乎？"太后曰："吕后以权委生者，故败，今吾追尊亡者，何伤乎？"对曰："事当防微杜渐，不可长耳。"太后不从。追尊五代祖为公，妣为夫人；高、曾、祖、考为王，妣皆为妃。

胡氏曰：哀哉，裴炎之愚也！人主一言之失，即劝女主废之。而戒以防微杜渐，事尚有微、渐于废君者乎？

英公李敬业起兵扬州，太后遣将军李孝逸击之时诸武用事，唐宗室人人自危，众心愤惋。会柳州[8]司马、英公李敬业及弟敬猷、唐之奇、骆宾王、杜求仁、魏思温皆失职怨望，乃谋起兵。遂矫诏杀扬州长史，开府库，赦囚徒，旬日间得胜兵十余万，复称"嗣圣元年"。敬业自称匡复上将，复求得貌

1　乾陵：唐高宗李治与武则天的合葬墓，位于今陕西省咸阳市乾县西北梁山上。
2　陇州：古州名，以陇山得名，辖今陕西省千水流域及甘肃省华亭县地。
3　嵩阳：古县名，治所即今河南省登封市。
4　谄诈：逢迎诈伪。
5　八品服碧：八品以下官员原穿青色服装的，改穿青绿色。碧，青绿色。
6　义类：比照词义类推。
7　追王：给死者追加王号。
8　柳州：古州名，辖今广西柳州市及柳江、柳城、鹿寨等县地。

类濮王贤者置之军中，云贤不死，逃至此，令其举兵。移檄州县，略曰：“伪临朝武氏者，人非温顺，地实寒微。昔充太宗下陈[1]，尝以更衣入侍，洎乎晚节，秽乱春宫[2]。密隐先帝之私，阴图后庭之嬖，践元后于翚翟，陷吾君于聚麀[3]。”“杀姊屠兄，弑君鸩母，人神之所同嫉，天地之所不容。”“包藏祸心，窃窥神器。君之爱子，幽之于别宫；贼之宗盟，委之以重任。”“一抔之土未干，六尺之孤何在？”太后见之，问：“谁所为？”或对曰：“骆宾王。”太后曰：“宰相之过也。人有如此才，而使之流落不偶乎？”遣左玉钤卫大将军李孝逸将兵三十万以讨敬业，追削其祖、考官爵，发冢斫棺，复姓徐氏。

太后杀侍中裴炎，以骞味道为内史，李景谌同平章事武承嗣与从父弟三思以韩王元嘉、鲁王灵夔属尊位重，屡劝太后因事诛之。太后谋于执政，裴炎固争。及李敬业举兵，太后问计于炎，对曰：“皇帝年长不亲政事，故竖子得以为辞。若太后返政，则不讨自平矣。”承嗣因使监察御史崔詧言炎有异图，太后命左肃政大夫[4]骞味道鞫之，凤阁舍人[5]李景谌证炎必反。刘景先、胡元范明其不反，遂并下狱。以骞味道检校内史，李景谌平章事。斩裴炎于都亭，籍没其家，无甔石之储。景先等流、贬有差。炎弟子太仆寺丞[6]伷先年十七，上封事求见，曰：“陛下为李氏妇，先帝弃天下，遽揽朝政，变易嗣子，疏斥[7]李氏，封崇[8]诸武。伯父忠于社稷，反诬以罪，戮及子孙。陛下所为如是，臣实惜之。陛下早宜复子明辟，高枕深居，则宗族可全。不然，天下一变，不可复救矣。”太后怒，命于朝堂杖而流之。炎之下狱也，郎将姜嗣宗使至长安，

1　下陈：古代殿堂下供陈放礼品、婢妾站的地方，后多借指后宫地位卑下的侍妾。
2　洎乎晚节，秽乱春宫：等到太宗晚年，又与太子淫乱。洎，到，及。春宫，太子居住的宫室。
3　践元后于翚翟，陷吾君于聚麀：终于登上皇后的宝座，使我们的君主陷于形同禽兽的境地。元后，帝王的嫡妻，元配之后。翚翟，后妃的礼服。聚麀，两代的乱伦行为。麀，母鹿。《礼记·曲礼上》：“夫唯禽兽无礼，故父子聚麀。”
4　左肃政大夫：古官名，分御史大夫置，后改为左御史大夫。
5　凤阁舍人：古官名，即中书舍人。武则天时称中书省为凤阁，中书舍人即称“凤阁舍人”。
6　太仆寺丞：古官名，太仆寺卿的佐官，协助掌管皇帝的舆马和马政。
7　疏斥：疏远排斥。
8　封崇：增大加高，此指授予高官厚爵。

刘仁轨问以东都事，嗣宗曰："嗣宗觉裴炎有异于常久矣。"嗣宗还，仁轨附表，言："嗣宗知裴炎反，不言。"太后杀之。

胡氏曰：能权轻重，然后可以当国家之大事。韦玄贞为侍中，虽曰外戚，然有长孙无忌前例，亦未遽至擅权而乱国也。中宗虽下愚，炎与玄贞，及刘仁轨、刘祎之之徒，左提右挈，虽排太后不预外事可也，然炎既自党于太后，又欲使之归政睿宗以收公议[1]，其将能乎？

李敬业取润州[2]，李孝逸击杀之初，魏思温说李敬业曰："明公以匡复为辞，宜率大众鼓行而进，直指洛阳，则天下知公志在勤王，四面响应矣。"薛仲璋曰："金陵有王气，且大江天险，足以为固。不如先取常[3]、润，为定霸[4]之基，然后北向，以图中原。进无不利，退有所归，此良策也。"思温曰："山东豪杰以武氏专制，愤惋不平，闻公举事，皆蒸麦为粮，伸锄为兵，以俟南军之至。不乘此势以立大功，乃更蓄缩[5]，欲自谋巢穴，远近闻之，其谁不解体？"敬业不从，将兵攻润州。思温谓杜求仁曰："兵势合则强，分则弱。敬业不并力渡淮，收山东之众，以取洛阳，败在眼中矣。"敬业遂行，取润州。闻李孝逸将至，回军拒之，屯下阿溪[6]，使敬猷逼淮阴，韦超屯都梁山[7]。孝逸军至临淮，战不利。监军御史魏元忠曰："天下安危，在兹一举。今大军久留不进，万一朝廷更命他将以代将军，将军何辞以逃逗挠之罪乎？"孝逸乃引军而前。元忠请先击敬猷，诸将曰："不如先攻敬业，敬业败，则敬猷不战自擒矣。若击敬猷，敬业救之，是腹背受敌也。"元忠曰："不然。贼兵尽在下阿，乌合而来，利在一决[8]。敬猷不习军事，其众单弱，大军临之，驻马可克[9]。我克敬

1　公议：公义。
2　润州：古州名，以州东有润浦得名，辖今江苏省南京、句容、镇江、丹徒、丹阳、金坛等地。
3　常：常州，古州名，辖今江苏省常州、无锡、江阴、宜兴等市地。
4　定霸：奠定霸业。
5　蓄缩：畏缩，退缩。
6　下阿溪：古水名，又称石梁河、石梁涧，位于今安徽省滁州市辖天长市东北。
7　都梁山：古山名，又称慈氏山，即今江苏省淮安市盱眙县南，旧时产兰草，俗称都梁。
8　利在一决：有利于决一胜负。
9　驻马可克：不下马就可以取胜。驻马，使马停下不走，不下马。

猷，乘胜而进，虽有韩、白[1]，不能当其锋矣。”孝逸从之，引兵击敬猷，敬猷走。敬业勒兵，阻溪拒守。元忠言于孝逸曰：“风顺荻干，此火攻之利。”敬业置陈既久，士卒多疲倦，阵不能整。孝逸进击之，因风纵火，敬业大败，轻骑走，将入海，孝逸追之。其将王那相斩敬业等首来降，余党皆捕得，传首神都。

陈岳[2]论曰：敬业苟能用魏思温之策，直指河洛，专以匡复为事，纵军败身戮，亦忠义在焉。而妄希金陵王气，是真为叛逆，不败何待？

胡氏曰：元忠智谋诚可为世用，而不知所以自用。用于女主之朝，可谓不待价而沽[3]者也。其言曰：“天下安危，系此一举。”使敬业而败，则武后愈安，何系于唐室？然则将不令孝逸拒之乎？曰：君子见几而作，不俟终日。元忠诚有远见宏略者，永淳、弘道[4]之间，自晦而去，上也。至是锋颖[5]已见，难乎其卷而怀之矣。然位未高而宠禄浅，有道以远迹[6]，犹贤乎知进而不知退也。

李景谌罢。太后以崔詧同平章事。

郭待举罢。太后以韦方质同平章事。

太后杀单于道安抚大使程务挺初，裴炎下狱，务挺密表申理。至是，或谮务挺与炎及敬业通谋，太后遣使即军中斩之，突厥宴饮相庆。太后以王方翼与务挺相善，流崖州而死。

乙酉**二年**（公元685年）

太后垂拱元年。

春，正月，帝在均州。

1 韩、白：即韩信、白起。
2 陈岳：晚唐史学家，著有《唐统纪》。
3 待价而沽：等有好价钱才卖。沽，卖。
4 永淳、弘道：永淳，唐高宗李治的年号，存续时间为公元682至683年。弘道，唐高宗李治的年号，存续时间为公元683年12月，只用了一个月。
5 锋颖：比喻卓越的才干，凌厉的气势。
6 远迹：踪迹远离尘世，谓隐居。

二月，太后以武承嗣、裴居道、韦思谦同三品。

三月，太后迁帝于房州。

沈君谅、崔詧、武承嗣罢。

太后颁垂拱格[1]。

太后贬骞味道为青州刺史朝士有左迁诣宰相自诉者，味道曰："此太后处分。"祎之曰："由臣下奏请。"太后闻之，谓侍臣曰："君臣同体，岂得归恶于君，引善自取乎？"故有是命。

夏，五月，太后以裴居道为内史，流王德真于象州，以苏良嗣为纳言。

太后制百官及百姓皆得自举[2]。

胡氏曰：女而自媒[3]，求贞女者贱之；士而自荐，求良士者轻之。武后之诏，不足论矣。而陆宣公[4]通达治体者也，乃引以为美谈，曰："当时有得人之称，累朝[5]赖多士之用。"何也？此为德宗[6]猜忌而发，非古今之通谊[7]也。诚使宰相得人，内外长官皆称其任，各举所知，宁忧乏才？何必开衒鬻[8]之门，消廉耻之道乎？

六月，太后以韦待价同三品。

秋，七月，太后以魏玄同同三品。

太后以阿史那元庆为兴昔亡可汗。

太后以僧怀义为白马寺[9]主怀义得幸于太后，太后以为白马寺主，出入

1　垂拱格：武则天在平定徐敬业叛乱后颁布的法律文书，因垂拱元年颁布而得名。
2　自举：自我推荐。
3　自媒：女子自择配偶，自荐。
4　陆宣公：即陆贽，唐朝著名政治家、文学家、政论家。
5　累朝：历朝历代。
6　德宗：即唐德宗李适，公元 779 至 805 年在位。
7　通谊：即通义，普遍适用的道理与法则。
8　衒鬻：本意指叫卖，引申为炫耀卖弄。
9　白马寺：始建于公元 68 年，为中国最早的佛寺之一，位于今河南省洛阳市东北汉魏故城西。

乘御马，朝贵皆匍匐礼谒[1]。武承嗣、三思皆执僮仆之礼以事之。怀义多聚无赖少年，度为僧，纵横犯法，人莫敢言。御史冯思勖屡以法绳之，怀义遇诸途，令从者殴之，几死。太后托言怀义有巧思，使入宫营造。补阙[2]王求礼表请阉之，庶不乱宫闱[3]，表寝不出。

丙戌**三年**（公元686年）

太后垂拱二年。

春，正月，帝在房州。

太后归政于豫王旦，寻复称制太后诏复政事于皇帝。睿宗知太后非诚心，奉表固让。太后复临朝称制。

二月朔，日食。

太后以李孝逸为施州[4]刺史孝逸既克李敬业，声望甚重。武承嗣等恶而谮之，故有是命。

三月，太后置铜匦[5]，受密奏太后自徐敬业之反，疑天下人多图己。又自以久专国事，内行不正，知宗室大臣怨望不服，欲大诛杀以威之。乃盛开告密，有告密者，给马供食，使诣行在所。虽农夫樵人，皆得召见。或不次除官[6]，无实者不问。于是四方告密者蜂起。有鱼保家[7]者，请铸铜为匦，以受天下密奏。其器一室四隔，上各有窍[8]，可入不可出，太后善之。未几，其怨家投匦，告保家尝为徐敬业作兵器，遂伏诛。胡人索元礼因告密召见，擢为游击将军，令按制狱[9]。元礼性残忍，推[10]一人，必令引数十百人。于是周兴、来俊臣之徒

1　礼谒：以礼谒见。
2　补阙：古官名，有左、右之分，左补阙属门下省，右补阙属中书省，掌供奉讽谏。
3　宫闱：后妃的住所。
4　施州：古州名，辖今湖北省西南部五峰、建始等县以西地。
5　铜匦：铜制的匣子。
6　不次除官：破格授以官职。不次，不按次序，破格。除，拜官。
7　鱼保家：古人名，其父为侍御史鱼承晔，曾主审了宰相裴炎的谋反案。
8　窍：窟窿。
9　制狱：皇帝特命监禁罪人的监狱。
10　推：审问。

效之。兴累迁至秋官侍郎[1]，俊臣至御史中丞，皆养无赖数百人，意所欲陷，则使数处俱告之，辞状[2]俱同。既下狱，则以威刑胁之，无不诬服。又造告密《罗织经》一卷，网罗无辜，织成反状，构造布置，皆有支节[3]。其讯囚酷法，有"定百脉""突地吼""死猪愁""求破家""反是实"等号，中外畏之，甚于虎狼。麟台正字[4]陈子昂上疏曰："执事者疾徐敬业首乱唱祸，将息奸源，遂使陛下大开诏狱，重设严刑，有迹涉嫌疑，辞相逮引[5]，莫不穷捕考案[6]。至有奸人荧惑[7]，乘险[8]相诬，纠告疑似，冀图爵赏。及其穷竟[9]，百无一实。陛下仁恕，又屈法容之，遂使奸恶之党快意相仇。天下喁喁，莫知宁所[10]。臣闻隋之末代，天下犹平，杨玄感作乱，不逾月而败。天下之弊，未至土崩[11]。炀帝不悟，专行屠戮，大穷党与，遂至杀人如麻，流血成泽，天下靡然，始思为乱，于是雄杰并起，而隋族亡矣。前事之不忘，后事之师也。伏惟陛下念之。"太后不听。子昂又尝上疏曰："朝廷遣使巡察四方，或不择人，则黜陟不明，刑罚不中，徒使百姓修饰道路，送往迎来，无所益也。"又曰："宰相，陛下之腹心；刺史、县令，陛下之手足。未有无腹心、手足而能独理者，皆不可以不择也。"又曰："天下有危机，祸福因之而生，百姓是也。百姓安，则乐其生；不安，则轻其死。轻其死，则天下乱矣。"

夏，四月，太后铸大仪[12]。

六月，太后以岑长倩为内史，苏良嗣、韦待价为左、右相，韦思谦

1　秋官侍郎：古官名，由刑部侍郎改称。秋官，指刑部。
2　辞状：口供。
3　支节：从属次要之事。
4　麟台正字：古官名，掌校正文字。麟台，即秘书省。
5　逮引：牵连诬攀。
6　考案：拷问查究。
7　荧惑：使迷惑。
8　乘险：冒险。
9　穷竟：彻底追究。
10　天下喁喁，莫知宁所：天下之人窃窃私语，不知道哪里才是安宁的乐土。宁所，安宁的处所。
11　土崩：比喻崩溃破败，无法收拾。
12　大仪：仪范，大法。

为纳言良嗣为相，遇怀义于朝堂。怀义偃蹇不为礼，良嗣大怒，命左右批[1]其颊。怀义诉于太后，太后曰："阿师[2]当于北门出入。南牙，宰相所往来，勿犯也。"

秋，九月，太后以突厥斛瑟罗为继往绝可汗。

有山出于新丰雍州言新丰县东南有山踊[3]出，太后改新丰为庆山县。江陵人俞文俊上书言："天气不和而寒暑并，人气不和而疣赘[4]生，地气不和而塠阜[5]出。今陛下以女主处阳位，反易刚柔，故地气塞隔，而山变为灾。陛下谓之'庆山'，臣以为非庆也。伏惟侧身修德，以答天谴。不然，祸今至矣。"太后怒，流之岭外。

太后以狄仁杰为冬官侍郎[6]仁杰为宁州刺史。御史郭翰巡察陇右，入宁州境，耆老歌刺史德美者盈路。翰表荐之，征为冬官侍郎。

丁亥**四年**（公元687年）

太后垂拱三年。

春，正月，帝在房州。

三月，韦思谦致仕。

夏，四月，太后以苏良嗣为西京留守时尚方监裴匪躬检校京苑[7]，将鬻苑中蔬果以收其利。良嗣曰："昔公仪休相鲁，犹能拔葵、去织妇，未闻万乘之主鬻蔬果也。"乃止。

太后以裴居道为纳言，张光辅平章事。

太后杀同三品刘祎之祎之窃谓凤阁舍人贾大隐曰："太后废昏立明，安

1 批：用手掌打。
2 阿师：称僧人。
3 踊：往上跳。
4 疣赘：疣，也泛指痈疽疮毒。
5 塠阜：小山丘。
6 冬官侍郎：古官名，工部侍郎改称，主管农林、水利工程等的副职。冬官，指工部。
7 京苑：西京长安城里的苑囿。

用临朝称制？不如返政以安天下之心。”大隐密奏之，太后不悦。或诬祎之受金，太后命王本立推之。本立宣敕示之，祎之曰：“不经凤阁、鸾台，何名为敕？”太后怒，赐死。祎之初下狱，睿宗为之上疏申理，亲友皆贺之，祎之曰：“此乃所以速吾死也。”临刑沐浴，神色自若，草谢表[1]，立成数纸。

胡氏曰：祎之受知[2]武后，位为宰相，有所见，面陈之可也，况返政大议乎？而与人言之，不知害成之戒也。虽然“不经凤阁、鸾台，何名为敕”，此则宰相之言也。

秋，七月，太后以魏玄同为纳言。

突厥寇朔州，太后遣黑齿常之击之突厥骨笃禄寇朔州。太后遣黑齿常之、李多祚击之，突厥散走碛北。多祚世为靺鞨酋长，以军功得入宿卫。常之每得赏赐，皆分将士，有善马，为军士所损，官属请笞之，常之曰：“奈何以私马笞官兵乎？”卒不问。

九月，虢州人杨初成矫制募人迎帝于房州，太后杀之。

冬，十月，太后流李孝逸于儋州武承嗣诬李孝逸自言当有天分[3]，太后以孝逸有功，减死，除名，流儋州，卒。

太后罢御史监军太后欲遣韦待价击吐蕃，韦方质奏请遣御史监军，太后曰：“古者明君遣将，阃外之事悉以委之。比闻御史监军，军中事皆承禀。以下制上，非令典也。且何以责其有功？”遂罢之。

胡氏曰：武后不置监军，可为法矣。自明皇、肃、代、德、宪皆不免此蔽，贤臣劝谏，终莫肯回。用是[4]见武氏智术之高，控勒[5]四海，奇才硕德皆不能出其笼络，岂偶然哉？

大饥。

1　谢表：臣下感谢君主的奏章。
2　受知：被某人赏识。
3　天分：天命。
4　用是：因此。
5　控勒：原意勒住马缰，也借指控制。

戊子**五年**（公元688年）

太后垂拱四年。

春，正月，帝在房州。

太后立崇先庙太后立崇先庙，以享武氏祖考。命有司议室数，博士周悰请为七室，减唐太庙为五室。春官侍郎[1]贾大隐奏："礼，天子七庙，诸侯五庙，百王不易。崇先庙室应如诸侯之数，国家宗庙不应辄有变移。"太后乃止。

二月，太后毁乾元殿，作明堂初，太宗、高宗之世屡欲立明堂，诸儒议其制度，不决而止。至是，太后独与北门学士议其制。诸儒以为明堂当在国阳丙巳之地[2]，三里之外，七里之内。太后以为远，毁乾元殿，以其地为之。以僧怀义为之使，凡役数万人。

夏，四月，太后杀太子舍人郝象贤象贤，处俊之孙也。初，太后有憾于处俊，会奴诬告象贤反，遂族诛之。象贤临刑极口骂太后，发扬宫中隐慝[3]。自是法官刑人，先以木丸塞其口。

五月，太后加号圣母神皇武承嗣使人作瑞石文曰："圣母临人，永昌帝业。"使人献之，曰："获之洛水。"太后喜，命曰"宝图"。诏当拜洛受图，告谢于郊。御明堂，朝群臣。命诸州都督、刺史、宗戚并会神都。先加尊号。

六月朔，日食。

河南巡抚大使狄仁杰奏焚淫祠仁杰以吴、楚多淫祠，奏焚其一千七百余所，独留夏禹、吴太伯、季札、伍员四祠。

秋，八月，琅邪王冲、越王贞举兵匡复[4]，不克而死。太后遂大杀唐宗室太后潜谋革命，稍除宗室。韩王元嘉、霍王元轨、鲁王灵夔、越王贞，及元嘉子黄公禩、元轨子江都王绪、虢王凤子东莞公融、灵夔子范阳王蔼、贞子琅邪王冲在宗室中皆以才行有美名，太后尤忌之。元嘉等内不自安，密有匡

1　春官侍郎：古官名，由礼部侍郎改称。春官，指礼部。
2　国阳丙巳之地：都城南郊东南方。国阳，国都的南边。丙巳之地，东南方位。
3　隐慝：别人不知道的罪恶，不可告人的罪恶。
4　匡复：挽救国家，使转危为安。

复之志。及太后受图，召宗室朝明堂，诸王递相惊曰："神皇欲因此尽收宗室诛之。"撰诈为皇帝玺书，分告诸王，令各起兵。冲募兵，得五千余人，起博州[1]，先击武水[2]。莘[3]令马玄素闭门拒守。冲因风纵火，焚其南门。风回军却，众惧而散。冲还走博州，为门者所杀。太后遣将军丘神勣击之，至博州，冲已死。官吏出迎，尽杀之。越王贞亦举兵于豫州，太后遣将军麴崇裕等讨之。又命张光辅为诸军节度。削贞、冲属籍，更姓虺氏。贞发属县兵，得三千人，使汝阳丞裴守德将之，拒战而溃，遂与守德皆自杀。初，诸王往来相约结[4]，未定，而冲先发，惟贞狼狈应之，诸王皆不敢发，故败。贞之将起兵也，遣使告寿州[5]刺史赵瑰，瑰妻常乐长公主谓使者曰："李氏危若朝露。诸王，先帝之子，不舍生取义，欲何须[6]耶？大丈夫当为忠义鬼，无为徒死也！"及贞败，太后欲悉诛诸王，命监察御史苏珦案之，无验。太后召诘之，珦抗论[7]不回。太后曰："卿，大雅之士，朕当别有任使。此狱不必卿也。"使周兴等案之。于是收韩王元嘉、鲁王灵夔、黄公撰、常乐公主于东都，迫使自杀，亲党皆诛。时狄仁杰为豫州刺史，贞党与当坐者六七百家，当籍没者五千口，仁杰密奏："彼皆诖误。臣欲显奏，似为逆人申理；不言，又乖陛下仁恤之旨。"太后特原之，皆流丰州。道过宁州，宁州父老迎劳之曰："我狄使君活汝邪！"相携哭于德政碑[8]下，三日而后行。张光辅将士恃功，多所求取，仁杰不之应。光辅怒曰："州将[9]轻元帅邪？"仁杰曰："明公纵将士暴掠，杀已降以为功，恨不得尚方斩马剑加公之颈，虽死如归耳！"光辅归奏之，左迁仁杰复州[10]刺史。霍王元轨、江都王绪、东莞公融、济州刺史薛顗、顗弟绪、绪弟驸马都尉绍皆坐与二

1　博州：古州名，辖今山东省聊城市及高唐、茌平等县地。
2　武水：古县名，治所位于今山东省聊城市西南。
3　莘：古县名，治所即今山东省聊城市莘县。
4　约结：结盟，订约。
5　寿州：古州名，辖今安徽省寿县、六安、霍山、霍邱等市县地。
6　何须：何用。
7　抗论：抗议。
8　德政碑：歌颂官吏政绩的纪念碑，又叫遗爱碑、去思碑。
9　州将：东汉以后州刺史多掌讨贼事务，后又改州牧统筹军事，所以称之为州将。
10　复州：古州名，辖今湖北省仙桃、天门、监利等市县地。

王通谋，为太后所杀。

胡氏曰：元轨，贤王也。然武氏方肉视[1]诸李，而元轨为青州刺史，及宗室举事，又未尝有一戈、匹马出境而西，坐待溃败。贤虽可称，而周身之智、克乱之才，不足云矣。

太后以骞味道、王本立同平章事。

太后拜洛受图[2]太后拜洛受图，皇帝、皇太子皆从，内外百官、蛮夷酋长各依方叙立[3]。文物卤簿[4]之盛，唐兴以来未之有也。

明堂成，作天堂明堂高二百九十四尺，方三百尺。凡三层：下层法四时，各随方色；中层法十二辰，上为圆盖，九龙捧之；上层法二十四气，亦为圆盖，上施铁凤[5]，高一丈，饰以黄金。号曰万象神宫。又于明堂北起天堂五级，以贮大像[6]。至三级，则俯视明堂矣。以怀义为威卫大将军、梁国公。侍御史王求礼上书曰："古之明堂，茅茨不剪，采椽[7]不斫。今者饰以珠玉，图以丹青[8]，琼台瑶室，无以加也。"不报。

太后诏发兵击生羌及吐蕃，不果行太后欲发梁、凤[9]、巴蜑[10]，自雅州开山通道，击生羌，袭吐蕃。陈子昂上书曰："雅州边羌[11]未尝为盗，一旦戮之，必将蜂起。臣愚以为西蜀之祸，自此结矣。吐蕃爱蜀富饶，欲盗之久矣，徒以山川阻绝，障隘不通，势不能动。今国家乃乱边羌，开隘道[12]，使其收奔亡之种，为乡导以攻边，是借寇兵而为贼除道，举全蜀以遗之也。蜀者，国家之宝

1 肉视：肉眼紧盯。
2 拜洛受图：拜洛水，受图箓。《尚书中候》载，河伯曾以河图授大禹，后因称帝王受命登位为受图。
3 依方叙立：各按方位排列站立。
4 文物卤簿：文物，车服、旌旗、仪仗之类。卤簿，古代帝王出行时扈从的仪仗队。
5 铁凤：古代屋脊上的一种装饰物，铁制，形如凤凰，下有转枢，可随风而转。
6 大像：大佛像。
7 采椽：栎木或柞木椽子，言俭朴。
8 丹青：红色和青色，亦泛指绚丽的色彩。
9 凤：凤州，古州名，辖今陕西省凤县及甘肃省徽县、两当二县地。
10 蜑：古代南方少数民族名。
11 边羌：边地的羌人。
12 隘道：险要狭窄的道路。

库，可以兼济[1]中国。今执事[2]者，乃图侥幸之利，以事[3]西羌，得其地不足以稼穑，得其财不足以富国。臣恐未见羌、戎，已有奸盗生其中矣。今山东饥，关陇弊，而徇贪夫[4]之议，谋动甲兵。自古国亡家败，鲜不由此。愿陛下熟计之。”既而役不果兴。

己丑**六年**（公元689年）

太后永昌元年。

春，正月，帝在房州。

太后大飨[5]万象神宫太后服衮冕，搢大圭，执镇圭[6]为初献，皇帝为亚献，太子为终献。周国先王亦与飨焉。礼毕，御门大赦，布政于明堂，颁九条以训百官。又尊周忠孝王[7]为太皇，妣为太后，墓曰昊陵、顺陵。

夏，四月，太后以武承嗣为纳言，张光辅为内史。

太后杀汝南王炜、鄱阳公諲等十二人及天官侍郎[8]邓玄挺諲谋迎中宗于房陵，以问玄挺。炜又尝谓玄挺曰：“欲为急计，何如？”玄挺皆不应。坐知反不告，同诛。

秋，七月，太后徙纪王慎于巴州，道卒诸王之起兵也，纪王慎独不预谋，亦坐系狱，徙巴州，行及蒲州而卒。八男相继被诛。女东光县主[9]楚媛

1　兼济：使天下民众、万物都受益。
2　执事：主管其事。
3　事：指进攻。
4　贪夫：贪婪的人。
5　大飨：合祀先王的祭礼。
6　搢大圭，执镇圭：腰带上插着大圭，手拿着镇圭。搢，插。大圭，丁字形佩玉，用途如笏，插在腰带间以记事备忘。镇圭，举行朝仪时天子所执的玉制礼器，长一尺有二，以四镇之山为雕饰，取安定四方之义。
7　周忠孝王：即武则天的父亲武士彟。
8　天官侍郎：古官名，由吏部侍郎改称。天官，指吏部。
9　县主：皇族女子的封号。

适司议郎[1]裴仲将，相敬如宾。姑有疾，亲尝药膳，接遇娣姒[2]皆得欢心。时宗女皆以骄奢相尚，诮[3]之曰："所贵于富贵者，得适志[4]也。今独守勤苦，将何求？"楚媛曰："幼而好礼，今而行之，非适志欤？富贵，傥来之物，何足骄人？"众皆惭服[5]。及闻慎薨，号恸呕血，不御膏沐[6]垂二十年。

太后遣韦待价击吐蕃，大败。除名，流绣州[7]初，太后命左相韦待价击吐蕃，至寅识迦河[8]，与吐蕃战，大败。会大雪，粮运不继，待价狼狈引军还。太后大怒，除名，流绣州。斩其副阎温古。安西副都护唐休璟收其余众，抚安西土[9]。太后以休璟为西州都督。

八月，太后杀内史张光辅徐敬业之败也，弟敬真流绣州，将奔突厥，为吏所获，多引海内知识[10]，云有异图，冀以免死。诬内史张光辅私论图谶，阴怀两端，遂皆被诛。秋官尚书张楚金、陕州刺史郭正一、凤阁侍郎元万顷、洛阳令魏元忠皆当死，临刑，太后使驰骑赦之。当刑者皆喜跃欢呼，元忠独安坐自如。既宣敕，乃徐起拜，竟无忧喜之色，遂流岭南。是日，阴云四塞，既释楚金等，天气晴霁[11]。

九月，太后以僧怀义为新平道大总管，讨突厥。

闰月，太后杀同平章事魏玄同魏玄同素与裴炎善，时人以其终始不渝，谓之"耐久朋"。周兴素恶玄同，诬之曰："玄同言后老矣，不若奉嗣君为耐久。"太后怒，赐死于家。或教之告密，冀得召见自陈。玄同叹曰："人杀、鬼杀等耳，岂能作告密人邪？"乃就死。自余内外大臣，坐死及流、

1 司议郎：古官名，掌侍从规谏，驳正启奏，凡皇太子行事有传于史册者，录为记注，于岁末送交史馆。
2 娣姒：妯娌。兄妻为姒，弟妻为娣。
3 诮：讥讽，责备。
4 适志：舒适自得。
5 惭服：羞愧而心服。
6 膏沐：古代妇女润发的油脂。
7 绣州：古州名，辖今广西桂平市、平南县南部地。
8 寅识迦河：古水名，位于今新疆伊犁州霍城县西。
9 西土：西部边地。
10 知识：相识的人，朋友。
11 晴霁：晴朗。

贬甚众。彭州[1]长史刘易从为徐敬真所引，就[2]州诛之。易从为人仁孝忠谨，将刑于市，吏民怜其无辜，远近奔走，竞解衣投地，曰："为长史求冥福[3]。"有司平准[4]，直十余万。兴等又诬武卫大将军黑齿常之谋反。征下狱，常之缢死。

冬，十月，太后杀郑王璥等六人初，太后问陈子昂当今为政之要，子昂上疏，以为："宜缓刑崇德，息兵革，省赋役，抚慰宗室，各使自安。"辞婉意切，其论甚美。至是，又上疏曰："太平之朝，上下乐化[5]，不宜有乱臣贼子日犯天诛。比者大狱增多，逆徒滋广，愚臣顽昧，初谓皆实。去月陛下特察李珍等无罪，又免楚金等死，初有风雨，变为景云[6]。臣乃知亦有无罪之人诖于疏网[7]者。臣闻阴惨者刑也，阳舒者德也。圣人法天，天亦助圣。今又阴雨，臣恐过在狱官。陛下何不悉召狱囚，自诘其罪。有实者，显示明刑；滥者，严惩狱吏。使天下咸服，岂非至德克明[8]哉？"

太后以范履冰、邢文伟同平章事。

十一月，太后飨万象神宫，始用周正[9]改十一月为正月，十二月为腊月，夏正月为一月。

太后自名曌，改"诏"曰"制"凤阁侍郎宗秦客改造十二字以献，至是行之。曌，即"照"字也。

除唐宗室属籍从司刑少卿[10]周兴之请也。

1　彭州：古州名，辖今四川省彭州市、都江堰市等地。
2　就：趋向，前往。
3　冥福：迷信谓死者在阴间所享之福。
4　平准：估价，平抑物价。
5　乐化：乐于施行教化。
6　景云：祥云，瑞云。
7　诖于疏网：诖，牵连，贻误。疏网，宽大的法网。
8　克明：能察是非。
9　周正：周朝的正朔。
10　司刑少卿：古官名，由大理少卿改称，大理寺卿的副职。

庚寅**七年**（公元690年）

周武氏天授元年。

春，正月，帝在房州。

太后以武承嗣为左相，武攸宁为纳言，邢文伟为内史。王本立罢。

太后流韦方质于儋州时武承嗣、三思用事，宰相皆下之。方质有疾，承嗣、三思往问之，方质据床[1]不为礼。或谏之，方质曰："死生有命，大丈夫安能曲事近戚[2]，以求苟免乎？"寻为周兴所构，流儋州。寻赐死。

二月，太后策贡士于洛城殿贡士殿试自此始。补阙薛谦光上疏曰："选举之法，宜得实才。取舍之间，风化所系。今之选人，咸称觅举[3]，奔竞相尚，喧诉[4]无惭。至于才应经邦，惟令试策；武能制敌，止验弯弧[5]。昔汉武帝见司马相如赋，恨不同时。及置之朝廷，终文园[6]令，知其不堪公卿之任故也。吴起将战，左右进剑，起曰：'将者，提鼓挥桴[7]，临难决疑。一剑之任，非将事也。'然则虚文岂足以佐时，善射岂足以克敌？要在文吏察其行能，武吏观其勇略。考居官之臧否，行举者之赏罚而已。"

胡氏曰：汉策问贤良，非试之也，延于大廷[8]，访以理道，其事重矣。若贡士，则既试于南宫[9]，而又试之殿庑[10]。是以南宫为不足信耶？故富文忠公请罢，其说甚当，然未能行焉，无亦悦其名而未察其实欤？况其事始于僭窃[11]乱淫之武后，不可以不革也。

三月，苏良嗣卒。

1 据床：坐在床上占着床，比喻轻慢而疏于礼节。
2 曲事近戚：曲事，曲意奉事。近戚，近亲。
3 觅举：古代士子请托以求举用。
4 喧诉：混杂、纷繁地诉说。
5 弯弧：拉弓。
6 文园：汉文帝的陵园，后亦泛指陵园或园林。
7 桴：击鼓的槌。
8 大廷，朝廷。
9 南宫：尚书省的别称。谓尚书省象列宿之南宫，故称。
10 殿庑：殿堂。
11 僭窃：越分窃取。

夏，四月，范履冰下狱，死。

秋，七月，太后流舒王元名于和州。以侯思止、王弘义为侍御史

醴泉[1]人侯思止素诡谲[2]无赖。恒州刺史裴贞杖一判司[3]，判司使思止告贞与舒王元名谋反。元名废徙和州，贞亦族灭。思止求为御史，太后曰："卿不识字。"对曰："獬豸[4]何尝识字，但能触邪[5]耳！"太后悦，从之。衡水人王弘义素无行，尝从邻舍乞瓜，不与，乃告县官："瓜田中有白兔。"县官使人搜捕，蹂践立尽。又见闾里耆老作邑斋[6]，遂告以谋反，杀二百余人。太后擢为殿中侍御史[7]。或告胜州都督王安仁谋反，敕弘义按之。安仁不服，弘义即枷上刎其首[8]。朝士人人自危，每朝，辄与家人诀，曰："未知复相见否？"御史中丞李嗣真上疏曰："古者狱成，公卿参听，王必三宥，然后行刑。比日狱官单车奉使[9]，临时专决，不复闻奏。傥有冤滥，何由可知？况以九品之官，专命推覆[10]，操杀生之柄，窃人主之威。案覆[11]既不在秋官，省审[12]复不由门下，国之利器，轻以假人，恐为社稷之祸。"太后不听。时法官竞为深酷，惟司刑丞[13]徐有功、杜景俭独存平恕。被告者皆曰："遇来侯必死，遇徐、杜必生。"有功，文远之孙，名弘敏，以字行。初为蒲州司法，不施敲朴[14]，吏相约，有犯徐司法杖者，众共

1　醴泉：古县名，治所位于今陕西省咸阳市礼泉县东北。
2　诡谲：狡诈，狡黠。
3　判司：古官名，唐代节度使、州郡长官的僚属，分别掌管批判文牍等事务，亦用以称州郡佐吏。
4　獬豸：古代传说中的一种异兽，额上通常长一角，俗称独角兽，能用角顶理亏的人。
5　触邪：分辨并用角顶奸邪。
6　邑斋：佛事活动。
7　殿中侍御史：古官名，掌纠察朝仪，兼知库藏出纳及宫门内事，及京畿纠察事宜。
8　刎其首：抹他的脖子。刎，用刀割脖子。
9　单车奉使：单车，一辆车，借指一个人。奉使，奉命出使。
10　推覆：覆勘，重新审问。
11　案覆：核实。
12　省审：仔细审阅。
13　司刑丞：古官名，相当于大理寺丞，大理寺的副职。
14　敲朴：同“敲扑”，鞭打的刑具，短曰敲，长曰扑。亦指敲打鞭笞。

斥之。迨官满[1]，不杖一人，职事亦修[2]。及为司刑丞，酷吏[3]所诬构[4]者，皆为直之，前后所活数十百家。尝廷争狱事，太后厉色诘之，有功神色不挠，争之弥切。太后虽好杀，知有功正直，甚敬惮之。司刑丞李日知亦尚平恕。少卿胡元礼欲杀一囚，日知以为不可，往复数四。元礼曰："元礼不离刑曹，此囚终无生理。"日知曰："日知不离刑曹，此囚终无死法。"乃以所列状上，日知果直。

太后颁《大云经》于天下僧法明等撰《大云经》，上之，言太后乃弥勒佛下生，当代唐为阎浮提[5]主。制颁天下，寻敕两京、诸州建寺藏之。

太后杀泽王上金、许王素节武承嗣告上金、素节谋反，征诣行在。素节在道，闻遭丧哭者，曰："病死何可得，而更哭耶？"至，皆杀之，并诛其子及支党。

太后杀南安王颖等十二人及故太子贤二子唐之宗室于是殆尽。其幼弱者亦流岭南。

九月，武氏改国号曰"周"，称皇帝。以豫王旦为皇嗣，改姓武氏侍御史傅游艺上表，请改国号曰"周"，赐皇帝姓武氏。太后不许，擢游艺为给事中。于是百官、宗戚、百姓、四夷合六万余人俱上表，如游艺所请。太后可之，御则天楼，赦天下，以唐为周。上尊号曰圣神皇帝，以皇帝为皇嗣，赐姓武氏，以皇太子为皇孙。立武氏七庙，追尊周文王为始祖文皇帝；祖、考皆为皇帝，妣皆为皇后。立武承嗣为魏王，三思为梁王，士彟兄孙攸暨等十二人皆为郡王。以史务滋为纳言，宗秦客检校内史，傅游艺为鸾台侍郎[6]、平章事，并赐姓武。秦客潜劝太后革命[7]，故首为内史，寻坐赃贬黜。游艺期年之中，历衣青、绿、朱、紫，时人谓之"四时仕宦"。太后欲以太平公主妻武攸暨，使

1 迨官满：等到任职期满。迨，等到。
2 修：整治。
3 酷吏：用残酷的方法进行审讯、统治的官吏。
4 诬构：无中生有地罗织罪名。
5 阎浮提：梵语，即南赡部洲。阎浮，树名。提，为"提鞞波"之略，义译为洲。洲上阎浮树最多，故称阎浮提。诗文中多指人世间。
6 鸾台侍郎：古官名，原称黄门侍郎，此后又改称门下侍郎。鸾台，唐时门下省的别称。
7 革命：实施变革以应天命。古代认为王者受命于天，改朝换代是天命变更，因称"革命"。

人杀其妻而妻之。公主多权略，太后以为类己，常与密议天下事。

胡氏曰：君子有言，臣居尊位，羿、莽是也，犹可言也；妇居尊位，武氏是也，非常之变，不可言也。盖废兴，常理也，阴居尊位，非常之变故也。吕氏为而未成，武氏遂革唐命。然传记[1]以来三千年间，才一人耳，亦不及终其身而复。后世或有欲为是者，岂无其渐？仁人义士，鉴于高宗，必逆[2]有以处之矣。

冬，十月，西突厥入居内地西突厥十姓自垂拱[3]以来，为东突厥所侵掠[4]，散亡略尽。继往绝可汗斛瑟罗收其余众六七万人，入居内地。太后以为竭忠事主可汗。

周以徐有功为侍御史道州[5]刺史李行褒兄弟为酷吏所陷，当族，秋官郎中徐有功固争，不能得。周兴奏有功故出反囚，当斩，太后免有功官。然太后雅重有功，寻复起为侍御史。有功伏地流涕，固辞曰："臣闻鹿走山林，而命悬庖厨[6]，势使之然也。陛下以臣为法官，臣不敢枉陛下法，必死是官矣。"太后固授之，闻者相贺。

十一月，周易服色，改置社稷、宗庙太后受尊号于万象神宫，旗帜尚赤。改置社稷于神都，纳武氏神主于太庙。以唐太庙为享德庙，改崇先庙为崇尊庙。冬至祀明堂，以武氏祖配上帝。

辛卯**八年**（公元691年）

周武氏天授二年。

春，正月，帝在房州。

1　传记：原指记载的文字，此借指有文字记载。
2　逆：事先。
3　垂拱：唐睿宗李旦的年号，存续时间为公元685至688年。
4　侵掠：用强力掠夺。
5　道州：古州名，辖今湖南省新田、宁远、道县、江永、江华等县地。
6　庖厨：厨房。

二月，周流其右丞[1]周兴于岭南初，金吾大将军丘神勣以罪诛。或告右丞周兴与神勣通谋，太后命来俊臣鞫之。俊臣与兴方推事对食[2]，谓兴曰："囚多不承[3]，当为何法？"兴曰："此甚易耳。取大瓮，以炭四周炙之，令囚入中，何事不承？"俊臣索大瓮，如兴法，起谓兴曰："有内状[4]推兄，请兄入此瓮。"兴皇恐服罪。法当死，原之，流岭南。在道，为仇家所杀。兴与索元礼、来俊臣竞为暴刻[5]，所杀各数千人，破千余家。元礼残酷尤甚，寻亦为太后所杀。

夏，四月朔，日食。

秋，七月，周徙关内户数十万实洛阳。

八月，周杀其将军张虔勖来俊臣鞫虔勖，虔勖自讼于徐有功。俊臣怒，命卫士以刀乱斫杀之，枭首于市。又鞫岐州刺史云弘嗣，不问一款[6]，先断其首，乃伪立案，奏之。

周改义丰王光顺等姓武氏，幽之宫中光顺，太子贤之子也，与弟守礼、守义及睿宗诸子皆幽闭宫中，不出门庭者十余年。

九月，周平章事傅游艺自杀游艺梦登湛露殿[7]，所亲告之，下狱，自杀。

周以武攸宁为纳言，狄仁杰同平章事太后谓仁杰曰："卿在汝南甚有善政，卿欲知谮卿者名乎？"仁杰谢曰："陛下以臣为过，臣请改之。知臣无过，臣之幸也。不愿知谮者名。"太后深叹美之。

周杀其同平章事格辅元、右相岑长倩、纳言欧阳通先是，凤阁舍人张嘉福使洛阳人王庆之等数百人上表，请立武承嗣为皇太子。岑长倩、格辅元以皇嗣在东宫，不宜有此议，由是大忤诸武意，皆坐诛。来俊臣教长倩子引欧

1　右丞：古官名，即文昌右丞，相当于尚书右仆射，尚书令之副，署尚书事，令不在则奏下众事。
2　推事对食：推事，研究事情。对食，共同进餐。
3　不承：不招认。承，招认。
4　内状：内廷文书。
5　暴刻：残暴刻毒。
6　款：事项。
7　湛露殿：皇帝召见大臣的地方。登上湛露殿，意指有登上大宝的可能性。

阳通，讯之，不服，诈为款[1]，并杀之。太后诏庆之曰："皇嗣，我子，奈何废之？"对曰："神不歆非类，民不祀非族。今谁有天下，而以李氏为嗣乎？"太后不从。庆之屡求见，太后怒，命凤阁侍郎李昭德杖之。昭德引出门，示朝士曰："此贼欲废我皇嗣，立武承嗣。"命扑之，耳目皆血出，然后杖杀之。其党乃散。昭德因言于太后曰："天皇，陛下之夫；皇嗣，陛下之子。陛下身有天下，当传之子孙，为万代业，岂得以侄为嗣乎？自古未闻侄为天子，而为姑立庙者也。且陛下受天皇顾托，若以天下与承嗣，则天皇不血食矣。"太后亦以为然。

周杀右将军李安静太后将革命，王公百官皆上表劝进，右将军李安静独正色拒之。及下制狱，来俊臣诘其反状，安静曰："以我唐家老臣，须杀即杀。若问谋反，实无可对。"俊臣竟杀之。安静，纲之孙也。

周遣使存抚诸道。

壬辰**九年**（公元692年）

周武氏如意元年，再改"长寿"。

春，正月，帝在房州。

周武氏引见存抚使所举人初，太后遣使存抚四方。至是，引见其所举人，无问贤愚，悉加擢用，高者试给、舍，次郎、御史、遗、补、校书郎[2]。试官自此始。时人为之语曰："补阙连车载，拾遗平斗量，欋推[3]侍御史，碗脱校书郎。"有举人沈全交续之曰："麹心存抚使，眯目圣神皇[4]。"御史劾之，太后

1　款：招供。

2　高者试给、舍，次郎、御史、遗、补、校书郎：才高的试着担任给事中、凤阁舍人，次一些的试着担任员外郎、侍御史、拾遗、补阙、校书郎。拾遗，古官名，武则天时分置左、右拾遗，掌供奉讽谏。

3　欋推：言滥员之多，可以用四齿耙推。下文"碗脱"指人人都一样，都是一个模子刻出来的。

4　麹心存抚使，眯目圣神皇：面浆糊心的存抚使，眯着眼睛的圣神皇。

笑曰："但使卿辈不滥，何恤[1]人言？"太后虽滥以禄位[2]收人心，然不称职者，寻亦黜之，或加刑诛。挟刑、赏之柄，以驾御天下。政由己出，明察善断，故当时英贤亦竞为之用。

胡氏曰：沈全交之言，可谓诽谤矣。而武后付之一笑，仍责举官，使之自反[3]，此明主所为也。宜其运动[4]四海，呼吸雷风[5]，一时英贤无不俯首也。

周筑神都外城。

周以郭霸为监察御史郭霸以谄谀拜监察御史。中丞[6]魏元忠病，霸往问之，因尝其粪，喜曰："粪甘则可忧。今苦，无伤也。"元忠大恶之。

周贬狄仁杰、魏元忠为县令来俊臣罗告[7]同平章事任知古、狄仁杰、裴行本、司农卿裴宣礼、左丞[8]卢献、中丞魏元忠、潞州刺史李嗣真谋反。先是，俊臣请降敕：一问即承，反者得减死。知古等下狱，俊臣以此诱之，仁杰曰："大周革命，万物惟新。唐室旧臣，甘从诛戮。反是实。"俊臣乃少宽之。判官王德寿教仁杰引平章事杨执柔，仁杰曰："皇天后土，遣狄仁杰为如此事！"以头触柱，血流被面，德寿惧而谢之。仁杰裂衾帛书冤状[9]，置绵衣中，谓德寿曰："天时方热，请授家人去其绵。"德寿许之。仁杰子得书，持之，称变以闻[10]。太后以问俊臣，俊臣乃诈为仁杰等谢死表上之。初，平章事乐思晦亦为俊臣等所杀，男未十岁，没入司农[11]。至是，上变，得召见。太后问状，对曰："臣父已死，臣家已破，但惜陛下法为俊臣等所弄。陛下不信臣言，乞择朝臣之忠清、陛下素所信任者，为反状[12]以付俊臣，无不承反矣。"太后意稍寤。召

1 恤：忧虑。
2 禄位：俸禄和官职。
3 自反：反躬自问，自己反省。
4 运动：运转，转动。
5 呼吸雷风：呼吸，招致，汲引。雷风，雷和风，也比喻巨大的声威。
6 中丞：古官名，即御史中丞。
7 罗告：罗织罪名而告发之。
8 左丞：古官名，即文昌左丞。
9 裂衾帛书冤状：从被子上撕下一块帛，书写冤屈的具体情况。
10 称变以闻：声称有紧急情况要报告天子。
11 没入司农：籍没入司农寺官署为奴。
12 反状：谋反的情况。

见仁杰等，问曰："卿承反，何也？"对曰："不承，则已死于榜掠矣。"太后曰："何为作谢死表？"对曰："无之。"出表示之，乃知其诈。于是出此七族，皆贬县令，仁杰彭泽，元忠涪陵，流行本、嗣真于岭南。俊臣称行本罪尤重，请诛之。徐有功驳之曰："明主有更生[1]之恩，俊臣不能将顺，亏损[2]恩信。"殿中侍御史霍献可，宣礼之甥也，言于太后曰："陛下不杀裴宣礼，臣请陨命于前。"以头触殿阶，血流沾地，以示为人臣不私其亲，太后皆不听。万年主簿徐坚上疏曰："书有五听[3]之道，令著三覆[4]之奏。比来推按反者，令使者得实，即行斩决。人命至重，死不再生。万一怀枉[5]，吞声赤族[6]，岂不痛哉？又法官之任，宜加简择[7]，有用法宽平，为百姓所称者，愿亲而任之；有处事深酷，不允[8]人望者，愿疏而退之。"坚，齐聃之子也。

夏，五月，禁天下屠杀、采捕[9]时江淮旱、饥，民不得采鱼虾，饿死者甚众。拾遗张德生男，私杀羊会同僚，补阙杜肃怀一啖[10]，上表告之。明日，太后对仗谓德曰："闻卿生男，甚喜。"德拜谢，太后曰："何从得肉？"德叩头服罪。太后曰："朕禁屠宰，吉凶不预。卿自今召客，亦须择人。"出肃表示之，肃大惭，举朝欲唾其面。

秋，七月，周左相武承嗣罢，以李昭德同平章事先是，昭德密言于太后曰："魏王承嗣权太重。"太后曰："吾侄也，故委以腹心。"昭德曰："姑

1　更生：新生，重新获得生命。
2　亏损：损害。
3　五听：审察案情的五种方法。听，判断。《周礼·秋官·小司寇》："以五声听狱讼，求民情。一曰辞听，二曰色听，三曰气听，四曰耳听，五曰目听。"郑玄注："观其出言，不直则烦；观其颜色，不直则赧然；观其气息，不直则喘；观其听聆，不直则惑；观其眸子，视不直则眊然。"
4　三覆：三度复审。
5　怀枉：含冤。
6　吞声赤族：吞声，无声地悲泣。赤族，诛灭全族。
7　简择：选择。
8　允：符合。
9　采捕：采集捕捞。
10　怀一啖：怀揣宴席上的一些食物。

侄之亲，何如父子？子犹有篡弑其父者，况侄乎？”太后矍然[1]，遂罢承嗣政事。承嗣亦毁昭德于太后，太后曰：“吾任昭德，始得安眠。此代吾劳，汝勿言也。”是时酷吏恣横，百官畏之侧足，昭德独廷奏其奸。太后好祥瑞，有献白石者，执政诘其异，对曰：“以其赤心。”昭德怒曰：“此石赤心，他石尽反邪？”襄州人胡庆以丹漆书龟腹曰：“天子万万年。”献之。昭德以刀刮尽，奏请付法[2]，太后曰：“此心亦无恶。”命释之。

胡氏曰：以文而观，昭德为武后深计，以安其位也；以情而观，谲[3]去承嗣，所以剪其翼也，此谋虑之善者也。诸武虽并列朝廷，而不预政事，其气焰亦少损矣。

周流其御史严善思于驩州太后自垂拱以来，任用酷吏，先诛唐宗戚数百人，次及大臣数百家，其刺史、郎将以下不可胜数。每除一官，户婢窃相谓曰：“鬼朴[4]又来矣。”不旬月，辄遭掩捕、族诛。监察御史严善思公直敢言，时告密者不可胜数，太后亦厌其烦，命善思按问。引虚伏罪者八百五十余人，罗织之党为之不振。乃相与陷善思，坐流驩州。太后知其枉，寻复召之。补阙朱敬则上疏曰：“李斯相秦，用刻薄变诈[5]以屠诸侯，不知易之以宽和，卒至土崩，此不知变之祸也。汉高祖定天下，陆贾、叔孙通说之以礼义，传世十二，此知变之善也。自文明[6]草昧，天地屯蒙[7]，三叔流言，四凶构难[8]，不设钩距[9]，无以应天顺人，不切刑名，不可摧奸息暴。故开告端[10]，以禁异议。然急趋无善迹[11]，促柱[12]少

1 矍然：惊惧貌，惊视貌。
2 付法：交付执法部门论罪。
3 谲：欺诈，狡诈。
4 鬼朴：做鬼的材料。
5 刻薄变诈：刻薄，冷酷无情。变诈，欺诈。
6 文明：唐睿宗李旦的年号，存续时间为公元 684 年。由于该年号使用期间武则天临朝称制，掌握实际大权，所以有些史书把它作为武则天的年号。
7 屯蒙：《易》屯卦和蒙卦的并称，万物初生稚弱貌。
8 三叔流言，四凶构难：韩王、霍王等三位皇叔散布流言，徐敬业等四个元凶制造祸乱。
9 钩距：钓钩，也指机谋。
10 开告端：开告密之门。
11 急趋无善迹：比喻办事求快就不可能尽善尽美。
12 促柱：急弦。支弦的柱移近则弦紧，故称。

和声。向时之妙策，乃当今之刍狗[1]也。伏愿览秦、汉之得失，考时事之合宜，窒[2]罗织之源，扫朋党之迹，使天下苍生坦然大悦，岂不乐哉？”太后善之，赐帛三百段。侍御史周矩上疏曰：“推劾之吏皆相矜以虐[3]，泥耳笼头，枷研楔毂，折膺签爪，悬发熏耳[4]，人非木石，苟求赊死[5]。臣窃听舆议[6]，皆称天下太平，何苦须反？岂被告者尽是英雄，欲求帝王耶？但不胜楚毒[7]而自诬耳。周用仁而昌，秦用刑而亡。愿陛下缓刑用仁，天下幸甚！”太后颇采其言，制狱稍衰。

胡氏曰：凡说人以善，而不深得其为恶之本情，则情不可格也，而善无自入。武氏猜阻辩诈[8]，岂易谏哉？而李昭德、朱敬则变其所难如反手之易，得其情故也。苟直曰承嗣不可相，制狱不可用，是以水沃[9]石而已矣。

九月，周更以九月为社[10]。

冬，十月，周遣兵击吐蕃，取四镇初，王孝杰从刘审礼击吐蕃，与审礼皆没于吐蕃，后竟得归，由是知吐蕃虚实。会西州都督唐休璟请复取龟兹、于阗、疏勒、碎叶四镇。敕以孝杰及阿史那忠节将兵击破吐蕃，复取四镇，置安西都护于龟兹，发兵戍之。

周武氏杀豫王妃刘氏户婢团儿为太后所宠信，有憾于皇嗣，乃谮皇嗣妃刘氏及德妃窦氏为厌呪[11]，太后杀之，瘗于宫中，莫知所在。德妃父孝谌为润州刺史，有奴妄为妖异，以恐妃母庞氏，因请夜祠祷[12]而发其事。监察御史薛季昶按之，以为当斩。其子希瑊诣侍御史徐有功讼冤。有功论之，以为无罪。季

1 刍狗：古代祭祀时用草扎成的狗，后用以比喻微贱无用的事物或言论。
2 窒：抑制。
3 相矜以虐：以残暴相夸耀。
4 泥耳笼头，枷研楔毂，折膺签爪，悬发熏耳：泥塞耳朵，笼罩脑袋，用重枷磨脖颈，在头上加箍再打进楔子，打折胸骨，手指钉竹签，吊头发，熏耳朵。
5 赊死：缓死。
6 舆议：舆论。
7 楚毒：酷刑。
8 辩诈：言巧伪而多诈。
9 沃：浇，灌溉。
10 以九月为社：于九月祭土地神。
11 厌呪：用邪术诅咒。
12 祠祷：祭神祈福。

昶奏有功阿党恶逆，罪当绞。令史以白有功，有功叹曰："岂我独死，诸人永不死邪？"既食，掩扇熟寝[1]。太后召有功，谓曰："卿比按狱，失出何多？"对曰："失出，人臣之小过；好生，圣人之大德。"太后默然。由是庞氏得减死，有功亦除名。

周制宰相撰时政记[2]，月送史馆时政记自此始，从姚璹之请也。

胡氏曰：唐以宰相修史，固非善法，然记注[3]之官不废，则犹可考实。今直使宰相撰时政记，月送史馆，则伪美而易恶，假善而盖非，实事不必书，书事不必实，而不复可信矣。况武后行事，污蔑[4]册牍，姚璹为之隐掩[5]，故建是议耳。然世未尝无公道，亦未尝无能言之士，一时之史虽不记，天下人固记之矣。不力为善，而惟人是防，将见不可胜防，而终莫之御也。

癸巳**十年**（公元693年）

周武氏长寿二年。

春，正月，帝在房州。

周以娄师德同平章事师德宽厚清慎，犯而不校[6]。与李昭德俱入朝，师德体肥行缓，昭德骂曰："田舍夫[7]！"师德徐笑曰："师德不为田舍夫，谁当为之？"其弟除代州刺史，将行，师德谓曰："吾兄弟荣宠过盛，人所疾也，将何以自免？"弟曰："自今虽有人唾某[8]面，某拭之而已。庶不为兄忧。"师德愀然曰："此所以为吾忧也。人唾汝面，怒汝也，而汝拭之，则逆其意而重其怒矣。夫唾不拭自干，当笑而受之耳。"

1　掩扇熟寝：掩扇，以扇遮面。熟寝，熟睡。
2　时政记：唐时廷议奏对的记录。
3　记注：记录史实。周代左史记言，右史记事。汉代以后，起居注官侍天子左右记录言行。
4　污蔑：污秽，肮脏。
5　隐掩：遮蔽隐藏。
6　犯而不校：受到别人的触犯或无礼也不计较。犯，触犯。校，计较。
7　田舍夫：农家子，多用以指乡野之人。
8　某：自称之词，我，我的。

周杀其尚方监裴匪躬匪躬坐私谒皇嗣，腰斩于市，自是公卿以下皆不得见。又有告皇嗣潜有异谋者，太后命来俊臣鞫其左右，左右不胜楚毒，皆欲自诬，太常工人[1]安金藏大呼曰："请剖心以明皇嗣不反！"即引佩刀自剖其胸，五脏皆出。太后闻之，令舆入宫，使医内[2]五脏，以桑皮线缝之，傅以药，经宿始苏。太后亲临视之，叹曰："吾有子不能自明，使汝至此。"即命俊臣停推，睿宗由是得免。

二月，周杀其侍御史侯思止时禁人间锦[3]，思止私畜之。李昭德按之，杖杀于朝堂。

周以万国俊为侍御史或告岭南流人谋反，太后遣司刑评事[4]万国俊就按之。国俊至广州，一朝杀三百余人。还奏，因言诸道流人亦疑有如此者。太后喜，擢国俊为侍御史。更遣使诣诸道，按杀[5]数千人。既而颇知其滥，制："未死者皆释之。"国俊等亦相继贬死。

夏，五月，棣州[6]河溢流二千余家。

秋，九月朔，日食。

周武氏自号金轮圣神皇帝作七宝金轮[7]，置之殿庭。

突厥可汗骨笃禄死子幼，弟默啜立。

甲午**十一年**（公元694年）

周武氏延载元年。

春，正月，帝在房州。

1　工人：从事各种技艺的劳动者。
2　内：放回体内。
3　间锦：收藏彩色有花纹的丝织品。
4　司刑评事：古官名，即大理寺评事，职责是判案。司刑，古官署名，由大理寺改称。
5　按杀：查实处死。
6　棣州：古州名，辖今山东省阳信、惠民、商河等县地。
7　七宝金轮：佛典中记载，转轮圣王有七宝，以辅助圣王教化百姓，行菩萨道。转轮圣王是指具足德行及福报的理想圣王。而轮王七宝则是指：轮宝、象宝、马宝、珠宝、玉女宝、主藏宝、典兵宝等。

周以娄师德为河源等军检校营田[1]大使。

三月，周以僧怀义为朔方道大总管，讨默啜怀义未行，虏退而止。长史李昭德尝与怀义议事，失其旨[2]，怀义挞之。

夏，五月，周武氏加“越古”之号。

秋，八月，周以杜景俭同平章事太后出梨花一枚，以示宰相。宰相皆以为瑞，杜景俭独曰：“今草木黄落，而此更发荣[3]，阴阳不时，咎在臣等。”因拜谢。太后曰：“卿真宰相也。”

胡氏曰：卉木[4]有小华[5]于秋冬之交者，非瑞也，亦非异也，景俭失之矣。必以梨不应花而花，为阴阳失时，孰与妇人不应帝而帝之，为天地易位乎？幸能正言，曷若尽言？而浅言之，姑以盗世俗之小名，何足称也？

周铸天枢[6]武三思请铸铜铁为天枢，刻太后功德，立于端门之外。铜铁不足，赋[7]民间农器以足之。

九月朔，日食。

周贬来俊臣为同州参军，流王弘义于琼州[8]弘义诈称追还，至汉北[9]，侍御史胡元礼遇之，按验，杀之。

周贬其内史李昭德为南宾[10]尉昭德恃太后委遇，颇专权使气，人多疾之。前鲁王参军丘愔上疏攻之曰：“陛下委任昭德，而昭德扬露[11]专擅，显示于人。

1　营田：屯田。
2　失其旨：不符合他的心意。
3　发荣：开花。
4　卉木：草木。
5　华：开花。
6　天枢：武则天所立、自纪功德的柱子。
7　赋：征收。
8　琼州：古州名，辖今海南省海口、琼山、琼海三市及定安、澄迈、临高等县地。
9　汉北：汉水以北。
10　南宾：古县名，治所位于今重庆市丰都县东南。
11　扬露：显露。

归美引愆，义不如此[1]。权重[2]一去，收之极难。”太后由是恶之，贬为南宾尉。

冬，十一月，周武氏加“慈氏”之号。

周明堂火太后命怀义作天堂，日役万人，费以亿计，府藏为空。怀义所度[3]力士[4]为僧者，满千人。侍御史周矩疑有奸谋，固请按之。太后命流其党，怀义不问。又命杀牛取血，画大像，首高二百尺，云怀义刺膝血为之，张于天津桥南。时御医沈南璆亦得幸于太后，怀义心愠，乃密烧天堂，延及明堂，皆尽，风裂血像为数百段。太后讳之，但云工徒误烧麻主[5]所致。时方酺宴[6]，拾遗刘承庆请辍朝[7]停酺，以答天谴，太后将从之。姚琦曰：“明堂，布政之所，非宗庙也，不应自贬损。”乃止。命更造明堂、天堂，仍以怀义充使。又铸铜为九州鼎及十二神，皆高一丈，各置其方。怀义内不自安，言多不顺，太后阴使人殴杀之。以明堂火，制求直言。刘承庆上疏请罢所营佛舍[8]。获嘉主簿刘知几表陈四事，曰：“今六合清晏，而赦令不息，近或一年再降，使无赖不仁之辈，指期[9]天泽。至罪将断决，窃行货贿，求致稽延，咸果释免[10]。为善者不预恩光[11]，作恶者独承徼幸，一也。海内具僚[12]，每岁逢赦，必赐阶勋[13]，至于绯服众于青衣，象板多于木笏[14]，二也。取士太广，宜加沙汰，三也。牧伯[15]迁代太速，

1 归美引愆，义不如此：善事归于君主，罪过自己承担，他并不遵循君臣关系的常理。引愆，承担罪过。
2 权重：权力，大权。
3 度：僧尼道士劝人离俗出家。
4 力士：力气大的人。
5 麻主：麻布佛像。
6 酺宴：聚会饮食。酺，聚饮。
7 辍朝：停止朝议。
8 佛舍：寺院房舍，佛堂。
9 指期：指望，期望。
10 释免：释放并免除罪责。
11 恩光：恩泽。
12 具僚：百官，官员。
13 阶勋：官吏的品级。
14 绯服众于青衣，象板多于木笏：穿红色衣服的官员多于穿青色衣服的官员，持象牙笏的多于执木笏的。
15 牧伯：州郡长官。

既怀苟且之谋，何暇循良[1]之政？四也。”是时官爵易得，而法网严峻，故人竞为趋进，而多陷刑戮，知几乃著《思慎赋》，以刺时见志焉。

乙未**十二年**（公元695年）

周武氏天册万岁元年。

春，正月，帝在房州。

二月朔，日食。

夏，四月，周天枢成高一百五尺，径十二尺。武三思为文，太后自书其榜曰“大周万国颂德天枢”。

秋，七月，吐蕃寇临洮，周遣兵讨之。

九月，周武氏自号天册金轮大圣皇帝。

冬，十月，突厥默啜遣使请降。

十二月，周武氏封嵩山，禅少室。

周安平王武攸绪弃官，隐嵩山千牛卫将军、安平王武攸绪少有志行，恬澹[2]寡欲，求弃官，隐于嵩山之阳。太后疑其诈，许之，以观其所为。攸绪遂优游岩壑[3]，冬居茅椒[4]，夏居石室，太后所赐服、器，皆置不用。买田使奴耕种，与民无异。

胡氏曰：武攸绪舍爵辞官，安于岩壑，而使后不之疑，其智足嘉矣。武氏量虽非宏，而识阔达，觇其所为无伪饰者，遂以取信。由是论之，当时奇才高识不能自晦，而立于其朝者，深可惜矣。夫下惠[5]、伯夷虽俱称百世之师，然自附于展禽[6]而失之，则将有偷合苟容之行；自附于伯夷而不至，犹不失为守道

1 循良：奉公守法。
2 恬澹：清静淡泊。
3 优游岩壑：优游，悠闲游乐。岩壑，山峦溪谷。
4 茅椒：用茅草作顶、椒泥涂壁的房屋。
5 下惠：即坐怀不乱的柳下惠。
6 展禽：即柳下惠。

洁身之人。然下惠亦岂易为耶？直道[1]事人，不以三公易其介[2]，夫岂苟于一官而求容悦[3]于其君乎？

丙申**十三年**（公元696年）

周武氏万岁通天元年。

春，正月，帝在房州。

周遣娄师德等击吐蕃，大败。

周新明堂成高二百九十四尺，方三百尺，规模率[4]小于旧，号曰通天宫。

夏，五月，契丹寇营州，周遣兵击之，大败营州契丹松漠都督李尽忠及其妻兄妫诚州[5]刺史孙万荣反，破营州，获俘数百，囚之地牢。闻大兵将至，使守牢霫[6]绐之曰："吾辈家属饥寒，不能自存，唯俟官军至即降耳。"既而契丹引出其俘，饲以糠粥，慰劳之曰："吾养汝则无食，杀汝又不忍。今纵汝去。"遂释之。俘至幽州，具言其状。诸军闻之，争欲先入。将军曹仁师等弃步卒，将骑兵轻进。契丹设伏横击之，飞索以缉[7]仁师，生获之。将卒死者填山谷，鲜有脱者。

秋，九月，周免囚奴[8]，遣武攸宜将之以伐契丹陈子昂为总管武攸宜府参谋，上疏曰："制免天下罪人，及募诸色奴充兵讨击契丹，此乃捷急[9]之计，非天子之兵。况当今天下忠臣勇士，万分未用其一。契丹小孽[10]，假命[11]待诛，何

1　直道：正道。
2　介：耿介，耿直。
3　容悦：曲意逢迎，以取悦于上。
4　率：皆，都。
5　妫诚州：古州名，唐代安抚契丹所置羁縻州名。
6　守牢霫：使霫人看守唐俘于地牢，故称守牢霫。霫，古族名，隋唐时居于今内蒙古赤峰市西拉木伦河以北地区，以射猎为生，以赤皮为衣缘，妇女衣襟上下悬小铜铃，习俗与契丹相近。
7　缉：用绳索缠住物体。
8　囚奴：囚犯和奴隶。
9　捷急：应急。
10　小孽：对叛逆者的蔑称。
11　假命：借助一道天子的诏命。

劳免罪赎奴[1]，损国大体耶？”

突厥寇凉州，执都督许钦明时钦明兄钦寂为讨击副使，与契丹战，亦被擒。虏将围安东，令钦寂说其属城未下者，钦寂谓城中曰：“狂贼天殃[2]，灭在朝夕。公但励兵谨守，以全忠节。”虏杀之。其后默啜寇灵州，以钦明自随。钦明至城下，大呼求美酱、粱米[3]及墨，意欲城中选良将，引精兵，夜袭虏营，而城中无谕其意者。

吐蕃遣使请和吐蕃遣使请和亲，太后遣武卫参军郭元振往察其宜。吐蕃将论钦陵请罢安西四镇戍兵，并求分十姓突厥之地，元振曰：“所请如此，岂非有兼并之志乎？”钦陵曰：“吐蕃苟贪土地，欲为边患，则东侵甘[4]、凉，岂肯规利于万里之外邪？”乃遣使者随元振入请之。朝廷疑未决，元振以为：“此乃利害之机，诚不可轻举措也。今若直拒其善意，则为边患必深。宜以计缓之，使其和望[5]未绝，则善矣。彼四镇、十姓，吐蕃之所甚欲也。而青海、吐谷浑，亦中国之要地也。今报之宜曰：‘四镇、十姓之地，本无用于中国，所以遣兵戍之，欲以镇抚西域，分吐蕃之势，使不得并力东侵也。今若果无东侵之志，当归我吐谷浑诸部及青海故地，则五俟斤部亦当以归吐蕃。’如此，则足以塞钦陵之口，而亦未与之绝也。若钦陵小有乖违[6]，则曲在彼矣。且四镇、十姓款附岁久，今割而弃之，恐伤诸国之心，非所以御四夷也。”太后从之。元振又言：“吐蕃百姓疲于徭戍[7]，早愿和亲。钦陵利于统兵，不欲归款。若国家岁发和使，而钦陵常不从命，则彼国之人怨钦陵日深，望国恩日甚，斯亦离间之渐，可使其上下猜阻，祸乱内兴矣。”太后深然之。元振名震，以字行。

冬，十月，契丹陷冀州。周以狄仁杰为魏州刺史契丹李尽忠死，孙

1　免罪赎奴：赦免罪犯和赎出家奴。
2　狂贼天殃：狂贼，猖狂的寇盗，疯狂的贼人。天殃，天降的祸殃。
3　粱米：精米。
4　甘：甘州，古州名，辖今甘肃省嘉峪关市以东，黑河上游。
5　和望：讲和的希望。
6　乖违：违背，背离。
7　徭戍：服劳役与戍守边疆。

万荣代领其众。突厥默啜乘间袭松漠[1]，虏尽忠、万荣妻子而去。孙万荣收合余众，攻陷冀州，又攻瀛州，河北震动。制起狄仁杰为魏州刺史。前刺史畏契丹猝至，悉驱百姓入城缮守备[2]。仁杰至，悉遣还农，百姓大悦。

周以姚元崇为夏官侍郎[3]时契丹入寇，军书[4]填委，夏官郎中姚元崇剖析如流，皆有条理。太后奇之，擢为夏官侍郎。

周以徐有功为殿中侍御史太后思徐有功用法平恕，擢拜左台殿中侍御史，远近闻者无不相贺。宗城[5]潘好礼著论，称有功蹈道依仁，固守诚节[6]，不以贵贱死生易其操履[7]。设[8]客问曰："徐公于今谁与为比？"主人曰："四海至广，人物至多，或匿迹韬光，仆不敢诬[9]，若所闻见，则一人而已，当于古人中求之。"客曰："何如张释之？"主人曰："释之所行者甚易，徐公所行者甚难，难易之间，优劣见矣。张公逢汉文之时，天下无事，守法而已，岂不易哉？徐公逢革命之秋，属惟新之运，人主有疑于上，酷吏恣虐于下，而徐公守死善道，深相明白，几陷囹圄，数挂网罗，岂不难哉！"客曰："使为司刑卿，乃得展其才矣。"主人曰："吾子徒见徐公用法平允[10]，谓可置司刑。仆睹其人，方寸之地[11]，何所不容？若其用之，何事不可，岂只司刑而已哉？"

十一月，周杀其箕州[12]**刺史刘思礼等三十六家，流其亲属千余人**明堂[13]尉吉项以箕州刺史刘思礼谋反告，来俊臣使上变告之。太后使河内王武懿

1　松漠：古地名，亦称千里松林、平地松林，位于今内蒙古赤峰市西北部与河北省围场县境之大兴安岭南段地区。
2　守备：防守警戒。
3　夏官侍郎：古官名，由兵部侍郎改称。夏官，指兵部。
4　军书：军中的公文。
5　宗城：古县名，治所位于今河北省邢台市威县东。
6　蹈道依仁，固守诚节：遵循正道，依从仁义，坚守忠贞不渝的节操。
7　操履：操守。
8　设：假如。
9　仆不敢诬：我不敢瞎说。仆，我。
10　平允：公平允当。
11　方寸之地：指心。
12　箕州：古州名，辖今山西省和顺、左权、榆社等县地及河北省涉县北部地区。
13　明堂：古县名，治所位于今陕西省西安市城南。

宗推之。懿宗令思礼广引朝士，许免其死。于是思礼引平章事李元素、孙元亨等，凡三十六家，皆海内名士，咸族诛之，亲旧连坐、流窜[1]者千余人。俊臣由是复用，而项亦以此得进。懿宗数鞫狱，喜诬陷人，时人以为周、来之亚。俊臣党人罗告司刑府史樊惎谋反，诛之。惎子讼冤于朝堂，无敢理者，乃援[2]刀刳其腹。秋官侍郎刘如璇见之，窃叹。俊臣奏如璇党恶逆，下狱，处以绞刑，制流瀼州[3]。

周以张昌宗为散骑常侍，张易之为司卫少卿[4]昌宗、易之年少，美姿容，太平公主荐之，入侍禁中，皆得幸于太后。常傅朱粉[5]，衣锦绣，赏赐不可胜纪。武承嗣、三思、懿宗、宗楚客、晋卿皆候其门庭，争执鞭辔[6]。谓张易之为五郎，昌宗为六郎。

周以娄师德同平章事。

1 流窜：流放。
2 援：持，执持。
3 瀼州：古州名，辖今广西上思县西南部、宁明县东南部地区。
4 司卫少卿：古官名，即卫尉少卿，卫尉寺次官，协助卫尉卿掌供宫廷、祭祀、朝会之仪仗帷幕，通判本寺事务。
5 傅朱粉：傅，涂抹，搽。朱粉，胭脂和铅粉，妇女用的化妆品。
6 鞭辔：鞭子和马笼头。也用以借指随从效力。

卷四十二

起丁酉唐中宗嗣圣十四年，尽癸丑[1]唐玄宗开元元年**凡十七年**。

丁酉**十四年**（公元697年）

周武氏神功元年。

春，正月，帝在房州。

三月，周总管王孝杰与契丹战，败死。武攸宜不敢进。

周立突厥默啜为可汗突厥默啜请为其女求婚，太后遣阎知微、田归道册拜默啜为迁善可汗。知微见默啜舞蹈，归道长揖不拜。默啜囚归道，将杀之。归道辞色不挠，乃舍之，但留不遣。初，唐处突厥降者于丰、胜、灵、夏、朔、代六州。至是，默啜求之，及单于都护府[2]之地，并谷种、缯帛、农器、铁，姚琦、杨再思请给之，凤阁侍郎李峤曰："此所谓借寇兵、资盗粮也。不如治兵以备之。"琦等固请，乃悉驱六州降户数千帐，并给谷种四万斛、杂彩[3]五万段、农器三千事、铁数万斤，并许其婚。默啜由是益强。归道得还，与知微争论于太后前。归道以为默啜必负约，知微以为和亲必可保。

夏，四月，周铸九鼎成九鼎成，置通天宫。豫州鼎高丈八尺，受千八百石。余州高丈四尺，受千二百石，各图山川物产于其上，共用铜五十六万七百余斤。令宰相、诸王率宿卫兵十余万人，自玄武门曳入[4]。

周以王及善为内史王及善已致仕，会契丹作乱，起为滑州刺史。太后召见，问以朝廷得失，及善陈治乱之要十余事。太后曰："外州末事[5]，此为根本，卿不可出。"留为内史。

周遣武懿宗、娄师德击契丹。

1　癸丑：即公元713年。
2　单于都护府：唐都护府之一，治所位于今内蒙古呼和浩特市和林格尔县西北土城子，统碛南突厥诸部各羁縻府州，辖今内蒙古黄河以北和宁夏交界处贺兰山西北地区。
3　杂彩：杂色丝织品。
4　曳入：拖入。
5　末事：非关根本之事，小事。

六月，周杀其右司郎中[1]乔知之知之有美妾曰碧玉，武承嗣夺之。知之作《绿珠怨》诗以寄之，碧玉赴井死。承嗣得诗于裙带，大怒，讽酷吏罗告，族诛之。

周来俊臣伏诛来俊臣倚势贪淫[2]，士民妻妾有美者，百方[3]取之。前后罗织诛人，不可胜计，自言才比石勒。监察御史李昭德素恶之，俊臣遂诬昭德谋反，下狱。又欲罗告诸武及太平公主与皇嗣庐陵王、南北牙[4]同反。诸武及太平公主共发其罪，系狱，有司处以极刑。奏上，三日不出。王及善曰："俊臣，国之元恶，不去之，必动摇朝廷。"吉顼曰："俊臣聚结不逞[5]，诬构良善，赃贿[6]如山，冤魂塞路，国之贼也，何足惜哉！"太后乃下其奏，昭德、俊臣同弃市。时人无不痛昭德而快俊臣。仇家争啖其肉。士民相贺曰："自今眠者背始帖席[7]矣。"俊臣方用事，选司[8]受其属请，不次[9]除官者，每铨数百人。俊臣败，侍郎皆自首，太后责之，对曰："臣乱国家法，罪止一身；违俊臣语，立见灭族。"太后乃赦之。

契丹军溃，斩孙万荣以降武懿宗军至赵州，闻契丹将至冀州，惧而南遁。契丹遂屠赵州。孙万荣于柳城西北依险筑城，留其老弱妇女，引精兵寇幽州。突厥默啜袭其新城，三日克之，尽俘以归。时万荣方与唐兵相持，军遂大溃，奴斩其首以降，余众降于突厥。

周以武承嗣、武三思同三品。

周遣武懿宗等安抚河北武攸宜自幽州凯旋。制以契丹初平，命武懿宗、娄师德、狄仁杰分道安抚河北。懿宗所至残酷，奏请族诛河北百姓从贼者。左

1 右司郎中：古官名，尚书右丞副贰，协掌尚书都省事务，监管兵、刑、工部诸司政务，举稽违、署符目、知直宿，位在诸司郎中上。
2 贪淫：贪财好色。
3 百方：用多种方法。
4 南北牙：南衙和北门的禁卫军。
5 不逞：泛指歹徒。
6 赃贿：赃物。
7 帖席：贴在卧席上，也比喻安稳。
8 选司：主管铨选官吏的机构，吏部的别称。
9 不次：不依寻常次序。犹言超擢，破格。

拾遗王求礼廷折[1]之，曰："此属素无武备[2]，力不胜贼，苟以求生而已，岂有叛国之心？懿宗拥强兵数十万，望风退走，贼徒滋蔓，又欲移罪于草野诖误之人，为臣不忠。请先斩懿宗，以谢河北。"懿宗不能对。司刑卿杜景俭亦曰："此皆胁从，请悉原之。"太后从之。

秋，九月，周以魏元忠为肃政中丞[3]太后谓侍臣曰："顷者周兴、来俊臣按狱，多连引朝臣，云其谋反。朕使近臣就狱引问，皆自承服[4]，朕不复疑。今自兴、俊臣死，不复闻有反者。然则前死者，不有冤邪？"夏官侍郎姚元崇对曰："比来坐谋反死者，率皆兴等罗织。陛下使近臣问之，近臣亦不自保，何敢动摇？今赖天启圣心，兴等伏诛。臣以百口[5]为陛下保，自今内外之臣，无复反者矣。"时人多为魏元忠讼冤，太后复召为肃政中丞。

冬，闰十月，以狄仁杰同平章事仁杰上疏曰："天生四夷，皆在先王封略[6]之外，故东拒沧海，西阻流沙，北横大漠，南阻五岭，此天所以限夷狄而隔中外也。今三代声教之所不及者，国家尽兼之矣。若复邀功绝域，不务安人[7]，此秦皇、汉武之所行，非五帝、三王之事业也。近者频岁[8]出师，西戍四镇，东戍安东，调发日加，百姓虚弊[9]。今关东饥馑，蜀汉逃亡，人不复业，相率为盗。本根一摇，忧患不浅。昨贞观中，克平九姓，复立思摩，使统诸部，得推亡固存[10]之义，无远戍劳人之役，此近日之令典，经边[11]之故事也。窃谓宜立斛瑟罗，委之四镇；继高氏绝国，使守安东。省军费于远方，并甲兵于塞上，使夷狄无侵侮之患，则可矣。何必穷其窟穴，与蝼蚁校长短哉？但当敕边

1　廷折：在朝廷上当众折辱。
2　武备：军备，武装力量、军事装备等。
3　肃政中丞：古官名，武则天时由御史中丞改置，并分设左、右二人。
4　承服：承认。
5　百口：全家，近亲一族。
6　封略：封界，边境。
7　安人：使人民安宁。
8　频岁：连年。
9　虚弊：虚弱疲敝，贫乏疲困。
10　推亡固存：推翻实行亡国之道的国家，巩固推行存亡继绝之道的国家。
11　经边：治理边疆。

兵，谨守备，远斥候，聚资粮，待其自致，然后击之。以逸待劳，则战士力倍；以主御客，则我得其便；坚壁清野，则寇无所得。如此数年，可使二虏不击而服矣。”时蜀州[1]每岁遣兵戍姚州[2]，路险而远，亡者多。蜀州刺史张柬之上言：“姚州荒外，自以为州，未尝得其盐布之税，甲兵之用，而空竭府库，驱率平人[3]，受役蛮夷，肝脑涂地[4]。臣窃为国家惜之。请并泸南[5]诸镇一切废省[6]，置关泸北。非奉使者，无得交通往来。”疏奏，不纳。

周以李峤知天官[7]选事始置员外官数千人。

戊戌**十五年（公元698年）**

周武氏圣历元年。

春，三月，帝还东都武承嗣、三思营求[8]为太子。狄仁杰从容言于太后曰：“太宗栉风沐雨，亲冒锋镝，以定天下，传之子孙。大帝[9]以二子托陛下。陛下今乃欲移之他族，无乃非天意乎？且姑侄之与母子，孰亲？陛下立子，则千秋万岁后，配食太庙；立侄，则未闻侄为天子，而祔[10]姑于庙者也。”太后曰：“此朕家事，卿勿预知[11]。”仁杰曰：“王者以四海为家，四海之内，何者不为陛下家事？况元首股肱，义同一体。臣备位宰相，岂得有所不预知乎？”因劝太后召还庐陵王。太后意稍寤。他日，又谓仁杰曰：“朕梦大鹦鹉，两翼皆折，何也？”对曰：“武者，陛下之姓；两翼，二子也。陛下起二子，则两

1 蜀州：古州名，辖今四川省崇州、新津等市县地。
2 姚州：古州名，辖今云南省姚安县地。
3 平人：平民，百姓。
4 肝脑涂地：形容惨死，也形容竭尽忠诚，任何牺牲都在所不惜。涂地，涂抹在地上。
5 泸南：泸水以南。泸水，古水名，即今雅砻江下流及与雅砻江合流后至云南巧家县一段金沙江，在四川、云南二省间。
6 废省：废止。
7 天官：即吏部。
8 营求：寻求。
9 大帝：即唐高宗李治，李治谥“天皇大帝”，省称“大帝”。
10 祔：古祭名，送死者的神主入祖庙，与其先祖共享祭祀。
11 预知：参与其事并了解内情。

翼振矣。”太后由是无立承嗣、三思之意。吉顼与张易之、昌宗皆为控鹤监[1]供奉。顼从容说二人曰：“公兄弟贵宠，天下侧目，不有大功，何以自全？”二人惧，问计，顼曰：“天下未忘唐德，主上春秋高，公何不劝立庐陵王，以慰人望？如此，岂徒免祸，亦可以长保富贵矣。”二人以为然，承间，屡为太后言之。太后乃托言庐陵王有疾，遣使召之，及其妃子，皆诣行在。承嗣怏怏，遂发病死。

胡氏曰：归庐陵王，狄仁杰虽首言之，太后未许也。及顼为二张谋，后意乃定。然则顼功为多，而当时及后世称复唐之功者，特归仁杰，而不归之顼，何也？人臣建策效计，当原其心。诚为国耶，策虽不就，君子予之；心不在国，假善以济其私，功虽幸成，君子不与也。狄公精忠，惟复唐室是念，其请归庐陵也，太后虽未之许，然心已开悟矣。吉顼之计，太后虽即行之，然其心，乃本教二张以长保富贵之术耳，又况狄公之请已在前乎？

秋，八月，突厥默啜寇妫、檀[2]等州初，太后命武承嗣之子淮阳王延秀入突厥，纳默啜女为妻，复遣阎知微赍金帛巨亿以送之。凤阁舍人张柬之谏曰：“自古未有中国亲王娶夷狄女者。”由是忤旨，出刺合州。延秀至突厥，默啜谓曰：“我欲以女嫁李氏，安用武氏儿邪？我突厥世受李氏恩，闻李氏尽灭，唯两儿在，我今将兵辅立之。”乃拘延秀，以知微为南面可汗，言欲使之主唐民也。发兵寇妫、檀等州，移书数朝廷曰：“与我蒸谷种，器行滥，帛疏恶[3]。且我可汗女，当嫁天子儿。武氏小姓，门户不敌，罔冒为婚，我为此起兵，欲取河北耳。”河北诸州闻之，争发民修城。卫州刺史敬晖曰：“吾闻金汤非粟不守[4]，奈何舍收获而事城郭乎？”罢使归田。百姓大悦。

周以狄仁杰兼纳言太后命宰相各举尚书郎一人，仁杰举其子光嗣，拜地

1　控鹤监：古官署名，武则天为招纳男宠而设立，由张易之和张昌宗掌管，因秽乱深宫，后被撤销。
2　檀：檀州，古州名，辖今北京市密云、怀柔、平谷等区地。
3　蒸谷种，器行滥，帛疏恶：蒸过的谷种，播种后不生长；送来的金银器皿质地极差，不是真货；送来的缯帛都稀疏粗劣。
4　金汤非粟不守：再坚固的城池，如果没有粮食也守不住。

官[1]员外郎。已而称职，太后喜曰："卿足继祈奚[2]矣。"通事舍人元行冲博学多通，仁杰重之。行冲数规谏仁杰，且曰："凡为家者，必有储蓄。脯醢[3]以适口，参术[4]以攻疾。仆窃计明公之门珍味多矣，行冲请备药物之末。"仁杰笑曰："吾药笼中物[5]，何可一日无也！"

周以武攸宁同三品。

九月，突厥陷赵州，周刺史高睿死之默啜围赵州，长史唐般若翻城应之。刺史高睿与妻秦氏仰药诈死，虏舆诣[6]默啜。默啜以金狮子带、紫袍示之，曰："降则拜官，不降则死。"睿顾其妻，妻曰："酬报国恩，正在今日！"遂俱闭目不言。再宿，虏乃杀之。虏退，唐般若族诛，赠睿冬官尚书，谥曰"节"。

周武氏以帝为皇太子、河北道元帅，狄仁杰副之，以讨默啜皇嗣固请逊位于庐陵王，太后许之，立为太子，复名显，赐姓武氏。命太子为河北道元帅，以讨突厥。先是，募人月余，不满千人，及闻太子为帅，应者云集，未几，数盈五万。时太子不行，命仁杰知元帅事。王及善请太子赴外朝以慰人心，从之。突厥尽杀所掠赵、定[7]男女万余人而去，仁杰将兵追之，不及。默啜还漠北，拥兵四十万，据地万里，西北诸夷皆附之，有轻中国之心。

周以苏味道同平章事味道在相位，依阿取容[8]，尝谓人曰："处事不宜明白，但模棱持两端可矣。"时人谓之"苏模棱"。

冬，十月，周以武懿宗、武攸归领屯兵[9]。

周以狄仁杰为河北道安抚大使时河北人为突厥所驱逼者，虏退，惧诛，

1 地官：即户部。
2 祈奚：春秋时晋国大臣，年老退休的时候，分别举荐自己的仇人、儿子接替自己的官职。
3 脯醢：佐酒的菜肴。
4 参术：中药名，人参和白术。
5 药笼中物：药笼中备用的药材，亦比喻备用的人才。
6 舆诣：抬着去见。
7 赵、定：赵州、定州。
8 依阿取容：依附随顺以取悦于人。
9 屯兵：屯田垦荒的军队。

往往亡匿。仁杰上疏曰："边尘暂起，不足为忧；中土不安，此为大事。诸为突厥、契丹胁从之人，皆是事迫情危，且图赊死，今皆潜窜山泽，露宿草行。罪之，则众情恐惧；恕之，则反侧[1]自安。伏愿曲赦河北诸州，一无所问。"制从之。仁杰于是抚慰百姓，得突厥所驱掠者，悉递还本贯[2]。散粮运以赈贫乏，修邮驿以济旋师。自食疏粝[3]，禁其下无得侵扰百姓，犯者必斩。河北遂安。

胡氏曰：陈子昂谏说武氏，其论亦美，而或者讥其失言，谓武氏不可与言而言也。狄公不几与子昂比乎？曰：人之语默行止，有事同而情异者，此属是也。武氏已老，太子既在东宫，天下必复归唐，狄公所为恳恳[4]恐百姓虚弊，根本动摇，为唐计耳。

周以姚元崇同平章事。

周阎知微伏诛，以田归道为夏官侍郎默啜纵知微使还，太后命磔于天津桥南，使百官共射之，夷其三族。擢归道为夏官侍郎，甚见亲委[5]。

十一月，周以豫王旦为相王。

周置控鹤监控鹤监，率皆嬖宠之人，颇用才能文学之士田归道、李迥秀、薛稷、员半千以参之。半千以古无此官，请罢之，遂忤旨，左迁。

十二月，周以魏元忠同平章事。

周贬宗楚客为播州[6]司马。

己亥**十六年**（公元 699 年）

周武氏圣历二年。

春，正月，帝在东宫。

1　反侧：惶恐不安。
2　本贯：原籍。
3　疏粝：粗糙的饭食。
4　恳恳：诚挚殷切貌。
5　亲委：亲信倚重。
6　播州：古州名，辖今贵州省遵义市、遵义县及桐梓县地。

二月，周遣使祷少室山[1]太后不豫，遣给事中阎朝隐祷少室山。朝隐自为牺牲[2]，沐浴伏俎[3]上，请代太后命。太后厚赏之。

康熙御批：朝隐自为牺牲，沐浴伏俎上，请代太后命，此小人献媚之极致，亦不足道。第武后遂喜而厚赏之，则崇长[4]谄谀，甚为失体[5]。

吐蕃赞婆、弓仁降周初，吐蕃赞普器弩悉弄尚幼，论钦陵兄弟用事，皆有勇略，诸胡畏之。钦陵居中秉政，诸弟握兵分据方面。赞婆常居东边，为中国患者三十余年。器弩悉弄浸长，阴与大臣论岩谋诛之。会钦陵出外，赞普杀其亲党二千余人，钦陵自杀。赞婆率所部千余人，钦陵子弓仁以所统七千帐来降。

帝及武攸暨等誓于明堂太后自以春秋高，虑身后太子与诸武不相容，命太子、相王、太平公主与武攸暨等誓于明堂，铭之铁券[6]。

秋，八月，周以王及善为文昌左相内史王及善虽无学术，然清正难夺[7]，有大臣之节。张易之兄弟每侍内宴，无复人臣之礼，及善屡以为言。太后不悦，谓及善曰："卿高年[8]，不宜更侍游宴。"及善遂乞骸骨，太后不许，以为左相，罢政事。

周纳言娄师德卒师德在河陇前后四十余年，勤恭[9]不怠，民夷安之。性沉厚宽恕，狄仁杰之入相也，师德实荐之，而仁杰不知，意颇轻之。太后尝问仁杰曰："师德贤乎？"对曰："为将能谨守边陲，贤则臣不知。"又曰："师德知人乎？"对曰："臣尝同僚，未闻其知人也。"太后曰："朕之知卿，乃师德所荐也，亦可谓知人矣。"仁杰既出，叹曰："娄公盛德，我为其所包容久矣，

1　少室山：古山名，位于今河南省登封市西北，为嵩山之西部。
2　牺牲：供祭祀用的纯色全体牲畜。
3　俎：古代祭祀时盛肉的器物。
4　崇长：助长。
5　失体：有失体统。
6　铭之铁券：将誓词铭刻在铁契上。铁券，即铁契，古代皇帝颁赐功臣授以世代享受某种特权的凭证，铁制的契券上用丹砂书写誓词，从中剖开，朝廷和受赐者各保存一半。
7　难夺：很难动摇。
8　高年：年岁大。
9　勤恭：勤奋谦恭。

吾不得窥其际也。”是时，罗织纷纭，师德久为将相，独能以功名终，人以是重之。

周以武三思为内史。

河溢漂千余家。

周以韦嗣立为凤阁舍人太后称制以来，学校殆[1]废。酷吏所陷，亲友流离，未获原宥。嗣立上疏曰：“时俗浸轻儒学，先王之道，弛废不讲，宜令王公以下子弟皆入国学，不听以他岐[2]仕进。又酷吏乘间杀人求进，至如仁杰、元忠枉遭按鞫[3]，亦皆自诬，非陛下明察，则已为菹醢[4]矣。今陛下升而用之，皆为良辅[5]。臣恐向之负冤得罪者，亦皆如是。伏望一皆昭洗[6]，死者追复官爵，生者听还乡里。如此，则天下皆知昔之枉滥，非陛下之意。幽明欢欣，和气感通矣。”不从。嗣立，承庆之异母弟也。母王氏遇[7]承庆甚酷，每杖承庆，嗣立必解衣请代，母不许，辄私自杖，母为稍宽。承庆为凤阁舍人，以疾去职。嗣立时为莱芜[8]令，太后召使代之。

突厥默啜以其子匐俱为小可汗默啜立其弟咄悉匐为左厢察，骨笃禄子默矩为右厢察，各主兵二万余人。其子匐俱为小可汗，位在两察上，主处木昆[9]等十姓，兵四万余人，又号为拓西可汗。

冬，十一月，周贬吉顼为安固[10]尉太后以顼有干略，以为同平章事，委以腹心。顼与武懿宗争赵州之功于太后前，顼魁岸辩口，懿宗短小伛偻[11]。顼视懿宗，声气凌厉[12]，太后由是不悦，曰：“顼在朕前，犹卑诸武，况异时讵可倚

1　殆：几乎，差不多。
2　他岐：左道，邪道。
3　按鞫：审问。
4　菹醢：肉酱。
5　良辅：好助手。
6　昭洗：昭雪，洗清。
7　遇：对待。
8　莱芜：古县名，治所位于今山东省淄博市南博山城东。
9　处木昆：古代西域部落，为西突厥左厢五咄陆部落之一，隋唐时游牧于今新疆塔城一带。
10　安固：古县名，治所位于今浙江省瑞安市北西岙一带，因县境安固山得名。
11　伛偻：弯腰曲背。
12　凌厉：形容迅速而气势猛烈。

邪[1]？”他日，项奏事，方援引古今，太后怒曰：“卿所言，朕饫闻[2]之，无多言。昔太宗有马肥逸[3]，无能驭者。朕为宫女，进言曰：‘妾能制之，然须三物：一铁鞭，二铁楇，三匕首。鞭之不服，则楇其首；楇之不服，则断其喉。’太宗壮朕之志。今日卿岂足污朕匕首耶？”项皇恐谢。诸武因共发其弟冒官事，由是坐贬。辞日，得召见，涕泣言曰：“臣永辞阙庭，愿陈一言。”太后问之，项曰：“合水土为泥，有争乎？”太后曰：“无之。”又曰：“分半为佛，半为天尊[4]，有争乎？”曰：“有争矣。”项顿首曰：“宗室、外戚，各当其分，则天下安。今太子已立，而外戚犹为王，此陛下驱之使他日必争，两不得安也。”太后曰：“朕亦知之。然业已如是，不可如何[5]！”

十二月，周同平章事陆元方罢太后问元方以外事，对曰：“臣备位宰相，有大事，不敢不以闻。人间细事，不足烦圣听。”忤旨，遂罢。元方为人清谨，再为宰相，太后每有迁除[6]，多访之，元方密封以进。临终，悉焚其稿，曰：“吾于人多阴德，子孙其未衰乎？”

周以狄仁杰为内史太后幸三阳宫[7]，有胡僧邀车驾观葬舍利[8]，太后许之。仁杰跪于马前，曰：“佛者，戎狄之神，不足以屈天下之主。彼胡僧诡谲，直欲邀致[9]万乘，以惑远近之人耳。”太后中道而还，曰：“以成[10]吾直臣之气。”

庚子**十七年**（公元700年）

周武氏久视元年。

1　况异时讵可倚邪：以后难道还可以依靠吗。
2　饫闻：饱闻，谓所闻已多。
3　肥逸：体肥性野。
4　天尊：道教对所奉天神中最高贵者的尊称。
5　不可如何：无可奈何。
6　迁除：官职之升迁、除授。
7　三阳宫：唐时宫殿名，位于今河南省登封市西。
8　舍利：佛教称释迦牟尼遗体焚烧之后结成的珠状东西，后来也泛指佛教修行者死后火化的剩余物。
9　邀致：招请。
10　成：成全。

春，正月，帝在东宫。

夏，五月朔，日食。

六月，周以张易之为奉宸令太后改控鹤监为奉宸府，以易之为令。每内殿曲宴，辄引诸武、易之、昌宗饮博嘲谑。又命易之、昌宗与李峤等修《三教珠英》[1]于内殿，以掩其迹。武三思奏昌宗乃王子晋后身，太后使衣羽衣，吹笙、乘木鹤于庭中，文士皆赋诗以美之。太后又多选美少年为奉宸内供奉。右补阙朱敬则谏曰："陛下内宠易之、昌宗足矣，而侯祥等明自媒衒[2]，求入供奉，丑慢[3]无耻。臣职在谏诤，不敢不奏。"太后劳之。易之、昌宗竞以豪侈相胜。弟昌仪为洛阳令，请属无不从。尝早朝，有选人[4]姓薛，以金三十两并状[5]赂之。昌仪受金，以状授天官侍郎张锡。数日，锡失其状，以问昌仪，昌仪曰："我亦不记，但姓薛者即与之。"锡惧，退，索在铨姓薛者六十余人，悉留注官[6]。

周遣将军李楷固等击契丹余党，平之契丹将李楷固善用緪索及骑射舞槊，每陷阵，如鹘[7]入乌群，所向披靡。骆务整者，亦为契丹将，屡败唐兵。及孙万荣死，二人来降。有司请族之，狄仁杰曰："二人骁勇绝伦，能尽力于所事，必能尽力于我。若抚之以德，皆为我用矣。"奏请赦之。皆以为将军，使将兵击契丹余党，悉平之，献俘含枢殿。太后召公卿合宴，举觞属仁杰曰："公之功也。"将赏之，对曰："此乃陛下威灵，将帅尽力，臣何功之有？"固辞不受。

周陇右大使唐休璟破吐蕃于洪源[8]吐蕃将麴莽布支寇凉州，围昌松，唐休璟与战于洪源。休璟谓诸将曰："诸论[9]既死，麴莽布支新为将，不习军事，

---

1 《三教珠英》：一部大型诗歌选集类书。
2 媒衒：求取进身。
3 丑慢：诋毁轻慢。
4 选人：候补、候选的官员。
5 状：说明情况的文书。
6 注官：注出拟授官职。
7 鹘：猛禽名，即隼，短尾，青黑色。
8 洪源：古地名，位于今甘肃省武威市东南。
9 诸论：即吐蕃掌权的论钦陵兄弟。

请为诸君破之。”乃被甲先陷阵，六战皆捷，吐蕃大奔。

周造大像太后欲造大像，使天下僧尼日出一钱，以助其功。狄仁杰上疏谏曰：“今之伽蓝[1]，制过宫阙。功不使鬼，止在役人，物不天来，终须地出，不损百姓，将何以求？且梁武、简文舍施[2]无限，及三淮沸浪，五岭腾烟，列刹盈衢，无救危亡之祸[3]；缁衣[4]蔽路，岂有勤王之师？比来水旱不节，边境未宁。若费官财，又尽人力，一隅有难，将何以救之哉？”太后曰：“公教朕为善，何得相违？”遂罢其役。

司空、梁文惠公狄仁杰卒太后信重仁杰，群臣莫及，常谓之“国老”而不名。仁杰好面引廷争，太后每屈意从之。尝从太后游幸，遇风巾坠，马惊不止，太后命太子追执其鞚而系之。屡以老、疾乞骸骨，不许。每入见，太后常止其拜，曰：“每见公拜，朕亦身痛。”及薨，太后泣曰：“朝堂空矣！”自是朝廷有大事，众或不能决，太后辄叹曰：“天夺吾国老何太早邪？”太后尝问仁杰：“朕欲得一佳士[5]用之，谁可者？”仁杰曰：“有张柬之者，其人虽老，宰相才也。”太后擢为洛州司马。数日，又问仁杰，对曰：“前荐张柬之，尚未用也。”太后曰：“已迁矣。”对曰：“臣所荐者，可为宰相，非司马也。”乃迁秋官侍郎，卒用为相。仁杰又尝荐夏官侍郎姚元崇、监察御史桓彦范、太州[6]刺史敬晖等数十人，卒成反正之功。或谓仁杰曰：“天下桃李[7]悉在公门矣。”仁杰曰：“荐贤为国，非为私也。”中宗复位，赠司空。睿宗时，追封梁国公。

康熙御批：仁杰在当时为诸臣第一，武后亦以第一流目之。人臣特患不能竭忠为国尔，若果尽诚无二，不以身家为念，虽当艰危之际，亦可深蒙主眷，

1　伽蓝：梵语僧伽蓝摩的简称，指僧众所住的园林，后泛指佛寺。
2　舍施：施舍，以财物、人力资助寺院或救济贫民。
3　三淮沸浪，五岭腾烟，列刹盈衢，无救危亡之祸：三淮、五岭叛乱迭起的时候，大街上鳞次栉比的寺院佛塔，无法挽救身危国亡之祸。
4　缁衣：僧尼的服装，亦借指僧人。
5　佳士：品行或才学优良的人。
6　太州：古州名，辖今陕西省华县、华阴、潼关三县市及渭南市北部地。
7　桃李：比喻栽培的后辈和所教的门生。

况朝廷清明乎？

冬，十月，周复以正月为岁首。

周以韦安石同平章事时武三思、张易之兄弟用事，安石数面折之。尝侍宴禁中，易之引蜀商数人在座同博，安石跪奏曰：“商贾贱类，不应得预此会。”顾左右逐出之，座中皆失色。太后以其言直，劳勉之，同列皆叹服。

十二月，周开屠禁凤阁舍人崔融言：“割烹弋猎[1]，著之典礼。苟顺月令[2]，合礼经，自然物遂其生矣。”遂开屠禁，祠祭用牲牢如故。

辛丑**十八年（公元701年）**

周武氏大足元年，又改“长安”。

春，正月，帝在东宫是岁，武邑[3]人苏安恒上疏太后曰：“陛下钦[4]先圣之顾托，受嗣子之推让[5]，敬天顺人，二十年矣。今太子春秋既壮，陛下年德[6]既尊，何不禅位东宫，使临宸极[7]，亦何异陛下之身哉？诸武皆得封王，而陛下二十余孙，无尺寸之土，此非长久之计也。臣请黜诸武为公侯，而分土以王诸孙，择立师傅，教其孝敬之道，以夹辅周室，屏藩[8]皇家。”疏奏，太后召见，赐食、慰谕而遣之。

三月，周流张锡于循州平章事张锡坐知选[9]漏泄禁中语，赃满数万，当斩，临刑释之，流循州。时苏味道亦坐事，俱下狱。锡气色自若，舍三品院，

1　割烹弋猎：宰割、烹调牲畜和猎杀飞禽走兽。弋猎，射猎，狩猎。
2　月令：农历某个月的气候和物候。
3　武邑：古县名，治所即今河北省衡水市武邑县。
4　钦：敬重。
5　推让：逊让，推辞。
6　年德：年龄德行。
7　宸极：原指北极星，此借指帝位。
8　屏藩：捍卫。
9　知选：主管官吏选拔。

帷屏食饮，无异平居[1]。味道步至系所[2]，席地蔬食[3]。太后闻之，赦味道而复其位。

雨雪苏味道以雪为瑞，率百官入贺。殿中侍御史王求礼止之曰："三月雪为瑞雪，腊月雷为瑞雷乎？"味道不从。既入，求礼独不贺，进言曰："今阳和布气，草木发荣[4]，而寒雪为灾，岂得诬以为瑞？贺者，皆谄谀之士也。"太后为之罢朝。时又有献三足牛者，宰相复贺，求礼扬言曰："凡物反常皆为妖。此鼎足非其人[5]、政教不行之象也。"太后为之愀然。

夏，六月，周以李迥秀同平章事迥秀母本微贱，妻叱媵婢[6]，母闻之不悦，迥秀即时出之。或问："何遽如是？"迥秀曰："娶妻本以养亲，今乃违忤颜色，安敢留也？"

冬，十一月，周以崔玄暐为天官侍郎天官侍郎崔玄暐性介直[7]，未尝请谒[8]，执政恶之，改文昌左丞。月余，太后谓玄暐曰："闻卿改官，令史设斋[9]自庆，此欲盛为奸贪耳。今还卿旧任。"乃复拜天官侍郎。

周以郭元振为凉州都督先是，凉州南北境不过四百余里，突厥、吐蕃频岁奄至城下，百姓苦之。元振始于南境硖口置和戎城，北境碛中[10]置白亭军，控其冲要，拓州境千五百里，自是寇不复至城下。元振又令甘州刺史李汉通开置屯田，尽水陆之利。旧粟麦斛至数千，及是，一缣[11]籴数十斛，军粮支数十年。元振善抚御，在州五年，夷夏畏慕[12]，令行禁止，牛羊被野，路不拾遗。

---

1 舍三品院，帷屏食饮，无异平居：住进专门为犯罪的三品以上官员准备的三品院中，帷帐的张设和饮食的排场，与平时没什么不一样。
2 系所：关押的地方。
3 蔬食：以草木的果实为食。
4 阳和布气，草木发荣：春天温暖的气息散发，草木生长开花。
5 鼎足非其人：三公没有合适的人选。鼎足，借指三公。
6 媵婢：随嫁的婢妾，也泛指婢妾。
7 介直：耿介正直。
8 请谒：请求谒告。
9 设斋：备办素食。
10 碛中：沙漠中。碛，沙漠。
11 一缣：一匹双丝细绢。
12 畏慕：尊敬仰慕。

壬寅**十九年**（公元 702 年）

周武氏长安二年。

春，正月，帝在东宫是岁，苏安恒复上疏曰："臣闻天下者，神尧、文武[1]之天下也，陛下虽居正统，实因唐氏旧基。当今太子追回，年德俱盛，陛下贪其宝位，而忘母子深恩，将以何颜见唐家之宗庙哉？今天意人事，还归李家。陛下虽安天位，殊不知物极则反，器满则倾。臣何惜一朝之命而不安万乘之国哉？"太后亦不之罪。

周设武举。

突厥寇盐[2]、夏，遂寇并州，周遣薛季昶、张仁愿御之。

秋，八月，周赐张昌宗爵邺国公昌宗兄弟贵盛[3]，势倾朝野。太子、相王、太平公主上表请封昌宗为王，制不许，乃赐爵邺国公。

九月朔，日食，不尽如钩[4]。

吐蕃遣使求和宴吐蕃使者论弥萨于麟德殿。时凉州都督唐休璟入朝，亦预宴，弥萨屡窥之。太后问其故，对曰："洪源之战，此将军猛厉[5]无敌，故欲识之。"休璟练习边事，自碣石以西，逾四镇，绵亘[6]万里，山川要害，皆能记之。

冬，十月，吐蕃寇茂州，周都督陈大慈与战，破之。

十一月，周命监察御史苏颋按雪冤狱[7]监察御史魏靖上疏，以为："陛下既知来俊臣之奸，处以极法，乞详覆[8]俊臣等所推大狱，伸其枉滥。"太后乃

1　神尧、文武：神尧，唐代对唐高祖李渊的尊称。文武，唐代对唐太宗李世民的尊称。
2　盐：盐州，古州名，辖今陕西省定边县、宁夏回族自治区盐池县一带。
3　贵盛：高贵显赫。
4　不尽如钩：没有全食，还能看到像镰刀一样的形状。
5　猛厉：严厉刚烈。
6　绵亘：连接，接连不断。
7　按雪冤狱：复核并平反冤狱。
8　详覆：详议审察。

命苏颋按覆[1]。由是雪免[2]者甚众。

十二月，周以张嘉贞为监察御史侍御史张循宪为河东采访使[3]，有疑事不能决，问侍吏曰："此有佳客，可与议事者乎？"吏言前平乡尉张嘉贞有异才。循宪召见，询之，嘉贞为之条析理分，莫不洗然[4]。循宪因请为奏，皆意所未及。还，太后善之，循宪具言嘉贞所为，且请以己官授之。太后曰："朕宁无一官自进贤邪[5]？"因召嘉贞与语，大悦，即拜监察御史。擢循宪司勋郎中[6]，赏其得人也。

癸卯**二十年**（公元703年）

周武氏长安三年。

春，正月，帝在东宫突厥请以女妻太子之子，许之。乃遣武延秀还，仍遣使来谢。宴于宿羽台，太子预焉。宫尹崔神庆上疏曰："今五品以上所以佩龟者，为别敕征召，恐有诈妄，内出龟合，然后应命。况太子国本，古来征召皆用玉契[7]，此诚重慎之极也。昨缘突厥使见，太子应预朝参，直[8]有文符[9]下宫。曾不降敕处分，臣愚谓太子非朔望朝参、应别召者，请降手敕及玉契。"太后然之。

三月朔，日食。

夏，闰四月，周改文昌台为中台。

六月，宁州大水。

---

1 按覆：审查核实。
2 雪免：昭雪赦免。
3 采访使：古官名，掌举劾所属州县官吏。
4 洗然：明朗貌，清晰貌。
5 朕宁无一官自进贤邪：我难道没有一个官位来提拔贤能之士吗。
6 司勋郎中：古官名，吏部司勋司长官，掌校定勋绩及授予勋官、告身等事。
7 玉契：玉制的符契，古代帝王用为召见太子的凭证。
8 直：只，仅仅。
9 文符：文书。

秋，七月，周以唐休璟同三品时突骑施[1]酋长乌质勒与西突厥诸部相攻，安西[2]道绝。太后命休璟议其事，行之。后十余日，安西诸州请兵应接，程期[3]一如休璟所画，太后曰："恨用卿晚。"时西突厥斛瑟罗用刑残酷，诸部不服。乌质勒本隶斛瑟罗，能抚其众，诸部归之，斛瑟罗不能制。后攻陷碎叶[4]，徙其牙帐居之。斛瑟罗部众离散，因入朝，不敢复还，乌质勒悉并其地。

九月朔，日食，既。

胡氏曰：吕氏[5]末年，日食，既，后恶之，曰："此为我也。"未几而卒。武后至是，日食再既，明年亦卒。日者，至阳之精，人君之表，今乃为女主之应乎？夫阳淑不竞，则阴慝长，理固然也。今武氏反阴为阳，居中履极[6]，掩唐家之旧域，颁正朔于八荒[7]，其气焰所感，上致日星[8]之变，不亦宜乎？

周贬魏元忠为高要[9]尉，流张说于岭南初，元忠为洛州长史，张易之奴暴乱都市[10]，元忠杖杀之。及为相，太后欲以易之弟昌期为雍州长史，问宰相："谁堪雍州者？"元忠以薛季昶对，太后曰："昌期何如？"元忠曰："昌期少年，不闲吏事。向在岐州，户口逃亡且尽。不如季昶。"太后默然而止。元忠又尝面奏："臣承乏[11]宰相，不能尽忠死节，使小人在侧，臣之罪也。"太后不悦。由是诸张深怨之，乃谮元忠尝言："太后老矣，不若挟[12]太子为久长。"太后怒，下元忠狱。昌宗密引凤阁舍人张说，赂以美官[13]，使证元忠，说许之。太

1　突骑施：突厥十姓部落之一，属五咄陆部五大啜之一，散居今新疆伊犁河流域。
2　安西：唐方镇名，治今新疆阿克苏地区库车县，统辖龟兹、于阗、疏勒、焉耆四镇。
3　程期：期限，时间。
4　碎叶：古地名，因位于碎叶水畔而得名，亦作素叶水城、素叶城，位于今吉尔吉斯斯坦托克马克西南。
5　吕氏：即汉高祖皇后吕雉。
6　履极：天子即位。
7　八荒：八方极远的地方。
8　日星：日月星辰。
9　高要：古县名，治所即今广东省肇庆市端州区。
10　暴乱都市：暴乱，行凶作乱。都市，都城中的集市。
11　承乏：谦辞，表示所在职位因一时没有适当人选，只好暂由自己充任。
12　挟：辅佐。
13　美官：位高禄厚之官。

后召说入，凤阁舍人宋璟谓曰："名义至重，鬼神难欺，不可党邪陷正。若获罪流窜，其荣多矣。若事有不测，璟当叩阁力争，与子同死。努力为之，万代瞻仰，在此举也。"殿中侍御史张廷珪曰："朝闻道，夕死可矣[1]！"左史[2]刘知几曰："无污青史，为子孙累。"及入，太后问之，说未对，昌宗从旁迫趣[3]说，使速言。说曰："陛下视之，在陛下前，犹逼臣如是，况在外乎？臣实不闻元忠有是言。"易之、昌宗遽呼曰："张说与元忠同反！"太后问其状，对曰："说尝谓元忠为伊、周。伊尹放太甲，周公摄王位，非欲反而何？"说曰："易之小人，徒闻伊、周之语，安知伊、周之道？伊尹、周公为臣至忠，古今慕仰[4]。陛下用宰相，不使学伊、周，当使学谁邪？"太后曰："说反复，宜并系治之。"他日，更引问，说对如前。朱敬则抗疏理之[5]曰："元忠素称忠正，张说所坐无名，若令抵罪，失天下望。"苏安恒亦上疏曰："元忠下狱，里巷恟恟，皆以为陛下委信奸宄，斥逐贤良。忠臣烈士，皆抚髀[6]于私室。方今赋役烦重，百姓雕弊，重以谗慝专恣，刑赏失中，窃恐人心不安，别生他变。"竟贬元忠高要尉，流说岭表。元忠入辞，言曰："臣老，向岭南，必十死一生。但陛下他日必思臣言。"因指昌宗、易之曰："此二小儿终为乱阶。"殿中侍御史王晙复奏申理元忠，宋璟谓之曰："魏公幸已得全，今子复冒威怒，得无狼狈乎？"晙曰："魏公以忠获罪，晙为义所激，颠沛无恨！"璟叹曰："璟不能申魏公之枉，深负朝廷矣。"太子仆[7]崔贞慎等八人饯元忠于郊外。易之诈为状，称贞慎等与元忠谋反，太后使监察御史马怀素鞫之。怀素曰："昔栾布奏事彭越头下，汉祖不以为罪。况元忠之刑未如彭越，而陛下欲诛其送者乎？"太后意解。太后尝命朝贵宴集，易之兄弟皆位宋璟上。易之素惮璟，欲悦其

1 朝闻道，夕死可矣：早上明白了道理，当晚就死也没问题。
2 左史：古官名，唐、宋以门下省之起居郎、中书省之起居舍人为左、右史，分别主记事与记言。
3 迫趣：逼迫催促。
4 慕仰：仰慕。
5 抗疏理之：上疏直言为他申辩。抗疏，向皇帝上书直言。
6 抚髀：用手拍大腿，表示振奋或感叹。
7 太子仆：古官名，主太子车马，职似太仆。

意，虚位[1]揖之曰："公，方今第一人，何乃下坐？"璟曰："才劣位卑，张卿以为第一，何也？"天官侍郎郑杲谓璟曰："中丞奈何卿五郎[2]？"璟曰："以官言之，正当为卿。足下非张卿家奴，何郎之有？"举坐悚惕[3]。时自武三思以下，皆谨事易之兄弟，璟独不为之礼。诸张积怒，常欲中伤之，太后知之，故得免。

胡氏曰：宋璟可谓贤矣，为张说谋而忠；张说亦可谓贤矣，闻宋璟言而受。使事君者相诏相听皆如是，朝廷岂有过举哉？说非守义不回者，特以蓬生麻中，势不得不直耳。苟为不然，说他日事业可纪[4]，如是者甚少，岂爵位既高，不得亲忠良以自助耶？君子所以贵乎三益[5]之友也。

周以裴怀古为桂州都督始安獠反，攻陷州县。朝廷思得良吏以镇之，朱敬则称怀古有文武才，以为桂州都督。怀古飞书示以祸福，獠即迎拜，怀古轻骑赴之，左右曰："夷獠无信，不可忽也。"怀古曰："吾仗忠信，可通神明，而况人乎？"遂诣其营，贼众大喜，岭外[6]悉定。

周遣使以六条察州县。

吐蕃赞普器弩悉弄卒吐蕃南境诸部皆叛，器弩悉弄击之，卒于军中。诸子争立，久之，国人立其子弃隶蹜赞，生七年矣。

甲辰**二十一年**（公元704年）

周武氏长安四年。

春，正月，帝在东宫。

周以阿史那怀道为西突厥十姓可汗。

1　虚位：特意空出职位，表示期待贤能。
2　卿五郎：称五郎张易之为"张卿"。
3　悚惕：恐惧，惶恐。
4　可纪：值得记入史册。
5　三益：直、谅、多闻。语本《论语》："孔子曰：益者三友，损者三友。友直，友谅，友多闻，益矣。"
6　岭外：即五岭以南地区。

周作兴泰宫[1]武三思建议毁三阳宫，以其材作兴泰宫于万安山，功费甚广，百姓苦之。左拾遗卢藏用上疏，以为："左右近臣多以顺意为忠，犯忤[2]为戒，致陛下不知百姓失业[3]。陛下诚能以劳人[4]为辞，发制罢之，则天下皆知陛下咎己而爱人也。"不从。

周平章事朱敬则致仕敬则为相，以用人为先，自余细务不之视[5]。

三月，周以韦嗣立等为诸州刺史太后尝与宰相议及刺史、县令，李峤、唐休璟等奏："窃见朝廷物议，远近人情，莫不重内官[6]，轻外职，除授牧伯，多是贬累[7]之人，风俗不澄[8]，实由于此。望于台、阁、寺、监妙简贤良，分典大州，共康庶绩[9]。臣等请辍近侍，率先具僚[10]。"太后命书名探之[11]，得凤阁侍郎韦嗣立、御史大夫杨再思等二十人，各以本官检校刺史。其后政迹可称者，唯常州薛谦光、徐州司马锽而已。

夏，四月，周复作大像太后复税天下僧尼作大像，縻费[12]巨亿。李峤上疏曰："造像钱，见有[13]一十七万余缗，若将散施[14]，人与一千，济得一十七万余户。拯饥寒之弊，省劳役之勤，人神胥[15]悦，功德无穷。"监察御史张廷珪疏曰："以时政论之，则宜先边境，蓄府库，养人力；以释教[16]论之，则宜救苦厄，灭

1　兴泰宫：行宫名，位于今河南省洛阳市宜阳县南万安山上。
2　犯忤：冒犯违逆。
3　失业：丧失产业。
4　劳人：劳苦之人。
5　不之视：倒装句式，即"不视之"，不过问它。
6　内官：国君左右的亲近臣僚。
7　贬累：因罪而贬黜。
8　澄：宁静，安定。
9　共康庶绩：共同成就各种功业。康，使安定。庶绩，各种事业。
10　辍近侍，率先具僚：停止我们的近侍职务，首先任命为地方官。
11　书名探之：在纸条上书写所有上疏人的姓名，然后抽签。
12　縻费：耗费，浪费。縻，通"靡"。
13　见有：现在已经筹集到的。
14　散施：布施。
15　胥：皆，都。
16　释教：佛教。

诸相，崇无为[1]。愿察臣之愚，行佛之意。”太后为之罢役，召见、赏慰[2]之。

周以天官侍郎崔玄玮同平章事。

周以姚元崇为春官尚书初以相王府长史姚元崇兼夏官尚书。元崇上言：“臣事相王，不宜典兵马。臣不敢爱死，恐不益于王。”乃改春官尚书，同三品如故。元崇字元之，时突厥叱列[3]元崇反，太后命元崇以字行。

秋，七月，周以杨再思为内史再思为相，专以谄媚取容。司礼少卿张同休，易之之兄也，尝因宴集，戏再思曰：“杨内史面似高丽。”再思欣然剪纸贴巾，反披紫袍，为高丽舞，举坐大笑。时人或誉张昌宗之美曰：“六郎面似莲花。”再思独曰：“不然。”昌宗问其故，再思曰：“乃莲花似六郎耳。”

周贬戴令言为长社令司礼少卿张同休、汴州刺史张昌期、尚方少监张昌仪皆坐赃下狱，命左、右台共鞫之。敕以易之、昌宗作威作福，亦命同鞫。御史大夫李承嘉、中丞桓彦范奏：“同休兄弟赃共四千余缗，昌宗法应免官。”昌宗诉有功无罪，太后问宰相：“昌宗有功乎？”杨再思曰：“昌宗合神丹，圣躬服之有验，此莫大之功。”太后悦，赦之。左补阙戴令言作《两足狐赋》以讥再思，出为长社令。

周以韦安石为扬州长史，唐休璟兼幽、营[4]都督安石举奏张易之等罪，敕付安石及唐休璟鞫之，未竟而事变，出安石扬州，休璟幽、营。休璟将行，密言于太子曰：“二张恃宠不臣，必将为乱，殿下宜备之。”

九月，周以姚元之为灵武道安抚大使。冬，十月，以秋官侍郎张柬之同平章事元之将行，太后令举外司[5]堪为宰相者，对曰：“张柬之沉厚有谋，能断大事。且其人已老，惟陛下急用之。”太后遂以柬之同平章事。时年且八十矣。

1　灭诸相，崇无为：消除各种追求外在形象的做法，崇尚清静无为。
2　赏慰：赏赐慰劳。
3　叱列：复姓。
4　幽、营：即幽州、营州。
5　外司：外朝。

周以岑羲为天官员外郎太后命宰相选郎吏，韦嗣立荐羲，曰："但恨其伯父长倩为累。"太后曰："苟或有才，此何所累？"由是诸缘坐者始得进用。

十二月，周张昌宗下狱，既而赦之太后寝疾，宰相不得见者累月，惟易之、昌宗侍侧。崔玄晖奏曰："太子、相王足侍汤药，宫禁事重，愿不令异姓出入。"易之、昌宗亦恐祸及，阴为之备。屡有人为飞书，云："易之兄弟谋反。"许州人杨元嗣告昌宗尝召术士李弘泰占相[1]，弘泰言昌宗有天子相，太后命平章事韦承庆及司刑卿崔神庆、御史中丞宋璟鞫之。神庆奏言："昌宗款[2]称'弘泰语已奏闻'，准法首原[3]。"璟奏："昌宗傥以弘泰为妖妄，何不执送有司？虽云奏闻，终是包藏祸心，法当处斩。"太后不许。璟退，左拾遗李邕进曰："宋璟志安社稷，非为身谋，愿陛下可其奏。"亦不听。寻敕璟安抚陇、蜀，璟不肯行，奏曰："故事，中丞非军国大事，不当出使。今陇、蜀无变，臣不敢奉制[4]。"司刑少卿桓彦范上疏曰："昌宗无功荷宠[5]而包藏祸心。所以奏者，拟事发则云先已奏陈[6]，不发则俟时为逆，此乃奸臣诡计，若云可舍，谁为可刑？请考竟[7]其罪。"疏奏，不报。崔玄晖亦屡以为言，太后令法司议罪。玄晖弟司刑少卿昪处以大辟。宋璟复奏："昌宗为飞书所逼，不得已而自陈。且谋反大逆，无容首免[8]。"太后温言解之，璟声色逾厉[9]曰："臣知言出祸从，然义激于心，虽死不恨！"太后不悦。杨再思遽宣敕令[10]出，璟曰："圣主在此，不烦宰相擅宣敕命！"太后乃可其奏，遣昌宗诣台[11]。璟庭立而按之，事未毕，太后特敕[12]赦之。璟叹曰："不先击小子脑裂，负此恨矣。"太后使昌宗诣璟谢，

1 占相：观察某些自然现象或人的面貌、气色等，以推断吉凶祸福。
2 款：招供。
3 准法首原：根据法律的规定，主动自首应当免予处罚。首原，自首者免罪。
4 奉制：接受天子的命令。
5 荷宠：蒙受恩宠。
6 奏陈：向帝王陈述意见、事宜。
7 考竟：刑讯到底。
8 首免：揭发他人而免于连坐。
9 声色逾厉：同"声色俱厉"，说话时的声音和脸色都很严厉。厉，严厉。
10 敕令：皇帝下达的命令。下文"敕命"同此。
11 诣台：到御史台接受审讯。
12 特敕：帝王的特别命令。

璟拒不见。

胡氏曰：太后不以内嬖[1]之私，屈外廷之议，肯自抑断[2]，以伸正直之气，其与汉文听申屠嘉困邓通何以异哉？使其生为男子而临天下，其雄才大略，殆与孝武等矣。

周以阳峤为右台[3]侍御史桓彦范、袁恕己共荐阳峤为御史，杨再思曰："峤不乐搏击[4]之任，如何？"彦范曰："为官择人，岂必待其所欲？所不欲者，尤须与之，所以长难进[5]之风，抑躁求之路。"乃擢为右台侍御史。

乙巳**神龙元年**（公元 705 年）

春，正月，张柬之等举兵讨武氏之乱，张易之、昌宗伏诛。帝复位，大赦太后疾甚，易之、昌宗居中用事，张柬之、崔玄暐与中台[6]右丞敬晖、司刑少卿桓彦范、相王司马袁恕己谋诛之。柬之谓羽林大将军李多祚曰："将军富贵，谁所致也？"多祚泣曰："大帝也。"柬之曰："今大帝之子为二竖[7]所危，将军不思报大帝之德乎？"多祚曰："苟利国家，惟相公[8]处分，不敢顾身。"遂与定谋。初，柬之与荆府长史杨元琰相代[9]，同泛江[10]，至中流，语及太后革命事，元琰慨然有匡复之志。及柬之为相，引元琰为右羽林将军，谓曰："君颇记江中之言乎？今日非轻授也。"柬之又用彦范、晖及右散骑侍郎李湛皆为羽林将军，委以禁兵。易之等疑惧[11]，乃更以其党武攸宜参之，易之等

1　内嬖：受君主或达官贵人宠爱的人。
2　抑断：敬慎。
3　右台：古官署名。武则天分御史台为左、右二台，左台知百司、监军旅，右台察州县、省风俗。
4　搏击：惩处打击，弹劾。
5　难进：慎于进取。
6　中台：古官署名，由尚书省改称。
7　二竖：危害国运的奸佞小人。
8　相公：旧时对宰相的敬称。
9　相代：接替对方的职务。
10　泛江：泛舟长江中。
11　疑惧：疑虑而恐惧。

乃安。俄而姚元之自灵武至都，柬之、彦范相谓曰："事济矣。"遂以其谋告之。彦范以事白其母，母曰："忠孝不两全，先国后家可也。"时太子于北门起居，彦范、晖谒见，密陈其策，太子许之。柬之、玄暐、彦范乃与左威卫将军薛思行等率羽林兵五百余人至玄武门，遣多祚、湛及内直郎[1]王同皎诣东宫，迎太子，斩关而入，斩易之、昌宗于廊下，进至太后所寝长生殿。太后惊起，问曰："乱者谁邪？"多祚等对曰："易之、昌宗谋反，臣等奉太子令诛之。恐有漏泄，故不敢以闻。称兵宫禁，罪当万死。"太后见太子，曰："小子既诛，可还东宫。"彦范进曰："昔天皇以爱子托陛下，今年齿[2]已长，久在东宫，天意人心，久思李氏。愿陛下传位太子，以顺天人之望。"太后谓崔玄暐曰："卿，朕所自擢，亦在此邪？"对曰："此乃所以报陛下之大德。"于是收张昌期等皆斩之，与易之、昌宗枭首天津[3]南，收其党韦承庆、房融、崔神庆系狱。以太后制，命太子监国。以袁恕己为凤阁侍郎、同平章事。遣使宣慰诸州。明日，太后传位于太子。中宗复位，大赦，惟易之党不原。其为周兴等所枉者，咸令清雪[4]，子女配没者皆免之。相王旦加号安国相王，太平公主加号镇国太平公主，皇族皆复属籍，叙[5]官爵。其为太后所杀者，访求其柩，改葬之。

迁太后于上阳宫，上尊号曰则天大圣皇帝。

胡氏曰：武氏之祸，古所未有也。张柬之等第知反正废主，而不能以大义处非常之变，为唐室讨罪人也。武后以太宗才人，蛊惑嗣帝[6]，一罪也；戕杀主母[7]，二罪也；黜中宗而夺之，三罪也；杀君之子三人，四罪也；自立为帝，五罪也；废唐宗庙，六罪也；诛锄宗室，七罪也；秽德彰闻[8]，八罪也；尊用酷

1 内直郎：古官名，太子属官，掌符玺、伞扇、几案、衣服之事。
2 年齿：年纪。
3 天津：即天津桥。
4 清雪：洗雪，清洗。
5 叙：评定等级、次第，按功提升。
6 蛊惑嗣帝：蛊惑，毒害，迷惑。嗣帝，继位的皇帝。
7 戕杀主母：戕杀，残杀。主母，婢妾、仆役对女主人之称，此借指高宗王皇后。
8 秽德彰闻：秽德，秽恶之行，淫乱的行为。彰闻，广为传闻。

吏，毒痡[1]四海，九罪也。兵既入宫，当先奉太子复位，即以武氏至唐太庙，数其九罪，废为庶人，赐之死，而灭其宗，中宗不得而与焉。然后足以慰在天之灵，雪臣民之愤，而天地之常经立矣。昔者文姜预弑鲁桓，哀姜预弑二君，圣人[2]例以“弑”书。若其去而不返，以深绝之，所以著恩轻而义重也。武氏负九大罪，自绝于唐，柬之等乃胶常守故[3]，不能讨治[4]，使得从容传位，又受显册[5]，窃尊称，以是见为大臣断大事而无学，不能善始善终决矣。或曰：使狄公而在，当有以异乎此耶？曰：“狄公亦如是而已耳。观其说武氏之言，固不肯以血食给之于先，而以罪讨之于后也。”或曰：“文姜、哀姜与闻乎弑，武氏未尝弑也。比而同之，不亦过乎？”曰：“弑君立君，宗庙犹未亡也，罪已当绝。况移其宗庙，改其国姓，是灭之矣，岂不重于弑君者耶？”夫惟如是而不能讨，故不旋踵而韦氏肆行无所忌惮，意可以为常事也。

以张柬之、袁恕己同三品，崔玄暐为内史，敬晖、桓彦范为纳言，李多祚等进官赐爵有差。

二月，复国号曰“唐”郊庙、社稷、陵寝、百官、旗帜、服色、文字，皆如永淳以前故事。复以神都为东都，北都为并州，老君为玄元皇帝。

范氏曰：昔季氏出其君，鲁无君者八年，《春秋》每岁必书公之所在，不与季氏之专国也。自司马迁作《吕后本纪》，后世为史者因[6]之，故唐史亦列武后于本纪[7]。其于记事之体则实矣，《春秋》之法则未用也。或曰：武后，母也；中宗，子也。母虽不慈，子不可以不孝。中宗欲以天下与韦玄贞，不得为无罪。武后实有天下，不得不列于本纪。不没其实，所以著其恶也。臣以为不然。中宗之有天下，受之于高宗也，其曰“以天下与韦玄贞”，乃一时拒谏之

1　毒痡：毒害，残害。
2　圣人：即孔子。
3　胶常守故：因袭保守，不求建树。
4　讨治：惩治。
5　显册：显要的册封。
6　因：沿袭。
7　本纪：纪传体史书的主要组成部分，内容是写帝王传记，按帝王纪年的顺序记事，放在史书的最前面。

忿辞，非实欲行之也。若以为罪，则汉哀帝之欲禅位董贤，其臣亦可废立也。《春秋》吴、楚之君不称王，所以存周室也。天下者，唐之天下也，武氏岂得而间之？故臣复系嗣圣[1]之年，黜武氏之号，以为母后祸乱之戒。窃取《春秋》之义，虽获罪于君子而不辞也。

流贬[2]周宰相韦承庆、房融、崔神庆于岭南。

以杨再思同三品，姚元之为亳州刺史太后之迁上阳宫也，同三品姚元之独呜咽流涕，桓彦范、张柬之谓曰："今日岂公涕泣时邪？"元之曰："前日从公诛奸逆，人臣之义也。今日别旧君，亦人臣之义也。虽获罪，实所甘心。"遂出为亳州刺史。

复立韦氏为皇后，赠后父玄贞上洛王左拾遗贾虚己上疏曰："异姓不王，古今通制。今中兴之始，万姓仰观，而先王后族，非所以广德美于天下也。且先朝赠后父太原王，殷鉴不远，须防其渐。"不听。上之迁房陵也，与后同幽闭，备尝艰危，情爱甚笃。每闻敕使[3]至，辄惶恐欲自杀，后止之曰："祸福无常，何遽如是？"尝与后私誓曰："异时幸复见天日，当惟卿所欲，不相禁御！"至是，上每临朝，则后必施帷幔，坐于殿上，预闻朝政，如武后在高宗之世矣。桓彦范上表曰："《书》称："牝鸡之晨，惟家之索。"自古帝王，未有与妇人共政而不破国亡身者也。愿令皇后专居中宫，治阴教[4]，勿出外朝，干国政。"先是，胡僧慧范与张易之兄弟善，韦后亦重之，至是复出入宫掖。彦范表言："慧范执左道以乱政，请诛之。"上皆不听。

以武三思为司空二张之诛也，洛州长史薛季昶谓张柬之、敬晖曰："二凶虽除，产、禄[5]犹在。去草不去根，终当复生。"二人曰："大事已定，彼犹机上肉[6]耳，夫何能为？"季昶叹曰："吾不知死所矣。"朝邑尉刘幽求亦谓柬

1　嗣圣：唐中宗李显的年号，存续时间为公元 684 年 1 月至 2 月。
2　流贬：流放贬谪。
3　敕使：皇帝的使者。
4　阴教：女子的教化。
5　产、禄：即吕产、吕禄，汉高祖皇后吕雉的侄子。
6　机上肉：砧板上的肉，后比喻任人宰割者。

之等曰："三思尚存，公辈终无葬地。若不早图，噬脐无及[1]！"不从。上女安乐公主适三思子崇训。上官仪女婉儿者，没入掖庭，辩慧能文，明习吏事，太后爱之。及上即位，使掌制命[2]，益委任之，拜为婕妤[3]。三思通焉。故婉儿党于武氏，又荐三思于韦后。上遂与三思图议政事，数微服幸其第。柬之等皆受制于三思矣。上使后与三思双陆，而自为点筹[4]。三思遂与后通。由是武氏之势复振。柬之等数劝上诛诸武，曰："革命之际，宗室诛夷略尽。今陛下返正[5]，武氏滥官僭爵，按堵如故，岂远近所望邪？"不听。柬之等或抚床叹愤[6]，或弹指出血，曰："主上昔为英王，时称勇烈。吾所以不诛诸武者，欲使上自诛之，以张天子之威耳。今反如此，事势已去，知复奈何！"上遂以三思为司空、同三品。

贬谯王重福为均州刺史重福，上之庶子也，韦后恶之，贬均州刺史，常令州司防守[7]之。

以武攸暨为司徒，祝钦明同三品。

三月，流酷吏于岭南，死者追贬之。所破家，皆复资荫。

以袁恕己为中书令。

征武攸绪为太子宾客[8]以安车征武攸绪。既至，除太子宾客。固请还山，许之。

胡氏曰：武攸绪之志，不缁[9]于其族，卓矣。他人避武后之乱，思中宗之复，事革[10]，则奋然而出。攸绪见其未也，应召而来，遗荣[11]而去。当是之时，一

1　噬脐无及：自咬肚脐却够不着，后比喻后悔不及。
2　制命：拟定诏令。
3　婕妤：古代女官名，帝王妃嫔的称号，也作"倢伃"，品秩仅次皇后、贵人，位视上卿，秩比列侯。
4　点筹：点算筹码。
5　返正：帝王复位。
6　叹愤：感叹愤激。
7　防守：防备守卫。
8　太子宾客：古官名，太子东宫属官，掌侍从规谏、赞相礼仪等。
9　不缁：不同流合污。缁，帛黑色。
10　革：更改，改变。
11　遗荣：抛弃荣华富贵，超脱尘世。

人而已。

夏，四月，以郑普思为秘书监，叶静能为国子祭酒术士郑普思、尚衣奉御[1]叶静能皆以妖妄为上所信，墨敕以普思为秘书监，静能为国子祭酒。桓彦范、崔玄玮固执不可，曰："陛下初复大位，下制：'政令皆依贞观故事。'贞观中，魏征为秘书监，孔颖达为国子祭酒，岂普思、静能之比乎？"拾遗李邕上疏曰："若有神仙能令人不死，则秦始皇、汉武帝得之矣；佛能为人福利，则梁武帝得之矣。尧、舜所以为帝王首者，亦修人事而已。尊宠此属，何补于国？"上皆不听。

以魏元忠、韦安石、李怀远、唐休璟、崔玄玮并同三品，张柬之为中书令。

五月，迁周庙主于西京，仍避其讳。

赐敬晖等五人王爵，罢其政事敬晖等率百官上表曰："天授[2]革命之际，宗室诛窜[3]殆尽。今天命惟新，而诸武封建如旧，开辟以来，未有斯理。愿陛下为社稷计，顺遐迩心，降其王爵，以安内外。"上不许。晖等畏武三思之谗，以考功员外郎崔湜为耳目。湜见上亲三思而忌晖等，乃悉以晖等谋告三思，三思引为中书舍人。先是，殿中侍御史郑愔谄事二张，坐贬。亡入东都，谒三思，初见哭甚哀，既而大笑，三思怪之，愔曰："愔始哀大王将戮死而灭族，后乃喜大王之得愔也。大王虽得天子之意，然彼五人，皆据将相之权，胆略过人，废太后如反掌，日夜切齿，欲噬大王之肉，此愔所以为大王寒心也。"三思大惧，与之登楼，问自安之策。引为中书舍人，与崔湜皆为三思谋主。三思与韦后日夜谮晖等云："恃功专权，将不利于社稷。不若封以王爵，罢其政事，外不失尊宠功臣，内实夺之权。"上以为然。封敬晖为平阳王，桓彦范为扶阳王，张柬之为汉阳王，袁恕己为南阳王，崔玄玮为博陵王，皆罢政事。三思令百官

1　尚衣奉御：古官名，唐朝殿中省尚衣局置，掌供冕服、几案等。
2　天授：武则天的年号，存续时间为公元690至692年。
3　诛窜：杀戮。

复修太后之政，不附武氏者，斥之；为五王所逐者，复之。大权尽归三思矣。

胡氏曰：崔湜小人，无足罪者。独五王不知人，可恨耳！上则不知中宗，次则不知三思，其为崔湜所反也，固宜！夫三思之恶，布在天下，何用更伺其动静？是时建义诸人分柄[1]文武，若合谋同志[2]，再匡王室，讨除三思，犹为未晚也。若中宗与韦后必欲复武后之政，则断以大义，推奉睿宗以主社稷，虽为法受恶，岂不贤于三思所菹醢乎？惜哉！五王之忠，而智不及此，其受祸也宜哉！

以岑羲为秘书少监，毕构为润州刺史初，五王之请削武氏诸王也，求人为表，众莫肯为，中书舍人岑羲为之，语甚激切。中书舍人毕构次当读，辞色明厉[3]。三思既得志，羲改秘书少监，出构为润州刺史。

以宋璟为黄门侍郎上嘉宋璟忠直，累迁黄门侍郎。武三思尝以事属璟，璟正色拒之，曰："今太后既复子明辟，王当以侯就第，何得尚预朝政？独不见产、禄之事乎？"

以杨元琰为卫尉卿先是，元琰知三思浸用事，请弃官为僧，上不许。敬晖闻而笑之，元琰曰："功成名遂，不退将危，此乃由衷之请，非徒然也。"及晖等得罪，元琰独免。

皇后表请改易制度，从之上官婕妤劝韦后袭武后故事，表请令士庶丧出母[4]三年，百姓二十三为丁，五十九免役，改易制度以收时望[5]。诏皆从之。

降河内王武懿宗爵为公。

以唐休璟、豆卢钦望为左、右仆射以唐休璟、豆卢钦望为左、右仆射，休璟仍同三品。钦望有军国重事，中书门下[6]可共平章[7]。先是，仆射为正宰相，

1　柄：执掌。
2　同志：志向相同。
3　辞色明厉：言语和神态显得非常严厉。辞色，言辞和神色。
4　出母：被父亲休弃的生母。
5　时望：当时的声望。
6　中书门下：古官署名，改"政事堂"置，设于中书省，为宰相议政办公之所，下设吏、枢机、兵、户、刑礼五房分主众务。
7　平章：评处，商酌。

其后多兼中书门下之职，午前决朝政，午后决省事。至是，钦望专为仆射，不敢预政事，故有是命。是后专拜仆射者，不复为宰相矣。

以韦安石为中书令，魏元忠为侍中。

洛水溢流二千余家。

秋，七月，以韦巨源同三品。

以汉阳王张柬之为襄州刺史柬之表请归襄州养疾，制以柬之为刺史，不知州事。

河南、北十七州大水。制求直言右卫参军宋务光上疏曰："水，阴类，臣妾之象，恐后庭有干外朝之政者，宜杜绝其萌。太子国本，宜早择贤能而立之。又外戚太盛，如武三思等，宜解其机要[1]。郑普思、叶静能以小技窃大位，亦朝政之蠹也。"疏奏，不省。

九月，改葬上洛王韦玄贞其仪如太原王故事。寻进封酆王。

韦巨源罢。以魏元忠为中书令，杨再思为侍中。

冬，十一月，群臣上皇帝、皇后尊号群臣上皇帝尊号曰应天皇帝，皇后曰顺天皇后。上与后谒谢[2]太庙，赦天下。相王、太平公主加实封[3]，皆满万户。

上御楼观泼寒胡戏[4]清源[5]尉吕元泰上疏曰："谋时寒若[6]，何必裸身挥水、鼓舞衢路以索之哉？"疏奏，不纳。

皇太后武氏崩太后崩于上阳宫，年八十二。遗制："去帝号，赦王、萧二族及褚遂良、韩瑗、柳奭亲属。"上居谅阴，以中书令魏元忠摄冢宰三日。元忠素负忠直之望，中外赖之。武三思矫太后遗制，慰谕元忠，赐实封百户。

1 机要：机密重要的职位。
2 谒谢：晋见道谢。
3 实封：国家名义上封赐给功臣、贵戚食邑的户数与实际封赏数往往不符，实际上赐与的封户称实封。
4 泼寒胡戏：西域的一种乐舞，每年十一月严寒时，由勇壮少年裸体结队而舞，鼓乐伴奏，观者以水泼之。
5 清源：古县名，治所即今山西省太原市清徐县。
6 谋时寒若：君主善于及时谋划，则四时寒暑自然顺畅。

元忠捧制感咽涕泗[1]，见者曰："事去矣！"

胡氏曰：元忠慷慨论事，屡濒危殆，无所屈折[2]，盖以死为轻，以义为重矣。实封百户，于宰相何加焉？而至于怀感[3]悲涕，何也？盖至是义气不胜，有贪志焉，故为三思所啖。容容循默[4]，坐视五王夷灭；政事紊乱，不敢一言，而卒亦不免。孔子曰："枨也欲，焉得刚[5]？"元忠之谓矣。

将以太后合葬乾陵，给事中严善思上疏曰："神明之道，体尚幽玄[6]。今欲启之，恐致惊黩[7]。况合葬非古，宜于陵旁更择吉地。"不从。

户部奏是岁天下户口之数户六百一十五万，口三千七百一十四万有奇。

丙午**二年**（公元706年）

春，正月，以李峤同三品，于惟谦同平章事。

制太平、安乐公主各开府，置官属安乐公主恃宠，卖官鬻狱，势倾朝野。或自为制敕[8]，掩其文，令上署之。上笑而从之，竟不视也。自请为皇太女[9]，上虽不从，亦不谴责。

以平阳王敬晖、扶阳王桓彦范、南阳王袁恕己为诸州刺史武三思恶晖等居京师，出之，晖滑州，彦范洺州，恕己豫州。寻复左迁远郡。

二月，以韦巨源同三品诏与皇后叙宗族[10]。

制僧慧范、道士史崇恩等并加五品阶。

1　感咽涕泗：感咽，感动得泣不成声。涕泗，涕泪俱下，哭泣。
2　屈折：屈服。
3　怀感：心怀感激。
4　容容循默：容容，随众附和。循默，循常随俗，不表示意见。
5　枨也欲，焉得刚：申枨也有欲望，有欲望又怎么能做到刚正不阿呢。
6　体尚幽玄：重在保持幽深玄远的气氛。幽玄，幽深玄妙。
7　惊黩：惊扰亵渎。
8　制敕：皇帝的诏令。
9　皇太女：与皇太子、皇太孙、皇太叔相同，是皇帝正式继承人的封号。
10　与皇后叙宗族：列入韦皇后的宗族之中。

置十道巡察使选内外五品以上官二十人，为十道巡察使，委之察吏抚人，荐贤直狱[1]，二年一代，考其功罪而进退之。姜师度、马怀素、源乾曜、卢怀慎、李杰皆豫焉。

韦安石罢，以苏瓌为侍中。唐休璟致仕。

三月，杀驸马都尉王同皎初，宋之问及弟之逊皆坐附会[2]张易之贬岭南，逃归东都，匿于友人王同皎家。同皎疾武三思及韦后所为，每与所亲言之，辄切齿。之逊密告三思，三思使人告同皎与武当[3]丞周璟等谋杀三思，废皇后，皆坐斩。之问、之逊并除京官。璟亡入比干庙，大言曰："比干，古之忠臣，知吾此心。三思与皇后淫乱，倾危国家，行当枭首都市，恨不及见耳！"遂自刭。

大置员外官[4]置员外官，自京师及诸州凡二千余人，宦官超迁七品以上员外官者又将千人。魏元忠自端州[5]还，为相，不复强谏，惟与时俯仰，中外失望。酸枣[6]尉袁楚客以书责之曰："主上新服厥命，惟新厥德[7]，当进君子，退小人，以兴大化，岂可安其荣宠，循默而已？今不早建太子，择师傅而辅之，一失也；公主开府置僚属，二失也；崇长缁衣[8]，借势纳赂，三失也；俳优小人盗窃品秩，四失也；有司选贤，皆以货取势求[9]，五失也；宠进宦者，殆满千人，六失也；王公贵戚赏赐无度，竞为侈靡，七失也；广置员外官，伤财害民，八失也；先朝宫女出入无禁，交通请谒，九失也；左道之人荧惑主听，盗窃禄位，十失也。凡此十失，君侯不正，谁正之哉？"元忠得书，愧谢而已。

1 直狱：复核平反冤狱。
2 附会：随从，追随。
3 武当：古县名，治所位于今湖北省丹江口市西北。
4 员外官：定员以外增加的官员。
5 端州：古州名，辖今广东省肇庆、高要、高明等市县地。
6 酸枣：古县名，治所位于今河南省新乡市延津县西南。
7 新服厥命，惟新厥德：刚刚即位，应使德政日新。
8 崇长缁衣：尊崇僧人。缁衣，僧服，代指僧人。
9 以货取势求：要靠行贿或者依附于权贵的势力才能被任用。

胡氏曰：中宗鼎镬[1]，岂若武后之烈？三思凶焰，岂若周、来[2]之甚？元忠不惧武后，而畏三思，是何也？血气既衰，戒之在得[3]故也。箪食豆羹[4]，不得则死，然蹴[5]而与之，乞[6]人不屑者，血气尚胜故也。万钟之禄[7]，与不得而死者，相去远矣。然有不辨理义而受之者，血气衰故也。知所以戒，则志常为主，血气不能盛衰之矣。

夏四月，李怀远致仕。

杀处士韦月将，以尹思贞为青州刺史，宋璟为贝州刺史处士韦月将上书告武三思潜通宫掖，必为逆乱。上大怒，命斩之。黄门侍郎宋璟奏曰："人言中宫私于三思，陛下不问而诛之，臣恐天下必有窃议。"固请按之，上不许。璟曰："必欲斩月将，请先斩臣。不然，臣终不敢奉诏。"上怒少解。御史大夫苏珦、大理卿尹思贞皆以为方夏行戮[8]，有违时令。上乃命杖而流之岭南。过秋分一日，平晓[9]，广州都督周仁轨斩之。御史大夫李承嘉附武三思，诋尹思贞于朝。思贞曰："公附会奸臣，将图不轨，先除忠臣邪？"承嘉怒，劾奏思贞，出为青州刺史。武三思恶宋璟，出之，检校贝州刺史。

范氏曰：自古杀谏臣，未有不亡国者。中宗愚暗，足以取亡，而高祖、太宗德泽未远，人心、天命未厌唐也，故祸及其身而已矣。

五月，葬则天皇后于乾陵。

六月，贬敬晖、桓彦范、张柬之、袁恕己、崔玄暐为远州司马武三思使郑愔告敬晖等与王同皎通谋，贬晖崖州、彦范泷州[10]、柬之新州、恕己窦

1　鼎镬：古代的酷刑，用鼎、镬烹人。
2　周、来：即周兴、来俊臣。
3　戒之在得：一个人年龄大了，最应该注意的是戒除贪欲无度。语出《论语·季氏篇》："君子有三戒：少之时，血气未定，戒之在色；及其壮也，血气方刚，戒之在斗；及其老也，血气既衰，戒之在得。"
4　箪食豆羹：一箪饭食，一豆羹汤，谓少量饮食。亦以喻小利。
5　蹴：追逐。
6　乞：讨要。
7　万钟之禄：优厚的俸禄。钟，古量器名。
8　方夏行戮：方夏，正值夏天。行戮，行刑，也特指执行死刑。
9　平晓：平明，天刚亮的时候。
10　泷州：古州名，辖今广东省罗定市地。

州[1]、玄晖白州司马，员外长任，削其勋封[2]。

加周仁轨镇国大将军初，韦玄贞流钦州而卒，蛮酋宁承基逼娶其女。玄贞妻崔氏不与，承基杀之，及其四男。至是，广州都督周仁轨讨承基，斩之，故有是命。及韦氏败，仁轨亦诛。

秋，七月，立卫王重俊为皇太子太子性明果[3]，而宫属[4]率贵游子弟，所为多不法。左庶子姚珽屡谏，不听。

以李峤为中书令初，李峤为吏部侍郎，欲树私恩，再求入相，奏大置员外官，广引贵势亲识[5]。既而为相，铨衡[6]失序，府库减耗，乃更表言滥官之弊，且请逊位。上慰谕，不许。

敬晖、桓彦范、张柬之、袁恕己、崔玄暐为武三思所杀武三思阴令人疏皇后秽行，榜[7]于天津桥，请加废黜。上大怒，命李承嘉穷核[8]其事。承嘉奏言敬晖等所为，请族诛之。上可其奏。大理丞李朝隐奏称："晖等未经推鞫[9]，不可遽就诛夷。"乃长流晖于琼州，彦范于瀼州，柬之于泷州，恕己于环州[10]，玄暐于古州[11]。崔湜说三思遣使矫制杀之，三思问谁可者，湜以大理正[12]周利用先为五王所恶，贬官，乃荐之。三思使摄侍御史，奉使岭外。比至，柬之、玄暐已死。遇彦范于贵州[13]，令左右缚之，曳于竹槎[14]之上，肉尽至骨，然后杖

1　窦州：古州名，以州境有罗窦洞得名，辖今广东省茂名市辖信宜市等地。
2　员外长任，削其勋封：一律为定员以外增加的官职，并长期留任，又削夺他们的功勋封爵。
3　明果：聪颖果决。
4　宫属：太子东宫下属的官员。
5　贵势亲识：贵势，居高位、有权势的人。亲识，亲友。
6　铨衡：考核、选拔人才。
7　榜：公开张贴文书、告示。
8　穷核：详细核验。
9　推鞫：审问。
10　环州：古州名，辖今广西河池市及环江毛南族自治县南部。
11　古州：古州名，辖今广西三江、贵州从江等县地。
12　大理正：古官名，大理寺属官，掌议狱、正科条，凡丞断罪不当，则以法正之。
13　贵州：古州名，辖今广西贵港市地。
14　竹槎：竹筏子。

杀。得晖，冎[1]而杀之。恕己素服黄金，利用逼之使饮野葛汁，尽数升，不死，不胜毒愤，掊地，爪甲殆尽[2]，仍捶杀之。利用还，擢拜御史中丞。三思既杀五王，权倾人主，常言："我不知代间[3]何者谓之善人，何者谓之恶人。但于我善者则为善人，于我恶者则为恶人耳。"时宗楚客、宗晋卿、纪处讷、甘元柬皆为三思羽翼。周利用、冉祖雍、李俊、宋之逊、姚绍之皆为三思耳目，时人谓之"五狗"。

冬，十月，车驾还西京。

十一月，以窦从一为雍州刺史从一旧名"怀贞"，避皇后父讳，更名"从一"。太平公主与僧寺争碾硙[4]，雍州司户李元纮判归僧寺。从一惧，命改判，元纮大署判后[5]曰："南山可移，此判无动。"从一不能夺。

流郑普思于儋州郑普思聚党于雍、岐二州，谋作乱。事觉，西京留守苏瓌收系，穷治之。上抑瓌而佑[6]普思。侍御史范献忠进曰："请斩苏瓌！"上曰："何故？"对曰："瓌为留守大臣，不能先斩普思，然后奏闻，使之荧惑圣听，其罪大矣。且普思反状明白，而陛下曲为申理。王者不死[7]，殆谓是乎？"魏元忠曰："苏瓌长者，用刑不枉[8]。普思法当死。"上不得已，流普思于儋州，余党皆伏诛。

十二月，突厥默啜寇鸣沙[9]默啜寇鸣沙，灵武总管沙吒忠义与战，军败，死者六千余人。突厥进寇原、会[10]等州，掠陇右牧马万余匹而去。诏访群臣计策，右补阙卢俌上疏曰："郤縠悦礼乐，敦《诗》《书》，为晋元帅；杜预射

1　冎：通"剐"，古时分割人体的酷刑，凌迟的俗称。
2　不胜毒愤，掊地，爪甲殆尽：毒性发作难以忍受，用手扒土，几乎把指甲都磨掉。掊，用五指扒土。
3　代间：人世间。
4　碾硙：利用水力启动的石磨。
5　大署判后：在判决书最后用大字写。
6　佑：保护。
7　王者不死：如果命中是帝王，是杀不死的。
8　不枉：不冤枉。
9　鸣沙：古县名，治所位于今宁夏中卫市中宁县东北。
10　会：会州，古州名，辖今甘肃靖远、景泰、会宁及宁夏海原等县地。

不穿札，建平吴之勋。是知中权[1]制谋，不取一夫之勇。如沙吒忠义，骁将之材，本不足以当大任。又鸣沙之役，主将先逃，宜正邦宪[2]。赏罚既明，敌无不服。又边州刺史，宜精择其人，使之搜卒乘[3]，积资粮，来则御之，去则备之。去岁四方旱灾，未易兴师。当理内以及外，绥近以来远，俟仓廪实，士卒练，然后大举以讨之。”上善之。

丁未**景龙元年**（公元707年）

春，二月，复崇恩庙上遣武攸暨、三思诣乾陵祈雨，既而雨降。上喜，制复武氏崇恩庙及昊陵、顺陵[4]，因名酇王庙曰褒德，陵曰荣先。又制崇恩庙斋郎取五品子充[5]。太常博士杨孚曰：“太庙皆取七品以下子为斋郎，今崇恩庙取五品子，未知太庙当如何？”上令太庙亦准崇恩庙。孚曰：“以臣准君，犹为僭逆，况以君准臣乎？”上乃止。右补阙权若讷上疏曰：“天、地、日、月等字皆则天能事[6]，贼臣敬晖等轻紊前规，请复存之，以光孝理。又神龙制书[7]，并依贞观故事，岂可近舍母仪，远尊祖德？”疏奏，手制[8]褒美。寻敕自今奏事，不得言“中兴”。

三月，吐蕃遣使入贡。

夏，六月朔，日食。

秋，七月，太子重俊起兵诛武三思、武崇训，兵溃而死皇后以太子重俊非其所生，恶之。武三思尤忌太子。上官婕妤以三思故，每下制敕，推尊武氏。驸马武崇训又教安乐公主请废太子。太子积不能平[9]，与李多祚等矫制发

1 中权：中军制定谋略。
2 邦宪：国家大法。语出《诗·小雅·六月》：“文武吉甫，万邦为宪。”
3 搜卒乘：搜，聚集。卒乘，步卒车乘，也泛指军队。
4 昊陵、顺陵：昊陵，武则天之父武士彟的陵墓。顺陵，武则天之母杨氏的陵墓。
5 斋郎取五品子充：斋郎一律由五品官的儿子充任。斋郎，掌宗庙、社稷祭祀的小吏。
6 则天能事：则天皇后特别擅长的事。
7 神龙制书：神龙元年的诏书。神龙，唐中宗李显的年号，存续时间为公元705至707年。
8 手制：亲手书写的诏书。
9 积不能平：积愤已久，无法平静。

羽林兵三百余人，杀三思、崇训于其第，又使成王千里分兵守宫城诸门。太子与多祚斩关而入，叩阁，索上官婕妤。上乃与韦后、安乐公主、上官婕妤登玄武门楼以避之。宫闱令[1]杨思勖击斩多祚前锋，多祚军夺气。上俯谓多祚所将千骑[2]曰："汝辈皆朕宿卫之士，何为从多祚反？苟能斩反者，勿患不富贵！"于是千骑斩多祚等，余众皆溃。千里攻延明门，将杀宗楚客、纪处讷，不克而死。太子亦为左右所杀。上以其首献太庙，及祭三思、崇训之柩，然后枭之朝堂。官属不敢近。永和[3]县丞宁嘉勖号哭，解衣裹之，坐贬。上以思勖为银青光禄大夫，行内常侍[4]。安乐公主请以崇训墓为陵，给事中卢粲驳之。公主怒，出粲为陈州刺史。襄邑县尉席豫闻公主求为太女，叹曰："梅福讥切王氏，独何人哉[5]！"乃上书请立太子，言甚深切。太平公主欲表为谏官，豫耻之，逃去。

胡氏曰：卫蒯聩欲杀南子，至于出奔，《春秋》罪之。重俊则又甚矣。多祚无外庭大臣废昏立明之策，独举禁兵，以子胁父，其事逆矣。既杀三思，欲遂中止，其可得乎？为多祚者，于重俊之请，拒之可也。不知《春秋》之义，陷于诛死，不亦伤乎！

安乐公主及兵部尚书宗楚客谋使侍御史冉祖雍等诬奏相王及太平公主，云与重俊通谋。上使御史中丞萧至忠鞫之，至忠泣曰："陛下不能容一弟一妹，而使人罗织害之乎？相王昔为皇嗣，固请以天下让陛下，累日不食，陛下奈何疑之？"上素友爱，事遂寝。右补阙吴兢上疏曰："相王同气至亲，六合无贰，而贼臣日夜连谋，乃欲陷之极法[6]。夫任以权，则虽疏必重；夺其势，则虽亲必

1　宫闱令：古官名，内侍省宫闱局长官，掌侍奉宫闱，出入管钥。
2　千骑：古官名，《新唐书·兵志》："及贞观初，太宗择善射者百人，为二番于北门长上，曰百骑，以从田猎……武后改百骑曰千骑。"
3　永和：古县名，治所位于今山西省临汾市永和县西南。
4　内常侍：古官名，由宦者担任，间用士人，掌管掖廷、宫闱、奚官、内仆、内府等五局。
5　梅福讥切王氏，独何人哉：梅福劝谏汉成帝冤杀王章，这是一个多么无畏的人哪。讥切，劝谏。
6　极法：极刑，死刑。

轻。自古委信异姓，猜忌骨肉，以覆国亡家者，几何[1]人矣。况国家枝叶无几，陛下登极[2]未久，而一子以弄兵受诛，一子以愆违远窜，惟余一弟，朝夕左右。尺布、斗粟之讥，不可不慎。《青蝇》[3]之诗，良可畏也。”相王宽厚恭谨，安恬[4]好让，故免于难。

帝、后并加尊号皇后率王公上表，加帝号曰应天神龙皇帝，宗楚客又率百官表请加皇后为顺天翊圣皇后，上并许之。

贬魏元忠为务川[5]尉，道卒元忠以武三思擅权，意常愤郁[6]。及太子重俊起兵，遇元忠子太仆少卿升于永安门，胁以自随。太子死，升为乱兵所杀。元忠扬言曰：“元恶已死，虽鼎镬何伤？但惜太子陨没[7]耳。”宗楚客等共诬元忠，云与太子通谋，请夷三族。制不许。元忠惧，表请致仕。楚客等又使御史中丞姚廷筠劾之，贬渠州司马。又令给事中冉祖雍奏元忠不应佐州[8]，杨再思、李峤及御史袁守一皆赞之，乃贬务川尉。行至涪陵而卒。

胡氏曰：当元忠被召之时，三思擅权，五王受制，韦后内乱，妖妄肆行，事可知矣。元忠闻之，逡巡不至，上也；一见新君，庆其复位，密进忠益，称病而退，次也；亟就相位，依违取容，名节尽隳，而终亦不免。可以为知进而不知退者之戒矣。

九月，以萧至忠、宗楚客、纪处讷同三品，于惟谦罢至忠上疏曰：“恩幸[9]者，止可富之金帛，不可以公器为私用。今列位[10]已广，干求未厌，陛下数降不赀之泽，近戚有无涯之请，卖官黩法，公违宪章，徒忝官曹[11]，无益时

1　几何：若干，多少。
2　登极：登基。
3 《青蝇》：《诗经·小雅》篇名。
4　安恬：淡泊，不追求名利。
5　务川：古县名，治所位于今贵州省铜仁市沿河土家族自治县东北。
6　愤郁：愤恨抑郁。
7　陨没：身亡。
8　佐州：辅佐州政。
9　恩幸：帝王的宠幸。
10　列位：爵位。
11　徒忝官曹：只能辱没官位。

用。”上不听。

僧慧范有罪，削其阶爵[1]慧范为银青光禄大夫、上庸公，于东都作大像，府库为之虚耗，上及韦后皆重之，无敢指目[2]者。侍御史魏传弓发其奸赃[3]四十余万，请置极法，上欲宥之，传弓曰：“刑赏，国之大事，陛下赏已妄加，岂宜刑所不及？”上乃削黜[4]慧范，放于家[5]。宦官薛简等恃宠犯法，传弓奏请诛之，御史大夫窦从一惧，固止之。时宦官用事，从一为雍州，见讼者无须，必曲加承接[6]。

以杨再思为中书令，韦巨源、纪处讷为侍中。

改羽林千骑为万骑。

杀习艺馆内教[7]**苏安恒**安恒矜高[8]好奇。太子诛武三思，安恒语人曰：“此我之谋也。”故及。

冬，十二月朔，日食。

遣使诣江淮赎生[9]中书舍人李义谏曰：“江南乡人采捕为业，鱼鳖之利，黎元所资。江湖生育无穷，府库供支易殚。与其拯物，岂若忧人？且鬻生之徒，唯利斯视。钱刀日至，网罟年滋，施之一朝，营之百倍[10]。未若[11]回救赎之钱物，减贫无[12]之徭赋，活国爱人，其福胜彼。”

1　阶爵：官阶爵位。
2　指目：手指而目视之，后用以指众所注视或众所指责。
3　奸赃：不法受贿。
4　削黜：削减封地，贬降官爵。
5　放于家：放逐回家。
6　曲加承接：曲意逢迎。
7　内教：在皇城内教习、校阅士兵。
8　矜高：高傲自大。
9　赎生：用钱财买鱼鳖之类放生。
10　鬻生之徒，唯利斯视。钱刀日至，网罟年滋，施之一朝，营之百倍：出卖鱼鳖的人所关心的只是利，只要钱天天到手，捕鱼的网就会一年比一年增多。陛下一时赎买鱼鳖放生，他们就会百倍地努力捕捞鱼鳖。
11　未若：不如，比不上。
12　贫无：贫苦百姓。

戊申**二年**（公元708年）

春，二月，赦宫中言皇后衣笥裙[1]上有五色云起，上令图以示百官。侍中韦巨源请布之天下，从之，仍赦天下。迦叶志忠奏："昔神尧未受命，天下歌《桃李子》；文皇未受命，天下歌《秦王破阵乐》；则天未受命，天下歌《媚娘》；皇后未受命，天下歌《桑条韦》。谨上《桑条韦歌》十二篇，请编之乐府。皇后祀先蚕则奏之。"太常卿郑愔又引而申之，上悦，皆受厚赏。

三月，朔方总管张仁愿筑三受降城初，朔方军与突厥以河为境。时默啜悉众西击突骑施，仁愿请乘虚夺取漠南地，于河北筑三受降城，首尾相应，以绝其南寇之路。六旬而成，以拂云祠[2]为中城，距东、西城各四百余里，皆据津要。于牛头朝那山[3]北置烽候千八百所。自是突厥不敢渡山畋牧[4]，减镇兵数万人。仁愿建城，不置壅门[5]守具。或问之，仁愿曰："兵贵进取，寇至，当并力出战，回首望城者，斩之，安用守备，生其退恧[6]之心乎？"其后常元楷为总管，始筑壅门。人以是重仁愿而轻元楷。

夏，四月，置修文馆学士置修文馆学士，选公卿善为文者李峤等二十余人为之，陪侍游宴，赋诗属和[7]，使上官昭容[8]第其甲乙。于是天下靡然争以文华[9]相尚，儒学忠谠之士莫得进矣。

秋，七月，以张仁愿同三品。

始用斜封[10]墨敕除官安乐、长宁公主、上官婕妤皆依势用事，请谒受赇，降墨敕除官，斜封付中书，时人谓之"斜封官"。其员外、同正[11]、试、摄、检

1　衣笥裙：衣笥，盛衣服的竹器。裙，四周的裙边。
2　拂云祠：古寺名，位于今内蒙古包头市境内。
3　牛头朝那山：古山名，位于今内蒙古包头市固阳县东。
4　畋牧：打猎放牧。畋，打猎。
5　壅门：悬门，古时城门所设的门闸，平时挂起，有警时放下，以便加固防守。
6　退恧：退缩。
7　属和：和别人的诗。
8　上官昭容：即上官婉儿，唐中宗复位后，封为昭容。
9　文华：文才，才华。
10　斜封：非朝廷正命封授的官爵。
11　同正：即同正官。唐朝正员官以外所添置的员外官中，可与正员官享受同等俸禄待遇者。

校、判、知[1]官凡数千人。婕妤立外第[2]，出入无节，朝士往往从之游处，以求进达[3]。安乐公主尤骄横，宰相以下多出其门。夺民田作定昆池，延袤数里。以上好击球，洒油以筑球场。上及皇后、公主多营佛寺。左拾遗辛替否上疏曰："臣闻古之建官[4]，员不必备，故士有完行[5]，家有廉节，朝廷有余俸，百姓有余食。今陛下百倍行赏，十倍增官，使府库空竭，流品混淆。""陛下又以爱女之故，竭人之力，费人之财，夺人之家。爱数子而取三怨[6]，使战士不尽力，朝士不尽忠，人既散矣，独持所爱，何所归乎？君以人为本，本固则邦宁，邦宁则陛下之夫妇母子长相保矣。""若以造寺必为理体，养人不足经邦[7]，缓其所急，急其所缓，亲未来而疏见在[8]，失真实而冀虚无，一旦风尘[9]再扰，霜雹荐臻[10]，沙弥不可操干戈，寺塔不足攘[11]饥馑，臣窃惜之。"疏奏，不省。时斜封官皆不由两省而授，两省莫敢执奏。吏部员外郎李朝隐前后执破[12]一千四百余人，怨谤纷然，朝隐一无所顾。清源尉吕元泰亦上疏谏造寺曰："边境未宁，转输疲弊，而营建佛寺，劳费无极。昔尧、舜、禹、汤、文、武，惟以俭约仁义，立德垂名。晋、宋以降，塔、庙竞起，而丧乱相继。由其好尚失所，人不堪命故也。伏愿回营造之资，供疆场之费，使烽燧永息，群生[13]富庶，则如来慈悲平等之心孰过于此？"

冬，十一月，突骑施犯塞，遣将军牛师奖将兵讨之突骑施乌质勒卒，子娑葛自立为可汗。故将阙啜忠节不服，数相攻击。总管郭元振奏追忠节入朝

1　判、知：即判某官事、知某官事。
2　外第：宫外府第。
3　进达：进荐做官。
4　建官：设置官职。
5　完行：完美的操行。
6　三怨：三种招人怨恨的事，指爵高、官大、禄厚。
7　经邦：经营治理国家。
8　亲未来而疏见在：应亲近的人尚未前来而应疏远的人已居于朝中。
9　风尘：比喻战乱。
10　霜雹荐臻：霜雹，代指自然灾害。荐臻，接连到来，屡次降临。
11　攘：消除。
12　执破：阻止任命。
13　群生：众生，一切生物。

宿卫。忠节行至播仙城[1]，经略使[2]周以悌说之曰："国家不爱高官显爵以待君者，以君有部落之众故也。今脱身入朝，一老胡耳，岂惟不能保宠禄，死生亦制于人手。今宰相宗楚客、纪处讷用事，不若厚赂二公，请留不行，发安西兵及引吐蕃以击娑葛，求阿史那献为可汗，以招十姓，使郭虔瓘发拔汗那[3]兵以自助，既不失部落，又得报仇，比于入朝，岂可同日语哉？"虔瓘时为西边将。忠节然其言，遣间使赂楚客、处讷，如以悌之策。元振闻其谋，上疏曰："往岁吐蕃所以犯边，正为求十姓、四镇之地不获故耳。直以国多内难，故且屈志请和，其心岂能忘十姓、四镇哉？今如忠节之计，恐四镇危机将从此始。吐蕃得志，则忠节在其掌握，岂得复事唐也？往年吐蕃无恩于中国，犹欲求地，今若有功，请分于阗、疏勒，不知何以抑之？是以古之智者皆不愿受夷狄之惠，盖豫忧其求请无厌，终为后患故也。阿史那献父、叔、兄弟，皆尝立为可汗，使招十姓，卒不能致，寻自破灭[4]，何则？此属非有过人之才，虽复可汗旧种，众心终不亲附，况献又疏远于其父兄乎？虔瓘前此已尝与忠节擅入拔汗那发兵，不能得其片甲匹马，徒致侵扰，今此行必不能得志，徒与虏结隙，令四镇不安，实为非计。"楚客等不从。遣冯嘉宾持节安抚忠节，侍御史吕守素处置四镇，以将军牛师奖为安西副都护，发甘、凉兵，兼征吐蕃，以讨娑葛。忠节逆嘉宾于计舒河[5]口，娑葛遣兵袭之，生擒忠节，杀嘉宾、守素。

安乐公主适武延秀武崇训之弟延秀美姿仪，善歌舞，公主悦之。崇训死，遂以延秀尚焉。

征武攸绪入朝召武攸绪于嵩山，敕礼官于两仪殿设位，行问道之礼，令

---

1 播仙城：古地名，位于今新疆巴音郭楞蒙古族自治州且末县西南。
2 经略使：古官名，负责边防军事，多由节度使兼任。
3 拔汗那：中亚古国名，位于今吉尔吉斯斯坦费尔干纳地区，汉代称大宛。
4 破灭：毁灭，灭亡。
5 计舒河：古水名，亦作计戍水、计式水，即今新疆天山以南之塔里木河。

攸绪以山服[1]见，不名[2]，不拜。攸绪至，趋立辞见班中，再拜而退[3]。屡加宠锡，皆辞不受。亲贵谒候[4]，寒温[5]之外，不交一言。起居舍人武平一亦表请抑损外戚权宠，不敢斥言[6]韦氏，但请抑损己家。优制[7]不许。太平、安乐公主各树朋党，更相谮毁[8]。上谓平一曰："亲贵多不辑睦，以何法和之？"平一以为："宜斥逐奸险[9]，抑慈存严，示以知禁[10]，无令积恶。"上不能用。

牛师奖与突骑施战，败没。遂赦娑葛，立为可汗牛师奖与娑葛战，败没。娑葛遂陷安西，断四镇路，遣使上表求宗楚客头。楚客又奏以周以悌代郭元振，遣阿史那献讨娑葛。娑葛遗元振书，称："我与唐初无恶，但宗尚书受阙啜金，欲枉破奴部落[11]。又闻史献欲来，恐徒扰军州[12]，未有宁日。乞大使商量处置。"元振奏娑葛书。楚客怒，奏元振有异图，召将罪之。元振遣子具奏其状，乞留定西土。以悌竟坐流白州。复以元振代之。赦娑葛罪，册为十四姓可汗。

以婕妤上官氏为昭容。

召王公、近臣入阁守岁[13]召王公、近臣入阁守岁。酒酣，上谓御史大夫窦从一曰："闻卿久无伉俪[14]，今夕为卿成礼[15]。"从一拜谢。俄而内侍引烛笼、

1　山服：隐居时所穿的衣服。
2　不名：不直呼其名，表示优礼或尊重之意。
3　趋立辞见班中，再拜而退：小步快走到辞见班的行列中站立，行一拜、二拜之礼后就退了出去。辞见班，京官放外任、地方官进京，在朝廷辞别、谒见天子时自行序班，不与百官同列，谓之"辞见班"。
4　亲贵谒候：亲贵，皇帝的近亲，也指皇帝亲近而信任的人。谒候，恭迎问候。
5　寒温：问候冷暖起居。
6　斥言：直言指责过失。
7　优制：嘉奖的诏书。
8　谮毁：谗间毁谤。
9　奸险：奸诈阴险的人。
10　抑慈存严，示以知禁：遏制慈爱宽仁之心，保留严格要求之意，让他们懂得应当遵守的规矩。
11　枉破奴部落：冤枉我，想发兵攻破我的部落。
12　军州：战略上的军事要地。
13　守岁：在农历除夕晚上不睡觉，一直守候到大年初一的来临。
14　伉俪：妻子，配偶。
15　成礼：完婚。

步障[1]、金缕罗扇，其后有人衣礼衣，花钗，令与从一对坐。却扇[2]，易服，乃皇后老乳母王氏，本蛮婢[3]也。上与侍臣大笑，诏封莒国夫人，嫁为从一妻。俗谓乳母之婿曰阿奢，从一每进表状，自称“翊圣皇后阿奢”，欣然有自负[4]之色。

己酉**三年**（公元709年）

春，正月，帝幸玄武门，观宫女拔河幸玄武门，与近臣观宫女拔河。又命宫女为市肆，公卿为商旅，与之交易，因为忿争，言辞亵慢[5]，上与后临观为乐。上每与近臣宴集，令各效伎艺[6]以为乐。国子司业[7]郭山恽独歌《鹿鸣》《蟋蟀》。明日，赐山恽敕，嘉美之。又尝宴侍臣，使各为《回波辞》，谏议大夫李景伯曰：“回波尔时酒卮[8]，微臣职在箴规。侍宴既过三爵，喧哗窃恐非仪[9]！”上不悦。萧至忠曰：“此真谏官也。”尝幸定昆池，命从官赋诗。黄门侍郎李日知诗曰：“所愿暂思居者逸，勿使时称作者劳。”

三月，以韦巨源、杨再思为左右仆射、同三品，宗楚客为中书令，萧至忠为侍中，韦嗣立同三品，崔湜、赵彦昭同平章事监察御史崔琬对仗弹宗楚客、纪处讷潜通[10]戎狄，受其货赂，致生边患。故事，大臣被弹，俯偻[11]趋出，立于朝堂待罪。至是，楚客更忿怒作色，自陈忠鲠，为琬所诬。上竟不穷问，命琬与楚客结为兄弟，以和解之，时人谓之“和事天子”。崔湜通

1 步障：古代一种用来遮挡风尘、视线的屏障。
2 却扇：古代婚礼时新妇用来遮脸的扇子，交拜后去之。
3 蛮婢：蛮族的婢女。
4 自负：自认为了不起。
5 亵慢：轻慢，不庄重。
6 伎艺：技艺，手艺或艺术表演等。
7 国子司业：古官名，于国子监置，为次官，掌国子监及各学的教法、政令，为祭酒副贰。
8 回波尔时酒卮：回波，乐府商调曲和舞曲，六言四句，开头例有“回波尔时”四字，故名。酒卮，盛酒的器皿。
9 非仪：违背礼仪。
10 潜通：暗通，私通。
11 俯偻：低头曲背。

于上官昭容，故引以为相。时政出多门，滥官充溢，人以为“三无坐处”，谓宰相、御史及员外官也。韦嗣立上疏，以为：“比造寺极多，所费千万，人力劳弊，怨嗟[1]盈路。佛教要在降伏[2]身心，岂在穷极侈丽？万一水旱为灾，戎狄构患，虽龙象[3]如云，将何救哉？又国初食封之家不过二三十，今乃百有余家，凡用六十万丁，为绢百二十万匹。今太府庸调绢[4]，岁不过百万。国家租赋，不及私门之半。封户[5]之物，诸家自征。僮仆依势，陵轹州县。不若悉计丁，输之太府，使封家于左藏受之。又员外置官，数倍正阙[6]。典吏困于祗承[7]，仓库竭于资奉。又京官有犯，方遣刺州[8]；选人衰耄[9]，方补县令。以此理[10]人，何由率化[11]？望自今应除三省、两台及五品以上清望官，皆先于刺史、县令中选用，则天下理矣。”监察御史宋务光亦以：“于时食实封者凡一百四十余家，应出封户者凡五十四州，皆割上腴[12]之田，而太平、安乐公主又取高赀多丁[13]者，刻剥过苦。应充封户者，甚于征役。滑州地出绫缣[14]，人多趋射[15]，尤受其弊，人多流亡。请分封户配余州，并附租庸[16]，每年送纳。”上皆不听。

以韦温、郑愔同三品温，后兄也。

夏，五月，流郑愔于吉州[17]，贬崔湜江州[18]司马崔湜、郑愔俱掌铨衡，倾

1　怨嗟：怨恨叹息。
2　降伏：用强力使驯服。
3　龙象：指高僧。
4　庸调绢：纳绢代役为庸，按人头缴纳的绢为调。庸、调所纳的绢即为庸调绢。
5　封户：朝廷赏赐的食邑。
6　正阙：正员出缺。
7　典吏困于祗承：官署中的属吏，为敬奉如此多的长官而困扰。祗承，敬奉。
8　刺州：派到各州做刺史。
9　选人衰耄：选人，候补、候选的官员。衰耄，衰老，年老糊涂。
10　理：治理，管理。
11　率化：归顺。
12　上腴：最肥沃的土地。
13　高赀多丁：高赀，资财雄厚。多丁，丁口多。
14　绫缣：泛指丝织品。
15　人多趋射：人们便纷纷来到这里要封户。
16　租庸：田租和以绢代役的庸绢。
17　吉州：古州名，辖今江西省新干、泰和间的赣江流域及安福、永新等县地。
18　江州：古州名，唐时辖今江西省九江、德安、彭泽、湖口、都昌等市县地。

附势要，赃贿狼藉[1]，选法大坏。御史靳恒、李尚隐对仗弹之，下狱，流贬之。

杨再思卒。

秋，七月，突骑施娑葛遣使请降赐名"守忠"。

八月，以李峤同三品，韦安石为侍中，萧至忠为中书令。

九月，以苏瓌为仆射、同三品。

冬，十一月，祀南郊上将祀南郊，国子祭酒祝钦明、司业郭山恽建言："古者大祭祀，后祼献[2]以瑶爵[3]，皇后当助祭天地。"太常博士唐绍、蒋钦绪以为周礼惟有助祭先王、先公，无助祭天地之文。侍中韦巨源请依钦明议。上乃以皇后为亚献，仍以宰相女为斋娘[4]，助执豆笾[5]。大赦。斋娘有婿者，皆迁官；流人放还。均州刺史、谯王重福独不得归，乃上表自陈曰："陛下焚柴展礼[6]，郊祀上玄[7]，苍生并得赦除[8]，赤子偏加摈弃。天下之人，为臣流涕，况陛下慈念[9]，岂不愍臣栖遑[10]？"表奏，不报。

豆卢钦望卒。

以唐休璟同三品休璟年八十余，进取弥锐[11]。

关中饥关中米斗百钱。运山东、江、淮谷输京师，牛死什八九。群臣多请幸东都，韦后家本杜陵，不乐东迁，使巫觋以不利东行说上。后有言者，上怒曰："岂有逐粮天子耶？"乃止。

1　倾附势要，赃贿狼藉：依附权贵要员，贪污受贿，行为不检，名声败坏。倾附，投靠，依附。势要，有权有势、身分显要的人。赃贿，贪污受贿。
2　祼献：帝王、王后祭祀时以香酒灌地、以腥熟之食献神的礼仪。祼，祭祀时把奉献的酒浇在地上。
3　瑶爵：饰以美石的酒器，次于玉爵。
4　斋娘：侍奉皇后祭祀的女执事。
5　豆笾：古祭器名，木制的称豆，竹制的称笾。
6　焚柴展礼：焚柴，烧柴。展礼，行礼，施礼。
7　上玄：上天。
8　赦除：赦罪免刑。
9　慈念：出于慈爱的关心，慈爱的念头。
10　栖遑：忙碌不安，奔忙不定。
11　进取弥锐：进取心越来越强烈。

庚戌**四年**（公元 710 年）

睿宗皇帝景云元年。

春，正月，帝观灯于市里上与韦后微行，纵宫女数千人出游，多不归者。

帝御梨园[1]命三品以上抛球、拔河。韦巨源、唐休璟衰老，随絙踣地[2]，不能兴[3]，上及皇后、妃、主临观大笑。

夏，四月，幸隆庆池初，武后之世，长安城东民家井溢，浸成大池数十顷，号隆庆池。相王子五王列第[4]于其北，望气者言："常郁郁有帝王气，比日尤盛。"上幸池，宴侍臣以厌之。

五月，宴近臣国子祭酒祝钦明自请作《八风舞》，摇头转目，备诸丑态。钦明素以儒学著名，卢藏用曰："祝公五经扫地尽矣！"

六月，皇后韦氏进毒弑帝于神龙殿。以裴谈、张锡同三品，张嘉福、岑羲、崔湜同平章事。立温王重茂初，定州人郎岌上言韦后、宗楚客将为逆乱，后杀之。许州参军燕钦融复上言："皇后淫乱，干预国政。宗楚客图危社稷。"上面诘之，钦融抗言不挠。楚客矫制扑杀之，上意怏怏。由是后及其党始惧。散骑常侍马秦客、光禄少卿杨均皆幸于后，恐事泄，安乐公主亦欲后临朝，以己为皇太女，乃相与合谋，于饼餤[5]中进毒，中宗崩。

范氏曰：《易》姤之初六曰："系于金柅，贞吉。有攸往，见凶。羸豕孚蹢躅[6]。"阴柔之始，以刚制之，则吉；纵之以往，则凶。盖羸豕之孚，无时而自止也。夫女子、小人，放而不制，必至于弑父与君而后已，是以圣人戒之。

1　梨园：古地名，在唐都长安禁苑内，故址位于今陕西省西安市西。
2　踣地：倒地。
3　兴：起来。
4　列第：建造宅邸。
5　饼餤：馅饼。
6　系于金柅，贞吉。有攸往，见凶。羸豕孚蹢躅：系在金属的车刹上，守正道吉祥。有所往，有凶险。拴住的母猪相应地徘徊不进。金柅，金属的车刹。羸豕，母猪。孚，相应，符合。蹢躅，徘徊不进貌。

中宗一快快不悦，而其身已不保。虽欲制之，其可得乎？

韦后秘不发丧，召宰相入禁中，征诸府兵屯京城，以裴谈、张锡同三品，张嘉福、岑羲、崔湜同平章事。太平公主与上官昭容谋草遗制[1]，立温王重茂为太子，皇后知政事，相王旦参谋政事。宗楚客曰："相王于皇后，嫂叔不通问，听朝之际，何以为礼？"遂率诸宰相表请罢相王政事。乃发丧。皇后摄政，改元唐隆。太子即位，年十六。宗楚客、叶静能与诸韦劝后遵武后故事。以韦氏子弟领南、北军。楚客等上书，称"韦氏宜革唐命"，谋害少帝，深忌相王及太平公主，密与韦温、安乐公主谋去之。

临淄王隆基起兵讨韦氏，并其党皆伏诛。隆基自为平王，以钟绍京、刘幽求参知机务，李日知同三品。萧至忠等贬官有差相王子临淄王隆基，罢潞州别驾，在京师阴聚才勇之士，密谋匡复。初，太宗选官户[2]及蕃口[3]骁勇者，着虎文衣，跨豹文鞯[4]，谓之"百骑"。武后时增为千骑，隶左、右羽林。中宗谓之"万骑"，置使以领之，隆基皆厚结其豪杰。会兵部侍郎崔日用以楚客谋告隆基，隆基乃与太平公主及公主子薛崇暕、苑总监[5]钟绍京、尚衣奉御王崇晔、前朝邑尉刘幽求、折冲麻嗣宗谋先事诛之。会韦播数榜捶[6]万骑，万骑皆怨。果毅[7]葛福顺、陈玄礼见隆基诉之，隆基讽以诛诸韦，皆踊跃自效。或谓隆基当启相王，隆基曰："我曹为此，以徇社稷。事成，福归于王；不成，以身死之，不以累王也。且万一不从，将败大计。"遂不启，微服，与幽求等入苑中。逮[8]夜，天星散落如雪，幽求曰："天意如此，时不可失！"于

1　遗制：遗诏。
2　官户：犯罪者及其家属没入官府服役，并编入特殊户籍，称官户。
3　蕃口：少数民族百姓。
4　豹文鞯：用豹纹皮做的马鞍。
5　苑总监：古官名，即宫苑总监，掌苑内宫馆、园池、禽鱼、果木。凡官属、人畜出入，皆有登记。
6　榜捶：鞭打。
7　果毅：古官名，即果毅都尉，为统兵军官，位在折冲都尉下。
8　逮：到，赶上。

是福顺直入羽林营，斩诸韦典兵者以徇，曰：“韦后酖杀先帝，谋危社稷。今夕当共诛之，立相王以安天下。敢有怀两端、助逆党者，罪及三族！”羽林士皆忻然[1]听命。隆基勒兵入玄武门，诸卫兵皆应之。斩韦后及安乐公主、武延秀、上官昭容。幽求曰：“众约今夕共立相王，何不早定？”隆基止之。比晓，内外皆定，隆基乃出见相王，叩头，谢不先白之罪。相王曰：“社稷、宗庙不坠于地，汝之力也。”遂迎相王入辅少帝，闭城门，收捕诸韦亲党及宗楚客、晋卿、纪处讷、赵履温、张嘉福、马秦客、杨均、叶静能等皆斩之，尸韦后于市，诸韦襁褓儿无免者。封隆基为平王，押[2]左、右厢万骑。赐崇暕爵立节王，以绍京守中书侍郎，幽求守中书舍人，并参知机务。武氏宗属，诛窜殆尽。以李日知、钟绍京并同三品。隆基二奴王毛仲、李守德皆超拜将军。诸宰相萧至忠等贬官有差。

胡氏曰：歼殄[3]诸韦，惩[4]五王之不断也；诛窜诸武，惩中宗之失刑也。然拨乱反正之道，必拔本而塞源，徒治其末，则未有不复为患者。纵不复为患，亦不厌人心，拂天理矣。当是时也，若能条陈祸乱原本起自武后，黜其号，罢其享，以庶人礼葬，绝之于祖宗，其犹足以救中宗、五王之失，而垂女主祸乱之戒也乎！虽曰礼无臣子贬尊上之文，然武氏所为，天下大变，天理所无也，必睿宗有所不忍，则大臣以道正国者，召会百官，告于高祖、太宗之庙而行之，为法受恶可也。

康熙御批：凡天星皆有定数。若史册所纪，星陨颇多，甚至乱落如雪，果尔，则星之残缺不可胜数矣，何至今犹灿然如故耶？此等必流星过度[5]，误以为陨落也。

相王旦即位，废重茂复为温王刘幽求言于隆基，请相王早即位，以镇

1　忻然：喜悦貌，愉快貌。
2　押：执掌。
3　歼殄：消灭，灭绝。
4　惩：鉴戒。
5　过度：通过，经过。

天下。遂以少帝制传位相王。时少帝犹在御座，太平公主进曰："天下之心已归相王，此非儿座。"遂提下之。睿宗即位，以少帝为温王，置于内宅。

胡氏曰：临淄举事，不白相王。韦氏既诛，复拒幽求之议，然则其志，本欲自取，特不敢言尔。惜乎，睿宗之不见几，幽求之不知变也！韦氏淆乱[1]，睿宗曾无讨除[2]之意，而隆基能之。大事已定，幽求宜请于相王，使以神器归之临淄，则太平之乱无自而生矣。他日闻变登楼，然后畀付[3]，父子之间，交有所损。幽求勇能戡乱[4]，而智不烛微[5]，惜哉！

以钟绍京为中书令，寻罢之绍京尝为司农录事[6]，既典朝政，纵情赏罚，众皆恶之。太常少卿薛稷言于上曰："绍京虽有勋劳，素无才德，出自胥徒[7]，超居元宰[8]，恐失圣朝具瞻[9]之美。"出为蜀州刺史。

立平王隆基为皇太子上将立太子，以宋王成器嫡长，平王隆基有功，疑，不能决。成器辞曰："国家安则先嫡长，危则先有功。苟违其宜，四海失望。臣死不敢居平王之上。"刘幽求曰："除天下之祸者，当享天下之福。平王拯社稷之危，救君亲之难，论功语德，无可疑者。"上从之。

以薛稷参知机务稷以工书[10]事上于藩邸[11]，故为相。

追削武三思等爵、谥，暴其尸。

以姚元之同三品，韦嗣立、萧至忠为中书令，赵彦昭、崔湜并同平章事。

1　淆乱：扰乱。
2　讨除：讨伐消灭。
3　畀付：付与。
4　戡乱：平定叛乱。
5　烛微：观察入微。
6　司农录事：即司农寺录事。司农寺，古代官署名，掌粮食积储、仓廪管理及京官的禄米供应等事务。录事，古官名，掌总录文簿。
7　胥徒：本为民服徭役者，后泛指官府衙役。语本《周礼》："胥，十有二人，徒，百有二十人。"
8　超居元宰：超居，越级提拔至。元宰，丞相。
9　具瞻：指宰辅重臣。
10　工书：擅长书法。
11　藩邸：藩王的宅第。

加太平公主实封万户公主沉敏多权略，武后以为类己，独爱幸。及诛张易之，公主有力焉。中宗之世，韦后、安乐皆畏之。又与太子共诛韦氏。既屡立大功，益尊重。上常与之议政，宰相进退，系其一言，荐士骤历清显者[1]不可胜数。权倾人主，其门如市。

赠郎岌、燕钦融、苏安恒谏议大夫。

秋，七月，赠韦月将宣州刺史。

以崔日用参知机务。

追复故太子重俊位号，及敬晖、桓彦范、崔玄時、张柬之、袁恕己、李多祚等官爵太府少卿韦凑上书曰："故太子重俊与李多祚等称兵入宫，中宗登玄武门，太子据鞍自若，及其徒倒戈，然后逃窜。向使宿卫不守，其为祸也，胡可忍言？今圣朝礼葬，谥为"节愍"，臣窃惑之。若以其诛武三思父子而嘉之，则诛奸臣而尊君父可也，今欲自取之，是与三思竞为逆也；若以其欲废韦氏而嘉之，则韦氏于时逆状未彰，苟无中宗之命而废之，是胁父废母也，庸[2]可乎？臣恐后之乱臣贼子得引以为比，开悖逆之源，非所以彰善瘅恶[3]也。请改其谥。多祚等从重俊兴兵，不为无罪。今宥之可也，名之为'雪'，亦所未安。"上然其言，而执政以为制命[4]已行，但停多祚赠官而已。

以宋璟同三品璟与姚元之协心，革中宗弊政，进忠良，退不肖，赏罚尽公，请托不行，纪纲修举，当时翕然，以为复有贞观、永徽之风。

崔湜、萧至忠、韦嗣立、赵彦昭、崔日用、薛稷罢日用与稷争于上前，稷曰："日用倾侧，附武三思，非忠臣；卖友邀功，非义士。"日用曰："稷附张易之、宗楚客，非倾侧而何？"上两罢之。

废崇恩庙，追废韦后、安乐公主为庶人。

八月，谯王重福反，伏诛韦后之临朝也，郑愔贬，过均州，与谯王重

1　荐士骤历清显者：经过她的举荐而平步青云担任要职的人。
2　庸：表示反问，岂。
3　彰善瘅恶：表扬好的，憎恨恶的。彰，表明，显扬。瘅，憎恨。
4　制命：诏令。

福谋举兵诛韦氏，未发而韦氏败。洛阳人张灵均说重福曰："大王地居嫡长，当为天子。相王虽有功，不当立。王若潜入洛阳，发屯兵，杀留守，天下指麾可定。"重福从之。时愔左迁过洛阳，与灵均结谋，聚徒以俟重福。重福与灵均诈乘驿入东都，县官驰白留守。洛州长史崔日知率众讨之。重福窘迫，赴漕渠[1]溺死。愔与灵均皆伏诛。初，愔附来俊臣得进；俊臣诛，附张易之；易之诛，附韦氏；韦氏败，又附重福，竟坐族诛。

诏以万骑补外官，更置飞骑万骑恃功暴横，长安中苦之，故有是命。

罢斜封官用姚元之、宋璟及御史大夫毕构之言也，所罢凡数千人。

冬，十月，以薛讷为幽州经略节度大使"节度"之名自此始。

十一月，以姚元之为中书令。

葬定陵[2]朝议以韦后有罪，不应祔葬[3]，乃追谥故英王妃赵氏为和思皇后，招魂祔葬。

范氏曰：人之死也，魂气归于天，形魄归于地。葬，所以藏体魄也。若魂气，则无不之也。苟无体魄，则立庙以祀之而已。魂气不可得而葬也，而必为之墓，不亦虚乎？

许公苏瓌卒制起复瓌子颋为工部侍郎，颋固辞。上使李日知谕旨，日知还奏曰："臣见其哀毁，不忍发言。"上乃听其终制[4]。

十二月，以西城、隆昌二公主为女官[5]上以二女为女官，以资天皇太后之福[6]。欲为造观，谏议大夫宁原悌上疏曰："释、道二家，皆以清净为本，不当广营寺、观，劳人费财。又先朝所亲狎诸僧，宜加屏斥[7]。"补阙辛替否上疏曰："自古失道、破国、亡家者，口说不如身逢，耳闻不如目见。太宗，陛

1 漕渠：人工挖掘或疏浚的主要用于漕运的河道。
2 定陵：唐中宗李显的陵墓，位于今陕西省渭南市富平县北龙泉山。
3 祔葬：即合葬。亦谓葬于先茔之旁。
4 终制：父母去世服满三年之丧。
5 女官：具有一定地位的女道士，可以度人出家。
6 以资天皇太后之福：用以增加天皇太后武则天的冥福。资，救助，资助。
7 屏斥：斥退，除去。

下之祖也，拨乱反正，开基立极，官不虚授，财无枉费，不多造寺、观而有福，不多度僧尼而无灾，天地垂佑[1]，风雨时若[2]，粟帛充溢，蛮夷率服，享国久长，名高万古，陛下何不取而法之？中宗，陛下之兄也，弃祖宗之业，徇女子之意，无能而禄者数千人，无功而封者百余家，造寺不止，度人无穷，夺百姓口中之食以养贪残，剥万人体上之衣以涂土木，人怨神怒，众叛亲离，享国不永，祸及其身，陛下何不惩而改之？自顷水、旱、霜、蝗，未闻赈恤，而为二女造观，用钱百余万缗，陛下岂可不计当今之蓄积有几，中外之经费有几，而轻用百余万缗，以供无用之役乎？陛下族韦氏之家，而不去韦氏之恶；忍弃太宗之法，而不忍弃中宗之政乎？且陛下当韦氏用事之时，日夕忧危，切齿于群凶。今乃不改其所为，臣恐复有切齿于陛下者矣。”上虽不能从，而嘉其切直。二公主后改号金仙、玉真公主。

范氏曰：孔子曰：“生，事之以礼；死，葬之以礼，祭之以礼，可谓孝矣。”未闻以女子为女官，而可以资福于其亲者也。天子之女，天下之所取则也，不从先王之礼，而从方士之言，废人伦，蔑[3]典礼，袭非法之服，奉不享之祠，以是为孝，非所以率天下也。若其可为，先王为之矣，不待后世始能行也。

加李朝隐太中大夫宦者闾兴贵以事属[4]长安令李朝隐，朝隐系之狱。上闻之，召见朝隐，劳之，因御承天门，集百官，宣示朝隐所为，且下制称：“宦官遇宽柔之代，必弄威权。朕览前载，每所叹息。能副朕意，实在斯人，可加太中大夫，赐中上考[5]。”

以宋璟为吏部尚书，姚元之为兵部尚书旧制，三品以上官册授[6]，五品

1　垂佑：赐予保佑、庇护。
2　风雨时若：风调雨顺。时若，四时和顺。
3　蔑：无视，瞧不起。
4　以事属：把事情委托给。属，通“嘱”，托付，委托。
5　中上考：将考核成绩定为中上。
6　册授：唐制，三品以上的官员由皇帝当面册封，称“册授”。下文“制授”指用制书下令册封，“敕授”指用敕书册封。

以上制授，六品以下敕授，皆委尚书省奏拟，文属吏部，武属兵部。中宗之末，选举混淆[1]。至是，以宋璟为吏部尚书，李乂、卢从愿为侍郎，皆不畏强御，请谒路绝，人服其公。以姚元之为兵部尚书，陆象先、卢怀慎为侍郎，武选亦治。

贬祝钦明、郭山恽为诸州长史侍御史倪若水奏弹钦明、山恽乱常改作，希旨病君[2]，于是左授[3]。

胡氏曰：王者之制，行伪而坚、言伪而辩、学非而博、顺非而泽以疑众[4]，杀，不以听焉。祝、郭二人纵不诛死，尚当尽削官秩，投之四裔。今虽贬黜，而有民有社[5]，夫岂足以示惩哉?

时侍御史杨孚弹纠[6]不避权贵，权贵毁之。上曰："鹰搏狡兔，须急救之。不尔，必反为所噬。御史绳奸慝亦然。苟非人主保卫之，则亦为奸慝所噬矣。"

姚州蛮反姚州群蛮先附吐蕃，摄监察御史李知古请发兵击之。既降，筑城置州县，重税之，因诛其豪杰，掠子女为奴婢。群蛮怨怒，引吐蕃攻知古，杀之，由是姚、巂[7]路绝。

辛亥**睿宗皇帝景云二年**（公元711年）

春，正月，突厥默啜遣使请和。

以郭元振、张说同平章事。

1 选举混淆：选举，选任的官员。混淆，好坏混杂。
2 希旨病君：迎合中宗、韦后的旨意而使得中宗圣德有亏。
3 左授：降官，贬职。
4 行伪而坚、言伪而辩、学非而博、顺非而泽以疑众：行为不端而又固执，言论虚伪诡诈而又能言善辩，专门学习旁门左道而且还学的很多，明知错误的言行却大加赞赏还加以润色，用以上罪行扰乱社会秩序。
5 社：指州、县等地方。
6 弹纠：弹劾官吏的过恶。
7 巂：巂州，古州名，辖今四川省越西、美姑以南，金沙江以西、以北，锦屏山、盐井河以东地区。

二月，命太子监国，以宋王成器为同州刺史，豳王守礼为豳州刺史，太平公主蒲州安置初，太平公主以太子年少，意颇易之。既而惮其英武，数为流言，云：“太子非长，不可立。”每觇伺其所为，纤悉[1]必闻于上。与益州长史窦怀贞结党，欲危太子。邀韦安石至其第，安石固辞，不往。上尝密召安石，谓曰：“闻朝廷皆倾心东宫，宜察之。”对曰：“陛下安得亡国之言？此必太平之谋耳。太子有功于社稷，仁明孝友，天下所知。愿陛下无惑。”上瞿然曰：“朕知之矣，卿勿言！”公主又尝乘辇邀宰相于光范门内，讽以易置[2]东宫，众皆失色，宋璟抗言曰：“东宫有大功于天下，真宗庙、社稷之主，奈何忽有此议？”与姚元之密言于上曰：“宋王，陛下之元子[3]；豳王，高宗之长孙。公主交构[4]其间，将使东宫不安。请出宋王、豳王，皆为刺史，罢岐、薛二王左、右羽林，太平公主、武攸暨皆于东都安置。”上曰：“朕惟一妹，岂可远置东都？诸王惟卿所处。”顷之，上谓侍臣曰：“术者言五日中当有急兵入宫，卿等为朕备之。”张说曰：“此必谗人欲离间东宫，愿陛下早使太子监国，则流言自息矣。”元之曰：“张说所言，社稷之至计也。”上悦，以宋王成器为同州刺史，豳王守礼为豳州刺史，太平公主蒲州安置。命太子监国，六品以下官、徒[5]以下罪，并听处分。

复斜封官初，殿中侍御史崔莅言于上曰：“斜封官皆先帝所除，姚元之等建议夺之，彰先帝之过，为陛下招怨。众口沸腾，恐生非常之变。”太平公主亦以为言，上然之，制：“诸斜封官并量材叙用。”率府[6]参军柳泽上疏曰：“斜封官，皆因仆妾汲引，岂出先帝之意？陛下黜之，天下称明。一旦收叙[7]，何政

1　纤悉：细微详尽。
2　易置：改设，更换。
3　元子：天子和诸侯的嫡长子。
4　交构：离间，播弄是非。
5　徒：服劳役的刑罚。
6　率府：古官署名，唐有十率府，皆太子属官，掌东宫兵仗、仪卫及门禁、徼巡、斥候等事。
7　收叙：录用。

令之不一也？”议者皆称：“太平公主诳误[1]陛下，积小成大，为祸不细。”上弗听。

胡氏曰：彰先帝之恶，为陛下招怨，奸人之言类如此。使遇明君，必曰：“置先帝于过举，岂所以为孝？沽[2]美誉于群小，岂所以为君？尔以桓、灵俟我。”则奸言无自入矣。然姚、宋[3]秉政而此说得行，何也？睿宗以六居五，使太平阴疑于阳，是以至此。姚、宋若力争之，势将有激矣。然则是乎？曰：“当其时，事有大于此者，姑忍焉可也。”

贬姚元之为申州刺史，宋璟为楚州刺史，寝二王刺史之命太平公主闻姚元之、宋璟之谋，大怒，以让太子。太子惧，奏二人离间姑、兄，故有是命。

刘幽求罢。

以左、右万骑、羽林为北门四军。

以韦安石为中书令，李日知为侍中安石、日知为政，纪纲紊乱，复如景龙[4]之世矣。

夏，四月，制政事皆取太子处分[5]上召三品以上谓曰：“朕素怀淡泊，不以万乘为贵，今欲传位太子，何如？”群臣莫对。殿中侍御史和逢尧，太平公主之党也，言于上曰：“陛下春秋未高，方为四海所依仰[6]，岂得遽尔？”上乃止，制：“凡政事皆取太子处分，军旅、死刑及五品除授[7]，议定以闻。”

五月，召太平公主还京师太子请之也。

复昊陵、顺陵太平公主为武攸暨请之也。

以薛谦光为岐州刺史僧慧范恃太平公主势，逼夺民田，御史大夫薛谦光

1　诳误：欺骗迷惑。
2　沽：猎取，故意做作以谋取。
3　姚、宋：即姚元之、宋璟。
4　景龙：唐中宗李显的年号，存续时间为公元 707 至 710 年。
5　处分：处理，处置。
6　依仰：依赖仰仗。
7　除授：拜官授职。

弹之。公主诉于上，出之。

六月，置十道按察使时遣使按察[1]十道，分山南为东、西两道，分陇右为河西道。又分天下，置二十四都督，各纠察所部刺史以下善恶。太子右庶子李景伯、舍人卢俌等上言："都督专杀生之柄，权任太重，或用非其人，为害不细。今御史秩卑望重，以时巡察，奸宄自禁。"其后竟罢都督，但置按察使而已。

秋，七月，追复上官氏为昭容初，昭容从母之子王昱说昭容母郑氏曰："武氏，天之所废，婕妤附之，灭族之道也。"郑氏以戒昭容，昭容弗听。及重俊诛三思，索昭容，昭容始惧，思昱言，自是心附帝室。故中宗崩，草遗制，以相王辅政。及隆基入宫，又率宫人迎之，刘幽求为之言，隆基不许，遂斩之。至是追复[2]，谥曰"惠文"。

以韦安石为左仆射、同三品太平公主以安石不附己，故崇以虚名，实去其权也。

九月，以窦怀贞为侍中怀贞每退朝，必诣太平公主第。时修金仙、玉真二观，群臣多谏，怀贞独劝成之，身自督役。

冬，十月，韦安石、郭元振、窦怀贞、李日知、张说罢，以刘幽求、魏知古、崔湜并同三品，陆象先同平章事上御承天门，引韦安石等宣制[3]，责以政教多阙，水旱为灾，辅佐非才，并罢政事。以刘幽求等同三品，象先同平章事，皆太平公主之志也。象先清慎寡欲，言论高远，为时人所重。湜私侍太平公主，公主欲引为相，湜请与象先同升。上不欲用湜，公主涕泣以请，乃从之。

遣御史中丞和逢尧使突厥逢尧说默啜曰："处密、坚昆闻可汗结婚于唐，皆当归附，何不袭唐冠带，使之闻之？"默啜许诺。明日，幞头[4]紫衫，

1　按察：巡察，考查。
2　追复：恢复。
3　宣制：宣布帝王的诏命。
4　幞头：古代男子束发用的头巾。

再拜称臣。

十一月，令百姓二十五入军，五十五免。

召司马承祯至京师，寻许还山上召天台[1]道士司马承祯，问以阴阳数术[2]，对曰："道者，损之又损，以至于无为，安肯劳心以学数术乎？"上曰："理身无为则高矣，如理国何？"对曰："国，犹身也。顺物自然而心无所私，则天下理矣。"上叹曰："广成[3]之言无以过也。"承祯固请还山，上许之。尚书左丞卢藏用指终南山谓承祯曰："此中大有佳处，何必天台？"承祯曰："以愚观之，此乃仕宦之疾径[4]耳。"藏用尝隐终南，则天时征为左拾遗，故承祯言之。

康熙御批：阴阳术数，道士且不屑为，况人主日御万几，何暇及此？睿宗之问，为失言矣。承祯应对确有至理，固请还山，尤见高致。

壬子**太极元年**（公元712年）

玄宗皇帝先天元年。

春，正月，祀南郊初，用谏议大夫贾曾议，合祭天地。

以窦怀贞、岑羲同三品。

以萧至忠为刑部尚书萧至忠自托于太平公主，公主引为尚书。华州长史蒋钦绪，其妹夫也，谓之曰："如子之才，何忧不达[5]？勿为非分妄求。"至忠不应。钦绪退而叹曰："九代卿族[6]，一举灭之，可哀也哉！"至忠素有雅望，尝自公主第门出，遇宋璟，璟曰："非所望于萧君也。"至忠笑曰："善乎，宋生之言！"遽策马而去。

---

1 天台：古县名，治所即今浙江省台州市天台县，为道教南宗创立地。
2 数术：即术数，古代关于天文、历法、占卜的学问。
3 广成：即广成子，上古黄帝时道家人物，修行于崆峒山，黄帝听说后专程去拜访他，问治国之术。
4 疾径：捷径。
5 达：得到显要的地位。
6 卿族：公卿之家。

夏，五月，祭北郊。

六月，以岑羲为侍中。

幽州大都督孙佺袭奚，败没薛讷镇幽州二十余年，吏民安之，未尝举兵出塞，虏亦不敢犯。与燕州刺史李琎有隙，琎毁之于刘幽求，幽求以左羽林将军孙佺代之。孙佺至州，率兵二万、骑八千以袭奚、契丹。将军乌可利谏曰："道险天热，悬军远袭，非计也。"佺曰："薛讷在边积年，竟不能为国家复营州。今乘其无备，往必有功。"遂行。遇奚骑八千，战于冷陉[1]，大败，为虏所擒，献于突厥，默啜杀之。

秋，七月，彗星出西方，入太微。

以窦怀贞为左仆射，平章军国重事有相者[2]谓同三品窦怀贞曰："公有刑厄[3]。"怀贞惧，请解官为安国寺奴，敕听之。寻复以为左仆射。

八月，帝传位于太子。太子即位，尊帝为太上皇初，太平公主使术者言于上曰："彗[4]，所以除旧布新。又帝座及心前星[5]皆有变，皇太子当为天子。"上曰："传德避灾，吾志决矣。"公主及其党皆以为不可。太子闻之，固辞，上曰："汝为孝子，何必待柩前，然后即位邪？"太子流涕而出。制传位于太子，太子又上表辞，太平公主劝上自总大政。上乃谓太子曰："汝以天下事重，欲朕兼理之邪？昔舜禅禹，犹亲巡狩。朕虽传位，岂忘家国？其军国大事，当兼省[6]之。"玄宗即位，尊睿宗为太上皇。上皇自称曰朕，命曰诰，五日一受朝于太极殿。皇帝自称曰予，命曰制、敕，日受朝于武德殿。三品以上除授及大刑政乃奏上皇决之。大赦，改元。

胡氏曰：睿宗之于中宗，未有以甚相远也，使无玄宗继其后，而在位日

1　冷陉：古山名，位于今内蒙古赤峰市巴林右旗西北冷坝，一说即今扎鲁特旗南之奎屯山。
2　相者：以相术供职或为业的人。
3　刑厄：灾难。
4　彗：彗星的简称。
5　帝座及心前星：帝座，古星名，属天市垣，即武仙座 α 星。心前星，古星名，又称太子星，心宿东起第一星。
6　省：检查。

久，亦同归乎乱而已矣。

立妃王氏为皇后。

以刘幽求为仆射、同三品，魏知古为侍中，崔湜为中书令。

流刘幽求于封州[1]初，河内人王琚预于王同皎之谋。上之为太子也，琚至长安，见上，至廷中，故徐行。宦者曰："殿下在帘内。"琚曰："何谓殿下？今独有太平公主耳。"上遽召见，与语，琚曰："韦庶人弑逆[2]，人心不服，诛之易耳。太平公主凶猾无比，大臣多为之用，琚窃忧之。"上引与同榻坐，泣曰："主上同气，唯有太平，言之恐伤主上之意，不言，为患日深，为之奈何？"琚曰："天子之孝，当以安宗庙、社稷为事，岂顾小节？"上悦。及即位，以为中书侍郎。是时，宰相多太平公主之党，刘幽求与羽林将军张玮谋，使言于上曰："窦怀贞、崔湜、岑羲皆因公主得进，日夜为谋不轻。若不早图，一旦事起，太上皇何以得安？请速诛之。"上以为然。玮泄其谋，上大惧，遽列上其状。有司奏流幽求于封州，张玮于峰州[3]。初，崔湜坐与谯王重福通书，当死，张说与幽求营护[4]，得免。既而湜附太平公主，谋罢说政事。及幽求得罪，湜讽广州都督周利贞，使杀之。桂州都督王晙知其谋，留幽求不遣，由是得免。

九月朔，日食。

冬，十月，沙陀金山遣使入贡沙陀，处月之别种也，姓朱邪氏。

十二月，刑部尚书李日知致仕日知在官，不行捶挞而事集[5]。刑部有令史，受敕三日，忘不行，日知怒，欲捶之，既而谓曰："我欲捶汝，天下人必谓汝能撩李日知嗔[6]，受李日知杖，不得比于人，妻子亦将弃汝矣。"遂释之。吏皆感悦，无敢犯者。

1　封州：古州名，辖今广东省郁南、封开县及广西贺江上流地区。
2　弑逆：弑君杀父。亦仅指弑君。
3　峰州：古州名，辖今越南富寿省东南部和河西省西北部。
4　营护：保护，救护。
5　集：成功。
6　撩李日知嗔：惹我李日知生气。撩，逗引。嗔，怒，生气。

癸丑玄宗明皇帝开元元年（公元713年）

春，正月，诰："卫士二十五入军，五十而免。"

以萧至忠为中书令。

二月，御楼观灯，大酺开门燃灯，大酺合乐[1]。上皇与上御门楼临观。以夜继昼，凡月余。左拾遗严挺之上疏谏，以为："酺者，因人所利，合醵[2]为欢。今乃损万人之力，营百戏之资，非所以光圣德、美风化也。"敕以挺之忠直，宣示百官，厚赏之。晋陵[3]尉杨相如上疏曰："隋氏以纵欲而亡，太宗以抑欲而昌，人主不可不慎择也。夫人主莫不好忠正而恶佞邪，然忠正者常疏，佞邪者常亲，以至于覆国危身而不寤，何哉？忠正者多忤意[4]，佞邪者多顺指[5]，积忤生憎，积顺生爱，此亲疏之所以分也。诚能爱其忤以收忠正，恶其顺以去佞邪，则太宗之业将何远哉？夫法贵简而能禁，罚贵轻而必行。小过不察，则无烦苛；大罪不漏，则止奸逆。使简而难犯，宽而能制，则善矣。"上览而善之。

以高丽大祚荣为勃海郡王初，高丽既亡，其别种大祚荣徙居营州，阻险[6]自固。武后使将军李楷固讨之，大败。祚荣遂东据东牟山[7]，高丽、靺鞨之人稍稍归之，地方二千里，户十余万，胜兵数万人，附于突厥。中宗时，遣子入侍。至是，以为勃海郡王。

夏，五月，罢修大明宫修大明宫未毕，敕以农务方勤，罢之。

六月，以郭元振同三品。

秋，七月，太平公主谋逆[8]，赐死。萧至忠、岑羲、窦怀贞、崔湜伏诛太平公主依上皇之势，擅权用事。宰相七人，五出其门；文武之臣，太半附之。与窦怀贞、岑羲、萧至忠、崔湜、薛稷、僧慧范等谋废立，又与宫人元氏

1　合乐：诸乐合奏。
2　合醵：合钱饮酒，聚饮。
3　晋陵：古县名，治所即今江苏省常州市。
4　忤意：违逆心意。
5　顺指：曲意逢迎。
6　阻险：险阻。
7　东牟山：古山名，即今吉林省敦化市南长白山北坡之六顶山。
8　谋逆：图谋叛乱。

谋于赤箭粉[1]中置毒以进。中书侍郎王琚言于上曰："事迫矣，不可不速发！"左丞张说自东都遣人遗[2]上佩刀。荆门长史崔日用入奏事，言于上曰："太平谋逆有日，陛下往在东宫，犹为臣子，若欲讨之，须用谋力。今但下一制书，谁敢不从？万一奸宄得志，悔之何及！"上曰："诚如卿言，只恐惊动上皇。"日用曰："天子之孝，在于安四海。若奸人得志，则社稷为墟，安在其为孝乎？请先定北军[3]，后收逆党，则不惊上皇矣。"上以为然。乃与岐王范、薛王业、郭元振、王毛仲、姜皎、李令问、王守一及内给事[4]高力士等定计，以兵三百余人入虔化门，召至忠、羲斩之，怀贞自缢死，戮其尸。上皇闻变，登承天门楼，郭元振奏："皇帝前奉诰[5]，诛窦怀贞等，无他也。"上皇乃下诰："自今军国政刑，一取皇帝处分。"徙居百福殿。太平公主赐死，诸子及党与死者数十人。崔湜与右丞卢藏用俱坐私侍[6]公主，流岭南。寻以湜与逆谋，追赐死。初，太平公主与湜等谋废立，陆象先独以为不可，公主曰："废长立少，已为不顺，且又失德，若之何不去？"象先曰："既以功立，当以罪废。今实无罪，象先终不敢从。"上既诛怀贞等，召象先谓曰："岁寒知松柏[7]，信哉！"时穷治公主枝党，象先密为申理，所全甚多。然未尝自言，时无知者。

以高力士为右监门将军[8]、知内侍省事初，太宗定制，内侍省不置三品官，黄衣廪食[9]，守门传命而已。中宗时，七品以上至千余人，然衣绯者尚寡。上在藩邸，力士倾心奉之。及为太子，奏为内给事。至是，以诛萧、岑功，赏之。是后宦官增至三千人，除三品、将军者浸多。宦官之盛自此始。

---

1 赤箭粉：即天麻粉。天麻又名鬼督邮、定风草，又因其茎如箭杆而色赤，故名赤箭。
2 遗：赠予。
3 北军：北衙禁军。
4 内给事：古官名，掌侍从禁闱，任用士人。
5 奉诰：奉太上皇诰命。
6 私侍：私自侍候，谓私通。
7 岁寒知松柏：寒冬腊月，方知松柏常青。比喻只有经过严峻的考验，才能看出一个人的品质。
8 右监门将军：古官名，唐中央十六卫之一右监门府（卫）主官，掌管宫殿门禁及守卫之事。
9 黄衣廪食：身着黄色朝服，领取皇家发放的禄米。廪食，公家供给口粮。

范氏曰：国家之败，未有不由子孙废祖宗之旧也。创业之君，得之难，故其防患深，虑之远，故其立法密。后世子孙，虽有聪明才智高出群臣之表[1]，然未若祖宗更事之多也。夫中人不可假以威权，盖近而易以为奸也。明皇不戒履霜，而轻变太宗之制，崇宠[2]宦者，增多其员，自是以后，浸干国政，末流之祸，盖基于此。《书》曰："监于先王成宪，其永无愆[3]。"为人后嗣，可不念之哉？

以张说为中书令。

陆象先罢。

八月，以刘幽求为左仆射，平章军国大事。

九月，以李畅为虔州[4]刺史初，中宗之崩也，李峤密表韦后，请出相王诸子于外。上即位，于禁中得其表。或请诛之，张说曰："峤虽不识逆顺，然为当时之谋，则忠矣。"上然之，以峤子畅为虔州刺史，令峤随畅之官。

罢诸道按察使。

冬，十月，引见京畿县令引见京畿县令，戒以"惠养黎元"之意。

讲武于骊山上幸新丰，讲武于骊山之下。征兵二十万，以军容不整，坐兵部尚书郭元振于纛下，将斩之。刘幽求、张说谏曰："元振有大功于社稷，不可杀。"乃流新州，而斩给事中、知礼仪事唐绍。上始欲立威，亦无杀绍之意，将军李邈遽宣敕斩之。上寻罢邈官，废弃终身。时二大臣得罪，诸军震慑失次[5]，惟薛讷、解琬二军不动。上遣轻骑召之，皆不得入其阵，上深叹美之。

以姚元之同三品上欲以姚元之为相，张说疾之，使御史大夫赵彦昭弹之，上不纳。又使殿中监姜皎言于上曰："陛下常欲择河东总管而难其人，臣今得之矣。"问为谁，皎曰："元之文武全才，真其人也。"上曰："此张说之

1　之表：之外。
2　崇宠：尊崇宠信。
3　监于先王成宪，其永无愆：借鉴先王原有的制度制定典章、法令，将永无过错。成宪，原有的制度。
4　虔州：古州名，唐辖今江西省赣州市赣县以南的赣江流域。
5　失次：失其行伍，掉队。

意，汝何得面欺？”皎叩头首服。即召元之诣行在，拜以为相。元之吏事明敏，三为宰相，皆兼兵部尚书，缘边屯戍斥候，士马储械，无不默记。上励精为治，每事访之，应答如响，同僚唯诺[1]而已。元之请抑权幸，爱爵赏[2]，纳谏诤，却贡献[3]，不与群臣亵狎，上皆纳之。元之尝奏请序进郎吏[4]，上仰视殿屋，再三言之，终不应。元之惧，趋出，罢朝。高力士谏曰：“陛下新总万机，宰相奏事，当面加可否，奈何一不省察？”上曰：“朕任元之以庶政，大事当奏闻，共议之。郎吏卑秩[5]，乃以烦朕邪？”闻者皆服上识人君之体。张九龄以元之有重望，为上所信任，奏记劝其远谄躁[6]，进纯厚，略曰：“任人当才，为政大体，与之共理，无出此途。向之用人，非无知人之鉴，其所以失溺[7]，在缘情[8]之举。今君侯登用未几，而浅中弱植[9]之徒，已延颈、企踵而至，谄亲戚以求誉，媚宾客以取容，岂不有才，所失在于无耻。”元之纳其言。新兴王晋坐太平公主逆党伏诛，僚吏皆奔散，惟司功[10]李㧑步从，不失在官之礼，仍哭其尸。元之曰：“栾布之俦也。”擢为尚书郎。

十一月，群臣请加尊号。

命中书侍郎王琚行边[11]中书侍郎王琚为上所亲厚，群臣莫及。或言于上曰：“琚权谲纵横之才，可与之定祸乱，难与之守承平。”上由是浸疏之，使按行北边诸军。

十二月，改官名仆射为丞相，中书为紫微省，门下为黄门省，侍中为

1 唯诺：应答。
2 爱爵赏：爱惜封爵和赏赐，不轻易授人。
3 却贡献：不接受贡品。
4 序进郎吏：序进，按规定的等级次第升迁。郎吏，郎官。
5 卑秩：低微的职位或品级。
6 谄躁：谄佞、浮躁的人。
7 失溺：失于举人，淹没良材。
8 缘情：因循人情，顺乎人情。
9 浅中弱植：心胸狭窄的无能之辈。浅中，心胸浅窄。弱植，懦弱无能，不能有所建树。
10 司功：古官名，唐代州县佐吏六参军之一，六参军为司功、司仓、司户、司兵、司法、司士参军。
11 行边：巡视边疆。

监。雍州为京兆府，洛州为河南府。长史为尹，司马为少尹。

以姚崇为紫微令[1]**，张说为相州刺史**元之避开元尊号，复名崇。崇既为相，张说惧，乃潜诣岐王申款[2]。他日，崇对于便殿，行微蹇[3]。上问："有足疾乎？"对曰："臣有腹心之疾，非足疾也。"上问其故，对曰："岐王，陛下爱弟，张说为辅臣，而密乘车入王家，恐为所误，故忧之。"遂左迁说为相州刺史。

刘幽求罢，以卢怀慎同平章事。

1　紫微令：唐代中书令的别称。紫微，中书省的别称。
2　申款：向人表达诚意。
3　蹇：跛足。